내가 만난 예수님,

결코
포기하지 말라

내가 만난 예수님 ,
결코 포기하지 말라

펴 낸 날   2019년 6월 19일

지 은 이   박봉식
펴 낸 이   이기성
편집팀장   이윤숙
기획편집   이민선, 최유윤, 정은지
표지디자인   이민선
책임마케팅   임용섭, 강보현
펴 낸 곳   도서출판 생각나눔
출판등록   제 2018-000288호
주   소   서울 마포구 잔다리로7안길 22, 태성빌딩 3층
전   화   02-325-5100
팩   스   02-325-5101
홈페이지   www.생각나눔.kr
이 메 일   bookmain@think-book.com

• 책값은 표지 뒷면에 표기되어 있습니다.
  ISBN 979-11-90089-26-5 (03230)
• 이 도서의 국립중앙도서관 출판 시 도서목록(CIP)은 서지정보유통지원시스템 홈페이지(http://
  seoji.nl.go.kr)와 국가자료공동목록시스템(http://www.nl.go.kr/kolisnet)에서 이용하실 수 있
  습니다(CIP제어번호: CIP2019020925).

내가 만난 예수님,

결코
포기하지 말라

당신은 우주와 영원 속에
딱 한 명 있는 존귀한 생명입니다.

|박봉식 지음|

생각나눔

———

무지한 말로 생각을
어둡게 하는 자가 누구냐

———

> 그때에 여호와께서 폭풍우 가운데에서 욥에게 말씀하여 이르시되 무지한 말로 생각을 어둡게 하는 자가 누구냐 너는 대장부처럼 허리를 묶고 내가 네게 묻는 것을 대답할지니라 내가 땅의 기초를 놓을 때에 네가 어디 있었느냐 네가 깨달아 알았거든 말할지니라(욥기 38:1-4)

지극히 작은 자, 땅의 기초를 놓을 때 어디에 있는지 알 수 없는 무지한 자가 제한된 시간과 경험으로 근본 하나님의 본체이신 예수님의 마음과 일상의 삶을 그린다는 것이 부끄럽습니다. 글을 쓴다는 것조차 버겁고 부족하다는 것을 너무도 잘 알고 있음에도 불구하고 이렇게 졸필을 굳이 인쇄하여 세상에 내놓아야 하는 이유를 설명합니다.

골고다 언덕 위 3개의 십자가 중 하나에 매달린 행악자의 모습에서 저를 발견하였고, 더군다나 그 행악자의 간절함을 수용하는 예수님의 그 삶의 태도가 저의 가슴을 뜨겁게 하였기 때문입니다. 그 십자가 위 부끄럽고 처절한 모습에도 불구하고 메시아로서 '한 영혼이라도 마지막까지 결코 포기하지 않은 예수님 삶의 모습'을 기록하여 나 자신이 천국에 이를 때까지 기억하고 나아가 이웃들과 나누기 위함입니다.

한국 교회 신뢰도 상실은 어제오늘의 문제가 아닙니다. 2017년 신뢰도 조사 역시 지난 2013년의 신뢰도와 별반 차이 없이 20% 내외를 보입니다. 이것은 국민 10명 중 2명만이 교회를 신뢰한다는 것을 의미합니다. 이러한 한국 교회 신뢰도 상실의 근본 원인을 분석 및 제안하고자 산상수훈을 연구하였고, 그 과정에서 오늘날 산상수훈에 대한 신학자와 설교자들의 해석이 산상수훈이라 처음 명명한 성 어거스틴의 산상수훈 주석서의 범위에서 크게 벗어나지 못한 것을 알게 되었습니다.

그런데 산상수훈은 무리를 향한 것으로 글쓴이는 믿고 판단하여, 평범한 무리 중의 한 사람으로 산상수훈을 읽고 이해한 예수님의 마음을 정리하였습니다. 주님 오시는 그 날까지 산상수훈의 예수님 마음을 좀 더 폭넓게, 우리가 알고 그것을 자신의 일상의 삶에 적용하여 실천할 수 있는 계기를 마련해 주고자 책으로 출판하였습니다.

부족하고 어눌한 자의 생각이 근본 하나님이신 예수님의 일상의 삶을 어둡게 하는 것이라 하더라도 용서하여 주시기를 간절히 소망하면서, 저의 가슴에서 꿈틀거리는 예수님의 마음을 두서없이 자유롭게 기록하였습니다.

결코 포기하지 않는
이상주의자

✎ 저자는 이상주의자입니다. 본서에 그의 꿈이 꿈틀대는 것이 느껴집니다. 그러나 허공에 팔만 휘두르지 않습니다. 땅바닥에서도 발을 떼지 않으려 노력합니다. 비록 비틀댈 때도 있지만, 그때마다 "결코 포기하지 말라."라는 주님의 음성으로 버텨냅니다. 본서는 바로 그러한 저자의 역정(歷程)을 예수님의 삶에 투영하여 풀어낸 고백입니다.

진지한 신앙인이라면 예수님의 생애에 대해 정리하고 싶은 마음이 있습니다. 그리고 여력이 된다면, 예수님의 어록을 오늘의 말로 풀어보고 싶은 열정을 갖게 됩니다. 저자는 과학을 연구하는 과학도이면서 동시에 신학을 공부한 신학도이기에, 더욱 그 끌림에 매료되었던 것 같습니다. 그 결과 본서가 세상에 빛을 보게 되었습니다.

본서는 끊임없이 개혁을 말합니다. 예수님은 당시 혁명적인 개혁자이셨습니다. 그리고 오늘날 우리에게도 그렇게 살아계십니다. 개혁자는 포기하지 않습니다. 변화를 포기하지 않습니다. 본질을 포기하지 않습니다. 온유를 포기하지 않습니다. 용서를 포기하지 않습니다. 사랑을 포기하지 않습니다. 예수님은 '이것도 행하고 저것도 버리지' 않으셨습니다. 그러한 예수님의 개혁과 변화를 본받자고 이야기합니다.

본서는 예수님에 대한 고백적인 글입니다. '내가 만난' 예수님을 고백하고 있습니다. 또한, 예수님에 대한 도전적인 글입니다. '내가 들은' 예수님께 도전하고 있습니다. 그리고 예수님에 대한 해석적인 글입니다. '내가 전할' 예수님을 선포하고 있습니다. 특히 산상수훈에 대한 묵상은 저자의 고뇌와 성찰이 잘 묻어있습니다. 놀라운 것은 그 안에 회의가 아닌 설렘이 충만하다는 것입니다.

이런 글을 봤습니다. "오래전 내 꿈은 소설가였고, 지금 나는 소설가인데 여전히 내 꿈은 소설가이다." 저자도 그렇게 보입니다. "오래전 그의 꿈은 예수를 만나는 것이었고, 지금 그는 예수와 함께하는 사람인데 여전히 그의 꿈은 예수를 만나는 것이다." 저자는 올해 직장에서 은퇴합니다. 본서를 읽어보니, 은퇴라는 말은 '결코 포기하지 말라'는 뜻으로 여겨집니다. 저자는 이상주의자입니다. 결코 포기하지 않는 이상주의자입니다. 이 작은 책을 읽는 독자들에게 저자와 함께하였던 성령께서 책을 읽는 동안 함께하여 주시기를 소망합니다.

저자가 성도로 섬기고 있는
대덕 한빛교회 김은섭 목사

제7장 회개하라,
구원의 예수님

| 감사의 글 | 우주와 영원 속에
딱 한 명 있는 존귀한 당신

1. 산상수훈과 어거스틴 그리고 신학자들

2. 산상수훈 묵상, 마태복음 6장

3. 산상수훈 묵상, 마태복음 7장

제1장

결코 포기하지 말라!

예수님이 저에게 다양한 방법으로 천국과 하나님 나라의 모습 그리고 땅에서 살면서 중요한 것을 알고, 느끼도록 하였습니다. 성경을 읽고 가르치면서 느꼈던 것을 정리하여 『내가 만난 예수님』으로 묶었습니다. 『내가 만난 예수님』에서 첫 번째로 나누고 싶은 것은 「결코 포기하지 말라」입니다.

　우리는 세상에서 많은 문제를 만나며 살고 있습니다. 갓 태어난 어린아이부터 90이 훌쩍 넘는 어른에 이르기까지 문제없는 사람은 결코 없습니다. 배고파서 울고, 똥오줌 쌌다고 끈적거려 울고, 안아 주지 않는다고 울고, 옷 사주라고 울고, 최신형 스마트폰 사달라고 울고, 공부하라는 부모 말에 짜증 내고, 아이들 양육하는 데 버겁고, 말 안 듣는 자녀들 때문에 힘들고, 이렇게 사람의 일생은 어려운 상황의 연속입니다. 이러한 문제를 통해 사람들의 성격은 형성되고 다듬어집니다. 그것 중의 하나가 '포기하는 것'입니다.

　저에게도 '포기'라는 단어는 꽤 친숙합니다. 지금껏 살면서 많은 문제를 만나 나름대로 해결하기도 하였지만, 또 '포기'라는 적절한 변명으로 열매를 맺지 못하거나 극복하지 못한 것들이 많이 있어, 지금 이 글을 쓴다는 것 자체가 위선적임을 고백하지 않을 수 없습니다.

그러나 '포기하지 않은 예수님의 삶'을 알면서 느꼈던 '결코 포기하지 말라'는 강력한 그분의 일상의 삶이 저의 영혼과 몸을 짓누르고 있기 때문에, 부족하고 어눌하지만 『내가 만난 예수님』 이야기를 기록하는 것을 포기하지 않고 끝까지 마무리하여 열매를 맺는 것이 바로 예수님의 마음임을 거듭 알게 되었습니다.

성경의 복음서를 기초로 하여 내가 본 '포기하지 않은 예수님의 삶'을 그려보도록 하겠습니다.

1. 나의 아버지는 누구입니까?
여자의 아들로서, 듣기도 하시며 묻기도 하시니

    성경에 기록된 예수님은 동정녀 마리아에 의해 세상에 태어났습니다. 우리는 어머니와 아버지가 있습니다. 아버지는 자녀들의 꿈과 가치관을 형성하는 데 가장 큰 영향을 줍니다. 한 마디로 자신의 정체성을 정립하는 데 아버지의 역할이 매우 중요합니다.

    어머니께 저의 생명의 시작점을 조심스럽게 여쭈어 보면 아마도 모든 어머니는 그때를 기억할 것입니다. 자신이 낳은 아이의 아버지가 누구인지, 어머니는 정확하게 알고 있기 때문입니다. 예수님도 저와 똑같은 사람이기 때문에, 그의 어머니는 예수님의 아버지가 누구인지 정확하게 아는 유일한 사람입니다. 따라서 예수님이 자신의 아버지가 누구인지 바르게 알 수 있는 방법은 어머니께 여쭈어 보는 것입니다.

    추측하건대 예수님 어머니가 예수님을 낳아 키우면서 너의 아버지가 누구인지, 먼저 말해 주었을 것으로 저는 생각합니다. 예수님 어머니는 예수님뿐만 아니라 그의 동생들도 낳았기 때문에(마태복음 12:46), 예수님도 보통의 아이들과 다를 바 없이 먹이고 입히고 재우면서 키웠겠지만, 그래도 어느 시점에서 예수님의 시작의 특이점에 대하여 아들에게 알려 주었을 것입니다.

    예수님의 소년 시절의 일화가 누가복음 2장에 기록되어 있는데, 이 일화 속의 부모님과 예수님의 대화에서 앞의 추측을 어느 정도 유추할 수 있습니다. 잠시 기록된 내용을 중심으로 생각해 보면, 유월절(조상들이 구원받은 날, 우리의 관점으로 보면 설날과 같은 의미, 출 12:2, 40:2) 명절을 예루살렘에서 보내기 위해 부모님을 따라 시골에서 올라온 열두 살 예수님은 명절이 끝나 집으로 돌아가는 부모님을 따라 다시 고향 집으로 가는 것이 아니고, 그곳 예루살렘 성전에서 선생님들과 토론하면서 듣기도 하고 묻기도 하는 집중적인 성경 공부를 하고 있었습니다.

명절이라 사람들이 많아서 어머니, 아버지의 손을 떠나 성전에 들어가 선생님들께 뭔가 궁금한 것을 여쭈어 보겠다는 말을 부모님들은 건성으로 듣지 않았나 하는 추측도 해 봅니다마는, 아무튼 예수님의 부모님들은 예루살렘을 떠나 하룻길을 간 다음에야 어린 예수님이 없는 것을 발견하고서 잃어버린 아들을 찾으러 예루살렘 성전으로 되돌아갑니다. 그런데 하루 동안 내려온 길을 되돌아가는 데 사흘이 걸렸습니다. 부모님의 가슴이 얼마나 아프고 힘들었는지 충분히 짐작할 수 있는 상황이었습니다. 아이를 잃었던 부모는 이 부분을 정확하게 이해할 것입니다.

만약 예수님이 태어날 때부터 초능력을 지닌 아이로 그의 행동이 독특하였다면, 한 마디로 하나님의 아들로 기저귀도 안 차고 자랐고, 먹지 않아도 울지 않았고, 아버지가 목수 일을 하면서 무거운 나무를 나르라는 말에 순종하여 맨손으로 들어 작업장으로 가지고 오고, 동생들을 지극히 잘 보살피고, 엄마, 아빠를 힘들게 한 경우가 한 번도 없는 완전한 아이였다면 왜 부모님들이 예수님을 찾으러 되돌아가는 길이 사흘씩이나 소요되었을까? 더군다나 예수님을 만난 어머니는 대뜸 하시는 말씀이 "아이야 어찌하여 우리에게 이렇게 하였느냐 보라 네 아버지와 내가 근심하여 너를 찾았노라"(눅 2:48)라고 하였습니다. 부모님이 근심하였다는 의미 속에는 열두 살이 되는 지금까지 예수님은 지극히 평범한 자녀였음을 우리는 짐작할 수 있습니다.

또 다른 관점에서, 어머니와 아버지의 이러한 걱정에 대해 "예수께서 이르시되 어찌하여 나를 찾으셨나이까 내가 내 아버지[1]집에 있어야 될 줄을 알지 못하셨나이까 하시니"라는 예수님의 답변은 시사하는 바가 있습니다. 이 답변 속에 예수님은 이미 자신이 어머니의 아들이면서 또한 여호와 하나님의 아들임을 어머니께 전해 들었음을 알 수 있습니다. 연이어 기록된 "그 어머니는 이 모든 말을 마음에 두니라"라는 말씀 속에서 예수님의 어머니는 자기 아들의 정체성에 대하여 알고 있고, 그것을 아들에게 이미 알렸음을 간접적으로 시인하고 있는 것을 우리는 짐작할 수 있습니다.

이와 같이 기록된 성경에 근거하여 예수님이 열두 살에 자신의 정체성을 알고 있었음을 우리는 느낄 수 있는데, 즉 '내가 누구인가? 내가 왜 이 땅에 오게 되었는가?'라는 물음에 답을 얻고, 그가 알게 된 자신의 정체성을 죽을 때까지 일관되게 포기하지 않는 예수님의 삶이 내가 일상에서 만난 예수님의 첫 번째 강력한 가르침입니다. 예수님의 정체성을 알고 또 포기하지 않은 삶이 무엇인지 더 생각해 봅니다.

---

[1] 유대인들이 예수님의 십자가 처형의 직접적인 죄로 고발하였던 것은, "네가 하나님의 아들이냐 대답하시되 너희들이 내가 그라고 말하고 있느니라"(눅 22:70) 말씀에 따라 신성 모독죄이다. 이것은 예수님이 12살에 "내 아버지의 집"이라는 말씀 속에 숨겨진 자신의 정체성과 일치된다.

2. 나의 정체성은 무엇입니까?
하나님의 아들로서, 성령에 이끌려 시험받음

'내가 누구인가? 나에 대해 알 수 있는 범위는 어디까지일까?'라는 질문에 스스로 답을 얻는 것은 결코 쉬운 일이 아닙니다. 그래서 2,500여 년 전 소크라테스의 "너 자신을 알라."라는 명언은 지금까지 유효하게 모든 영역에서 회자되고 있습니다. 기록된 성경에 따르면 예수님도 광야에서 40일 동안 아무것도 먹지 않고 주린 가운데 시험을 받았습니다.

그 시험들은 "네가 만일 하나님의 아들이어든…"으로, 앞서 생각한 '나의 아버지는 누구입니까?'의 질문과 같은 맥락에서 시작합니다. 이 말씀에서 느낄 수 있는 광야의 시험들은, '내가 누구인가? 나는 하나님의 아들인가, 어머니 마리아의 아들인가…, 나의 시작은 어디서부터일까? 천국인가 아니면 베들레헴, 갈릴리인가…, 나는 왜 이곳에 있는가? 갈릴리 가족들이 있는 곳이 아닌, 사람이 살기 힘든 광야에서 지금 무엇을 하고 있는가…'라는 질문으로 시작하는 자신의 정체성을 찾는 것과 연결되어 있다는 것을 알 수 있습니다.[2]

광야의 시험은 자신이 지금까지 어머니에게서 들어온 어머니의 아들이자 창조주 하나님의 아들이라는 것이 무엇을 의미하는지, 지금

---

2 이 질문은 곧 광야의 3가지 시험과 연결되어 있다. 마태복음 4장을 기준으로 광야의 마귀 시험은, "돌이 떡덩이가 되게 하라 성전 꼭대기에서 뛰어내려라 기록된 말씀에 너를 받들어 발이 돌에 부딪히지 않게 하리로다 천하 만국과 영광을 보여 마귀가 이르되 만일 내게 엎드려 경배하면 이 모든 것을 주리라"라는 것이다. 이것은 초자연적 권능 보유 여부, 즉 창조주 하나님의 아들 인증샷, 두 번째는 말씀 진리 적용의 완전성 그리고 자신의 위치, 즉 천국에 있는가, 아니면 피조 세계의 세상에 있는가를 구별하는 거룩과 성결 그리고 순종의 믿음의 완전성을 확인하는 것임.

까지 갈릴리 회당에서 그리고 예루살렘 성전에서 듣기도 하고 묻기도 하였던 성경 진리를 부분과 전체로서 어떻게 실제 삶에 적용해야 하는지, 궁극적으로 이사야 선지자의 계시된 아버지 하나님의 아들로서 메시아의 요구 조건들이 나에게 어떤 관계에 있는지 바르게 알고 확인하는 과정이었습니다. 예수님도 자신의 정체성을 알기 위해 어렵고 힘든 고개를 넘었습니다. 포기하지 않아야 할 첫 번째는 자신의 정체성을 아는 것입니다.

예수님이 광야의 시험을 통해 알아낸 자신의 정체성은, 창조주 하나님 아버지의 아들로서 권세를 부여받았고, 성경의 진리는 전체와 부분의 조화로써 재해석되어 일상의 삶에 적용하며, 권세와 능력과 지혜는 자신의 이익이 아닌 오직 하나님 아버지의 나라와 뜻을 위해 사용되는, 메시아로 부르심을 받은 것입니다. 예수님은 메시아로서 이 땅에 왔고, 메시아가 해야 할 일과 메시아로서 겪어야 할 일들에 대해 예수님은 결코 포기하지 않았습니다.

고향 사람들로부터 배척, 세상의 거부를 알리는 시작
—

그 이후 예수님은 고향 나사렛에 왔습니다. 안식일에 항상 예배드렸던 대로 회당에 들어가 성경을 읽으려고 설 때에, 선지자 이사야 성경책을 건네받습니다. 그런데, 이사야 예언서는 구원자 메시아에 대한 예언을 기록한 것으로, 그 당시 장과 절의 구분이 없는 약 37,000단어 이상으로 구성된 두루마리 형태의 방대한 예언의 내용 중, 예수님 자신의 정체성과 직접적으로 연관된 말씀을 찾아서 공개적으로 서서 낭독합니다.

주의 성령이 내게 임하셨으니 이는 가난한 자에게 복음을 전하게 하시려고 내게 기름을 부으시고 나를 보내사 포로 된 자에게 자유를, 눈먼 자에게 다시 보게 함을 전파하며 눌린 자를 자유롭게 하고 주의 은혜의 해를 전파하게 하려 하심이라

말씀을 고향의 회당에서 낭독하시고 앉을 때 회당의 모든 사람이 예수님을 주목하여 보았습니다. 그때 그들에게 예수님은 "이 글이 오늘 너희 귀에 응하였느니라" 하고 말씀하십니다. 이 말씀 이후에 회당 사람들과 예수님이 서로 갈등을 겪고, 결국은 예수님은 동네 밖으로 쫓김을 당합니다. 왜 예수님은 자신의 정체성을 바르게 고향 회당에서 전했는데 오히려 쫓김을 당해야 하였을까요? 누가복음 4장을 묵상하면, 예수님께서 알게 된 자신의 정체성을 선포하고 지키는 것이 매우 어렵다는 것을 우리는 짐작할 수 있습니다.

이해를 돕기 위해, 그때 상황을 지금 우리 시간으로 약간 변형하여 누가복음 4장을 묵상해 보겠습니다. 어릴 때부터 유아부, 아동부, 중고등부, 그리고 청년부에 이르기까지 시골 동네의 교회에서 자란 청년입니다. 시골이기 때문에 서로서로 너무도 잘 알 수 있는 환경이었습니다. 그래서 이 청년이 어떻게 유치부, 아동부를 그리고 중고등부 교회 생활을 하였는지 교회 집사님, 권사님, 장로님, 목사님, 전도사님들은 소상히 잘 알고 있었습니다. 그런데 청년부까지 잘 섬기던 그 청년이 훌쩍 집을 떠난 후에 갑자기 나타나 교회에서 성경 말씀을 읽고서, 그 말씀이 "오늘 여러분 귀에 듣는 대로 이루어졌습니다."라고 하니, 함께 예배드리는 모든 교인이 깜짝 놀라서 어안이 벙벙해진 것입니다.

"아니 이 청년은 요셉의 아들 아닌가? 아버지가 목수로 이 집 저 집을 지을 때 아버지를 따라 다니던 착실하고 건실한 청년이었지. 이 청년의 어머니는 지금 우리랑 함께 예배드리지 않는가! 이 청년의 어린 시절을 우리는 잘 알고 있지 않는가! 어린 시절에 동생들을 데리고 회당에서 예배드리는 모습을 우리가 많이 보았기 때문에 이 청년의 신앙생활이 어떤 모습인지 우리는 잘 알고 있지. 물론 우리는 동네에서 이 청년이 어떻게 자랐는지도 눈여겨보았지. 그런데 갑자기 나타나 위대한 이사야 선지자님이 예언한 메시아에 대한 말씀을 읽고서, 이 말씀이 이곳에서 이루어졌다는 그 의미가 무엇인지 다시 묻지 않을 수 없지 않겠나? 이곳에 모인 사람들은 너의 자란 배경을 잘 알고 있고, 또 너의 성장 과정을 알고 있는데, 왜 갑자기 당혹스런 말을 하는가!"

그래서 회당에 모인 고향 사람들은 "청년이여 당신이 만약 메시아라면 메시아로서 증거를 우리에게 보여 주게나 우리는 메시아의 표적을 보아야 요셉의 아들인 당신을 메시아로 생각할 수 있겠네"(눅 4:22)라고 물으면서 예수님의 답변을 기다리고 있었던 것입니다.

이에 대한 예수님의 반응은 매우 의외였습니다. 간단하게 자신의 메시아임을 증명할 수 있는 권세와 권능, 혹은 표적을 보여 주면 그 순간, 유대와 사마리아 땅끝까지 고향을 빛낸 인물로 자랑하기 위해 온동네가 자신의 후원자가 되고 인기를 얻는 데 큰 기초가 될 터인데, 예수님은 전혀 다른 관점으로 오히려 그들의 감정을 상하게 만들었습니다. "선지자가 고향에서는 환영을 받는 자가 없느니라 … 또 선지자 엘리사 때에 이스라엘에 많은 나병 환자가 있었으되 그중의 한 사람도 깨끗함을 얻지 못하고 오직 수리아 사람 나아만뿐이었느니라"

라는 말씀을 듣는 동네 사람들이 오히려 화를 내어 산 낭떠러지까지 끌고 가서 밀쳐 떨어뜨리고자(눅 4:29) 하는 위험한 순간을 맞이합니다.

기록된 성경의 내용만으로 그때의 상황을 바르게 추측하기는 어렵지만, 상식적인 관점으로 접근하면 그래도 고향 사람들은 예수님을 알고 있기 때문에, 또 예수님이 어떤 사람으로 앞으로 살아야 하는지 정체성을 선포하면 최소한 그들이 예수님의 힘든 사명을 듣고 격려해 주고 축복하는 분위기였다면 아마도 예수님이 고향 사람들의 감정을 격동시키는 말과 행동은 하지 않았을 것으로 생각됩니다. 그래서 우리가 느낄 수 있는 것은, 이렇게 자신의 정체성을 지키고 바르게 드러내는 것이 몹시 힘들고 어렵다는 것입니다. 하지만 예수님은 메시아의 정체성을 선포하는 데 결코 포기하지 않았습니다.

3. 메시아와 율법의 충돌

이쯤에서 메시아가 무엇을 의미하는지 잠깐 생각해 보겠습니다. 메시아는 구원자입니다. 유대인들은 하늘과 땅, 우주를 창조한 하나님이 이스라엘 민족을 선택하여 하나님의 곁을 떠난 유대 민족을 구원할 사람, 곧 메시아가 선택받은 유대인의 후손으로 온다는 것을 믿습니다. 이러한 믿음을 자신들의 역사 속에 구체적으로 기록한 것이 구약성경입니다. 구약성경의 모체이자 핵심인 모세가 기록한 것으로 전해져 오는 모세오경에는 많은 율법과 언약들이 기록되어 있습니다.

유대인들의 언약 그리고 율법이 무엇인지 더 생각해 봅니다. 유대인들은 창조주 하나님께서 아브라함을 택하시어 그의 후손들로 더불어 큰 민족을 이룰 것을 약속하였습니다. 이것이 유대인들이 믿는 하나님과 언약의 시작점입니다. 이 언약을 이루는 역사적 사건이 모세를 통하여 감행된 출애굽(이집트에서 탈출하는 것) 사건입니다. 이때 이집트를 탈출한 이스라엘 사람들은 바다의 모래알같이 많았습니다(창세기 32:12, 히브리서 11:12, 열왕기상 4:20).

출애굽 한 이스라엘 백성들이 가나안 지역을 정복하며 점차 그 영토를 넓히면서 자신들도 이웃 나라처럼 왕을 세우고, 급기야 다윗과 솔로몬 왕 때에 약속의 땅에서 강력한 나라를 일으켜 세웁니다. 이때까지만 해도 하나님이 자신들과 약속한 언약이 잘 성취되어, 하나님과 매우 좋은 관계를 유지하였습니다. 그러나 솔로몬 왕 이후에 이스라엘은 남북으로 나누어지고 북이스라엘은 앗시리아에 의해 멸망하고, 남유다는 바벨로니아 제국에 의해 멸망됩니다(참고로 자신들의 멸망, 예루살렘 성전, 곧 하나님의 집이 파괴된 동일한 사건을 구약성경에 4번 반복하여 기록하고 있습니다). 이렇게 하나님의 선택된 민족이 멸망하게 되자 하나님의 언약 성취에 대하여 다시 생각하게 되었고, 무너진 성전을 바라보면서 언약은 폭넓게 재해석되었으며, 이에 따라 메시아를 기다리게 되었습니다. 메시아는 섭리에 따라 언약의 완성을 위해 예언될 수밖에 없었고, 그 예언의 실현은 율법의 완성을 의미하기도 합니다.

모세를 통해 일차적으로 언약이 이루어졌는데, 그 모세에 의해 기록된 모세오경에는 십계명으로 알려진 율법을 포함하여 수많은 계명이 기록되어 있습니다. 유대인들은 모세오경에 기록된 계명뿐만 아니라 구약성경에 기록된 계명도 동일하게 율법으로 여겨 그것들을 엄격히 따릅니다. 유대인들은 율법을 지키는 것이 곧 하나님을 사랑하는 것으로 생각하고, 또한 율법을 지키는 것이 선민으로서 마땅히 해야 할 일로 생각합니다. 물론 율법을 지킴으로 그들은 하나님 나라에 갈 수 있다고 믿었습니다. 따라서 유대인들의 생각 속에 메시아는 율법을 떠나 생각할 수 없습니다. 한 마디로 메시아는 선지자들의 예언에 대한 일치 그리고 율법의 준수 여부에 따라 그의 진정성이 판별된다고 유대인들은 믿었습니다.

그러한 믿음을 지닌 유대인들과 예수님의 정체성은 또 충돌할 수밖에 없었습니다. 율법에는 안식일을 기억하여 거룩히 지키라 하였는데, 예수님과 제자들이 안식일에 밀밭 사이로 지나가면서 제자들이 이삭을 잘라 손으로 비비어 먹는 모습을 바리새인(엄격한 율법주의자)들이 보았습니다. 그들의 눈에는 이것이 예수님과 그의 제자들이 율법을 지키지 않는 확실한 증거였습니다. 그래서 그들은 "어찌하여 안식일에 하지 못할 일을 하느냐"라고 문제를 제기합니다. 이에 대하여 예수님은 바리새인들이 좋아하는 성경 속의 상황을 떠올리게 합니다.

"다윗이 자기 및 자기와 함께한 자들이 시장할 때에 한 일을 읽지 못하였느냐 그가 하나님의 전에 들어가서 다만 제사장 외에는 먹어서는 안 되는 진설병을 먹고 함께한 자들에게도 주지 아니하였느냐"라고 강변하니, 그들이 잠잠하였습니다. 이에 한 걸음 더 나가 예수님은 "인자는 안식일의 주인이라"라고 말씀하십니다. 메시아로서 예수님의 설명은 단호하고 권세를 지닌 선포였습니다. "인자는 안식일의 주인이다."라는 말씀은 율법을 해석하는 새로운 기준으로 예수 그리스도, 즉 성육신의 메시아임을 의미하고 있습니다. 이처럼 메시아의 선포는 새로운 세계의 확장된 해석으로, 유대인들에게 주어진 율법의 의미를 온전하게 합니다(마태복음 5:48).

4. 메시아로서 삶의 새로운 진단과 권능 선포

안식일 율법에 대한 논쟁을 통해 예수님은 하나님의 마음을 바르게 알지 못하는 사람들에게 추가적인 설명이 필요함을 느꼈습니다. 율법 속에 가둔 하나님의 사랑이 왜곡되고, 오해되고 있는 현실을 바로잡고자 예수님은 사람들이 일반적으로 추구하는 복, 행복에 대하여 새로운 관점으로 정의하여 선포하면서 그 실마리를 찾습니다. 가난한 사람들이 복이 있는데, 그것은 하나님 나라가 그들 속에 있기 때문입니다. 지금 주린 사람들이 복이 있는데, 그것은 배부름을 얻을 것이기 때문입니다. 더군다나 예수님 때문에 사람들에게 미움을 받고 핍박받는 사람들이 복이 있는데, 그것은 하나님 나라가 핍박받는 사람들 속에 있기 때문입니다.

또한, 덧붙여 예수님께서는 말씀하시는데, 오늘날 우리들의 관점으로 이해하기 힘든 부분이기도 합니다. "화가 있도다 지금 부요한 사람들이여 너희는 너희의 위로를 이미 받았도다 화가 있도다 너희 지금 배부른 사람들이여 너희는 주리리로다 화가 있도다 너희 지금 웃는 사람들이여 너희가 애통하며 울리로다 모든 사람이 너희를 칭찬하면 화가 있도다 그들의 조상들이 거짓 선지자들에게 이와 같이 하였느니라"(눅 6:24-26)라고 예수님은 세상을 향해 선포합니다.

잠시 이 말씀을 세상 사람의 관점에서 생각해 보면 부요하고 배부르고 웃는 사람들이 복을 받은 것이고, 가난하고 주리고 핍박받는 사람들이 화를 입은 사람들이라고 생각하는 것이 상식인데, 예수님께서 선포하는 말씀은 서로 반대입니다. 왜 예수님은 복과 화에 대한 일반적인 상식과 상반되게 하였는지 그 이유를 찾는 것은 우리 각자의 몫으로 저는 생각합니다.

부족한 저의 묵상을 잠시 나누자면, 복과 화를 판단하는 기준이 세상이 아닌 하나님, 예수님께 있다는 것입니다. 한 가지 덧붙이자면 복과 화를 판단하는 기준은 '천국을 소유하는 삶인가 아닌가'입니다. 천국은 하나님이 다스리는 나라입니다. 천국의 절대적 기준은 바로 하나님입니다. 따라서 예수님은 세상에 살면서 천국을 누리면서 그 천국을 바라보며 사는 삶이 행복한 삶으로 선포하고 있습니다. 예수님은 메시아의 정체성을 지니면서 세상 사람들에게 천국을 보여 주고, 천국 복과 행복의 말씀대로 살았습니다.

예수님께서 잠시나마 이 땅에서 천국을 보여 주시는 일들을 하였습니다. 유대 민족을 억압하는 이방 민족의 군인 장교의 부하가 병들어 죽게 되었다는 소식을 듣고서 그의 종을 낫게 하는 능력을 보입니다. 만약 1920년 한반도의 땅에 예수님이 한민족의 후손으로 와서 일본 장교의 종이 병들어 낫게 해 달라는 청원을 받았을 때, '아무런 감정의 동요 없이 권능을 펴 보였을까…?' 하는 지극히 인간적인 생각이 드는 상황이기도 합니다만, 예수님은 오히려 이방 민족의 군인 장교의 믿음을 듣고서 그 믿음을 칭찬하면서 권능을 펴 보입니다.

사람이 살면서 이보다 더 큰 슬픔은 없을 것입니다. 그것은 부모 앞에 자식이 먼저 하늘나라로 가는 것입니다. 그렇기 때문에 우리의 시간과 공간에서 발생한 세월호 사건을 잊을 수 없을 것입니다. 예수님도 인간으로 오셨기 때문에, 자신을 낳아 길러 주신 부모님에 대한 깊은 사랑을 누구보다 잘 알고 있었습니다. 기록된 성경에 의하면 이방 민족의 군인 장교의 종을 낫게 해 주고 난 뒤에 나인이라는 동네에 가는데, 과부의 독자가 죽어 장사 지내려는 상여꾼들과 마주칩니다. 이것을 본 예수님은 마음이 애통하고 불쌍하여 가까이 가서 그 관에 손을 대니, 상여꾼들이 잠시 멈출 때 "청년아 내가 네게 말하노니 일어나라"라고 이르니, 그 죽었던 자가 일어나 앉고 말도 하게 되었습니다. 이렇게 예수님은 죽은 자도 살리는 권세를 지닌 메시아였습니다.

메시아로서 예수님은 이 땅과 세상에서 애통한 자, 심령이 가난한 자, 온유한 자, 의에 주리고 목마른 자, 긍휼히 여기는 자, 마음이 청결한 자, 화평케 하는 자, 의를 위해 핍박받는 자들과 함께하였습니다. 예수님은 이러한 사람들이 행복을 누리도록 그의 가르침을 결코 포기하지 않았습니다.

5. 종교 기득권 세력과 갈등

때가 되어 예수님은 한 무리의 제자들과 함께 다시 예루살렘으로 갑니다. 그런데 예수님은 제자들에게 먼저 맞은편 마을로 가서, 아무도 타지 않은 나귀 새끼를 풀어 오라고 합니다. 이에 따라 제자들은 나귀 새끼를 풀어 예수님께 데려오자, 예수님은 어린 나귀를 타고 예루살렘으로 들어갑니다.

잠시, 어린 나귀를 타고 서울로 들어오는 시골 청년의 모습을 상상해 보시기 바랍니다. 어린 나귀보다 더 큰 사람이 나귀의 등 위에 앉아 있는 모습은 불안하고 어딘지 모르지만 어울리지 않는 느낌이 듭니다. 아직 사람을 태운 경험이 없는 어린 나귀라 이리저리 기우뚱하면서 겨우 자신과 그 위에 앉은 사람을 업고서 힘들게 성안으로 들어오는 모습은 누가 보더라도 상식적으로 이해가 안 되는 것입니다. '왜 예수님은 다른 때와 달리 이번 유월절에는 예루살렘에 들어가는 데 유독 어린 나귀를 탔을까?' 예수님은 이사야 선지자가 미리 알려준 메시아의 정체성뿐만 아니라 또 다른 선지자 스가랴가 예언한 메시아의 정체성을 알고 실천하였기 때문입니다.

"시온의 딸아 크게 기뻐해라 보라 네 왕이 네게 임하나니 그는 공의로우며 구원을 베풀며 겸손하여 나귀를 타나니 나귀의 작은 것 곧 나귀 새끼니라"라는 선지자의 예언을 예수님은 기억하여 나귀 새끼를 탄 왕으로, 우스꽝스러운 모습으로 자신의 정체성을 그대로 표현합니다. 자신이 가야 할 길을 세상의 눈으로 전환 시키지 않고, 또 그럴만한 권세를 지녔지만 그것을 사용하지 않고, 앞선 예언자들의 예언에 따라 순종하는, 그는 자신의 그려진 정체성대로 살았습니다. 물론 예수님의 능력을 경험한 사람들은 이런 우스꽝스러운 모습을 뒤로 한 채, "… 모든 능한 일로 인하여 기뻐하며 큰 소리로 하나님을 찬양하며…"라고 기록하고 있습니다.

그 겸손함으로 성전에 들어가는 예수님은 전혀 다른 사람으로 변하게 됩니다. 그 이유는 성전 안에서 장사하는 사람들로 인하여, 성전의 바른 모습을 잃어가고 있었기 때문이었습니다.

예수님께서 오셨던 그때의 유대인들은 일 년에 3차례 예루살렘의 성전에 와서 여호와 하나님께 양과 소 혹은 비둘기 등으로 제사를 드리고, 성전세로 반 세겔을 봉헌하였습니다. 그런데 멀리서 온 사람들이 성전에 제사 드릴 제물을 가져오기 힘들어 성전에서 제물로 쓰일 동물들을 팔기 시작하였고, 또 성전에 봉헌하는 반 세겔도 성전의 돈으로 환전해야 했습니다. 이러한 과정에서 제사장 등 성전을 관리하는 사람들의 이권이 개입되어, 성전이 성전으로서 그 기능을 잃어가고 있던 상황이었습니다. 이러한 모습을 본 예수님은, 말라기 선지자를 통한 아버지 하나님의 마음을 떠올리셨을 것입니다.

> 내 이름을 멸시하는 제사장들아 나 만군의 여호와가 너희에게 이르기를 아들은 그 아버지를, 종은 그 주인을 공경하나니 내가 아버지일진대 나를 공경함이 어디 있느냐 내가 주인일진대 나를 두려워함이 어디 있느냐 하나 너희는 이르기를 우리가 어떻게 주의 이름을 멸시하였나이까 하는 도다 너희가 더러운 떡을 나의 제단에 드리고도 말하기를 우리가 어떻게 주를 더럽게 하였나이까 하는 도다 이는 너희가 여호와의 식탁은 경멸히 여길 것이라 말하기 때문이라

성전의 제사장들, 곧 종교 기득권 세력들과 갈등을 일으킬 수밖에 없음을 알고 있었지만 이러한 하나님의 마음을 알고 있는 예수님은 성전의 장사하는 사람들을 내쫓습니다. 하루 이틀도 아니고 성전에 있는 동안 날마다 성전에서 예수님이 가르치니 이권을 챙길 수 없는 대제사장들과 서기관 그리고 백성의 지도자들이 예수님을 죽이려고 모의를 합니다.

기득권 세력인 이들은 예수님을 궁지에 넣기 위해 뭔가 꼬투리를 찾고 있었습니다. 성전에서 예수님이 백성을 가르치니, 대제사장들과 서기관 그리고 장로들이 함께 와서 묻습니다.

"당신이 무슨 권위로 이런 일을 하는지 이 권위를 준 이가 누구인지 우리에게 말하라"

이에 대한 예수님의 답변은 "나도 한 말을 너희에게 물으리니 내게 말하라 요한의 세례(침례)가 하늘로부터냐 사람으로부터냐"

역공을 당한 기득권 세력들은 서로 의논하되 "만일 하늘로부터라 하면 어찌하여 그를 믿지 아니하였느냐 할 것이요 만일 사람으로부터라 하면 백성들이 요한을 선지자로 인정하니 그들이 다 우리를 돌로 칠 것이라"라는 결론에 이르러, 그들은 예수님께 대답하여, "어디로부터인지 알지 못하노라"라고 합니다.

예수님도 "나도 무슨 권위로 이런 일을 하는지 너희에게 이르지 아니하리라"라고 대답합니다. 이렇게 예수님은 기득권 세력과 갈등이 깊어만 가고 있었습니다. 갈등이 깊은 만큼 메시아의 사명을 이루는데 더 큰 어려움이 뒤따른다는 것을 짐작할 수 있습니다.

종교적 관점의 기득권 세력들이 신앙의 범위에서 예수님을 궁지에 넣는 데 실패하자, 이들은 정치적 관점으로 함정을 만들기 시작합니다. 그 당시 유대는 로마의 식민지입니다. 본디오 빌라도 로마 총독이 유대 땅의 실질적인 통치자입니다. 서기관들과 대제사장들이 다시 모의를 꾸미며 다른 사람들이 예수님께 여쭈도록 합니다.

"선생님이여 우리가 알고 있기로 당신은 바로 말씀하시고 가르치시며 사람을 외모로 취하지 아니하시고 오직 진리로써 하나님의 도를 가르치시나이다 우리가 가이사에게 세를 바치는 것이 옳습니까 아니면 옳지 않습니까"라고 여러 사람 앞에서 공개적으로 기득권 세력의 정탐들이 예수님께 묻습니다. 이에 대하여 예수님은 그들의 간계를 알고 즉각 답변합니다.

"데나리온 은전 한 닢을 내게 보이라 누구의 형상과 글이 여기 있느냐"

"가이사의 것이니이다"

"그런즉 가이사의 것은 가이사에게 하나님의 것은 하나님께 바치라"라고 예수님은 명쾌하게 답변을 합니다. 정탐들은 아무 말도 못 하고 무리 속에 사라집니다. 이렇게 예수님은 메시아의 사명으로 인하여 종교적 기득권 세력들과 매우 심각한 갈등 관계에 있었습니다.

6. 감람산 기도와 침묵

저를 향한 메시아의 충고
—

 2,000년 전에 지금, 오늘의 저를 예수님이 생각하였다는 것은 시사하는 바가 큽니다. 지구상으로 본다면 이스라엘과 한반도는 서로 땅끝이기 때문입니다. 그런데 예수님은 그때에 오늘, 대전에 살고 있는 저를 기억하여 강력한 경고를 하고 있습니다.

 예수님은 예루살렘 성전에서 백성들을 가르치며, 앞으로 다가올 환난에 대하여 말씀하면서 땅끝 한반도 대전에 살면서 2,000여 년이 지난, 지금 우리에게 삶의 방향에 대하여 간곡한 경고를 하였습니다.

 '환난의 날은 온 지구상에 거하는 모든 사람에게 다가올 것입니다.'라고 예수님은 대전에 살고 있는 저에게 경고합니다. 온 지구상에 살고 있는 모든 사람에게 환난의 날이 온다는 것은, 1948년 이스라엘 나라의 건국 이래 지금까지 끊이지 않고 계속되는 국지전과 폭력 테러가 중동에서만 일어나는 것으로 우리 한반도와 무관하다는 것이 아니라는 의미입니다. 물론 우리도 1950년 동족상잔의 비극을 경험한 바 있지만, 보편적으로 환난의 날이 온 지구상의 모든 사람에게 다가온다는 예수님의 말씀을 그대로 수용하기란 어렵습니다. 온 지구상의 모든 사람에게 환난이 온다는 의미는 중동이나 한반도 그리고 호주와 남극 극지 연구소, 캐나다 북극 지역 에스키모 사람들 물론 아프리카 밀림 지역 부족, 아마존의 부족들 모두에게 환난이 동시에 임한다는 것인데, 이것은 오늘날 관점으로 보면 혜성 충돌이나 5대양 6대륙에서 지진과 화산 폭발이 동시에 일어나는 상황으로 생각됩니다. 이러한 상황을 믿음으로 상상해 본다면 지금 우리가 해야 할 일이 무엇인지, 우리가 어떻게 지내야 할 것인지 명확합니다.

예수님이 메시아로서 사명을 감당하는 길목에서 2,000년 뒤 대전의 저를 걱정하는 것은 '내 마음이 둔하여지는 것' 때문입니다. 내 마음이 둔하여지는 것은, 내 마음이 무엇에 의해 길들어지는 것입니다. 생활의 염려로 늘 고민하고 걱정하며 신세 한탄을 하는 과정에서 내 마음이 환난의 날이 온다는 것을 망각하게 된다는 의미입니다. 혹은 자신이 좋아하는 것을 즐기다 보면 내 마음이 그것에 빼앗겨, 환난의 날이 온다는 것을 믿지 않게 된다는 의미입니다.

자전거로 출퇴근하면서 이른 아침 길거리에서 천 원 지폐를 연거푸 발견하여 줍고 나서, 저의 눈은 앞을 보기보다는 땅을 보는 시간이 더 많았는데, 그때 만원을 길에서 발견하고 또 줍게 되었습니다. 그 이후로 저는 땅만 보고 자전거를 타고 있는 나 자신을 발견하고서 깜짝 놀랐습니다. 연거푸 3번 돈을 주우니 내 마음은 둔하여 땅만 보고 가게 된 것이었습니다. 이렇게 우리들의 마음은 쉽게 둔해지기 때문에 늘 기도하며 깨어 있으라고 2,000년 뒤에 만날 저에게 신신당부하시는 예수님의 마음입니다. 메시아로서 포기하지 않는 열정입니다.

자신을 위한 메시아 기도(눅 22:39-44)

예수님은 사람의 아들로 왔습니다. 완전한 인간입니다. 그는 메시아로서 정체성을 알기 위해 듣기도 하고, 묻기도 하며 지혜가 자랐습니다. 그는 부모님 그리고 동생들과 함께 오래도록 가족 구성원으로서 살았습니다. 그가 세상을 향하여 자신의 정체성을 드러내야 할 때, 그는 광야에서 40일 동안 시험을 받으셨습니다.

메시아의 사명을 이루기 위한, 사람으로서 받았던 그의 고통을 감람산 기도를 통해 알아보겠습니다. 예수님은 습관을 따라 감람산에 가셨으며, 혼자가 아닌 제자들과 함께 갔습니다. 예수님은 제자들에게도 기도하도록 부탁을 하고서, 돌 던질 만큼 가서 무릎을 꿇고 기도하였습니다. 예수님은 "아버지여 만일 아버지의 뜻이거든 이 잔을 내게서 옮기시옵소서 그러나 내 원대로 마시옵고 아버지의 원대로 되기를 원하나이다"라고 기도를 드립니다.

예수님의 기도 속에 우리가 느낄 수 있는 것은, 아버지 하나님의 뜻과 예수님이 원하는 것이 서로 다름을 알 수 있습니다. 그러나 그 선택은 하나님이 하도록 기도합니다. 하나님 마음의 100%를 알고 있는 예수님은, '왜 자신의 원하는 것이 하나님의 마음과 일치하지 않았을까?'를 생각해 봅니다. 그것은 예수님이 100% 사람이었기 때문입니다. 사람의 본능적 한계로 인하여 죽음에 대한 근본적인 불안감을 지닌 존재이기 때문입니다. 이런 관점에서 본다면 지금 우리와 그는 사람으로서 동일하다는 의미입니다.

한편 성경을 보면, 예수님의 기도하는 모습을 "힘쓰고 애써 더욱 간절히 기도하시니 땀이 땅에 떨어지는 핏방울같이 되더라"라고 기록하고 있습니다. 우리가 일상에서 핏방울을 본다는 것은 상처가 너무 심해 피가 엉겨 붙을 수 없는, 매우 위급한 상황을 의미합니다. 땀이 핏방울같이 되어 땅에 떨어진다는 것은 예수님의 마음이 얼마나 간절하고 절실하며 또 긴박한 순간이 다가옴을 느끼고 있었음을 알 수 있습니다. 메시아로서 결코 포기할 수 없는 사명을 위해 절박한 기도를 하는 예수님입니다.

배반과 희롱 속의 침묵(눅 22:54-65)

감람산 기도 후에 예수님은 대제사장들과 성전의 경비대장들과 장로들과 함께 온 무리에 의해 잡혀가는 혼란스러운 상황에 제자 중 한 명이 대제사장의 종을 칼로 쳐 그 오른쪽 귀를 떨어뜨리지만, 이내 곧 그 귀를 치유해 줍니다. 그리고 나서 이제 어둠의 권세를 지닌 너희의 때가 이르렀다고 말씀하고서, 예수님은 대제사장의 집으로 끌려갑니다. 이때 감람산에서 함께 있었던 제자 한 명이 멀찍이 따라갑니다.

그는 사람들이 뜰 가운데 불을 피우고 함께 앉아 있는 곳에 그들 가운데 함께 앉아 있었는데, 한 여종이 이 제자를 보고 주목하여 이 사람도 그와 함께 있었느니라 하니, 이 말을 듣는 제자가 극구 부인합니다. 그 제자가 반복하여 예수님과 같은 도당이라고 듣자, 또 놀라 아니라고 부인하고, 세 번째 부인할 때 예수님과 그 제자의 눈빛이 마주쳤습니다. 무안한 예수님의 눈빛 속에 그 제자의 부인하는 말 속에 담긴 상처를 치유해야 하는 사랑이 그려졌습니다.

대제사장의 집에서 예수님은 많은 사람에게 희롱을 당합니다. 예수님의 눈을 가리고 무리는 묻습니다. "선지자 노릇을 하라 너를 친 자가 누구냐"라는 말로 예수님을 희롱하고 욕하고 때렸습니다. 몇 시간 전만 하더라도, 예수님은 귀가 벤 사람의 귀를 만져서 고통을 치유한 권능을 보였으나 지금은 오직 침묵으로 일관합니다. 우리와 성징이 같은 사람이었기 때문에 그는 메시아의 정체성을 포기하고 무리의 요구에 인간으로서 반응할 수도 있었는데, 그는 그렇게 하지 않고, 다만 메시아로서 사명을 위해 깊은 고난의 늪에 들어가게 됩니다.

7. 수난 그리고 결코 포기하지 않은 메시아의 길

밤을 꼬박 새우며 자신을 둘러싼 사람들과 군병들에게 시달림을 받은 예수님은 날이 밝자, 공회 앞에 서게 되었습니다. 예수님은 먼저 자신의 동족으로부터 종교적 관점에서 판단을 받게 되었습니다. 그들은 예수님에게 묻습니다. "네가 그리스도이거든 우리에게 말하라"

여기서 유대인들이 그리스도에 대한 생각이 무엇인지 성경 말씀을 기준으로 설명하겠습니다. 그들의 신앙은 그리스도가 오면, 그때는 '이리가 어린 양과 함께 살며, 표범이 어린 염소와 함께 누우며, 송아지와 어린 사자와 살진 짐승이 함께 있어 어린아이에게 끌리며, 사자가 소처럼 풀을 먹을 것이며, 젖 먹는 아이가 독사의 구멍에서 놀고 손을 넣을 것이라'고 믿었습니다. 그런데 지금 유대 땅은 로마의 식민지로 정치적으로 독립된 나라가 아니며, 이방 민족에 오히려 침략받은 상태입니다. 그래서 그들은 "당신이 그리스도이거든, 우리들의 현실의 문제를 먼저 해결해야 하지 않는가?"라고 예수님에게 묻고 있는 것입니다.

이런 마음을 이미 잘 알고 있는 예수님은, 믿음의 깊이와 넓이 그리고 높이가 다른 무리에게 제한된 공간과 시간에서 하나님의 깊은 사랑을 온전히 전달할 수 없었기에 요약된 결론으로 응답합니다. "내가 말할지라도 너희가 믿지 아니할 것이요 내가 물어도 너희가 대답하지 아니할 것이니라 그러나 이제부터는 인자가 하나님의 권능의 우편에 앉아 있으리라"라고 대답을 합니다.

이 말을 들은 군중들은 자신들이 듣고자 하는 '이제 지금부터는 이방 민족인 로마 군대랑 우리가 함께 마시고 누우며 평화가 회복되고,

모든 애통함 속에 있는 사람들이 치유될 것이다. 왜냐하면 나는 너희들이 믿는 그리스도이기 때문이다.'라는, 기대했던 응답이 아니기 때문에 다시 모두 큰소리로 묻습니다. "그러면 네가 하나님의 아들이냐"라는 무리의 위협스러운 함성에 예수님은 응답합니다. "너희들이 내가 그라고 말하고 있느니라" 이 말이 자신을 어떤 궁지로 몰아넣을 것인지 명확하게 알고 있는 상황에서도, 자신의 정체성을 결코 포기할 수 없기에 예수님은 그렇게 선포합니다.

예수님 스스로 자신은 하나님의 아들이라는 공개적인 말을 들은 무리는 더 이상 기다릴 이유가 없습니다. 사실, 성경의 앞뒤 문맥을 조금만 생각해도 무리는 대제사장과 백성의 장로들에 의해 조종당하고 있음을 예측할 수 있습니다. 기득권 세력에 편승한 몇몇 사람들이거나 혹은 가룟 유다가 포섭된 것처럼 이해관계에 얽매인 사람들이 선동하여 무리를 만들고, 그 무리를 자기들이 원하는 방향으로 이끌고 있는 상황입니다. 그래서 무리는 예수님을 유대 땅의 통치권자인 로마 총독 본디오 빌라도에게 끌고 갑니다. 그들은 이방인 총독에게 고발합니다. 그가 유대인의 왕이라고 정치적인 발언을 하였으니, 정치적으로 총독인 빌라도께서 심판하여 처단해 달라는 의도입니다.

그런데 이것은 창피스러운 일입니다. 종교적으로 판단하여 죄를 지었는데, 정치적으로 심판하여 그 죄값을 받도록 하는 것은 논리적으로 적절하지 않다는 것입니다. 최소한 유대인들의 논리와 삶의 합리성으로 비추어 볼 때 그렇다는 것입니다.

빌라도는 아침부터 수많은 사람이 몰려와 왜소한 시골 청년 한 사람을 붙잡고서, 재판해 달라고 하니 어안이 벙벙하였을 것입니다. 죄목이 '유대인의 왕'으로 내게 고발을 하였다면 최소한 법정에 선 사람을 따르는 생포된 반란군 몇 명이 함께 오는 것이 상식으로, 그는 생각하였을 것입니다. 물론 증거물로 칼과 창과 방패 등 무기들도 사람 앞에 놓여야 합니다. 아무리 양보를 한다 하더라도, 빌라도 자신 앞에 선 사람이 씩씩한 군인처럼 보여야 합니다. 그런데 그 사람의 몰골이라는 것이, 간밤에 한숨도 못 잔 초췌한 모습에 어디를 보더라도 반란을 일으킬 만한 사람이 아니다는 것을 단박에 느낀 빌라도는 고발하는 무리의 상황을 먼저 파악합니다. 그 역시 무리를 더 악화시켜 폭동으로 이어지지 않도록 정치적 행동을 할 필요가 있었기에, 예수님에게 묻습니다. "네가 유대인의 왕이냐"

예수님의 대답은 간단명료합니다. "네 말이 옳도다"

대제사장들과 무리 앞에서 나름대로 형식을 갖춘 빌라도는 "이 사람이 죄가 없도다"라고 심판을 합니다. 그리고 이 청년이 갈릴리 사람이라는 것을 안 빌라도는 갈릴리를 다스리는 헤롯이 마침 예루살렘에 와 있었기 때문에 그에게 예수님을 보냅니다.

헤롯은 예수님을 보자 기뻐합니다. 왜냐하면 그는 예수님에 대하여 소문을 들었는데, 그 소문의 진실을 확인할 수 있는 기회이기 때문입니다. 그가 들었던 여러 가지를 예수님에게 묻습니다. "죽은 사람을 살렸다고 하는데, 그 이적을 지금 보여 주면 좋겠는데…. 나병 병자를 고쳐주었다는데, 그 신기한 일을 지금 보여 주면 안 될까? 물 위를 걸었다고 들었는데, 어떻게 그것이 가능하지? 어린이가 내민 물고기 두 마리와 떡덩이 다섯으로 수많은 사람을 먹였다는데, 지금 이곳에 맛있고 멋진 아침 식사를 할 수 있도록 해 주면 안 될까?" 이렇게 헤롯은 예수님에게 그동안 들었던 이적들을 행하도록 강요하지만, 예수님은 침묵할 뿐입니다.

옆에 있던 대제사장들과 서기관들이 헤롯을 거들며 예수님을 업신여기며 마음을 어지럽게 만들었으나 예수님은 묵묵무답입니다. 그러자 헤롯은 예수님을 빌라도에게 되돌려 보냅니다. 그는 예수님을 심판하기에 정치적 뿐만 아니라 종교적으로도 부담이 있었기 때문입니다.

빌라도는 예수님을 다시 보자 당혹스럽게 대제사장들과 관리와 백성들에게 "너희들이 나에게 고발한 이 사람이 백성을 미혹하고 자기가 유대의 왕이라고 하여 심문하였더니 이 사람에게 죄를 찾지 못하였고 헤롯도 그를 심문하였으나 별다른 죄를 찾지 못해 나에게 다시 돌려보냈는데 내가 적당히 때려서 놓아주겠다"라고 말합니다.

빌라도는 왕이라고 말하는 사람이 아무런 대응을 하지 않으니, 대제사장들과 백성들의 고발을 이해할 수 없었던 것입니다. 그러나 무리의 함성은 매우 컸고, 그들을 폭동으로 만들 수 없기 때문에 빌라도는 군중들의 욕구를 충족시킬 계략으로 예수님을 때린 다음에 놓아주겠다 합니다.

그러나 이미 기득권 세력에 의해 선동된 무리는 예수님을 십자가에 못 박으라고 소리칩니다. 빌라도는 거듭 무리에게 묻습니다. "이 사람이 무슨 악한 일을 하였느냐 나는 그에게서 죽일 죄를 찾지 못하였나니 때려서 놓으리라"라고 하니, 무리가 더 큰소리로 재촉하여 "그를 십자가에 못 박게 하소서" 하고 외칩니다. 결국, 빌라도는 무리의 폭동을 우려하여 그들이 원하는 대로 언도를 하고서 예수님을 무리에게 넘겨줍니다.

이때 예수님의 마음은 어떤 상태였을까요? '낙담, 제자들마저 부인하고 뿔뿔이 흩어져 도망간 때에 그 누구도 곁에 없으니, 3년 동안 함께 먹고 자고 전도하고 다녔던 그 관계가 거품이었는가! 배반, 먹을 것이 없어 힘들어하던 때에 물고기와 떡덩이로 배불리 먹여 주었던 이 사람들이 왜 이렇게 나를 십자가에 못 박으라 외치는가! 배은망덕한 사람들, 내가 이런 사람들을 위해 병자를 고치고, 천국을 가르치고 선포하였을까? 평화, 내가 알고 아버지 하나님의 섭리대로 나의 갈 길을 가고 있으니 비록 고통스럽지만 참고 순종하는 나의 속마음은 평안하다.' 우리는 예수님의 속마음을 알 수 없지만, 아마도 이런 여러 느낌이 순간적으로 교차하지 않았을까 생각해 봅니다.

하지만 성경 기록에 의하면 예수님의 마음은, 용서하는 것입니다. 예수님께서 산에서 제자들과 무리를 향해 천국을 소유하는 삶과 기도하는 방법과 내용에 대하여 가르칩니다. 그리고 덧붙이는 요구가 바로 용서입니다. 용서는 땅에서 천국을 소유할 수 있는 가장 확실한 방법입니다. 왜냐하면 우리가 이웃을 용서하지 않으면, 하늘에 계신 아버지도 우리를 용서하지 않는다고 예수님께서 선포하셨기 때문입니다. 예수님도 십자가에서 자신을 못 박는 사람과 조롱하고 희롱하는 무리를 위해 아버지께 기도드립니다. "아버지여 저들을 용서하여 주옵소서"

그 당시 십자가 처형은 저주받은 가장 고통스러운 형벌이며, 죄인 스스로 십자가를 매고 가야 합니다. 십자가 위에 달릴 때는 옷을 벗은 벌거벗은 상태로 달립니다. 그런데 예수님은 잘 먹지 못했고, 잠을 못 잤고, 피곤함과 고통 가운데 십자가 나무를 끌고 갈 수가 없었습니다. 그래서 구레네 사람을 붙들어 그가 십자가를 지고 가도록 합니다. 예수님의 피곤함과 몰골을 우리는 짐작할 수 있습니다. 예수님의 모습은 볼품없는 사람입니다. 군인들에게 희롱당하고, 회초리로 매 맞고, 무리에게 조롱당하고, 결국은 벌거벗은 채로 십자가에 달리게 됩니다.

벗겨진 예수님의 옷을 가지기 위해 십자가 아래 사람들이 제비를 뽑고, 또 한 무리 관리들은 비웃으며 "네가 남을 구원하였으니 만일 네가 하나님이 택하신 사람 그리스도이면 너 자신도 구원할 수 있으니 그 구원을 지금 보여라"라고 조롱하고 있습니다.

잠시, 십자가에 달린 예수님의 모습을 상상해 보시기 바랍니다. 예수님은 이미 전날 저녁부터 먹은 것이 거의 없었습니다. 늦은 밤까지 쌀쌀한 날씨의 산에서 산 기도를 하면서 마치 땀 방울이 핏방울이 되듯이, 온 힘을 다하여 간절히 기도 함으로 그의 육신은 피곤함에 지쳐 있었습니다. 자신의 제자 중 한 사람과 함께 온 군인들로부터 생포되어 한밤중에 대제사장의 집으로 끌려갔습니다. 그때부터 이미 무리에게 조롱과 모멸감을 받으며, 그의 육신은 채찍에 노출되었습니다. 결국은 십자가 처형으로 심판을 받자, 이제는 죄인으로서 무리 앞에 서게 되었습니다.

누구든지 말로, 돌로, 채찍으로 예수님을 희롱하고 때려도 문제가 되지 않게 되었습니다. 관습에 따라 죄인의 옷은 벗겨지고, 부끄러운 모습과 연약한 육체를 그대로 드러낸 채 예수님은 십자가에 달려 골도다 언덕 위에 서게 되었습니다. 한 마디로 그 어디를 보더라도 그가 세상을 구원할 메시아로서 인정할 수 없는 처참한 사형수일 뿐입니다. 마치 그 옆에 또 다른 두 명의 죄인들처럼 말입니다.

예수님의 십자가 옆에는 두 사람이 세상 죄로 인하여 동일한 모습으로 자기 십자가 위에 달려 있었습니다. 한쪽의 죄인은 십자가 아래 모인 관리와 그의 무리처럼 예수님을 조롱하고 있습니다. "네가 그리스도라고 말하지 않았느냐 너 자신과 우리를 구원하여 그리스도임을 지금 증명해 봐"라고 십자가 위에서 자신과 다를 바 없는 처참한 몰골의 예수님을 무시하는 듯 조롱합니다. 그러나 다른 한쪽의 십자가에 달린 죄인은 엉망진창인 예수님을 가난한 심령으로 바라보며 천국을 소망하는 기도를 예수님께 드립니다. "예수여 당신의 나라에 임하실 때에 나를 기억하소서"

예수님은 갈릴리에서 복음을 선포하는 그 마음으로 반응합니다. 처참한 자신의 모양과 상관없이 자신을 그리스도로 믿고, 고백하는 죄인에게 구원의 은총을 주십니다.

여기서 한 번 더 예수님의 마음을 곰곰이 생각해 봅니다. 예수님은 인간의 가장 힘든 고통 속에서 목마름, 부끄러움, 아픔, 외로움, 무시, 왜곡, 거절, 절망을 느끼며 모든 인간이 경험한 애통의 깊이만큼 힘든 상황에 놓여 있었습니다. 더군다나 어디 한 사람도 나의 친구가 없고, 나를 인정하는 사람이 없을 때, 그럴 때, 이런 힘든 상황 속의 자신을 메시아로 믿는 영혼에게, 자신의 정체성에 따라 사명을 완수하십니다.

어떤 상황 속에서도, 마지막까지, 자신의 사명을 포기하지 않은 예수님 삶의 태도의 결정체가 바로 십자가 위에 있었습니다.

힘들고 어려울 때 나의 본분을 지키고, 나의 사명을 완수하기 위해 최선을 다한다는 것은 몹시 어려운 일입니다. 그러나 그는 극단적인 죽음의 고통과 심각한 외면과 무시 속에서도 자신의 정체성, 메시아, 그리스도임을 결코 포기하지 않았습니다.

내가 만난 예수님께서 저에게 주시는 첫 번째 메시지는 십자가 위에 달린 채, 자신의 사명을 완수하시는 모습 속에 나의 삶과 연계된 믿음, 소망 그리고 사랑의 범위와 깊이 만큼의 꿈과 의(Righteousness)를 위해 결코 포기하지 말라는 것입니다. 언제까지? 천국에서 예수님 만날 때까지입니다.

제2장

너는 세상에 딱 한 명인
존귀한 생명

자연과학은 인류의 문자 발명 그리고 고대 그리스의 자연철학을 배경으로 시작하였습니다. 유럽은 인도에서 발명한 숫자를 전달받았으며, 그 이후 코페르니쿠스의 『천구의 회전에 관하여』라는 책이 1543년 출판되면서 보편적인 우주관을 변혁시키는 사고의 개혁이 시작되었습니다. 뒤이은 영국의 아이작 뉴턴이 만유인력의 법칙을 확립하여 자연과학의 기초를 제공하였습니다.

　이러한 자연과학의 한 분야인 물리학에서 물리상수를 통해 우리 인간의 다양성과 독특성을 생각해보았습니다. 물리상수(物理常數, physical constant)는 값이 변하지 않는 물리량을 의미합니다. 그 값은 실험을 통한 측정치입니다.

　1687년 뉴턴의 『자연철학의 수학적 원리(Philosophiae Naturalis Principia Mathematica)』에 의해 중력의 세기를 나타내는 중력 상수(重力常數, gravitational constant, $6.672\ 59(85) \times 10^{-11}\ \mathrm{m^3 \cdot kg^{-1} \cdot s^{-2}}$), 화학자 존 돌턴이 1800년쯤 원자질량단위로 수소 원자를 제안했으며, 그 이후에 원자나 분자 따위의 질량 표준 단위로 원자질량단위(原子 重量 常數, unified atomic mass unit, 1.660 538 73(13) × 10^{-27}kg)가 도입되었습니다.

1850년경에 빛의 속도(2.99792458×10^8 m·s^{-1})를 측정하기 위해 프랑스 물리학자 이폴리트 피조와 레옹 푸코는 실험장치를 만들었으며, 1865년 요한 요제프 로슈미트가 이상 기체 법칙을 이용해 1mol의 구성 입자(원자, 분자, 이온 등) 속에 들어있는 입자의 수, 아보가드로 수(Avogadro constant, 6.022 141 99(47) × 10^{23} mol^{-1})를 계산하였습니다.

1899년 막스 카를 에른스트 루트비히 플랑크(독일어: Max Karl Ernst Ludwig Planck)는 양자역학 상수인 플랑크 상수(6.626 070 040(81) × 10^{-34} J·s)를 발견합니다. 1915년에 알베르트 아인슈타인은 「중력의 장방정식」에서 우주 상수(宇宙常數, cosmological constant, 1.1056 × $10^{-52}$$m^{-2}$)를 도입하였습니다.

이러한 상수를 기반으로 인공위성을 우주로 올리고, 달나라에 사람을 보내고, 태양계 밖으로 보이저호를 보내고, 원자력발전소의 노심에서 우라늄 핵분열을 안전하게 관리할 수 있습니다. 그런데 이러한 과학의 발달로 인하여 또 다른 측면의 흥미로운 상수가 제안되고

있습니다. 그것은 유전자를 이루는 기본단위인 핵산(DNA)을 기준으로 서로 다른 사람이 존재할 가능성을 계산한 값입니다. 미국 스탠퍼드 대학 연구팀의 계산에 따르면, 아주 낮춰 잡아도 DNA 차원에서 무려 2,000자리 숫자의 서로 다른 사람이 생겨날 수 있다고 합니다.

이것을 물리상수와 비교하여 생각하면, 극소의 관점에서 물리상수의 지수 값이 마이너스 52 승, 즉 소수점 아래로 52자리 정도 내려가는 것이요, 또 극대의 관점에서 23 승 정도, 즉 24자리 숫자 정도의 범위에서 인간의 과학은 발달하여왔음을 알 수 있습니다. 그런데 서로 다른 사람의 존재 가능성은 무려 10의 2,000 승, 즉 자리 숫자가 2,000이라 하니, 이것은 우리들의 지혜로 결코 판단할 수 없는 범위에 있음을 알 수 있습니다. 따라서 오늘날 자연과학의 관점에서도 우리의 존재는 유일하다는 것을 예측할 수 있습니다. (위키백과와 『오마이뉴스』(www.ohmynews.com)를 참조하였습니다.)

1. 저는 세상에 딱 한 명 있는 존귀한 생명입니다

성경 마태복음은 첫 마디를 "아브라함과 다윗의 자손 예수 그리스도의 계보"라고 시작합니다. 이어서 "아브라함이 이삭을 낳고 이삭은 야곱을 낳고 야곱은 유다를 낳고 유다는 다말에게서 베레스를 낳고 … 살몬은 라합에게서 보아스를 낳고 보아스는 룻에게서 오벳을 낳고 … 다윗은 우리야의 아내에게서 솔로몬을 낳고 …" 이렇게 예수님 어머니의 남편 되는 요셉까지의 족보를 기록하고 있습니다. 이 족보를 찬찬히 보면 궁금한 것이 있습니다. '왜 예수님의 탄생과 관련하여 아브라함을 시작으로 그 족보를 나열하였을까?'

이에 대한 답은 다양하고 많을 것입니다. 다만 본 필자의 믿음으로 판단하건대, 예수님의 탄생이 유대 민족들의 믿음의 체계 안에서 메시아로서 당위성을 강조하고자 하였던 것으로 생각합니다. 메시아에 대한 예언과 언약은 구약성경에 자세히 기록되어 있습니다. 마태는 유대인들이 기다렸던 메시아가 예수님이라는 것이고, 유대인의 관점에서 이방인인 우리가 예수님을 메시아로서 믿는 순간, 믿음에 의한 영혼의 탄생은 예수님의 족보에 연결된다는 것을 함축적으로 설명하고 있다고 저는 믿습니다. 따라서 이러한 믿음을 고백하는 사람은 누구든지 예수님의 족보 안에서 한 몸입니다. 또한, 우리의 얼굴 모양이 다른 것처럼, 우리는 스스로 유일한 존재라는 것을 믿음으로 느낄 수 있게 됩니다.

예수님 안에서 영생을 지닌 존재로서 유일성은 볼 수 없는 믿음의 영역이기 때문에 그 가치를 충분히 느끼기에 부족함이 있습니다. 그래서 영생을 지닌 제 육신의 유일성을 잠시 생각해 보겠습니다.

'천지가 창조된 이래 지금까지 저와 동일한 사람이 지구상에 있었을까?' 생각해 보시기 바랍니다. 만약 저와 비슷한 사람이 있었다면 아마도 그 사람은 백인, 혹은 흑인이 아닌 황인종이었을 것입니다. 물론 그는 한반도에서 태어났을 것입니다. 한반도에 태어난 사람이라도 저와 동일한 사람이라면 전라도 사투리를 쓰는 사람이어야 하고, 아무래도 저와 동일한 사람이라면 저를 낳아준 부모님이 동일해야 확률론적으로 저와 동일한 사람이 될 가능성이 아주 큽니다. 따라서 저와 똑같은 사람은 내 형제 중에 한 사람이 될 가능성이 아주 큽니다. 다행히도 저에게는 형님도 있고 동생도 있습니다. 형님과 저를 비교한다면…… 외모부터 별로 닮았다고 말하기 어렵습니다. 생각의 틀은 더욱이 다릅니다. 동생도 외모로 비교해 볼 때, 저보다 키가 크고 덩치도 커서 저와 비슷하다는 느낌을 주기에는 부족합니다. 내 가족 중에 외모와 생각의 틀, 즉 내면세계의 관점에서 판단할 때, 저와 동일한 사람은 없습니다.

그렇다면 저를 닮은 제 자녀 중에 저와 동일한 사람이 있을 수 있겠습니다. 다행스럽게 저에겐 딸도 있고 아들도 있습니다. 딸은 근본적으로 저와 동일할 수 없고, 아들이 저와 동일할 수 있겠는데, 아들 역시 외모로는 저와 비슷하다는 것을 약간 느낄 수 있겠으나 키도 저보다 크고, 생긴 것도 약간 닮은 듯해도 다릅니다. 성격은 말할 것도 없이 21세기의 일반적인 청년으로서 저와 다르다는 것을 확연히 느끼고 있습니다. 그렇다면 저의 손자와 혹시 동일한 사람이 있을까 생각해 볼 수 있는데, 아직 손자를 볼 수 없어서 나 자신과 직접 비교할 수 없고, 다만 저의 아버지와 손자들 간의 동일성을 비교해 보겠습니다. 친손자 셋 그리고 외손자 둘 중에 동일한 느낌을 풍기는 사람은 없습니다. 따라서 내 후손 중에 저와 동일한 사람도 존재할 가능성이 없습니다. 결론적으로 저와 동일한 사람은 지구의 역사 속에 결코 존재할 수 없다는 것을 알게 되었습니다. 이것은 예수님이 다시 이 땅에 오실 그때까지 결코 없다는 것입니다.

예수님의 족보를 보면서 느꼈던 메시아로서 유일성만큼이나 저의 존재의 가치도 유일성 측면에서 대단하다는 것을 느끼게 됩니다. 존재론적 관점에서 우리 모두는 지구상에서 유일한 존재입니다. 저와 동일한 사람은 이 땅에 결코 다시 태어나지 않습니다. 이것만 우리 스스로 느끼고 깊이 생각한다면 나 자신이 얼마나 소중하고 귀한 존재인지 알 수 있습니다.

예수님의 족보를 자세히 보면 남자 중심으로 기록된 것인데, 그 가운데 여성들이 몇 명 등장합니다. 첫 번째 등장하는 여성이 다말입니다. 다음으로 라합, 룻, 우리야의 아내 그리고 마리아입니다. 이 여성들이 예수님의 족보에 명시된 이유가 무엇일까요? 그것은 구약성경과 신약성경의 역사성을 잘 표현하고 있는 상징적인 의미가 담겨 있습니다.

유다와 다말의 관계는 시아버지와 며느리 관계입니다. 구약성경 창세기 38장에 어떻게 다말이 베레스를 낳게 되는지 그 내용을 매우 자세히 기록하고 있습니다. 창세기는 우주의 창조와 더불어 인류의 시작과 인류의 근원적인 죄에 대한 것을 기록한 책입니다. 창세기 38장에 기록된 유다와 다말의 관계로 하나님의 관점과 우리들의 관점이 다르다는 것을 느낄 수 있는 부분입니다. 예수님의 족보의 한 부분은 하나님의 깊은 관여가 숨겨져 있다고 생각하면 될 것입니다.

비슷하게 두 번째 기록된 라합 여성 역시 여호수아 2장과 6장에 그녀의 이야기가 자세히 기록되어 있습니다. 그녀는 이방인입니다. 선택받은 민족으로 절대적인 우월 의식 속에 민족을 이끄는 그들에게 이방인의 피가 섞였다는 것은 무엇을 의미하겠습니까? 선택받은 민족이라는 은총은 창조주 하나님의 섭리 안에 있음을 시인하는 것으로 본 필자는 생각합니다. 이것은 본능적으로 부모가 자식을 사랑하는 것과 같은 이치입니다. 세 번째 기록된 '룻'이라는 여성 역시 이방인입니다. 성경 룻기에 이에 관한 이야기가 자세히 기록되어 있습니다.

족보에 조상님의 매우 큰 실수를 기록하여 후손들이 그 실수를 알도록 한다면 누구든지 의아하게 생각할 것입니다. 지금 이 글을 쓰고 있는 나 자신도 나의 부끄러운 죄를 말로도 고백하기 어려운데, 공개적으로 이 책에 기록하여 예수님 다시 오시는 그 날까지 두고두고 민망하게 나의 후손들이 알도록 한다는 것은 참으로 힘들고 부끄러운 일입니다. 그런데 세상을 구원하기 위해 온 메시아, 다윗의 자손이라고 먼저 선언하는 예수님의 족보를 기록하는 사람이, 다윗의 죄를 그대로 명확하게 알 수 있도록 "…다윗은 우리야의 아내에게서 솔로몬을 낳고…"라고 선포합니다. 앞서 언급된 여인들과 사뭇 다르다는 것을 알 수 있고, 기록된 표현 그 자체로서 다윗이 심각한 죄를 범하였음을 알 수 있습니다. 오늘날 윤리 의식으로 본다면 다윗은 성폭력 현행범으로 바로 감옥에 갈 사람입니다. 그런 사실을 예수님께서 다시 오실 그 날까지 세상의 모든 사람이 알도록 예수님의 족보에 다윗의 범죄를 기록한 이유가 무엇일까요?

솔직히 글쓴이는 잘 모르겠습니다만, 역사를 기록하는 사람에게 가장 중요한 덕목은 정직한 것입니다. 거짓이 가미된 것은 훗날 그 진의를 판단하기 어렵고, 이것으로 인하여 진리가 왜곡됩니다. 사실을 숨길 수 없는 마음, 진리가 승리한다는 믿음 그리고 정직하게 세상을 살라는 것으로 생각할 뿐입니다.

성경은 사실을 사실대로 기록하여, 새롭게 예수 그리스도의 이름 안에서 피조 세계의 연약함과 이기심과 본능을 수용하고 인정하는 섭리가 그 안에 담겨 있다고 또한 믿습니다.

간추린 예수님의 족보를 통해 예수님의 메시아로서 당위성과 유일성 그리고 예수님을 메시아로 고백하는 사람도 누구나 그 족보 안에서 유일하다는 것을 생각하였습니다. 또한, 그 족보에 기록된 여인들을 통해 느끼는 유일하다는 것이 의미하는 것은 창조주와 피조물 간의 절대적 차별성, 피조 세계 전체를 포함하는 보편성 그리고 정직할 때 그 유일성으로서 존재적 가치를 유지할 수 있다는 것을 생각해 보았습니다.

'나는 세상에 딱 한 명 있는 존귀한 생명이다.'라는 선포는 피조물로서 '나는 우주의 만물 속에 잠재된 창조주의 성품을 보편적으로 지닌, 정직한 존재'라는 것을 의미합니다. 곧 내가 세상에서 유일한 존재라는 것은, 타인도 나와 동일하게 유일한 존재이며, 따라서 우리 모두는 서로를 인정하고 창조주의 성품을 지닌 정직한 존재로 살 때 그 존귀함은 유지된다는 것입니다.

2. 나는 머리털까지 다 센 존귀한 생명입니다

　예수님도 저처럼 어머니가 있었습니다. 저의 어머니는 이제 허리가 굽었습니다. 저의 기억 속에 어머니께서 저를 훈련시킨 것 중의 하나는 "남자는 모름지기 줏대가 있어야 한다."였습니다. 옳고 그름이 명확해야 하고, 나설 때와 그렇지 않을 때를 구별할 줄 알아야 한다는 의미로 저는 가슴에 담고 있습니다. 또 다른 기억 속에, 늦잠 때문에 잠자는 방안에서 물벼락을 맞았던 철부지였던 제가 생각납니다. 예수님이 어릴 때 크면서 얼마만큼 어머니의 마음을 힘들게 하지 않고 자랐는지 궁금합니다. 물론 우리는 간단하게나마 앞서 이 부분에 대하여 생각하였습니다. 최소한 누가가 기록한 복음서에 의하면 예수님도 그의 부모님에게 걱정을 끼친 사실은 있었습니다. 예수님도 어머니와 아버지의 보호 아래 자랐음을 성경을 통해 우리는 잘 알 수 있습니다. 어떤 점에서 예수님은 자신의 탄생으로 인하여 많은 아기가 죽었다는 것을 훗날 알고서 얼마나 큰 가슴앓이를 하였을지 우리는 상상할 수 있습니다(마태복음 2:13-18). 예수님도 저와 동일한 사람이었습니다. 예수님은 평범한 사람들, 즉 어부, 세리 그리고 일상에서 일하는 사람들을 불러 세우시고 나서 그들을 훈련시키며 하는 말씀이 마태복음 10장 1-42절에 자세히 기록되어 있습니다. 잠시 그 말씀을 통해, 예수님께서 지니고 계신 천국에 대한 지식과 그동안의 삶의 경험과 지혜를 간접적으로나마 느끼면서 왜 우리가 존귀한 존재인지 그 의미를 나누겠습니다.

예수께서 이 열둘을 내보내시며 명하여 이르시되 이방인의 길로도 가지 말고 사마리아인의 고을에도 들어가지 말고 오히려 이스라엘 집의 잃어버린 양에게로 가라 가면서 전파하여 말하되 천국이 가까이 왔다 하고 병든 자를 고치며 죽은 자를 살리며 나병 환자를 깨끗하게 하며 귀신을 쫓아내되 너희가 거저 받았으니 거저 주라 너희 전대에 금이나 은이나 동을 가지지 말고 여행을 위하여 배낭이나 두 벌 옷이나 신이나 지팡이를 가지지 말라 이는 일꾼이 자기의 먹을 것 받는 것이 마땅함이라

위의 예수님이 제자들을 향한 명령들을 촘촘히 살펴보면, 예수님의 천국에 대한 지식을 가늠할 수 있습니다. 본문 말씀에서 제자들이 훈련받은 목적은 "천국이 가까이 왔으니 회개하고 천국에 우리 모두 함께 가자"를 이웃에게 전달하기 위함입니다. 그런데 이웃의 범위가 본문에서 선택받은 유대인들로 제한되고 있습니다. 이것은 예수님의 첫 번째 천국의 지식으로 생각할 수 있습니다. 즉 예수님께서 성경을 읽고 메시아로서 그 사명을 감당하는 데 그 범위가 유대인들에게 제한적이었음을 알 수 있습니다. 물론 이 제한된 범위는 예수님 부활 이후에 제자들에게 주는 명령에는 땅끝까지 모든 민족으로 확대됩니다(마태복음 28:1-20). 우리들의 존귀함은 작은 것에서 시작하여 점차 확대·성숙해지는 것을 알 수 있겠습니다.

또한, 본문에 의하면 천국의 구성원들은 문제를 지닌 사람들이 먼저 선택된다는 것도 느낄 수 있습니다. 제자들이 세상에 나가 그들의 목적을 이루기 위한 일차적 목표는 병든 사람을 고치고, 마음의 상처로 인하여 죽은 영혼을 살리고, 천벌이라 불리는 나병 환자를 깨끗

하게 하는 일이었습니다. 이들은 보편적인 세상의 상식으로 볼 때, 죄인이고 불행한 사람들입니다. 이들의 문제를 먼저 해결함으로 천국의 구성원들이 더 늘어만 가도록 하는 것이 예수님의 마음이었습니다. 세상에서 지극히 작은 자들로 평가받은 사람들을 먼저 생각하는 예수님의 마음은 곧 이 땅의 모든 사람을 평등하게 귀한 존재로 생각하고 있음을 우리는 알 수 있습니다. 인간의 존귀함은 그의 처지와 상관없이 보편적이며 평등합니다.

예수님의 천국 지식, 세 번째는 공짜라는 개념입니다. "거저 받았으니 거저 주라"는 말씀에서 천국은 모든 것이 공짜라는 것을 짐작할 수 있습니다. 천국 구성원이 되는 것도 공짜로 선택받았으니 당연히 공짜, 구성원들의 문제 해결의 능력을 받은 것도 공짜였으니 당연히 그 대가를 받지 말라는 것입니다. 우리들의 존귀함을 서로 인정하고 북돋아 주는 행위는 그저 공짜입니다. 우리는 누구에게나 존귀함을 볼 수 있고, 선포할 수 있습니다. 다만 예수 그리스도 이름으로 훈련을 받는다면 말입니다.

그런즉 그들을 두려워하지 말라 …… 몸은 죽여도 영혼은
능히 죽이지 못하는 자들을 두려워하지 말고 오직 몸과 영혼
을 능히 지옥에 멸하실 수 있는 이를 두려워하라

  참새 두 마리가 한 앗사리온에 팔리지 않느냐 그러나 너희
아버지께서 허락하지 아니하시면 그 하나도 땅에 떨어지지 아
니하리라 너희에게는 머리털까지 다 세신 바 되었나니 두려워
하지 말라 너희는 많은 참새보다 귀하니라 …… 내가 세상에
화평을 주러 온 줄로 생각하지 말라 화평이 아니요 검을 주
러 왔노라 내가 온 것은 사람이 그 아버지와 딸이 어머니와
며느리가 시어머니와 불화하게 하려 함이니 사람의 원수가 자
기 집안 식구리라

  계속하여 예수님이 제자들에게 가르치는 말씀은 상당히 무겁습니
다. 쉬운 듯하면서도 예수님을 따르고 그 말씀을 이웃에게 알린다는
사명을 이루려는 사람들이 반드시 지녀야 할 지혜가 무엇인지 분명하
게 예수님은 요구하고 계십니다. 두려움의 대상을 바르게 알고 구별
하여 세상 권세에 두려워하지 말라는 것입니다. 장차 우리 모두가 하
나님 앞에서 서는 그 날을 기억하여 몸과 영혼을 심판하는 그 권세를
두려워하라는 것입니다. 또한, 그 사명을 받은 사람의 존귀함은 공중
의 참새에 비유하여 그 가치의 무한함을 역설하고 계십니다. 여기서
예수님의 말씀 그 자체의 존귀함으로 인하여 예수님 말씀을 받는 사
람들도 존귀하게 됨을 우리는 알 수 있습니다. 계속하여 그 말씀을 이
웃에게 전달하는 사명을 수행하는 데 어려움과 많은 고난이 뒤따를
것을 미리 알려주고 있습니다.
  참새 두 마리가 팔리는 것도 하나님의 섭리 안에서 이루어진다고 예

수님은 선포했는데, 예수님의 말씀을 전하는 사명을 받은 사람이 어떻게 자신의 가족으로부터 오히려 박해를 받을 수 있는지, 이해할 수 없는 것이 우리의 상식입니다. 세상에서 예수님 말씀의 존귀함을 나누는 자에게 그만큼 대가를 내야 한다는 의미로 해석됩니다. 존귀함은 그 가치를 증명하는데, 대가가 필요함을 알 수 있습니다.

> 또 자기 십자가를 지고 나를 따르지 않는 자도 내게 합당하지 아니하니라 자기 목숨을 얻는 자는 잃을 것이요 나를 위하여 자기 목숨을 잃는 자는 얻으리라 너희를 영접하는 자는 나를 영접하는 것이요 나를 영접하는 자는 나를 보내신 이를 영접하는 것이니라

자아 존중감(자존감), 이것은 자신에 대한 가장 귀한 가치입니다. 신앙적 관점으로 자존감을 또 다르게 표현한다면 자아 구원의 확신입니다. 구원의 은혜를 믿고 누리는 것이 자존감을 향상시키는 삶입니다. 그런데 위 본문에서 "자기 목숨을 얻는 자는 잃을 것이요 나를 위하여 자기 목숨을 잃는 자는 얻으리라"라고 예수님은 재차 강조합니다. 여기서 자기 목숨을 얻는 자는 무엇을 잃을 것인지 정확하게 목적어가 명시되어 있지 않습니다. 문맥상으로 살펴보면 곧 구원을 얻지 못한다는 것으로 해석됩니다. 이렇게 해석하면 이어지는 말씀은 '목숨을 잃는 자는 구원을 얻으리라'로 이해가 됩니다. 이 말씀과 존귀함과 연결하여 생각해 보면 구원을 얻는다는 것은 자신에 대한 가장 귀한 가치를 획득하는 것으로 곧 신앙적 자존감의 완성이라고 생각할 수 있습니다. 그 자존감의 완성은 예수님을 위하여 자기 의지를

죽이는 것으로 재해석할 수 있습니다. 우리 스스로 지닌 존귀함은 예수님을 향하여 자신의 욕심을 죽일 때, 그것은 하나씩 더 성숙해 감을 알 수 있습니다.

3. 우리는 천국 비밀을 아는 것이 허락된 존귀한 생명입니다

우리가 자라면서 친구를 사귀게 됩니다. 서로 우정이 깊어질수록 서로의 비밀스러운 것들을 나누면서 자라게 됩니다. 부모님에게 말 못하는 것도 친구에게는 할 수 있습니다. 친구는 그만큼 서로에게 매우 중요합니다. 서로의 비밀을 많이 알면 알수록 단짝이 됩니다. 예수님도 우리에게 중요한 비밀을 알게 하셨습니다. 예수님은 우리에게 친구로 다가왔습니다. 예수님, 자신이 왔던 천국에 대한 것을 우리에게 알게 하셨습니다. 우리는 예수님께서 계셨던 천국을 알 수 있고 또 그곳에서 살 수 있는 특권을 허락받은 예수님의 친구로서 존귀합니다.

예수님은 모여드는 사람들 때문에 집에서 나와 바닷가로 가서 앉았습니다. 앞서 예수님은 성경을 아주 잘 알고 그 말씀대로 살려고 노력하는 사람들(바리새인)과 논쟁을 하였는데, 그 논쟁에서 그러한 사람들을 꼼짝 못 하게 하였다는 소식이 퍼지자 더 많은 사람이 예수님께 다가왔습니다. 왜냐하면 평범한 사람들은 바리새인들을 보면 늘 주눅이 들었는데, 그 사람들의 코를 납작하게 하였던 그 젊은이를 보고 싶고, 또 그의 말을 듣고자 하였기 때문입니다.

예수님은 이러한 백성들의 마음을 알아, 모여든 모든 사람이 자신을 잘 볼 수 있도록 바닷가에서 배 위로 올라가 앉습니다. 많은 사람이 이제 바닷가의 배 위에 있는 예수님을 편안하게 볼 수 있어 적당한 환호가 여기저기 나왔을 것입니다.

"지난번 바리새인들의 코를 납작하게 하였던, 안식일의 주인은 인자라는 그 뜻이 무엇입니까? 우리 무식쟁이들이 알아들을 수 있도록 다시 이야기해 주십시오!"

"옳소, 그래요, 율법을 잘 모르는 우리들도 알도록 쉽게 이야기해 주십시오! 바리새인들은 율법에 '안식일을 기억하여 거룩히 지키라' 는 말씀대로 안식일에 일하지 말라고 하여, 안식일에는 오직 하나님께 예배드리는 것 이외는 아무것도 못 하게 합니다. 그런데 들리는 소문에 의하면 당신은 안식일에 회당에서 손 마른 사람을 고쳐 주었다고 하는데, 그 능력으로 천국의 비밀을 우리에게 알려 주십시오!"

그러자 예수님은 모여든 다양한 사람들, 농사일을 하는 사람들, 양과 염소를 몰며 먹고 사는 사람들, 농산물과 축산물을 받아 장사하는 사람들, 바닷가에서 고기를 잡아 사는 사람들, 세금을 걷어 나라에 바치고 살아가는 사람들, 나라를 지키며 군중들의 폭동을 방지하기 위한 군인들, 종교적인 일로 먹고사는 서기관, 제사장 사람들이 알 수 있도록 비유로 여러 가지 천국 특징을 알려 주셨습니다. 천국 말씀을 씨앗으로 비유하여, 천국은 말씀을 듣고 믿음나무가 자라서 열매 맺는 것과 같다는 것을 설명하였습니다. 농부 아저씨가 씨를 뿌릴 때 씨가 길에, 흙이 얕은 돌밭에, 가시떨기 숲속에, 그리고 좋은 땅에 떨어질 수 있는데, 여기서 좋은 열매를 풍성히 맺히는 곳은 좋은 땅입니다. 그래서 천국 말씀이 좋은 열매로 맺기 위해서는 나 자신이 좋은 땅이 되도록 노력해야 한다는 것을 예수님은 비유를 통해 설명합니다.

또 천국은 좋은 씨를 밭에 뿌린 사람과 같다고 합니다. 좋은 씨를 뿌린 밭에 이해할 수 없는 가라지가 나는 것을 보고 종이 그 가라지를 뽑을 것인지 말 것인지 주인에게 물을 때, 그 주인은 그냥 두라고 합니다. 혹시 가라지 때문에 좋은 곡식까지 뽑힐 수 있기 때문입니다. 여유와 관대함을 느낄 수 있는 곳이 천국입니다. 또 다른 천국의 특징을 알려 줍니다. 작은 겨자씨 한 알이 자라서 큰 나무가 되어 공중의 새들의 집이 되는 것처럼, 천국은 작은 것이 큰일을 도모할 수 있습니다.

계속하여 예수님은 천국 비밀을 들려줍니다. 천국은 숨겨진 진주, 좋은 진주를 찾는 장사, 고기 잡는 그물로 비유됨을 설명합니다. 천국은 숨겨져 있으며, 그 숨겨진 천국을 자기 것으로 소유하기 위해서 적절한 대가를 내야 한다는 것입니다. 또 한편으로 숨겨진 천국은 열정으로, 성실함으로, 근면함으로, 하루하루를 역동적으로 사는 장사하는 사람과 같다는 것을 알려 주셨고, 천국은 심판을 포함하고 있습니다. 다시 말하면, 누구든지 천국에 가면 자신의 행위에 대한 평가를 받는 곳임을 늘 기억하게 하였습니다. 예수님께서는 이러한 천국에 대한 것을 알려주면서, 덧붙여 앞선 선지자와 의인들이 간절히 보고 듣고 싶었던, 그 천국 비밀을 들을 수 있는 우리가 복 받은 존귀한 생명이라고 거듭 강조하여 주십니다.

대답하여 이르시되 천국의 비밀을 아는 것이 너희에게는 허락되었으나 그들에게는 아니 되었나니 무릇 있는 자는 받아 넉넉하게 되되 없는 자는 그 있는 것도 빼앗기리라 그러므로 내가 그들에게 비유로 말하는 것은 그들이 보아도 보지 못하며 들어도 듣지 못하며 깨닫지 못함이니라 이사야의 예언이 그들에게 이루어졌으니 일렀으되 너희가 듣기는 들어도 깨닫지 못할 것이요 보기는 보아도 알지 못하리라 이 백성들의 마음이 완악하여져서 그 귀는 듣기에 둔하고 눈은 감았으니 이는 눈으로 보고 귀로 듣고 마음으로 깨달아 돌이켜 내게 고침을 받을까 두려워함이라 하였느니라 그러나 너희 눈은 봄으로, 너희 귀는 들음으로 복이 있도다 내가 진실로 너희에게 이르노니 많은 선지자와 의인이 너희가 보는 것들을 보고자 하여도 보지 못하였고 너희가 듣는 것들을 듣고자 하여도 듣지 못하였느니라(마태복음 13:11-17)

한편, 예수님도 궁금한 것이 있었습니다. 바로 자신에 대한 중간 평가였습니다. 예수님은 압제받고 고통받는 자기 민족이 기다리고 기다리던 메시아라는 사실을 부모님으로부터 전해 듣고, 기록된 성경에 의해 스스로 확인을 하고 나서 그는 또 그 말씀대로 살았습니다. 회당에서 이사야 말씀을 읽으면서 커밍아웃을 하였고, 여러 마을을 다니면서 병자를 고쳐주고, 귀신들린 자들을 치유해 주고, 많은 사람이 듣고 볼 수 있도록 구릉진 산에 올라 세상에서 어떻게 사는 것이 복받는 인생인지 아주 쉽게 설명해 주고, 산에 내려와 나병 환자, 중풍 병자, 자신들을 침략한 로마 군인의 종을 고쳐주고, 혈루병 여인이 고침받고, 수많은 무리에게 공짜로 밥을 먹여 주고, 결혼 잔칫집에서 물로 포도주를 만들어 축제의 흥이 깨지지 않도록 하였고, 성경을 잘 알고 있는 사람들의 마음도 하나님을 사랑하도록 가르쳐 주었습니다. 한 마디로 동분서주한 예수님이, 세상 사람들은 자신을 어떻게 생각하고 있는지 궁금해서 제자들께 여쭈어 봅니다.

> 예수께서 빌립보 가이사랴 지방에 이르러 제자들에게 물어 이르시되 사람들이 인자를 누구라 하느냐 이르되 더러는 세례 요한, 더러는 엘리야, 어떤 이는 예레미야나 선지자 중의 하나라 하나이다 이르시되 너희는 나를 누구라 하느냐 시몬 베드로가 대답하여 이르되 주는 그리스도시요 살아 계신 하나님의 아들이시니이다 … 이에 제자들에게 경고하사 자기가 그리스도인 것을 아무에게도 이르지 말라 하시니라 이때로부터 예수 그리스도께서 자기가 예루살렘에 올라가 장로들과 대제사장들과 서기관들에게 많은 고난을 받고 죽임을 당하고 제삼일에 살아나야 할 것을 제자들에게 비로소 나타내시니(마태복음 16:13-17)

베드로의 고백을 듣는 예수님은 매우 기뻤습니다. 예수님은 자신의 교회를 베드로의 믿음 위에 세운다는 큰 축복을 합니다. 베드로의 믿음은 우리들의 신앙고백과 동일합니다. 예수님을 살아 계신 하나님의 아들로 우리를 구원하는 그리스도임을 고백하는 것이 우리들의 신앙고백이기 때문입니다. 예수님은 아주 친한 친구에게 말할 수 있는, 메시아의 갈 길에 대한 비밀을 베드로의 신앙고백을 듣고서 털어놓습니다. 우리가 존귀한 것은 예수님이 자신의 비밀스러운 일을 일러 줄 수 있는 친밀감이 있기 때문에 존귀합니다. 예수님이 존귀한 것과 같이 우리도 친구 따라 강남 가듯, 우리도 존귀합니다. 그래서 베드로는 그의 편지글인 신약성경에 "그러나 너희는 택하신 족속이요 왕 같은 제사장들이요 거룩한 나라요 그의 소유가 된 백성이니 이는 너희를 어두운 데서 불러 내어 그의 기이한 빛에 들어가게 하신 이의 아름다운 덕을 선포하게 하려 하심이라"(베드로전서 2:9)라고, 우리를 왕 같은 제사장이라고 선포하였습니다. 그래서 우리는 또한 존귀합니다.

삼가 이 작은 자 중의 하나도 업신여기지 말라 너희에게 말하노니 그들의 천사들이 하늘에서 하늘에 계신 내 아버지의 얼굴을 항상 뵈옵느니라 너희 생각에는 어떠하냐 만일 어떤 사람이 양 백 마리가 있는데 그중의 하나가 길을 잃었으면 그 아흔아홉 마리를 산에 두고 가서 길 잃은 양을 찾지 않겠느냐 진실로 너희에게 이르노니 만일 찾으면 길을 잃지 아니한 아흔아홉 마리보다 이것을 더 기뻐하리라 이와 같이 이 작은 자 중의 하나라도 잃는 것은 하늘에 계신 너희 아버지의 뜻이 아니니라(마태복음 18:10-14)

예수님은 우리가 존귀할 수밖에 없는 절대절명의 천국 비밀을 알려 줍니다. 우리를 향한 하늘 아버지의 사랑입니다. 하나님 자신의 형상대로 지은 바 된 우리이기 때문에 하나님의 사랑은 깊고도 넓습니다. 그 사랑에 의하여 우리를 돌보는 천사들이 오늘도 하늘에서 예수님의 아버지 하나님을 뵙고 있음을 알려 주고 있습니다. 돕는 천사들에게 우리는 세상에서 가장 존귀한 존재입니다. 그들은 지극히 작은 자 중 하나라도 잃지 않는 것이 하나님의 뜻으로 알고 있기 때문입니다. 우리는 이렇게 천국 비밀을 알고 믿는 존귀한 생명입니다.

4. 저를 사랑하게 되었습니다

지구상에서 저와 동일한 사람은 앞으로 결코 존재하지 않는다는 유일성에 비추어 볼 때, 제가 얼마나 귀하고 존귀한 존재인지 알게 되었습니다. 더군다나 나도 알 수 없는 나의 머리털의 개수를 다 알고 계신다는 예수님의 말씀에 비추어 볼 때, 저 자신이 하나님 안에서 참으로 귀한 존재라는 것을 믿음으로 알 수 있게 되었습니다. 그 믿음 안에서 천국 비밀을 들려주시고, 보게 하시고 훗날 천국 시민이 된다는 확신 속에서, 이곳 땅에서 준비해야 할 일이 무엇인지 생각해 보았습니다.

하늘나라 가는 그 순간까지 최소한 저로 인하여 이웃들이 힘들지 않으면 좋겠다는 생각입니다. 가까운 이웃으로 우리 가족과 친지들 그리고 먼 이웃으로 직장 동료와 교회 형제자매들과 세상 사람들입니다. 할 수만 있다면 예수 그리스도 이름 안에서 저 때문에 세상이 맛을 내는, 아름답고 즐겁고 행복하면 더 좋겠습니다. 제가 존귀하기 때문에 이러한 목적을 세울 수 있었고, 이 목적을 이루기 위해 건강 유지, 섬김의 세상, 그리고 천국의 삶에 대한 준비가 필수적인 요소임을 알게 되었습니다.

우리 몸은 기본적으로 먹고 자고 일하는 것 그리고 사랑을 나누는 것을 설계 요건으로 하여 창조되었습니다. 먹고 자고 일하는 것의 경계 조건이 무엇인지 생각해 봅니다. 하루에 얼마만큼, 몇 번 먹어야 하는지 그 조건이 궁금합니다. 잠자는 것도 하루에 몇 시간 자는 것이 적절한지 궁금합니다. 일하는 것도 하루에 몇 시간 일하는 것이 몸에 적절한지 그 설계 요건이 궁금합니다. 간단하게 정리하면 우리 몸은 먹고, 자고, 일하는 것에 대한 어느 정도 세기(강도, 强度)를 가지고 해도 충분하게 견디어 낼 수 있도록 만들었는지 궁금하다는 것입니다. 이러한 궁금함에 대한 작은 실마리를 찾을 수 있는 말씀이 창세기 3장 19절입니다.

> 네가 흙으로 돌아갈 때까지 얼굴에 땀을 흘려야 먹을 것을 먹으리니 네가 그것에서 취함을 입었음이라 너는 흙이니 흙으로 돌아갈 것이니라 하시니라

이 말씀은 아담과 이브가 하나님의 명령에 순종하지 않아 벌을 받아 에덴동산에 쫓겨나면서 하나님께서 아담에게 이르시는 말씀입니다. 이 말씀의 본뜻은 말씀대로 우리는 땅에서 왔으니 땅으로 되돌아갈 때까지 노동하며 살라는 것입니다. 무거운 느낌이 드는 요구 조건입니다. 그런데 저는 이 말씀에서 우리를 창조하신 하나님이 우리 몸의 설계 요건을 간접적으로 암시하고 있다고 생각합니다.

위 말씀을 몸의 설계 요건으로 재해석합니다. 설계 요건이 기본적으로 충족하는 기간은 태어나 죽을 때까지입니다. 몸에 대한 설계 요건은 먹는 것, 그리고 얼굴에 땀을 흘려야 한다는 것입니다. 이 3가지 조건을 가지고 정리하면, 우리가 먹기 위해서는 반드시 얼굴에 땀을 흘리는 노동을 해야 합니다. 그 기간은 우리가 땅으로 되돌아갈 때까지입니다. 그렇다면 어느 주기로 얼굴에 땀을 흘리는 것이 설계 요건인지 생각해 봅니다. 출애굽기에 한 오멜의 만나 항아리가 나옵니다. 한 오멜이란 하루치 식량을 말합니다. 예수님께서 우리에게 가르쳐 준 기도문에 일용할 양식이 언급되는데, 이것도 하루 단위로 음

식을 주심을 기도 합니다. 여기서 얼굴에 땀을 흘리는 주기는 하루 단위입니다.

우리 몸은 날마다 얼굴에 땀을 흘릴 정도로 자연 상태에서 노동하여도 충분히 견딜 수 있는 강인한 피부와 근육 그리고 뼈가 기본적인 우리 몸의 설계 요건입니다. 설계자의 의도는 우리 몸이 따가운 햇빛 아래서 얼굴에 땀이 날 정도로 노동하여도 물러지지 않는 피부와 근육 그리고 지탱하는 뼈가 되도록 만드는 것입니다. 이러한 기초적인 설계 요건에 따라 필요한 호르몬, 필요한 비타민, 필요한 땀, 필요한 순환계, 소화계, 신경계 등을 종합적으로 통합하여 사람을 창조하였습니다. 즉 몸은 날마다 자연 상태에서 얼굴에 땀을 흘리도록 창조되었다는 의미입니다. 그런데 몸의 주인이 하루 동안 얼굴에 땀을 흘리지 않는다면 아마도 몸은 주인의 의도에 성실히 반응하여 길들여집니다. 하루 이틀, 일주일, 한 달, 일 년 내내 얼굴에 땀을 흘리지 않는 몸은 자기 주인의 의도대로 땀을 흘리지 않아도 되는 만큼의 피부, 근육, 뼈가 관리 되도록 호르몬 계통, 순환계 계통, 소화기 계통이 적절하게 반응하여 편안하게 몸을 관리하게 될 것입니다.

그러다가 갑자기 얼굴에 땀을 흘릴 정도의 일을 하면 알이 배거나 허리가 아프거나 그동안 전혀 사용되지 않는 근육들이 사용됨으로 인하여 몸의 여러 기관이 부산을 떨 것입니다. 여기서 개인적인 생각으로 모든 현대의 문화병이 발생한다고 저는 믿습니다. 적절한 땀이 얼굴에 흘릴 정도로 매일 일이나 운동을 하였다면 현대의 문화병은 그 몸에는 결코 없을 것으로 생각합니다.

그래서 몸이 적절한 땀을 흘릴 수 있는 것을 기준으로 먹는 것도 적당한 분량을 다양하게 먹으려고 노력합니다. 적절한 땀과 먹는 것이 관리되면 잠자는 것은 지극히 자연스럽게 별다른 문제가 없습니다. 현대 의학 상식으로 볼 때, 사람은 잠을 잘 자야 한다는 것은 당연한 것입니다.

잠을 잘 자는 방법은 적절한 땀의 흘림과 먹는 것에 절대적으로 의존적입니다. 혹 잠을 잘 이루지 못한다면 얼굴에 땀이 날 정도로 가볍게 꾸준히 운동하거나 일을 하고, 적당한 영양을 섭취하면 꿀잠을 잘 수 있습니다.

몸을 사랑한 만큼 몸 안에 있는 정신도 사랑하게 되었습니다. 지정의로 설명되는 정신이 늘 균형을 이루도록 합니다. 아는 것이 도리어 우환이 될 수 있고, 한쪽으로 치우친 감성은 이웃에게 불쾌감을 줄 수 있고, 독단적인 판단이나 편견은 자칫 고집으로 비추어져 이웃에게 피해를 줄 수 있기 때문에 균형 잡힌 지식의 적용 그리고 절제된 감정에 따른 옳고 그름이 명확한 판단을 할 수 있는 지혜를 날마다 구하는 것이 오늘 제가 할 일의 시작입니다.

몸과 정신을 어디에 사용하는 것이 "보시기 좋았더라"는 하나님의 평가를 들을 수 있는지 생각해 보았습니다. 창세기에 아담을 지으시고, 그 아담에게 배필을 지어줍니다. 아담은 자신의 배필을 보면서 자신의 뼈와 살이라고 선언합니다. 누구든지 먼저 생각해야 하는 것은 배필입니다.

모든 것은 부부간의 평화에서 시작됩니다. 내 몸과 정신을 부부간의 평화를 위해 사용합니다. 내 몸과 정신이 부부를 떠난다면 당연히 세상입니다. 일터입니다. 일터에서 만나는 사람들은 장차 천국에서 만나야 할 사람들입니다. 그렇기 때문에 지식과 지혜를 모아 일터에서 맛을 내야 합니다. 경제성을 추구하는 일터에서 밥값을 하는 것이 무엇보다 먼저입니다. 물론 일터의 동료들을 내 영혼의 천국 친구들로 생각하는 것도 중요한 내 삶의 목표이기도 합니다.

몸과 정신이 영원한 생명으로 전환될 때, 나의 믿음은 완성됩니다. 몸과 정신이 어떻게 하여야 영원한 생명으로 기억되고 일체가 될 수 있습니까? 나 자신에게 묻습니다. 그것은 믿음을 근거로 지금을 소금과 빛으로 사는 것입니다. 가난한 심령으로 이웃의 애통함을 공유하고, 온유함으로 세상에 맛을 내고, 옳고 그름 그리고 삶의 우선순위를 아는 지혜로 긍휼과 성결로 세상을 평화롭게 하고, 궁극적으로 가난한 심령으로 천국을 향한 완전한 평화를 위해 핍박의 자리까지 다다르는 믿음을 성숙하게 하는 데 몸과 정신이 온전히 하나로 되어야 합니다.

이것을 위하여 오늘도 기도하며, 얼굴에 땀이 나도록 일을 하는 것이 나를 사랑하는 최선의 표현입니다.

제3장

개혁과 변화를
두려워 말라

우리나라에서 교회 갱신을 위한 외침은 무시되기 일쑤입니다. 대한민국 사람이라면 누구나 동의하는 한국 교회가 개혁되고 변화되어야 한다는 것을 정작 교회에 출석하는 교인들 스스로는 이에 관한 관심이 없습니다. 이것은 그동안 교회에서 예배와 설교를 통해 길든 결과로 생각합니다.

　예컨대 개인의 신앙에 관한 모든 문제의 원인을 믿음의 부족함에 따른 것으로 진단하여 절대적인 믿음에 따른 순종이 요구되고, 무조건적인 하나님의 은혜 안에서 신앙생활을 강조하는 한국 교회 설교 내용에 성도는 길들었기 때문으로 글쓴이는 분석합니다. [박봉식, 『누가복음 6:24-26 말씀을 설교하지 못하는 교회』, 도서출판 업앤업, 2013.]

　설령 누군가 교회를 비판하면 그를 사탄으로, 배신자로, 귀신 들린 자로, 때로는 믿음 없는 자로 매도하기 때문에 결국 그는 교회 공동체에서 왕따를 당하거나 본인 스스로 그 공동체에 깊은 상처를 안고서 떠납니다. 그렇기 때문에 교회에서 개혁과 변화를 강조하는 것은 어설퍼 보입니다.

예수님이 개혁자라는 이미지를 우리는 교회에서 얼마나 듣고 훈련받았는지 생각해봅니다. 대부분 예수님은 메시아로서 우리의 죄를 대속한 구세주로 듣고 길들여 왔습니다. 예수님의 말씀을 개혁적인 관점으로 접근하여 묵상하였는지 스스로 자문해봅니다.

'개혁'은 제도나 규정 혹은 법규에 따른 질서를 새롭게 만들기보다는 기존의 체계 안에서 변화를 유도하는 과정입니다. 반면에 '혁명'은 법규를 새롭게 만들어 새로운 질서 위에서 변화를 추구하는 급진적인 과정을 의미합니다.

따라서 혁명과 개혁은 그 시작점이 서로 다르지만, 서로 유사한 점이 있습니다. 개혁이든 혁명이든 기존 질서 체계에서 혜택을 받고 있는 그룹들은 새로운 질서를 향한 변화를 거부할 수밖에 없다는 점이 공통점입니다.

예수님께서 오셨던 때에 유대 민족의 종교적 질서 안에 혜택을 받고 있었던 그룹들은 당연히 예수님을 배척하였을 것입니다. 왜냐하면, 예수님은 율법의 질서를 재해석하기 때문입니다. 이것은 기존 질서 안에서 혜택을 받는 그룹들의 관점에서 매우 심각한 문제로 확산할 수 있기 때문입니다.

이러한 상황을 모를 리 없는 예수님은 어떻게 하나님의 사랑을 나누었는지, 개혁적인 관점으로 접근하여 요한복음을 살펴보겠습니다.

1. 예수님은 예배의 개혁자입니다

그리스도인이 중요하게 생각하는 것은 찬양하며 예배드리는 일입니다. 교회의 핵심적인 역할은 예수님을 믿는 사람들이 예배드리도록 하는 것입니다. '예수님을 믿는다'는 표현은 예배에 참석한다는 의미와 동일하게 생각합니다. 예배에 참여하지 않는 신앙인은 정상적인 신앙인으로 볼 수 없습니다. 그만큼 예배는 신앙의 중심이며 신앙을 대변하는 전체라 할 수 있습니다. 우리는 예배를 통하여 하나님을 만날 수 있기 때문입니다. 예배는 하나님의 임재 앞에 내가 서 있다는 믿음이 있을 때, 그 예배는 진정한 예배가 될 것이며, 또한 내가 하나님을 믿는 믿음의 증거입니다.

이렇게 중요한 예배에 대한 예수님의 생각은 어떤지 궁금합니다. '예수님은 예배를 어떻게 생각하였을까? 만약 오늘 한국 교회의 예배에 참석하신다면 어떤 느낌이 들까?' 이런 궁금함을 저뿐만 아니라 사마리아 수가성의 한 여자에게도 있었습니다. 이 여인은 자신의 인생이 불행하다고 생각하였기 때문에 뭔가 모르지만 하나님께 제대로 예배를 드리면 자신의 인생이 확 바뀔 것으로 믿는데, 도대체 어디서 그 예배를 드리는 것이 좋은지 알쏭달쏭하다는 것입니다.

수가성의 불행한 여인은 자기 조상들로부터 전수받은 대로 사마리아의 큰 산에서 예배를 드리면 된다고 하여 그곳에 가서 예배를 드렸지만, 여전히 자신의 인생은 불행의 그늘 속에서 벗어나지 못하였습니다. 그 여인은 또 누군가 하나님을 만난 이야기를 전해 듣고서 그곳을 물어물어 찾아갔습니다. 자신도 그곳에서 예배를 드리면 자신의 인생이 변화될 것을 기대하였기 때문입니다. 이렇게 이곳저곳 찾아다니면서 예배를 드렸지만, 자신의 삶은 나아지지 않았습니다. 급기야 자신의 나라를 벗어나 형제의 나라인 유대 땅 예루살렘 이야기를 전해 듣게 되었습니다. 유대인들이 말하기를 예배는 예루살렘에서 드려야 한다는 것입니다. 그런 상황에서 사마리아 수가성의 불행한 여인은 유대 청년을 만났습니다.

유월절에 예수께서 예루살렘에 계시니 많은 사람이 그의 행하시는 표적을 보고 그의 이름을 믿었으나 예수는 그의 몸을 그들에게 의탁하지 아니하셨으니 이는 친히 모든 사람을 아심이요 그 후에 예수께서 제자들과 유대 땅으로 가서 거기 함께 유하시며 세례를 베푸시더라

유대를 떠나사 다시 갈릴리로 가실새 사마리아를 통과하여야 하겠는지라 사마리아에 있는 수가라 하는 동네에 이르시니 야곱이 그 아들 요셉에게 준 땅이 가깝고 거기 또 야곱의 우물이 있더라 예수께서 길 가시다가 피곤하여 우물 곁에 그대로 앉으시니 때가 여섯 시쯤 되었더라 사마리아 여자 한 사람이 물을 길으러 왔으매 예수께서 물을 좀 달라 하시니

여자가 이르되 주여 내가 보니 선지자로소이다 우리 조상들은 이 산에서 예배하였는데 당신들의 말은 예배할 곳이 예루살렘에 있다 하더이다 예수께서 이르시되 여자여 내 말을 믿으라 이 산에서도 말고 예루살렘에서도 말고 너희가 아버지께 **예배할 때가 이르리라**(요한복음 2:23-24, 3:22, 4:3-7, 4:19-21)

불행한 여인은 동네 사람들의 눈을 피하여 정오에 우물가로 나왔습니다(성경의 여섯 시는 오늘날 시간으로 낮 열두 시입니다). 일반적으로 동네 우물은 여인들의 소통 장소입니다. 동네의 크고 작은 이야기를 주고받는 곳입

니다. 간밤에 일어난 개똥이네 집이 토닥거리는 것부터 갑순이네 집 아이들이 싸워서 다친 것까지, 아침에 동네 우물은 하루를 준비하는 물을 긷는 여인들의 즐거운 수다의 장소입니다. 그런데 언제부터 불행한 여인은 자신이 그 우물가에 가면 말소리가 뚝 그치고 냉랭한 기운만 감도는 것 같아 아침에 우물에 가는 것을 싫어하였습니다. 모두 자신의 불행한 삶을 속삭이는 것처럼 보였기 때문입니다. 동네 사람들을 만나기가 두려웠습니다. 그래서 한참 더운 한낮에 우물가에 갔는데, 처음 본 이방 사람이 동네 샘에 앉아 있었습니다. 더군다나 여자도 아닌 남자 혼자서 덩그러니.

불행한 여인은 발걸음을 멈추고 집으로 되돌아갈까 잠시 생각해 보았으나 집에 물이 떨어졌고, 얼핏 보니 우리 동네 사람도 아닌 것 같은데, 모른척하고 물을 길어 오는 것이 좋겠다고 생각하여 멈추었던 발걸음을 다시 우물가로 향하도록 하였습니다. 우물에 당도하여 물을 길으려 하는데 우려하였던 상황이 전개되었습니다. 갑작스럽게 그 사람이 자신에게 물을 달라고 요청을 한 것입니다. 불행한 여인은 당혹스럽게 한 마디 톡 쏘았습니다. "보아하니 당신은 유대인인데, 당신들은 우리 사마리아 사람들과 상종도 하지 않는 데다, 더군다나 남자가 사마리아 여자에게 물을 달라고 합니까?"

목말라 하는 예수님은 의외의 역습을 받고서 정신을 바짝 차립니다. 어정쩡하게 대답하였다가 뭔가 잘못되면 구설수에 오를 수 있겠다는 생각을 예수님은 순간적으로 하였을 것으로 추측합니다. 그래서 예수님은 눈이 아닌 가슴으로 그 불행한 여인을 다시 봅니다. 예수님은 자신의 가슴에 비추어진 그 여인의 삶이 행복한 삶으로 변화되기를 바라는 마음으로 대답을 준비합니다.

천국이 있다는 진리를 한 번도 듣지 않은 영혼은 천국을 믿을 수 없습니다. 천국이 있다는 믿음을 먼저 듣고 알고 난 뒤에 그 믿음을 자신의 믿음으로 고백할 것인지 말 것인지 결단합니다. 이처럼 우리가 세상을 살면서 중요한 요소는 무엇에 대한 알거나 혹은 모른 것에 따라 그 방향이 완전히 다릅니다. 그렇기 때문에 예수님은 이 불행한 여인의 근본적인 삶과 믿음의 체계를 바꾸기 위한 기초 작업으로, 알고 모름에 대해 질문을 합니다.

사마리아 사람을 무시하는 유대인 남자, 허름한 모습의 혼자, 목마른 사람, 그리고 목마름으로 이방 여인에게 거침없이 물을 달라고 하는 비상식적인 사람쯤으로 생각하고 있는 여자에게 예수님은 묻습니다. '당신은 하나님에 대하여 알고 있는 것이 무엇입니까? 당신 앞에 서 있는 사람에 대하여 알고 있는 것이 무엇입니까?'라는 의도로 시작합니다.

"여인이여, 하나님께서 당신에게 주시는 선물이 무엇인지 알고 있습니까? 지금 당신에게 마실 물을 달라고 하는 사람이 누구인지 알고 있습니까? 만약 당신이 하나님이 주시는 선물을 알고, 또 지금 말하는 사람을 알고 있었다면 오히려 당신은 그 사람에게 구하였을 것이고, 그 사람이 당신에게 생명의 물을 주었을 것입니다." 사마리아 여인은 집에 물이 없는 것이 떠오릅니다. 광야 같은 이 동네에서 물은 생명과 같은 것입니다. 물이 없으면 이곳에서 살 수 없다는 것을 누구보다 잘 알고 있는 여인은 웬 똥딴지같은 소리를 하는 유대 사람이지만, 그래도 자신의 도전적인 말을 무시하지 않고 길게 반응해 주니 기뻤습니다.

그래서 여인이 대답하기를, "선생님 양반, 내가 보건데 물 기를 도구도 없고 이 우물은 매우 깊은데, 어디서 그 생명의 물을 구한단 말입니까? 당신이 우리 조상 야곱보다 더 큰 분입니까? 야곱은 우리에게 이 우물을 주신 분입니다. 그분도 친히 이 우물에서 물을 길어 마셨고, 그분의 아들들과 가축들도 그렇게 했습니다."라고 반문합니다.

뭔가 아는 체하고 싶은 여인은 나름대로 이 우물에 대한 역사적 사실을 이야기하고, 또 유대인이나 사마리아인이나 동일한 야곱 할아버지의 열두 자손들 아닙니까, 나도 기본적인 우리 조상들의 역사는 전해 들어 알고 있다는 것을 은연중에 내비쳤습니다. 예수님이 하나님께서 주시고자 하는 선물을 언급하고 또 생명의 물을 준다고 하니, 이에 질세라 자신을 아무것도 모르는 시골 아낙네로 생각하지 말라는 것입니다.

예수님은 여인의 응답이 의외로 길고 야곱 조상님을 기억하게 하는 것이 자신의 가슴을 훈훈하게 만들고 있음을 느꼈습니다. '그렇지, 이 여인도 우리와 동일한 야곱의 후손들 아닌가!' 예수님의 형제자매들이 사마리아 사람들이라는 것을 다시 확인하는 순간입니다. 예수님은 하나님이 주실 선물과 생명의 물이 무엇을 의미하는지, 자신의 눈높이에서 여인의 눈높이로 내려와 여인에게 설명합니다. "이 우물물을 마시는 사람은 다시 목마를 것입니다. 그러나 내가 주는 물을 마시는 사람은 누가 되었건 간에, 영원히 목마르지 않을 것입니다. 내가 주는 물은 그 사람 안에서 계속 솟아나 영원한 생명을 가져다주는 우물이 될 것이기 때문입니다."

여인은 예수님의 대답을 듣고서 갑자기 자신의 귀찮은 것이 해결될 수 있는 기회라 생각되어 눈이 확 트였습니다. 이야기 속에 신비한 물에 대한 것을 들었기 때문입니다. 그동안 물을 얻기 위해 우물에 오는 것이 죽기보다 싫었는데, 어쩌면 이 마술사 같은 유대 사람의 말대로 이 우물물은 다시 목마를 것이나 자신이 주는 물은 영원히 목마르지 않는다 하니, 그 신비한 마술을 부리는 물을 어떻게든 얻고 싶은 마음이 들었습니다. 그래서 기다릴 것도 없이 예수님에게 요청합니다. "선생님 양반, 저에게 그런 물을 주십시오. 그래서 제가 다시는 목이 마르지 않을뿐더러 물을 길으러 이 우물에 오지 않게 해 주십시오."

여기서 예수님은 여인의 눈을 세상에서 하늘 천국으로 향하도록 합니다. 왜냐하면 지금 여인의 관심은 세상입니다. 그러나 예수님의 관심은 천국, 영원한 생명입니다. 따라서 서로 동문서답을 하고 있는데 이제 그 방향을 일치시켜, 여인이 예수님의 마음을 바르게 알기 위해 여인의 두 번째 눈과 가슴이 열려야 합니다. 이를 위하여 예수님은 짧지만, 극단적인 방법을 이용합니다. "가서 당신 남편을 불러 이리로 데려오시오."

여인은 갑작스러운 남편 이야기에 당혹해 합니다. 신비한 마술의 물을 준다고 하여 지금 그 물을 달라고 하였는데, 왜 갑자기 남편을 데려오라고 하는가? 남편이라는 말만 들어도 현기증이 날 정도로 아픈 상처와 부끄러운 불편한 진실과 죄악된 자신의 삶이 그대로 응축되어 자신을 옭아매고 있는 현실이 싫어서 이렇게 한낮 뜨거운 햇볕을 맞으면서 물을 길으러 왔는데, 여기서 또 남편 이야기를 들으니 기가 턱 막혔습니다. 그러나 어떡합니까, 그 신비한 물을 얻기 위해서는 일단 거짓말을 할 필요는 없다는 생각에 "저는 남편이 없습니다."라고 대답합니다.

예수님은 여인의 답변을 듣고서 여인에게 대답합니다. "당신의 남편이 없다는 말은 맞는 말입니다. 당신에게 남편이 다섯이나 있었지요. 지금 당신과 함께 사는 남자도 당신 남편이 아니니, 당신의 말이 거짓말이 아닙니다."라는 예수님의 말을 듣는 순간 이 여인이 두 번째 까무러치며 놀랍니다. '아니, 나의 과거를 어떻게 다 알지? 나의 가장 부끄러운 것을 이 남자는 훤히 꿰뚫어 보고 있었네! 이 남자는 아까부터 수상해 보였고, 신비한 마술 같은 물을 준다고 하였고, 이제는 나의 과거를 빈틈없이 다 알고 있는 것을 보니 보통 사람이 아닌 것은 분명하네! 그렇다면 항상 내 마음속에 궁금하였던, 또 내 인생을 역전시킬 방법인 오직 한 가지가 하나님을 만나 정성스럽게 예배 한 번만이라도 드리는 것이었는데, 그 예배를 이 사람께 여쭈어봐야겠다.'라고 생각한 여인은 대뜸 예수님을 부르는 호칭을 바꾸어서 묻습니다.

"선생님 양반, 이제 보니 선지자님이시네요! 어떻게 저의 어두운 과거를 모조리 알고 있습니까! 내게 꼭 알고 싶은 것이 있는데, 나의 과거를 아는 그 능력으로 나의 궁금증을 풀어 주십시오. 왜냐하면 나도 남들처럼 행복하게 살고 싶기 때문입니다. 나의 조상님들은 이 산에서 예배를 드리면 복 받고 잘 산다고 하였습니다. 그래서 나는 이 산에서 예배를 드렸지만, 아직도 나의 삶은 불행하기만 합니다. 그런데 유대 땅에 사는 당신들은 예루살렘에서 예배를 드리는 것이 복 받는 길이라고 합니다. 당신네들 말마따나 나도 예루살렘에 가서 예배드리면 나의 인생이 복 받아 행복하게 됩니까? 나는 어디서 예배를 드려야 행복한 삶을 보장받을 수 있습니까?"

예수님은 예배드리는 것에 관해 묻는 여인의 말에 또 한 번 긴장하지 않을 수 없었습니다. 야곱 조상님을 이야기할 때 뭔가 다른 느낌을 받았지만, 이렇게 신앙의 핵심적인 표현이자 믿음의 외적인 증거에 대하여 여쭈고 있기 때문입니다. 지금 예수님은 예루살렘에서 많은 표적을 행하고, 많은 사람이 그의 이름을 믿도록 하고서 갈릴리 고향으로 가는 길목에 있었습니다. 예수님은 예루살렘 성전에서 행하셨던 일들을 순간적으로 다시 머리에 그리면서 가슴으로 생각하였습니다.

'지금 내가 예루살렘에서 오고 있는데, 그곳 성전에서 예배를 드렸는데, 그 예배를 이 여인이 원하고 있는 것인가? 나는 예루살렘 성전에서 상을 엎고, 회초리를 만들어 이리저리 동물들을 내쫓아 혼란스러운 난장판을 만들고 오는 길이지 않은가! 내가 본 예루살렘 성전 예배는 모세율법에 의한 의식적 예배, 관습에 의한 형식적 예배, 모세율법에 의해 건축된 성전의 장소적 예배, 모세율법에 따른 제사장들이 집례하는 이기적 예배, 소와 양과 비둘기를 제물로 드리는 상업적 예배, 예배의 순서와 성전의 하나님만을 강조하는 길들여진 예배로 생각되고, 또 한편으로 예루살렘 예배는 세상적인 성공과 물질적 축복을 추구하는 것을 강조하는 예배인데, 어떤 점에서 이 수가성 여인이 물질적 복과 좋은 남편을 다시 만나는 도구로써 예배를 원하고 있기 때문에 이 여인은 예루살렘으로 와서 예배들 드리는 것도 맞는 말이네.

그러나 예배는 우주를 창조하신 아바 아버지를 믿는 믿음 위에서 회개하고 감사하며, 아버지 하나님을 찬양하는 것이지 않은가! 창조주 하나님이 말씀으로 태초에 계셨고, 말씀이 육신이 되어 지금 이곳에 함께 한다는 것처럼 예배를 통해 하나님께서 나와 지금 동행하는 것을 아는 것이 예배인데, 또 예배는 언약과 예언에 의한 독생자 그리스도를 믿고 선포하고 그의 말씀대로 사랑을 실천하는 힘을 얻는 것이 예배인데, 이러한 예배를 이 여인에게 어떻게 설명해야 하는가?'

를 생각하면서 예수님은 대답합니다.

"여인이여, 내가 하는 말을 믿기 바랍니다. 왜냐하면 당신은 예루살렘에 가본 적이 없고, 경험하지 않는 것을 나에게 여쭈어 보았는데, 이제 볼 수 없고 경험하지 않는 것을 진리로 받아들이기 위해 필요한 것은 오직 믿음이기 때문입니다. 예배드리는 장소에 대하여 대답합니다. 예배는 이 산에서도 아니고, 그렇다고 예루살렘에서도 아닙니다. 당신이 어느 곳이든 아버지께 예배드릴 수 있는 때가 올 것입니다. 덧붙여 설명하면 사마리아 사람인 당신과 당신의 조상들은 알지 못하는 것을 예배하였으나 유대인들은 알고 있는 것을 예배하였는데, 여기서 아는 것이란 구원이 유대인들에게서 나온다는 것입니다.

이제 예배에 대하여 대답합니다. 하나님 아버지께 드리는 예배는 의식적, 형식적, 장소적, 이기적, 상업적인 것을 떠나 영과 진리로 드려야 할 때가 옵니다. 그런데 그때가 바로 지금입니다. 하나님께서는 영이시기 때문에 예배하는 사람이 반드시 영과 진리로 드려야 합니다. 진리는, 메시아는 유대인들에게서 나온다는 것이며 그 메시아가 바로 당신 앞에 선 사람입니다. 여인이여, 예루살렘까지 갈 필요가 없는 또 하나 중요한 것은 아버지께서 영과 진리로 예배드리는 사람들을 찾고 있기 때문이기도 합니다."

예수님은 수가성 여인과 대화를 통해서 예배 갱신을 강력하게 요구했습니다. 본인 스스로 예루살렘에서 예배드렸음에도 불구하고 '예루살렘도 아니다.'라고 대답하는 예수님은 강력한 개혁자임에 틀림이 없습니다. 예배 갱신의 핵심은 내가 만났던 하나님을 다시 만날 때, 그 장소에 매여 있지 말라는 것입니다. 예배는 영과 진리로 드려야 하기 때문에 하나님으로부터 난 영을 확인하고 정결한 그 영이 예수 그리스도 이름으로 회개하고 감사하며 찬양하여 하나님 나라의 임재를 느끼고 하나님의 뜻을 이루는 것입니다. 예수님은 개혁자입니다.

수가성 여인이 한 "우리 조상들은 이 산에서 예배하였는데 당신들의 말은 예배할 곳이 예루살렘에 있다 하더이다"라는 말에서 덧붙여 생각하고 싶은 것은 '개혁의 대상이 무엇인가?'입니다. 사마리아 사람들이 이 산에서 예배를 드리기 시작한 것은 솔로몬 왕 이후에 이스라엘 나라가 남북으로 나누어진 후에 북이스라엘의 여로보암이 산당을 짓은 때부터입니다. 따라서 예로부터 내려와서 무 비판적으로 길든 모든 것, 즉 사상, 가치관, 관습, 그리고 종교 신앙 형태까지 개혁의 대상임을 알 수 있습니다.

2. 개혁자는 사람의 중심을 봅니다

예수님은 개혁자입니다. 개혁은 생각의 틀이 자유롭고, 형식에 매여 있지 않고, 상대방의 진의를 파악하여 서로 win-win하는 관계를 맺어 피차 성숙한 발전을 이루는 정신 활동의 표현입니다. 예수님은 생각의 틀이 자유롭기 때문에 상대의 견해를 있는 모습 그대로 수용하고 인정하는 태도를 견지합니다. 예수님은 형식에 매여 있지 않기 때문에 다양한 형식적인 생각을 수용하고, 그 형식 안에서 자유를 누릴 수 있는 지혜를 소유하고 있습니다. 상대방의 진의를 파악하기 위해 상대방과 함께하는 경험이 필요합니다. 하지만 상식을 넘는 초능력을 소유한 사람에게는 상대의 진심을 파악하는 데 어렵지 않을 것입니다.

> 빌립이 나다나엘을 찾아 이르되 모세가 율법에 기록하였고 여러 선지자가 기록한 그이를 우리가 만났으니 요셉의 아들 나사렛 예수니라 나다나엘이 이르되 나사렛에서 무슨 선한 것이 날 수 있느냐 빌립이 이르되 와서 보라 하니라 예수께서 나다나엘이 자기에게 오는 것을 보시고 그를 가리켜 이르시되 보라 이는 참으로 이스라엘 사람이라 그 속에 간사한 것이 없도다 나다나엘이 이르되 어떻게 나를 아시나이까 예수께서 대답하여 이르시되 빌립이 너를 부르기 전에 네가 무화과나무 아래에 있을 때에 보았노라 나다나엘이 대답하되 랍비여 당신은 하나님의 아들이시요 당신은 이스라엘의 임금이로소이다(요한복음 1:45-49)

나다나엘은 친구로부터 매우 충격적인 소식을 전해 듣고서 깜짝 놀랍니다. 그동안 친구들이랑 함께 모세의 율법과 선지자가 기록한 말씀을 공부하면서 기다리고, 만나고 싶고, 여호와 하나님의 계시 완성이라 믿는 메시아에 대한 소식이었기 때문입니다. 빌립을 너무도 잘 알고 있는 나다나엘은 도무지 그 친구의 말을 믿을 수가 없었습니다. 왜냐하면 그동안 공부한 지식에 근거하면 결코 나사렛에서 메시아가 나올 수 없었기 때문입니다. 기록된 선지자들의 글에 의하면 그는 다윗의 후손으로 베들레헴에서 나와야 하는데, 그가 다윗의 후손이라는 것을 알 수 없었고, 더군다나 베들레헴이 아닌 나사렛에서 자란 그 청년이 메시아가 될 수 없었기 때문이었습니다.

그래서 나다나엘은 친구인 빌립에게 반문합니다. "우리가 배우고 믿는 것에 의하면 나사렛에서 선한 사람이 나올 수 없지 않은가?" 이에 대한 친구 빌립은 한 번 더 강조합니다. "친구야, 내 말을 믿을 수 없다면 일단 와서 직접 그를 만나 보아라. 그러면 너도 알 것이다." 나다나엘은 친구의 간청에 이끌리어 그를 만나러 갑니다.

이 모습을 본 예수님은 그에 대하여 놀라운 말씀을 합니다. 예수님은 자신의 정체성을 인정하지 않을 뿐만 아니라 자신의 고향을 무시하는 사람에게 오히려 정확하게 그의 성품을 높이 칭송합니다.

이는 참으로 이스라엘 사람이라 그 속에 간사한 것이 없도다

자신을 향하여 별 볼 일 없는 사람으로 평가할 뿐만 아니라 자신의 고향을 한마디로 폄하한 사람에게 대응하는 예수님의 모습은 개혁자의 기질이 충분히 보입니다. 개혁자는 본질을 보고 형식에 매여 있지 않습니다.

　예수님은 나다나엘이 어떤 관점에서 그러한 말을 하고 있는지 그 원인을 정확하게 알고 있었습니다. 그렇기 때문에 나다나엘의 무시된 자신의 평가로 인하여 나다나엘의 성품이 왜곡될 수 있었지만, 예수님은 그렇게 휘둘리지 않았습니다. 개혁자는 중심이 늘 바르게 세워져 있어야 합니다. 개혁자는 사람의 중심을 보면서 그의 판단 기준이 무엇인지 정확하게 알아야 합니다.

3. 개혁자는 본질의 완성을 추구합니다

> 사흘째 되던 날 갈릴리 가나에 혼례가 있어 예수의 어머니도
> 거기 계시고 예수와 그 제자들도 혼례에 청함을 받았더니 포
> 도주가 떨어진지라 예수의 어머니가 예수에게 이르되 저들에
> 게 포도주가 없다 하니 예수께서 이르시되 여자여 나와 무슨
> 상관이 있나이까 내 때가 아직 이르지 아니하였나이다(요한복
> 음 2:1-4)

예수님이 개혁적인 것을 느낄 수 있는 것은 자신의 어머니와 대화
속에도 있습니다. 어머니가 초대받은 결혼 잔치에 그의 아들과 제자
들도 함께 어울려 흥겨운 잔치를 벌이고 있었습니다. 어느 나라 민족
이건 결혼만큼은 즐겁고 기쁜 날입니다. 부모의 입장에서 생각하면
자식을 결혼시키는 것보다 더 중요한 일이 어디 있겠습니까! 그렇기
때문에 결혼식을 준비하는 혼주의 마음은 행복하면서도 때로는 걱정
이 앞서곤 할 것입니다.

잔치가 한참 흥겨워졌을 때, 포도주가 떨어졌습니다. 상상하건대 혼
주가 기대한 것보다 더 많은 축하객이 왔나 봅니다. 예수님과 제자들
이 어머니와 함께 참석한 결혼 잔치라 생각할 때, 그 결혼식의 혼주
는 예수님의 제자들이 그렇게 많으리라고는 미처 생각하지 못하였던
것 같습니다. 건장한 청년들이 한두 명이 아닌 십여 명이 넘게 왔으니
당연히 음식이랑 포도주가 부족하였을 것입니다. 포주가 떨어졌다는
하인들의 말에 혼주의 얼굴은 매우 당혹스러웠습니다.

'아니 벌써 포도주가 떨어졌다고? 이렇게 즐겁고 기분 좋은 날에 많
은 사람과 더 흥겨운 잔치를 하고 싶은데, 포도주가 없으면 이거 낭패

인데…. 옆집에서 빌려 올 수도 없고, 술집에서 사 올 수도 없고, 짧은 시간에 만들어지는 것도 아니고…. 아이구, 이거 축하객들에게 미안 해서 어쩌나….' 하면서 안절부절못하는 혼주를 본 예수님의 어머니는 조용히 혼주에게 다가가 물었을 것입니다.

"잔칫집에 무슨 문제가 생겼나요? 왜 갑자기 주인님의 얼굴이 안 좋아 보입니다." 혼주는 난감한 표정을 지으며 설명합니다. "많은 축 하객이 즐거워하고, 음식도 더 드시고, 좀 더 흥겹게 놀고 가시면 좋 겠는데, 그만 포도주가 떨어졌습니다." 이 말을 들은 예수님의 어머니 는 걱정하지 말라고 조용히 말합니다.

그리고 자기 아들을 부릅니다. "잔칫집에 포도주가 없다고 한다. 난 너를 알고 있단다. 이 문제를 해결해 주도록 해라. 너는 이런 문제를 해결하기 위해 이 땅에 왔음을 나는 믿고 있단다." 늘 보았던 어머니 의 눈빛 속에 무언가 다른 것을 느낀 예수님은 아주 생뚱맞게 자신의 어머니께 응답합니다.

여자여 포도주가 없는 것과 저와 무슨 상관입니까 나의 때 가 아직 이르지 않았습니다

여기서 예수님의 개혁적인 성향을 알 수 있습니다. 왜 예수님은 자 신의 어머니를 향하여 '여자여'라고 하였을까? 예수님은 평생을 어머 니라 불렀을 사람에게 '여자'라는 일반적인 호칭을 사용하여 정중히 요청을 거절하였을까? 개혁적인 기질이 없다면 그냥 어머니라고 불렀 을 것입니다.

그러나 예수님은 하나님의 능력을 요구하는 상황에서, 하나님의 능력에 의한 혜택을 받는 것에 대한 보편성을 견지하기 위해, 하나님의 능력을 수행하는 순간의 예수님은 어머니를 '여자여'라고 불렀습니다.

한편으로 예수님은 평생 길들여진 어머니와 자신의 관계를 객관화하여 한 단계 위로 승화시키고 있음을 알 수 있습니다. 개혁은 본질에 더 가까이 가기 위해 때로는 고통스러운 아픔의 상황을 만날 수 있습니다. 어떤 관점에서 개혁은 필연적으로 고통의 터널을 지나야 합니다. 그래야 개혁되어야 할 대상이 더 완전해질 수 있기 때문입니다.

결혼 잔치의 즐거움이 작은 아픔의 고통을 지나 기쁨이 배가 되는 것처럼 말입니다. 여기서 아픔의 고통이란 예수님 본인에게 때가 아님에도 이적을 보이는 것이고, 어머니의 관점에서는 아들과 엄마의 관계에서 메시아와 피조물이라는 관계로 진입되는 것을 의미합니다.

4. 예수님은 거듭남을 요구하는 개혁자입니다

> 유월절에 예수께서 예루살렘에 계시니 많은 사람이 그의 행하시는 표적을 보고 그의 이름을 믿었으나(요한복음 2:23)

> 그런데 바리새인 중에 니고데모라 하는 사람이 있으니 유대인의 지도자라 그가 밤에 예수께 와서 이르되 랍비여 우리가 당신은 하나님께로부터 오신 선생인 줄 아나이다 하나님이 함께하시지 아니하시면 당신이 행하시는 이 표적을 아무도 할 수 없음이니이다 예수께서 대답하여 이르시되 진실로 진실로 네게 이르노니 사람이 거듭나지 아니하면 하나님의 나라를 볼 수 없느니라 니고데모가 이르되 사람이 늙으면 어떻게 날 수 있사옵나이까 두 번째 모태에 들어갔다가 날 수 있사옵나이까(요한복음 3:1-4)

개혁의 시작은 우리들의 고착된 시각을 다른 곳으로 향하는 것부터입니다. 개혁은 이런 변화를 추구하는 과정에서 이루어집니다. 변화와 개혁은 길들여진 것에 매여 있는 자신을 먼저 볼 수 있어야, 그것들에 대한 필요를 느끼게 됩니다. 개혁되기 위해서는 자신의 고착된 것들이 무엇인지 먼저 알아야 합니다. 그러한 것들은 편견, 관습, 제한된 경험과 지식, 한 걸음 나아가 전수받은 믿음까지 포함될 수 있겠습니다. 이런 관점에서 볼 때, 니고데모의 신앙 체계(전수받고, 교육받은 믿음)가 개혁의 대상이 될 수 있다는 의미입니다.

여기서 니고데모에 대하여 생각해 봅니다. 니고데모는 바리새인이면서 유대인의 지도자라 하였습니다. 앞선 다른 성경 번역에는 공회원이라고 하였습니다. 요즘 표현으로 하면 최고의 종교적 그룹회원이면서 그룹뿐만 아니라 백성들로부터 존경을 받는 종교적 정치적 지도자라 할 수 있습니다. 바리새인은 돈을 좋아한다는 것이 성경에 언급되고 있고, 더군다나 니고데모는 공회의 의원이라 하니 추측하건대 니고데모는 적당한 부자라고 예측할 수 있습니다. 한 마디로 니고데모는 종교적 열정에 따른 성결된 생활, 적절한 재물과 존경을 바탕으로 권력을 지닌 사람임을 알 수 있습니다.

오늘날 우리들의 관점으로 생각해 보면, 한국의 대형 교회 목사님으로 청와대 조찬 기도회 혹은 국회 조찬 기도회에 나가 설교를 할 정도로 지명도가 있는 사람쯤 된다고 추측할 수 있습니다. 이런 상황에서 갑자기 저 시골, 전라도 촌구석에서 자란 청년이 갑자기 서울의 대형 교회 건물에 들어와 여기저기 다니면서 카페의 기물을 부수거나 서점의 책들을 던지면서 내 집은 만민의 기도하는 집이라 외치고, 허름하기 그지없는, 볼품없는 모습의 한 무리가 덩달아 들어와 맞장구를 치는데, 갑자기 병자들이 뒤따라오더니만 이 청년 앞에서 기도를 받고 고침을 받으니 공개적으로 내쫓지도 못하고 끙끙 속만 태우고 있다고 상상해 보시기 바랍니다.

이런 유사한 상황에서 옆에서 보고만 있었던 최고 지도자의 한 사람인 니고데모가 용기를 내어 밤에 몰래 예수님을 찾아왔습니다. 아무래도 낮에 찾아온다면 자신의 위치와 신분에 어울리지 않아 구설수에 오를 수 있었기 때문으로 저는 생각합니다.

니고데모가 예수님께 찾아온 것은 궁금하였기 때문입니다. '이 청년이 이러한 일을 하는 것은 내가 믿는 여호와 하나님이 함께하지 않으면 결단코 일어날 수 없는데, 그렇다면 내가 기다리던 선지자, 엘리야 아니면 메시아인가? 아니면 잃어버린 나라를 되찾을 새로운 지도자인가?' 알고 싶었기 때문입니다.

그래서 예수님에게 묻습니다. "당신은 하나님께로부터 오신 선생인 줄을 압니다. 왜냐하면 우리의 성경 지식과 믿음으로 볼 때, 최근에 예루살렘 성전에서 행하시는 표적들을 하나님이 함께하지 않으면 일어날 수 없기 때문입니다. 하나님이 당신과 함께한다면 지금 하나님 나라가 왔습니까? 우리나라가 로마로부터 해방됩니까? 당신은 우리 민족을 구원할 새로운 지도자입니까? 당신은 누구입니까?"

이에 대하여 예수님은 니고데모에게 대답을 하는데, 동문서답을 하십니다. "네가 표적 속에 숨겨진 하나님을 본 것은 참 잘 봤습니다. 그 하나님이 다스리는 하나님 나라는 거듭난 사람에게 보이는 것입니다. 그래서 사람은 거듭나야 합니다."

니고데모는 세상의 회복은 하나님의 직접적인 임재를 통해 이루어질 것으로 생각하였습니다. 그는 예수님의 표적 속에서 하나님의 임재를 보았습니다. 그는 표적을 보이셨던 예수님의 정체성에 대하여 궁금하여 이것을 확인하고자 예수님께 왔습니다. 그러나 예수님은 니고데모가 본 하나님을 그대로 인정하면서 보이는 표적 속에 숨겨진 하나님께서 다스리는 나라, 곧 세상에서 볼 수 없는 그러나 임재하고 있는 하나님의 나라를 볼 수 있도록, 니고데모의 관심을 보이지 않는 세계로 돌리도록 합니다. 예수님은 자신보다 오히려 니고데모에 대하여 이야기를 합니다.

니고데모의 시선이 보이는 세계에서 볼 수 없는 세계로 돌리도록, 예수님은 그의 영이 거듭나야 한다는 것을 선언하고 있습니다. 우리의 눈으로 볼 수 없는 하나님을 느끼고, 볼 수 있는 영이 태어나야 합니다. 새롭게 태어난 영으로 세상을 다시 볼 수 있어야 합니다. 우리들의 시각이 새로운 곳을 향하도록 합니다. 예수님은 변화의 시작점입니다. 예수님은 개혁의 시작점입니다.

예수님은 저에게 거듭나라고 합니다. 영으로 세상을 보기 위해서입니다. 영으로 세상을 본다는 것만큼 개혁적인 사건은 없을 것입니다. 왜냐하면 눈이 아닌 영으로 세상을 보는 순간, 나의 일상의 삶 모든 영역에 예수님의 십자가, 희생과 포기하지 말라는 사명감 그리고 절대적인 믿음이 필연적으로 연결되어 있음이 보이기 때문입니다. 육으로 난 것은 육이고, 영으로 난 것은 영이니, 이제 영으로 세상을 산다는 것은 아직 도래하지 않은 천국을 그리워하면서 환상적인 몽유적인 자아도취의 이기적 삶을 추구하는 것이 아닌, 육과 영이 분리될 수 없는 세상에서 영이 시키는 대로 '내가 먼저 손해 보고, 내가 먼저 양보하고, 내가 먼저 희생하며, 내가 먼저 용서하는 삶을 육이 살아라.'라는 의미로 저는 해석합니다. 이것이 예수님이 저에게 요구하는 일상의 삶의 개혁입니다.

5. 개혁자는 관행과 관습을 승화시킵니다

> 예루살렘에 있는 양문 곁에 히브리 말로 베데스다라 하는
> 못이 있는데 … 거기 서른여덟 해 된 병자가 있더라 예수께서
> 그 누운 것을 보시고 병이 벌써 오래된 줄 아시고 이르시되
> 네가 낫고자 하느냐 병자가 대답하되 주여 물이 움직일 때에
> 나를 못에 넣어 주는 사람이 없어 내가 가는 동안에 다른 사
> 람이 먼저 내려가나이다 예수께서 이르시되 일어나 네 자리를
> 들고 걸어가라 하시니 그 사람이 곧 나아서 자리를 들고 걸어
> 가니라 이 날은 안식일이니(요한복음 5:2-9)

사람이 살면서 가장 힘든 것은 질병으로 받는 고통입니다. 예루살
렘의 베데스다 못에 천사가 내려와 물을 움직이게 하는데, 그 후에
먼저 그 못에 들어간 사람은 어떤 질병이라도 낫게 된다는 것입니다.
그 못에 38년 된 병자가 누워 있었습니다. 그 병자를 본 예수님이 다
가와 묻습니다. "네가 낫고자 합니까?" 이 말에 병자는 그동안의 힘
겨운 상황을 설명합니다. "주인님, 물이 움직일 때에 나를 못에 넣어
주는 사람이 없습니다. 그래서 내가 힘들게 못으로 가는 동안에 다른
사람이 먼저 내려가 번번이 저는 고침받지 못하고, 이렇게 38년 동안
또 물이 움직이는 것을 기다리고 있습니다."

오랫동안 이 못에서 많은 사람이 질병을 고침받고 회복되는 것을
보았던 병자는 예수님을 볼 때, 자신의 친구가 되어 이 연못에 천사
가 나타나 물을 움직이게 하면 바로 나를 들어 그 못에 던져 주기 바
라는 맘으로 말을 합니다. 어떤 관점에서, 이 모습은 문제 해결을 관
습에 의존하는 경우와 유사합니다. 예수님은 오래된 병자에게 다시

말합니다. "일어나 네 자리를 들고 걸어가라" 이 말씀은 우리의 문제를 해결하는 방법으로 관습에 매여 있지 말라는 의미로 저는 해석합니다.

베데스다 못은 이 못을 중심으로 살고 있는 지역사회에 사람의 질병이라는 문제를 해결하는 방안을 제시하고 있었습니다. 우리는 어렵지 않게 상상할 수 있습니다. 질병으로 고통받은 사람이 기도 중에 환상을 보았습니다. 그 환상 속에 베데스다 못에 천사가 내려와 목욕하고 다시 하늘로 올라가는데, 그 순간 그곳의 물에 자신의 몸을 담그면 자신의 몸이 낫는다는 것을 환상 속에서 보게 됩니다. 마치 구약성경의 나아만 장군이 나병에 걸려 심각한 상황에서 히브리 여종의 말에 따라 이스라엘의 유명한 선지자에게 가서 이스라엘 요단강의 강물에 몸을 일곱 번 씻고서 나았다는 것을 기억하면서, 자신도 베데스다 못의 물이 움직이면 그곳에 가서 질병을 치료받았습니다. 이러한 사실이 이웃에게 알려지고 그래서 그 지역의 모든 병든 환자들이 모여들어 살기 시작하였습니다. 그렇게 한 해, 두 해 병자들은 모여 살면서 베데스다 못의 도움을 받아 치유되어 그곳을 떠나기 시작합니다. 그러나 38년 동안 치료받지 못한 사람은 여전히 그곳에 남겨져 있었습니다. 동일한 문제라도 관습으로 풀 수 없는 때도 있다는 것을 알 수 있습니다.

관행과 관습으로 문제를 해결해 왔습니다. 결코, 관행과 관습이 그릇된 것은 아니지만, 그것은 시대적 변화에 매우 수동적입니다. 적절한 때에 적절한 방법으로 관습은 변화되어야 합니다. 예수님은 그러한 모습으로 저에게 다가왔습니다. 30년을 넘게 해온 직무도 환경의 변화에 따라 당연히 직무를 수행하는 태도와 지식도 변화되어야 한다는 것입니다. 무엇이 더 중요하게 생각해야 하는지 그 우선순위가 변화된다는 것을 알아야 합니다. 그 우선순위를 새롭게 만들고 있는 문화를 알고 실행해야 한다는 것입니다. 이것이 개혁자 예수님이 저에게 요구하는 요건입니다.

만약 예수님이 38년 된 병자를 고쳐주고, 바로 "이것을 믿으시오! 나의 능력으로 병자를 고쳤으니 모든 병자는 다 이리오시오. 내가 고쳐주겠습니다." 그렇게 외치고 일주일만 병 고침 기적을 수행하였다면 예수님은 유대 땅의 모든 사람에게 칭송을 받고 큰 무리를 이끄는 새로운 종교 지도자로 각광을 받았을 것입니다. 다만 여기에 하나님의 아들이라고 말하지 않고, 단순히 하나님을 섬기는 미미한 사람일 뿐이라고 선포하였다면 말입니다. 세상 사람들은 겸손하게 볼 것입니다. 세상 사람들은 하나님의 능력을 지닌 사람이 하나님을 섬기는 사람일 뿐이라고 하니, 더욱더 그를 좋아할 것입니다. 이 젊은이를 통해 나라를 되찾자. 질병을 고치는 능력이 있는 만큼 지혜도 많을 것이니, 우리의 젊은이들을 모아 가르치고, 그들로 군대를 이루어 로마로부터 나라를 되찾자. 이렇게 예루살렘의 지각 있는 원로들은 속삭였을 수도 있습니다(요한복음 6:15).

그러나 예수님은 그렇게 할 수 없었습니다. 예수님은 하나님을 아버지로 믿으며 그의 독생자로 이 땅에 오심을 누구보다도 잘 알기 때문입니다. 개혁자는 사회의 관행과 관습을 이기적으로 만들지 않습니다.

6. 개혁은 진리와 진실 위에 관용으로 수행합니다

예수께 말하되 선생이여 이 여자가 간음하다가 현장에서 잡
혔나이다 모세는 율법에 이러한 여자를 돌로 치라 명하였거니
와 선생은 어떻게 말하겠나이까(요한복음 8:4-5)

그들이 묻기를 마지 아니하는지라 이에 일어나 이르시되 너
희 중에 죄 없는 자가 먼저 돌로 치라 하시고(요한복음 8:7)

예수께서 일어나사 여자 외에 아무도 없는 것을 보시고 이
르시되 여자여 너를 고발하던 그들이 어디 있느냐 너를 정죄
한 자가 없느냐 대답하되 주여 없나이다 예수께서 이르시되
나도 너를 정죄하지 아니하노니 가서 다시는 죄를 범하지 말
라 하시니라(요한복음 8:10-11)

예수님은 유대 땅에서 나름대로 가르치시고 고치시고 천국을 선포
하는 사역을 하였습니다. 그런데 그것들로 인하여 유대 땅의 종교 지
도자들로부터 박해를 받기 시작하였습니다. 다가오는 명절에 유대인
들이 예수님을 죽이려고 하여 예수님은 처음에는 성전에 가지 않았
습니다. 그러나 명절 중간쯤, 성전에 나타나 "내 교훈은 내 것이 아니
요 나를 보내신 이의 것"이라고 가르치셨습니다. 덧붙여, "모세가 율
법을 주었는데 어찌 나를 죽이려 하느냐 너희는 모세의 율법을 지키
는 자들이 아니다"라고 훈계하였습니다. 왜냐하면 율법에 살인하지
말라고 하였기 때문입니다.

그러나 대제사장들과 바리새인들이 예수님을 잡으려고 아랫사람들

을 보냈으나 예수님처럼 말한 사람은 처음이라며, 그들도 예수님을 잡을 수 없었습니다. 아직 그의 때가 차지 않았기 때문입니다. 바리새인들과 대제사장들은 "율법을 알지 못하는 이 무리는 저주를 받은 자로다"라고 말할 정도로 예수님과 종교 지도자들 사이는 갈등 관계가 되었습니다.

해가 저물어 성전의 일이 마무리되어, 모두 각각 집으로 돌아갔습니다. 예수님은 가까운 감람산으로 가서 지내고 아침이 되어 다시 성전으로 왔습니다. 백성들은 또 예수님 앞에 나왔습니다. 예수님은 그들을 가르치기 시작하였습니다. 그런데 갑자기 한 무리의 사람들이 한 여인을 끌고 성전으로 들어왔습니다. 이들은 조용하던 성전을 매우 혼란스럽고 긴박한 상황으로 만들었습니다.

서기관들과 바리새인들은 죽음의 공포와 사람들의 야유의 눈빛에 절망 상태인 여인을 끌고 와서, 예수님이 백성들 앞에서 가르치는 현장의 중심에 이 사람을 세우고서 말합니다. "선생이여, 이 사람은 음행 중에 현장에서 잡혔습니다. 모세는 율법에 이러한 사람은 돌로 치라 명령하였습니다. 선생님은 어떻게 말하겠습니까?"

천국의 삶에 대하여 듣고 있던 무리는 갑작스러운 침입자들에 의해 매우 당혹스럽게 되었습니다. 그런데 한편으로 보기 드문 장면이 연출되어 호기심이 발동되었습니다. 지금까지 우리에게 전해 준 "나를 믿는 자는 성경에 이름과 같이 그 배에서 생수의 강이 흘러나오리라"라는 그 말씀처럼 '이 순간의 혼란스러움을 우리 선생님 예수님은 어떻게 평강으로 이끌 수 있겠는가?' 하는 생각도 들었습니다. 어떤 관점에서 생각해 본다면, 지금의 긴박한 상황은 모세의 율법과 예수님의 생명 존중의 가르침이 어떻게 서로 합력해야 하는지 알 수 있는 것을 보여 주고 있습니다.

유대인들은 '누구든지 남의 아내와 간음하는 사람은 둘 다 죽이라'는 모세 율법에 따라 간음한 사람을 돌로 쳐 죽였습니다. 그러한 사실을 잘 알고 있는 백성들은 모세의 율법과 선지자들이 예언한 대로 메시아라고 하는 예수님이 어떻게 모세의 율법에 따라 행동하게 될 것인지 보게 되었습니다.

이러한 혼란스러운 상황에 직면한 예수님은 생각에 젖어 듭니다. '음, 내가 하나님은 사랑이라고 선포하였고, 생명의 귀중함을 이야기했고, 귀신 들린 생명을 치유했고, 앞서 38년 된 병자도 일으켜 세웠고, 굶주린 5천 명 이상의 무리를 먹였고, 사마리아 여인을 통해 예배의 본질을 설파하였고, 성경의 연구자와 말씀대로 살겠다는 경건주의자들과 율법에 관한 논쟁도 하였는데, 지금 한 생명이 현장에서 죽을 수 있는 매우 긴박하고 절박한 상황이다. 모세의 율법을 근거로 접근하는 대제사장과 바리새인들의 살기와 그들의 위협을 무시할 수 없지 않는가! 그렇다고 모세의 율법을 상황 논리에 따라 어정쩡하게 설명하여 생명을 살린다면 이것은 나 자신의 정체성의 근거인 성경의 섭리를 약화시키는 것이지 않는가!'라고 생각하면서 예수님은 모여든 사람들 앞에서 뭔가 땅에 쓰기 시작합니다.

그러나 무리는 여전히 모세의 율법을 내세워 예수님에게 묻습니다. "이 사람을 어떻게 해야 합니까? 빨리 우리에게 말씀해 주세요!" 재차 촉구하는 소리에 예수님은 굽혔던 허리를 펴서 말씀합니다. "너희 중에 죄가 없는 사람이 먼저 돌로 치라."라고 말씀하시고 다시 몸을 굽혀 땅에 뭔가를 씁니다. 죄인을 둘러싼 사람들은 하나둘씩 양심에 가책을 느껴 슬그머니 그 자리를 떠납니다. 결국, 그곳에 남은 사람은 죄인과 예수님만 남게 되었습니다. 예수님이 죄인 된 사람에게 묻습니다. "너를 고발하던 사람들은 어디 있느냐? 너를 정죄한 사람이 없느냐?" 그 사람은 죽어 가는 소리로 그렇지만 살아 있다는 현실을 믿을 수 없는 마음으로 대답합니다. "주여, 없나이다." 이에 대해 예수님도 한마디 덧붙입니다. "나도 너를 정죄하지 않을 것이니, 이제는 다시 죄를 범하지 말라."라고 말씀하십니다.

모세율법은 진리입니다. 현장에 간음하다 잡힌 사람 역시 죄를 범한 죄인이라는 것도 진실입니다. 모세의 율법도, 죄인이라는 사실도 모두 부정하지 않으면서 궁극적으로 생명도 살리고, 율법의 본질적 목적을 이루는 예수님의 결정은 개혁의 원칙이 무엇인지 잘 말해 주고 있습니다. 개혁은 진리와 진실을 기초로 하여 시작되고, 관용으로 보완되어야 한다는 것을 알 수 있습니다.

이것은 규범과 법으로 유지되는 세상을 더욱더 나은 세계로 향해 개혁하고자 하는 것과 유사하다고 재해석할 수 있겠습니다. 오늘날 현대 국가는 왕을 포함하여 모든 사람이 법의 지배를 받습니다. 극히 부분적으로 예외적 사항이 있지만, 왕조차 자신의 신하들을 마음대로 생명을 해할 수 없습니다. 따라서 오늘날 사회의 개혁을 이루기 위해 무엇보다 중요한 것은 법을 만드는 사람들과 그 법을 집행하는 권력을 지닌 사람들이 먼저 법을 철저히 지켜야 합니다. 법을 잘 지키는 사람들이 앞장서서 사회적 문제를 해결하기 위해 노력한다면 그 사회 구성원들은 전폭적으로 권세자들을 지지하며 개혁에 이르도록 힘을 모을 것입니다. 개혁자가 되고자 한다면 먼저 규범과 법에 어긋남이 없는 삶이 선행되어야 합니다.

7. 개혁의 목적은 부활과 영생을 나누기 위함입니다

저에 대한 예수님의 최대 관심사는 영생과 천국입니다. 내 영이 천국에서 영원한 생명을 누리는 것입니다. 아직 세상에 살고 있는 나의 영은 몸 안에 있기 때문에 그 몸이 궁극적으로 죽음을 이기는 부활과 그리고 그 몸이 부활할 때, 그 안에 함께 존재하였던 영이 동일하게 회복되는 것입니다. 이것이 예수님이 우리를 향한 최고의 관심사입니다.

> 나사로가 병들었다 함을 들으시고 그 계시던 곳에 이틀을 더 유하시고 그 후에 제자들에게 이르시되 유대로 다시 가자 하시니 … 예수께서 이르시되 네 오라비가 다시 살아나리라 마르다가 이르되 마지막 날 부활 때에는 다시 살아날 줄을 내가 아나이다 예수께서 이르시되 나는 부활이요 생명이니 나를 믿는 자는 죽어도 살겠고 무릇 살아서 나를 믿는 자는 영원히 죽지 아니하리니 이것을 네가 믿느냐 … 예수께서 이르시되 돌을 옮겨 놓으라 하시니 그 죽은 자의 리라 하지 아니하였느냐 하시니 … 이 말씀을 하시고 큰 소리로 나사로야 나오라 부르시니(요한복음 11:3-43)

> 거기서 예수를 위하여 잔치할새 마르다는 일을 하고 나사로는 예수와 함께 앉은 자 중에 있더라(요한복음 12:2)

예수님은 나사로를 좋아하였습니다. 그런데 그 나사로가 병들어 죽게 되었다는 급한 전갈을 받았습니다. 하지만 예수님은 의외의 말을 합니다. "이 병은 죽을병이 아닙니다. 이것으로 하나님의 영광이 드러날 것이고, 또한 하나님의 아들이 그의 제자들에게 믿음을 더하는 계기가 될 것입니다."라고 말하면서 그곳을 떠나 병자를 치유하러 가지 않습니다. 예전 같으면 자신이 좋아하는 사람이 병들었다는 소식에 한걸음에 달려가 치유하였을 텐데 그렇게 하지 않은 모습을 본 제자들은 생각하기를, '나사로가 사는 곳은 유대 땅인데, 아마도 그곳에서 죽을 위협을 받고 왔기 때문에 일부러 그곳을 회피하고 있는 것은 아닐까?' 하는 추측을 하기도 합니다. 그래서 그들은 스승의 모습이 맘에 들었습니다. 당장 사람을 해치고자 하는 살기가 등등한 제사장들과 바리새인들을 만나지 않기 때문입니다.

그런데 예수님은 이틀이 지나자, 갑자기 제자들에게 유대로 가자고 합니다. 제자들은 이구동성을 말합니다. "선생님, 며칠 전에 유대인들이 돌로 치려 하였는데, 또 그곳으로 우리를 데리고 가시겠습니까?" 하지만 제자 중 디두모라 하는 도마는 "우리도 주와 함께 죽으러 가자!"라고 다른 제자들에게 말합니다.

글쓴이가 생각하건대, 제자들과 예수님의 대화를 찬찬히 생각해 보면 약간 혼란스런 것이 있습니다. 만약 내게 죽은 사람을 살릴 수 있는 권능과 힘이 있다면 자신들을 죽이려고 하는 사람들을 두려워해야 할 이유가 있겠습니까? '자신을 이끄는 스승님이 지니는 권능이, 죽은 자를 살리는 초능력자라는 사실을 제자들이 알고 또 믿는다면 왜 그들이 유대 땅에 가는 것을 머뭇거렸을까?' 하는 것입니다. 이러한 추측은 디두모의 말에 기인합니다. 디두모는 '주와 함께 죽으러 가자'고 제자들에게 강권합니다. 주와 함께 죽으러 간다는 것은 죽음의 위협을 이미 경험하였고, 이제 그 죽음을 기꺼이 받아들인다는 결단의 표현입니다. 이러한 결단 속에는 절대적인 믿음이 있을 때 가능합니다. 즉 나의 선생님이 죽으면 나도 죽지만, 결국 나의 선생님이 가는 그곳, 천국에 나도 그를 따라간다는 확신입니다.

그러나 여기서 한 번 더 생각해 보는 것은 디두모의 말 속에는 스승의 권능을 아직 제대로 모른다는 것입니다. 즉, 자신의 스승님이 나사로를 다시 살릴 수 있는 권능을 지닌 분으로 이미 알고 있었다면 굳이 디두모의 강변하는 말을 기록하지 않았을 것이고, 또 디두모의 말이 별다른 의미가 없었을 것입니다. 디두모와 제자들은 예수님의 권능을 아직 잘 모르고 있었음을 추측할 수 있습니다. 이러한 제자들과 함께 예수님은 나사로가 죽었다는 유대 땅으로 되돌아갑니다.

예수님이 마을 어귀에 다다르자 소식을 듣고 죽은 나사로의 누이 마르다가 맞이합니다. 마르다는 예수님을 보자, 슬픈 마음을 억누르면서 조금 더 빨리 왔으면 좋았을 텐데 하는 마음으로, "주님께서 여기 계셨더라면 내 오라버니가 죽지 아니하였겠습니다. 그러나 지금이라도 주님께서 무엇이든지 하나님께 구하시는 것을 하나님이 들어 주실 것을 저는 알고 있습니다."라고 말합니다.

마르다는 예수님이 보여 준 표적을 알고 있었습니다. 그렇기 때문에 포괄적으로 주님의 권능을 인정하고 믿고 있었습니다. 하지만 지금이 순간, 자기 오라버니의 죽음을 다스리는 것까지 예수님의 권능 안에 포함되어 있다는 것은 아직 모른 상태로 저는 추측합니다. 왜냐하면 예수님이 "네 오라버니가 다시 살아나리라"라고 마르다에게 한 말을 듣고서 마르다가 덧붙여 하는 "마지막 날 부활 때에는 다시 살아날 줄을 내가 알고 있습니다."라는 말에서 그 이유를 찾을 수 있기 때문입니다.

예수님은 다시 한 번 더 강조합니다. 이미 마르다에게 알려 준 자신의 정체성에 대한 것입니다. "나는 부활이요 생명이니 나를 믿는 사람은 죽어도 살겠고, 살아서 나를 믿는 사람은 영원히 죽지 아니하리니 이것을 믿느냐?" 마르다는 거듭 예수님의 정체성에 대하여 듣고서 자신도 강조하여 반복하여 답변합니다.

"주님! 주님의 말씀이 맞습니다. 주님은 그리스도입니다. 주님은 세상에 오는 하나님의 아들임을 믿습니다." 이렇게 예수님과 마르다는 죽은 나사로를 두고서 다시 한 번 예수님 본인의 정체성에 대하여 알고, 믿음을 확인하고서 마르다의 자매 마리아에게 예수님이 왔다는 소식을 전합니다. 이에 따라 마리아도 급히 예수님을 만나자마자 그 발 앞에 엎드리어 울면서 "주님께서 여기 계셨더라면 오라버니가 죽지 않았을 것입니다…"라고 말합니다. 예수님도 슬픔을 못 이겨 눈물을 흘립니다.

죽음의 이별이 인간의 모든 것 중에 가장 슬픈 것임을 예수님도 알고 있었습니다. 예수님이 눈물을 흘렸다는 것은, 그분도 우리와 동일한 인간임을 스스로 증거하고 있습니다. 그런데 예수님께 하였던 마리아의 말이나 자매 마르다의 말이 동일합니다. 이것은 무엇을 의미한다고 생각합니까? 마르다와 마리아 그리고 나사로는 예수님과 상당한 시간을 함께 보냈고, 그러한 공동체적인 삶에서 이들은 예수님의 권능을 이미 충분히 경험하였다는 것을 우리는 느낄 수 있습니다.

이들이 듣고 경험한 예수님의 능력은 물 위로 걸으시고, 떡 몇 조각과 물고기 두 마리로 수천 명을 먹이시고, 날 때부터 앞을 못 보는 사람을 고치시고, 물로 포도주를 만들었던 것을 이미 알고 있었다는 것입니다. 그렇기 때문에 나사로가 아직 살아 있을 때라면 예수님이 직접 병자를 치유할 수 있으리라고 이들은 충분히 믿고 있었습니다. 그런데 이미 죽은 지 나흘이 되어 냄새까지 나는 상황에서 살아난다는 것은 결코 경험하지도 못했을 뿐 아니라 그렇게까지 예수님의 권능을 확대하여 믿지 않았음을, 마르다와 마리아는 그들의 말속에 드러내고 있습니다.

예수님은 개혁적인 사역의 마지막 단계로 죽은 자를 살리는 것으로 마무리합니다. 예수님이 이 땅에 와서 행하였던 모든 일의 궁극적인 목적은 자신이 하나님의 아들, 그리스도라는 사실을 믿게 하는 것과 우리가 이것을 믿고 예수 그리스도의 이름으로 영원한 생명을 얻도록 하는 것입니다. 이러한 목적을 이루기 위해 죽은 자가 살아나는 표적을 보임으로, 예수님은 사망 권세까지 다스리는 권능을 위임받았음을 우리가 알고 나누도록 하였습니다.

사람들은 예수님의 부탁에 따라 무덤 입구의 커다란 돌을 옮겼습니다. 예수님께서는 하늘을 보시며, "아버지, 지금까지 제 말을 들어 주셔서 감사합니다. 아버지께서는 언제나 제 말을 들으시는 줄을 제가 압니다. 그러나 저는 주위에 있는 이 사람들을 위하여, 그들이 아버지께서 저를 보내셨음을 믿게 하기 위하여 이 말을 한 것입니다." 이렇게 말씀을 하고 나서, 무덤을 향하여 큰소리로 외쳤습니다. "나사로야 나오너라" 이 명령을 들은 죽은 나사로는 무덤 속에서 일어나 걸어 나왔습니다. 죽은 지 나흘이 되어 냄새까지 난 상태의 사람이 다시 살아난 것입니다.

예수님은 그렇게 죽음을 이기는 권세를 위임받았음을 증거하셨습니다. 그런데 여기서 한 가지 추가로 생각하고 싶은 것은, 죽은 나사로가 살아났을 때 그의 육신의 영혼이 그대로 회복되어 그의 가족들을 알아보고 또 예수님을 옛날처럼 알고 있었습니다. 즉, 나사로의 영혼은 몸과 함께하였던 과거의 일들을 그대로 기억하고 있다는 것입니다.

우리가 훗날 예수님의 이름으로 부활하게 될 때, 지금 오늘의 나와 관계된 사람과 자연 그리고 직장의 사람들을 기억한다는 의미입니다. 자신의 육신과 함께 살았던 영혼은 예수 그리스도 이름 안에서 영원한 생명으로 존재하며, 그의 존재 안에 자기 과거의 모든 사람을 기억한다는 믿음이 생명 개혁의 궁극적인 목적입니다.

이후에 예수님은 붙잡혀 십자가 위에서 죽고 3일 후에 부활하여, 예수님은 부활과 생명임을 스스로 증거하였습니다. 생명을 개혁하고자 하는 믿음의 눈으로 영생의 존재를 보시기를 소망합니다.

요한복음에 기록된 예수님의 정체성 7가지 비유
—

요한복음에 기록된 예수님의 삶 속에 드러난 개혁적인 태도에 대하여 함께 생각하였습니다. 그런데 요한복음에는 예수님 스스로 자신의 정체성에 대하여 7가지 비유를 들어 설명하였습니다. 그 내용이 단순하면서도 서로 잘 연결된 완벽한 구조로 예수님의 정체성을 이해하도록 하고 있습니다. 누구나 듣고 이해하여 믿음으로 나오도록 요청하고 있습니다. 이것들을 요한복음에서 강조하는 예수님의 또 다른 개혁적 단면으로 해석하여, 이곳에 그 내용을 정리합니다.

예수님은 자신이 생명의 밥, 세상의 빛, 양(羊)의 문, 선한 목자, 부활이요 생명, 길·진리·생명, 그리고 참포도나무라고 하였습니다. 처음 네 종류의 비유는 세상의 모든 생명에게 꼭 필요한 요소입니다. 공기를 통해 사는 모든 동물에게 밥이 필요합니다. 먹지 않으면 누구든 죽습니다. 따라서 궁극적으로 내가 살아 있다는 것은 밥을 먹고 있다는 의미입니다. 따라서 밥은 누구에게나 꼭 필요한 것입니다. 따라서 예수님 스스로 자신을 밥이라 생각하였던 것은, 예수님은 모든 생명체의 존재와 직접적으로 연결된다는 것을 의미합니다. 이것을 믿음으로 받아들인다면 이제 그는 예수로 더불어 사는 인생이 될 것입니다.

이처럼 빛 역시 생명체에게 꼭 필요한 요소입니다. 빛이 없다면 지구는 살 수 없습니다. 빛에 대한 많은 것을 생각할 수 있지만, 그것 중의 한 가지만 언급한다면 '빛은 결코 숨길 수 없다'는 것입니다. 빛은 드러나는 것입니다. 빛은 어둠과 함께 있을 수 없습니다. 예수님을 밥으로 생각하여 예수님을 먹고 사는 사람의 일상은 필연적으로 숨길 수 없다는 것입니다. 마치 유대인들이 창조주 하나님을 믿는 그들의 삶이 지금까지 온 세계에 영향을 주는 것처럼 말입니다.

예수님은 양들이 우리로 들어오는 문이라 하였습니다. 집에는 문이 있습니다. 그 집에는 문을 자유롭게 드나들 수 있는 사람은 그 집에 사는 사람들입니다. 만약 그 집에 살지 않는 사람이 문을 통해 들어온다면 도둑이거나 손님일 것입니다. 이처럼 문은 단순하지만, 그 어떤 자격 요건이 있어야 하는 것을 의미합니다. 양의 문이라 하였으니 그 문을 통과하는 것들은 기본적으로 양입니다. 양 이외의 동물들이 그 문을 통과하려면 문지기의 허락을 받아야 할 것입니다. 예수님은 누구든지 자신에게 오라고 하였습니다. 예수님 문은 모든 사람에게 열려 있습니다. 이처럼 예수님을 밥으로 먹고, 그 밥을 먹고 사는 사람이 세상에서 숨길 수 없는 삶을 살고, 그리고 그 사람이 들어가는 문은 누가 봐도 예수님 문으로 인식할 수 있도록 하여야 할 것입니다.

예수님은 목자라고 하였습니다. 우리가 밥을 먹고, 세상에 나가 그리스도의 향기와 편지로 사는 듯해도, 결국은 불완전한 피조물이기 때문에 우리에게는 리더와 보호자 그리고 안내자를 필요로 합니다. 목자라는 단어가 갖는 이미지는 지극히 평범하고 모든 생명체에게 필요한 기본적인 요소입니다. 사람이 갓 태어나 보호받지 않는다면 그는 곧 죽음을 맞이할 것입니다. 사람은 반드시 보호받고, 양육되고, 훈련되고, 단련되어야 된 사람이 될 수 있습니다.

생명체들이 필연적으로 만나는 공통적인 문제는 죽음이라는 것입니다. 죽음의 문제에서 벗어나고자 우리는 수많은 일을 해 오고 있습니다. 극단적으로 일부 철학자들은 그 문제를 해결하고자 도피처로 종교를 만들었다고도 합니다. 하지만 결국 그렇게 말한 사람들 모두 역시 때가 차매 흙으로 돌아갔습니다. 예수님 역시 그 죽음의 문제 앞에서 자유롭지 않았습니다. 기록된 성경에 의하면 예수님이 십자가 위에서 "어찌하여 나를 버리셨나이까"라는 말씀을 하고 숨을 거두었습니다. 죽음은 그 누구도 피할 수 없는 절대적 관문입니다. 그런 문제에 대한 답을 예수님 자신 스스로 해결하였습니다. "나는 부활이요 생명이니 이를 믿는 자마다 죽지 아니하리라"라는 선언으로 죽음을 이길 수 있는 그 방법을 제시하였습니다. 다만 그것에 필요한 조건이 믿음입니다.

생명체가 죽음을 맞이한다는 의미는 그의 생명이 제한적이지만 또한편으로 다음 세대로 전달되는 독특한 체계를 가지고 있음을 의미합니다. 물론 이것은 창조주의 섭리로 설명되곤 합니다. 따라서 물질적 생명의 전달은 열매의 씨앗이나 동물의 경우는 알이나 생식을 통해 그 제한된 생명이 다음으로 연결되고 전달됩니다. 영적인 세계도 동일합니다. 누구든지 영적인 산물을 다음 세대로 전달하고자 사람들은 문자를 만들고, 그 문자를 통해 지식과 지혜를 전달하고 있습니다. 예수님은 밥, 빛, 문, 목자 그리고 부활과 생명으로 죽음을 극복하는 사람의 삶을 다음 세대로 전달할 수 있도록 하였는데, 그 전달의 핵심 요소가 길, 진리, 생명입니다. 여기서 길은 모든 삶의 일상적인 상식과 지혜를 통합한 것이고, 진리는 그 길 위로 사는데 '예수님 이름으로 살라'는 것이며, 생명은 곧 부활과 영생의 핵심으로 영적인 것을 강조하는 것으로 저는 해석합니다. 결론적으로 이러한 길과 진리 그리고 생명의 삶을 열매의 씨앗으로 남겨야 합니다. 열매를 맺기 위하여 우리는 예수님의 참포도나무의 가지로 달려 있어야 합니다. 열매인 포도는 포도나무의 가지에 달리기 때문입니다. 그래서 예수님께서는 마지막으로 "나는 참포도나무요 너희는 가지라"라고 말씀하셨습니다.

열매 맺는 삶이 되도록 오늘도 예수 그리스도 이름으로 화내지 않고 용서를 구하고, 또 용서하며, 그리고 문으로 들어가는 구별되고 분리된 삶을 살아가기를 소망합니다. 부족한 자의 삶 속에 길과 진리와 생명의 예수님 관계 안에서 누린 믿음이 열매 속 씨앗의 DNA로 각인되어 다음 세대에 전달되기를 기도합니다.

제4장

온유하고 용서하라

예수님은 비폭력으로 저에게 왔습니다.

—

모든 사람은 문제를 만납니다. 모든 사람은 화를 내거나 실수하거나 때로 절망합니다. 모든 사람은 때때로 우울하며, 불안합니다. 모든 사람은 슬픔을 당할 때도 있습니다. 모든 사람은 자신의 부족함을 알고 있습니다. 모든 사람에게는 걱정거리가 있습니다. 생명을 지닌 사람은 죽음을 맞이합니다. 생명보다 귀한 것은 이 땅에 없습니다. 사람이 자신의 생명을 위협당하는 순간에 일반적으로 반응하는 것을 정당방위라고 합니다. 이러한 상황을 배제하기 위해서 십계명의 한 부분으로 "살인하지 말라"고 하나님은 우리에게 강력하게 명령합니다.

예수님도 세상 사람들에게 천국의 질서를 설명하고, 그 천국을 소유하는 삶을 구체적으로 살기 위해서 이 땅에서 우리가 해야 할 것 중에, 첫 번째로 강조한 것이 살인하지 말라는 문제였습니다. 살인하지 말라는 그 의미가 무엇을 요구하고 있는지 우리는 문자적으로만 이해하고, 그 속에 숨겨진 하나님의 진의를 알지 못하였습니다. 그 진의를 예수님이 명확하게 알려 주셨는데, 그것이 바로 비폭력입니다.

비폭력은 화내지 않는 것입니다. 상대에게 욕하지 않는 것입니다. 상대의 인권을 무시하거나 인신공격을 하지 않는 것입니다. 사람과 사람의 모든 문제는 화내지 않는다면 원만하게 해결될 수 있습니다. 상대의 인권을 무시하지 않고, 수용하고 인정하며 대화한다면 문제를 풀 수 있는 해결점을 원만하게 찾을 것입니다. 오늘날 세상 살인 사건의 태반이 무시와 분노 때문으로 발생하고 있는데 문제의 시작점부터 '화내지 말라'는 것으로, 비폭력의 시작점을 예수님은 가르쳐 주셨습니다.

비폭력을 바르게 이해하기 위해 잠시 인터넷의 도움으로 폭력이 무엇인지 찾아보았습니다. 전쟁 없는 세상에서 엮은 『비폭력 캠페인을 위한 안내서』에서 비폭력을 다음과 같이 정의하였습니다. "이 안내서에서 얘기하고 있는 비폭력에 대한 우리의 기본적인 정의는 더 이상의 폭력을 사용하지 않고도 폭력(물리적 폭력과 이른바 '구조적 폭력', 즉 빈곤과 사회적 배제, 억압)을 끝내고자 하는 것입니다."

폭력을 물리적 폭력, 구조적 폭력, 빈곤, 사회적 배제, 억압 등으로 표현하고 있습니다. 또한, 법에서 정의하고 있는 폭력은 "다른 사람에게 상해를 입히거나 협박하거나 하는 등의 행위와 함께 다른 사람을 감금하는 행위, 주거에 침입하는 행위, 기물의 파손 등"으로 표현합니다. 백과사전은 폭력을 다음과 같이 설명하고 있습니다. "폭력(暴力)은 신체적인 손상을 가져오고, 정신적·심리적인 압박을 가하는 물리적인 강제력을 말한다."

사회운동단체, 법 그리고 백과사전의 정의를 종합하면, 폭력은 사람의 몸과 정신 그리고 영혼에 이르기까지 이것들의 생명 활동에 피해를 주는 모든 행위라고 정의 할 수 있습니다. 따라서 비폭력이란 사람의 몸과 정신 그리고 영혼의 생명 활동에 피해를 줄이는 모든 행위 속에 또 다른 영역에 대하여 폭력화되지 않는 것이라 하겠습니다.

예수님이 저에게 가르치는 폭력의 피해를 완화시키는 방법으로 모든 영역에 적용할 수 있는 첫 번째 비폭력 행위는 '화를 내지 말라'는 것입니다. 인권을 존중하고 말이나 글로 인신공격을 하지 않는 것이 비폭력의 시작점이라는 것입니다.

마가복음을 중심으로 예수님의 다양한 비폭력적 삶을 먼저 조명하고 그 이후에 비폭력을 요구하는 예수님의 가르침을 정리하였습니다.

1. 사회와 정치적 문제에 비폭력으로 반응하는 예수님

어린 나귀를 타고 성으로 들어가는 왕
—

나귀 새끼를 예수께로 끌고 와서 자기들의 겉옷을 그 위에 얹어 놓으매 예수께서 타시니 많은 사람들은 자기들의 겉옷을, 또 다른 이들은 들에서 벤 나뭇가지를 길에 펴며 앞에서 가고 뒤에서 따르는 자들이 소리 지르되 호산나 찬송하리로다 주의 이름으로 오시는 이여 찬송하리로다 오는 우리 조상 다윗의 나라여 가장 높은 곳에서 호산나 하더라(마가복음 11:7-10)

본문은 앞서 「결코 포기하지 말라」에서 기록된 성경 말씀에 순종하는 예수님의 모습으로 인용되었습니다. 동일한 상황을 비폭력적 관점으로 재해석합니다.

예수님은 왕입니다. 그의 혈통은 유대인 왕의 후손입니다. 하지만 예수님은 유대 족속의 왕뿐만 아니라 그의 사명 속에는 모든 사람을 위한 대속하는 인류의 왕입니다. 이러한 왕이 자신의 성에 들어가는 모습은 성경에 기록된 대로 어린 나귀를 타고 들어갑니다.

어디에도 왕으로 느낄 만한 권세가 보이지 않습니다. 어린 나귀를 탄 왕의 뒤를 따르는 사람들의 모습도 특이합니다. 그들의 손에는 칼과 창과 방패와 갑옷이 없습니다. 그들의 손에는 종려나무 나뭇잎과 옷이 들려 있을 뿐입니다. 자신을 추대하는 사람들이 자신의 권위를 치켜세울만한 것이 보이지 않습니다. 만약 칼을 든 군인들이 이들의 행위 속에 위협을 느꼈다면 한 무리의 군인들만으로도 이들을 해산시킬 수 있는 모습입니다. 예수님을 호위하는 무력의 경호대도 없습니다. 예수님의 예루살렘 성 입성은 비폭력의 모습 그대로입니다. 왕으로 그 권세의 영광을 모든 백성과 동등하게 나누어 누리는 그의 예루살렘 입성의 모습은 비폭력의 본질입니다.

비폭력의 안내서는 성경입니다

세 번째 오사 그들에게 이르시되 이제는 자고 쉬라 그만 되었다 때가 왔도다 보라 인자가 죄인의 손에 팔리느니라 … 곧 열둘 중의 하나인 유다가 왔는데 대제사장들과 서기관들과 장로들에게서 파송된 무리가 검과 몽치를 가지고 그와 함께하였더라 … 내가 입 맞추는 자가 그이니 그를 잡아 단단히 끌어 가라 하였는지라 이에 와서 곧 예수께 나아와 랍비여 하고 입을 맞추니 그들이 예수께 손을 대어 잡거늘 곁에 서 있는 자 중의 한 사람이 칼을 빼어 대제사장의 종을 쳐 그 귀를 떨어뜨리니라 예수께서 무리에게 말씀하여 이르시되 너희가 강도를 잡는 것 같이 검과 몽치를 가지고 나를 잡으러 나왔느냐 내가 날마다 너희와 함께 성전에 있으면서 가르쳤으되 너희가 나를 잡지 아니하였도다 그러나 이는 성경을 이루려 함이니라 하시더라 제자들이 다 예수를 버리고 도망하니라(마가복음 14:41-50)

예수님은 간밤에 잠을 잘 수가 없었습니다. 이제 자신의 사명을 완수해야 하는 매우 고통스러운 시간이 다가오고 있었기 때문입니다. 결국, 예수님도 제자들의 도움이 필요하여 함께 기도하여 주기를 요청하고서, 본인은 저만치 떨어져 절박하고 간절한 기도를 하였습니다.

마치 떨어지는 땀방울이 핏방울처럼 보였다 하니, 이른 봄의 산속의 냉기를 이겨 낼 만큼 기도는 뜨거웠고 또한 절박하였음을 우리는 짐작할 수 있습니다.

그렇게 세 번에 걸쳐 기도하시고 이제 제자들을 추슬러 그때를 준비합니다. 이미 저 아래 산발치에는 불빛과 웅성웅성거림의 그림자와 한 무리의 발자국 소리가 들려오기 시작하였습니다.

예수님은 간밤을 꼬박 지새우고 앞서 저녁부터 별로 먹지 못해, 그의 모습은 매우 초췌해 보였습니다. 그의 외모 어디에도 왕과 용사와 같은 위압감을 느낄 수 없었을 것으로 추측합니다.

예수님은 제자들을 깨워 그들을 맞이합니다. 어떤 점에서 보면 예수님이 제자들에게 간접적으로 비폭력 교육의 현장을 바르게 보고 기억하여, 그들도 그렇게 따르도록 하기 위함이었을 것으로 추측합니다. 잠자고 있는데 갑자기 들이닥쳐 그들을 잡아간다면 매우 혼란스러울 것입니다. 그래서 정상적인 상황에서 예수님이 체포되는 것을 명확하게 볼 수 있도록 제자들을 깨웁니다. 물론 제자들을 보호하기 위한 목적이기도 하였겠습니다.

칼은 무기입니다. 몽치는 도구이자 무기입니다. 사람이 위협을 느끼거나 자신의 생명을 보호하기 위한 도구로 칼을 사용합니다. 몽치는 도구이지만, 이것 역시 흉기로 사용될 수 있습니다.

사람이 어떤 위험한 상황에 노출될 것을 알고 있다면, 그 사람은 당연히 정당방위 차원에서라도 자신을 보호하기 위해 칼과 또 다른 흉기를 준비할 것입니다. 만약에 자신이 상대방으로부터 자신의 생명을 빼앗길 위험에 처한다면 말입니다.

예수님을 잡으러 온 사람들이 칼과 몽치를 들고 왔다는 것이 의미하는 것은 그들이 예수님의 능력을 이미 알고 있다는 것입니다. 누구보다 잘 알고 함께 생활한 그의 제자 가롯 유다가 예수님의 능력을 말해 주었기 때문입니다.

가롯 유다는 스승의 이적의 권능을 보았고, 스승이 바다 위를 걷는 것을 알고 있고, 오병이어와 칠병이어 속에서 스승의 무서운 초능력을 경험한 사람입니다.

또 다른 한편으로, 예수님을 따르는 사람들이 많았기 때문에, 자칫하면 백성들의 여론을 오도할 수 있거나 따르는 사람들이 항거하면 큰 문제가 발생할 수도 있습니다. 그래서 위협적인 것을 미리 보여 줌으로 사전에 그러한 반란적인 행동을 못 하게 하기 위함입니다. 그렇기 때문에 그는 무리에게 무기를 들어 준비를 당부하였을 것입니다.

다가오는 그들의 손에는 칼이 들려 있고 몽치도 있습니다. 그들의 눈에는 살기가 가득합니다. 자신들의 주인이 명령하였고, 또 대제사장과 서기관 그리고 장로들이 자신들에게 명령한 것을 잘 알고 있었기 때문입니다.

한 사람 때문에 우리 민족이 멸망하면 안 된다는 것입니다. 저 한 사람이 무리를 선동하여 폭동을 일으키면 로마 군인들이 자신들, 유대인들을 멸망시킬 것이기 때문입니다. 이미 앞서 그러한 폭동과 반란이 일어나 로마 군인들이 무자비하게 백성들을 죽였던 것을 알고 있던 터라 그들은 주인이 시키는 대로 예수님을 잡으러 왔습니다.

더군다나 그 사람의 제자가 당부하기를 단단히 끌어 잡으라 할 정도로, 그는 대단한 초능력을 보유한 사람으로 그들은 이미 알고 있었기 때문입니다. 무리는 나름대로 철저한 준비를 하여 예수님을 잡으러 깜깜한 새벽에 감람산으로 오고 있습니다.

예수님의 예견대로 자신의 제자 중, 유다가 자신에게 다가와 입맞

춤으로 인사를 합니다. 깜깜한 감람산 구릉진 곳에서 얼굴을 제대로 확인하기 어려운 이 상황에서 제자의 행동이 무엇을 의미하는지 예수님은 알고 있었습니다.

제자와 인사를 나누자마자 무기를 든 사람들이 우르르 달려와 예수님을 잡았습니다. 이를 본 제자 중 한 명이 칼을 들어 대제사장의 종을 쳤습니다. 우려한 대로 서로의 생명이 위태롭게 되었습니다. 그들이 전열을 다듬어 본격적인 전투를 하려는 순간, 예수님의 호통 소리가 감람산 어귀를 쩌렁쩌렁 울립니다. 순간적으로 칼을 쳤던 사람이나 칼을 들고 달려들 사람 모두가 온몸이 굳을 정도였습니다. 먹지 못한, 한잠도 못 주무신 예수님의 목소리라고 믿을 수 없었을 것입니다.

"날마다 너희와 함께 성전에 있으면서 너희를 가르쳤으되 너희들이 나를 잡지 않았도다" 하시면서 땅에 떨어진 귀를 들어 피 흘리는 얼굴에 붙여 줍니다. 하지만 함께 온 무기를 든 무리는 더욱더 살기 띤 모습으로 예수님을 에워쌉니다.

숫자에서 절대적으로 적은 예수님의 제자들은 죽음의 위협 속에서 모두 도망칩니다. 덩그러니 예수님만이 그곳에 남게 되었습니다. 이사야 예언서에 기록된 말씀(이사야 53장)을 떠올리면서 예수님은 그들에게 끌려 새벽에 대제사장에게 갑니다. 예수님은 성경을 이루기 위해 이 땅에 왔습니다. 비폭력의 안내서는 성경입니다.

왜 로마군인 백부장은 예수님의 죽음을 보고
진실로 하나님의 아들이라고 말하였을까?
—

> 그와 같이 대제사장들도 서기관들과 함께 희롱하며 서로 말하되 그가 남은 구원하였으되 자기는 구원할 수 없도다 … 제구시에 예수께서 크게 소리 지르시되 엘리 엘리 라마 사박다니 하시니 이를 번역하면 나의 하나님, 나의 하나님 어찌하여 나를 버리셨나이까 하는 뜻이라 … 예수께서 큰 소리를 지르시고 숨지시니라 이에 성소 휘장이 위로부터 아래까지 찢어져 둘이 되니라 예수를 향하여 섰던 백부장이 그렇게 숨지심을 보고 이르되 이 사람은 진실로 하나님의 아들이었도다 하더라(마가복음 15:31–39)

골고다 언덕 십자가 위에 못 박혀 달린 것은 죄의 대가를 치르는 것입니다. 이것은 그 당시 범죄자들을 사형시키는 잔인한 로마의 사형 방법입니다. 십자가에 달린 죄수들은 매우 힘들고 고통스러운 시간을 오래도록 갖고서 서서히 죽어 간다고 합니다.

이러한 상황을 누구보다 많이 경험하고 알고 있는 로마군인 백부장의 말은 의미 있습니다. 왜 그는 예수님의 죽음을 보고서 진실로 하나님의 아들이라고 말하였을까 생각해 봅니다.

그는 침략국 로마 군인으로서, 그 당시 혼란스런 십자가 처형 현장의 치안 담당자였을 것으로 판단됩니다. 그는 오늘 십자가에 처형되는 죄수들에 대하여 이미 정보를 나름대로 입수하였을 것입니다. 두 명의 범죄자들이 어떤 흉악한 사건으로 처형되고 있는지, 그들이 정치범인지 사회적 윤리적 단순 범죄자인지 그는 알고 있었습니다.

또 한 명의 범죄자에 대한 정보도 그는 수집하여 알거나 아니면 간밤에 일어난 일들에 대해 부하들의 보고를 통해 이미 잘 알고 있었을 것입니다.

아니면 자신의 동료 백부장의 하인을 죽을병에서 회생시켜준 것을 전해 들어, 이미 이 십자가 처형자에 대해 알 수도 있었습니다. 물론 이 범죄자는 독특하게 따르는 사람들이 많아서, 극도로 치안 유지에 더 신경을 써야 하는 것도 백부장은 감지하고 있었습니다.

그래서 그는 잘 훈련된 부하들을 준비하여 사형을 집행하는 데 한 점 실수도 없이 진행되도록 철저하게 치안 유지를 하였습니다.

그러나 백부장의 가슴에 여러 생각들로 몹시 혼란스러웠습니다. '내가 보기엔 아무런 힘이 없어 보이는데 어떻게 이 젊은이가 물 위를 걸었다고 할까, 어떻게 폭풍을 잠재울 수 있었을까? 이 사람을 추종하고 따르는 사람들이 한순간에 폭도로 변하여 자신들을 공격하면 어떻게 방어하고 제어해야 할까? 만약 저 나무 위에 걸린 팻말대로 이 사람이 왕이라면, 진실로 그가 하나님의 아들로 왕이라면 나 스스로 어떻게 하는 것이 최선일까?'라는 생각들로 서로 복잡하게 뒤엉켜 자신을 힘들게 하고 있었습니다.

그가 평생 군인으로서 전쟁 속에서 가장 절실하게 느낀 것은 바로 전쟁을 하지 않는 것, 평화를 바라고 있다는 자신을 발견하는 순간 그의 가슴은 뜨겁게 뛰기 시작하였습니다. 만약 이 사람이 진실로 하나님의 아들이라면, 그는 폭동(전쟁)을 원하지 않을 것입니다. 왜냐하면 전쟁과 폭동은 사람의 생명을 빼앗아 가기 때문입니다. 사람을 구원하기 위해 온 그가 되려 사람을 죽이는 일에 도구로 쓰인다면 그것은 상식적으로 이해할 수 없었기 때문입니다.

그래서 백부장은 골고다 언덕 치안 유지의 담당자로서 그는 십자가에 달린 죄수들도 관찰하고 그 아래에 모인 군중들도 주시해야 했습니다. 무리의 떠드는 소리가 무엇을 의미하는지 충분히 알고 있는 백부장은, 이러한 냉소와 무시 그리고 저주 속에 어떻게 반응해야 하는지 너무도 잘 알고 있는 치안 유지 사령관의 가슴은 뜨거워질 수밖에 없었습니다.

그것은 바로 비폭력적 대응입니다. 백부장의 관점에서 지금 이 순간 십자가 위의 죄수들이 할 수 있는 것은 아무것도 없습니다. 하지만 이러한 상황을 충분히 반전시킬 수 있는 능력을 소유하고 있는 사람이 역설적으로 있다는 것을 알고 있는 백부장은, '그래도 이 상황에서 최고의 방법은 비폭력일 뿐입니다.'라고 가슴속으로 외치고 있었는데, 그렇게 예수님이 운명합니다. 예수님은 자신의 생명을 빼앗는 폭력에 방어하기 위해 하나님 아들의 권능을 사용하지 않았습니다.

결국, 백부장은 자신의 관점에서 예수님을 진실로 하나님의 아들로 선포할 수밖에 없었습니다. 왜냐하면 예수님은 철저히 비폭력으로 폭력에 맞섰기 때문입니다. 예수님은 그곳을 폭동과 종교적 변곡점이 되는 기적을 일으키는 현장으로 만들지 않고, 그곳을 잠잠한 침묵, 평화의 현장으로 만들었습니다. 십자가 처형 현장의 치안 유지 사령관인 로마 군인 백부장의 관점으로 진실로 하나님 아들을 묵상하였습니다. 그는 평화를 위해 왔습니다.

2. 종교적 문제에 비폭력으로 대응하는 예수님

바리새인과 정치 세력의 위협에 비폭력 대응
—

바리새인들이 나가서 곧 헤롯당과 함께 어떻게 하여 예수를 죽일까 의논하니라 예수께서 제자들과 함께 바다로 물러가시니 갈릴리에서 큰 무리가 따르며 유대와 예루살렘과 이두매와 요단 강 건너편과 또 두로와 시돈 근처에서 많은 무리가 그가 하신 큰 일을 듣고 나아오는지라 예수께서 무리가 에워싸 미는 것을 피하기 위하여 작은 배를 대기하도록 제자들에게 명하셨으니(마가복음 3:6-9)

안식일에 병자를 고침으로, 바리새인들이 헤롯당과 연합하여 예수님을 죽이려고 모의하고 있습니다. 왜냐하면 많은 사람이 예수님께 몰려들어 병 고침을 받고 천국 복음을 듣는데, 예수님이 기득권 세력 안에서 이러한 일들을 수행하지 않고, 그들과 관계없이 예수님은 독립적으로 일하였습니다. 그래서 그들은 종교적 권위와 지위의 위협을 느꼈기 때문입니다.

구약성경은 "눈에는 눈 이에는 이" 말씀대로 일반적으로 유대인들의 삶의 방식 중의 하나는 폭력에는 폭력으로, 비폭력에는 비폭력으로 대응하는 것이 그들의 상식입니다. 하지만 이들의 폭력적 모의에 대한 예수님의 대응은 무방비, 비폭력 그 자체입니다. 종교적 권력을 지닌 바리새인들과 정치적 권력자들인 헤롯당만큼 예수님도 사람을 모을 수 있었습니다.

예수님을 따르는 사람들이 많았기 때문입니다. 지금 우리들의 상식으로 접근한다면 수많은 사람이 몰려오는, 최고의 인기를 누리는 이 순간에 사람들을 조직화하고 12명의 제자를 각 조직의 리더로 만들어 나름대로 예배도 드리고, 봉사도 하고, 고침도 받고, 사회의 어려운 부분을 섬기도록 하여 그 영향력을 키워나갔다면 결코 바리새인과 헤롯당의 모의가 별다른 위협이 될 수 없었을 것입니다.

그러나 예수님은 그렇게 기득권 세력의 폭력에 대항하는 방법은 그곳을 떠나는 것이었습니다. 예수님의 비폭력적 대응은 그 갈등의 현장에서 한 걸음 물러나는 것입니다.

새로운 율법을 만들려는 욕구를 누르셨다

한 나병 환자가 예수께 와서 꿇어 엎드려 간구하여 이르되 원하시면 저를 깨끗하게 하실 수 있나이다 예수께서 불쌍히 여기사 손을 내밀어 그에게 대시며 이르시되 내가 원하노니 깨끗함을 받으라 하시니 곧 나병이 그 사람에게서 떠나가고 깨끗하여진지라 곧 보내시며 엄히 경고하사 이르시되 삼가 아무에게 아무 말도 하지 말고 가서 네 몸을 제사장에게 보이고 네가 깨끗하게 되었으니 모세가 명한 것을 드려 그들에게 입증하라 하셨더라 (마가복음 1:40-44)

예수님은 자신을 찾아온 나병 환자에게 손을 내밀어 깨끗하게 치유합니다. 나병 환자는 저주받은 죄인으로 사람과 함께 살 수 없었습니다. 그들은 가족과 공동체로부터 격리되어 사는 고통스러운 삶을 영위합니다. 이러한 사람을 치유하였으니, 예수님의 능력은 대단한 것입니다. 그 대단한 능력을 기반으로 새로운 질서를 만들 수 있는 욕구가 있을 것입니다.

우리 세대의 예로서 영국의 '비틀즈'라는 그룹사운드 멤버 중 한 사람인 존 레논(John Lennon)은 비틀즈의 인기가 폭발하자, 그는 예수님보다 자신들의 인기가 더 높다며 한껏 그의 가슴은 뜨거워졌습니다. 그래서 그는 반전평화운동에 한동안 힘을 쏟았습니다. 자신의 인기로 세상을 평화롭게 하겠다는 그 뜻은 충분히 공감하지만, 인간이란 뭔가 성취하면 자신의 방식으로 세상을 바꾸겠다는 욕심이 듭니다.

추측하건대, 예수님도 사람인지라 아마도 그런 욕구가 있었을 것입니다. 그러나 예수님은 그렇게 자신의 욕구를 철저히 눌렀습니다. 기존의 유대교 종교의 체계를 그대로 준용하고 그 안에서 자신의 사명을 다 이루셨습니다. 예수님은 치유된 나병 환자에게 말씀합니다. 아무에게 아무 말도 하지 말고, 성경에 기록된 모세가 명령한 예물을 준비하여 제사장에게 보이고 네가 깨끗하게 치유되었음을 증거하라고 신신당부합니다.

모세의 예물과 제사장은 오늘이나 그때나 하나님 말씀의 체계 속에서 매우 중요한 의미를 지니고 있습니다. 예수님의 그 의미를 그대로 인정하고, 그 의미를 자신의 사역 가운데 동일하도록 하고 있습니다. 예수님은 죄인을 치유하는 권능으로 새로운 교파를 만들지 않았습니다. 예수님은 더 많은 사람을 모으기 위해 더 큰 회당을 건설하면 좋겠다는 욕구를 외면하였습니다.

율법과 이방인 믿음의 갈등에서 예수님의 선택
———

예수께서 일어나사 거기를 떠나 두로 지방으로 가서 한 집에 들어가 아무도 모르게 하시려 하나 숨길 수 없더라 이에 더러운 귀신 들린 어린 딸을 둔 한 여자가 예수의 소문을 듣고 곧 와서 그 발 아래에 엎드리니 그 여자는 헬라인이요 수로보니게 족속이라 자기 딸에게서 귀신 쫓아내 주시기를 간구하거늘 예수께서 이르시되 자녀로 먼저 배불리 먹게 할지니 자녀의 떡을 취하여 개들에게 던짐이 마땅치 아니하니라 여자가 대답하여 이르되 주여 옳소이다마는 상 아래 개들도 아이들이 먹던 부스러기를 먹나이다 예수께서 이르시되 이 말을 하였으니 돌아가라 귀신이 네 딸에게서 나갔느니라 하시매(마가복음 7:24-29)

예수님 시대에 헤롯 성전이 있었는데, 그 성전의 밖에는 '이방인의 뜰'이 있습니다. 이것은 이방인들은 성전 밖, 이방인의 뜰까지만 올 수 있고, 그 선을 넘어 성전으로 들어오면 죽임을 당합니다. 거룩한 성전에 들어올 수 없는 이방인이 들어왔기 때문입니다. 선민의 텃세가 생명까지 해치게 합니다.

구약성경에는 유대인들이 이방 민족들과 결혼을 하지 못하도록 율법으로 엄격하게 명령하고 있습니다. 철저히 이방 민족들과 구별된 삶을 살도록 어린 시절부터 훈련받는 것이 유대인들의 일반적인 삶입니다. 이런 교육적 종교적 환경에서 자란 예수님의 일상의 삶도 예외는 아닐 것입니다. 그래서 그런지 예수님은 천국 복음을 전하는 데 이스라엘 나라를 벗어나지 않았습니다. 바울처럼 소아시아, 로마까지 전도하러 가지 않았습니다. 어떤 관점에서 생각하면, 예수님의 사역 범위는 이스라엘, 유대 민족에 제한된 것으로 보입니다. 물론 예수님이 부활한 이후에 제자들에게 주는 명령은 사마리아와 땅끝까지 모든 족속을 제자 삼고, 모든 열방에 복음을 전하도록 새로운 말씀을 합니다.

이렇게 성경에 기록된 이방인에 대한 하나님의 말씀(신명기 7:1-11) 때문에 그런지, 예수님이 이방인 수로보니게 족속의 여인에게 거침없이 인권 침해적 요소, 어떤 점에서는 폭력적 언어를 사용합니다. 예수님은 "자녀로 먼저 배불리 먹게 할지니 자녀의 떡을 취하여 개들에게 던짐이 마땅치 아니하니라"라고 절박하고 간절한 여인에게 자존심 상하는 치명적인 말을 던집니다.

이러한 치욕적인 말이, 부모로서 자식을 사랑하는 그 간절함을 무너뜨리지 못합니다. 오직 자식을 낳아 양육한 사람만이 공감하며 알 수 있는, 절대적인 모성에 의한 믿음으로 그 여인은 담대하게 재차 예수님의 말씀에 근거하여 요구합니다. "주여 옳소이다마는 상 아래 개들도 아이들이 먹던 부스러기를 먹나이다"라고 자신의 모든 자존심을 내리고 스스로 개로 인정하며, 그 개로서 자신의 딸을 치료해 주시기를 거듭 간청합니다.

비록 예수님은 율법에 근거하여 이 여인의 요구를 거절하였지만, 이 여인의 믿음은 예수님의 마음 깊은 곳을 두드렸습니다. 예수님의 가슴은 율법을 완성케 하러 왔다는 자신의 선포에 근거하여, 율법은 곧 하나님의 사랑을 완전하게 하기 위한 수단임을 재차 느끼면서, 이방 여인의 믿음이 곧 하나님께서 원하시는 믿음임을 느끼면서 여인의 요구를 들어주십니다.

이방 여인과 대화하는 곳에서 볼 수도 없는 그 여인의 딸이 치유되었음을 선포합니다. "귀신이 네 딸에게서 나갔느니라" 예수님은 율법과 이방인 믿음의 갈등에서 믿음을 선택하였습니다. 예수님 스스로 인권을 무시하는 말씀을 하였지만, 그 율법의 한계를 극복하는 것은 믿음임을 알게 하였고, 그 믿음으로 말미암아 예수님의 권능의 적용 범위는 이방인에게도 확대되었습니다. 지금 우리가 예수님을 메시아로 고백할 수 있도록, 그의 권능의 적용에 걸림돌이던 율법의 바리케이드를 비폭력적인 방법으로 예수님은 이방 여인의 믿음을 통해 철거하였습니다.

3. 일상에서 사람을 배려하시는 예수님

피곤한 제자들을 깨우지 않은 예수님
—

저물어 해 질 때에 모든 병자와 귀신 들린 자를 예수께 데려
오니 온 동네가 그 문 앞에 모였더라 예수께서 각종 병이 든
많은 사람을 고치시며 많은 귀신을 내쫓으시되 귀신이 자기
를 알므로 그 말하는 것을 허락하지 아니하시니라 새벽 아직
도 밝기 전에 예수께서 일어나 나가 한적한 곳으로 가사 거기
서 기도하시더니 시몬과 및 그와 함께 있는 자들이 예수의 뒤
를 따라가 만나서 이르되 모든 사람이 주를 찾나이다(마가복
음 1:32-37)

예수님은 세례 요한으로부터 세례(침례)을 받고 나서 광야에서 40여
일을 지낸 다음에 세례 요한이 감옥에 투옥된 후에 갈릴리에 와서
"때가 찼고 하나님의 나라가 가까이 왔으니 회개하고 복음을 믿으라"
라고 전합니다. 또한, 예수님은 갈릴리 해변에서 생업 중인 사람 중에
시몬과 그의 형제 그리고 야고보 등을 제자로 부릅니다.

그 이후에 가버나움의 회당에 들어가 귀신들린 사람을 치유하고,
제자의 집에 들릅니다. 그런데 그곳에 제자의 장모가 열병으로 누워
있는 것을 전해 듣고서 또 치유합니다. 연거푸 병자를 치유하는 것을
본 제자들과 동네 사람들은 깜짝 놀랐습니다. 이 소문은 동네에 순
식간에 퍼져, 늦은 시간이지만 병자와 귀신들린 사람들이 모여듭니
다. 예수님은 불쌍한 마음과 하나님의 사랑을 전하고 싶은 마음으로
늦은 시간까지 모여든 사람들 한 사람 한 사람을 만져주고 기도하여

치유합니다.

예수님의 사역을 옆에서 돕던 제자들을 신바람이 났습니다. 자신들을 불러 따라오긴 하였는데, 그 스승님의 능력이 대단하다는 것을 경험하고 있기 때문입니다. 귀신들린 사람을 회당에서 고칠 때부터 뭔가 신기한 것을 느끼긴 하였지만 이렇게 많은 사람의 다양한 질병을 치유하시는 스승님의 능력을 보고 있는 이 순간이 꿈인지 생시인지 구별이 안 될 정도였습니다. 모든 사람이 만족하며 치유 받고 돌아가는 것을 보고서 제자들도 스승과 함께 깊은 잠을 잤습니다.

그런데 갑자기 잠자고 있는 제자들의 귓가에 웅성웅성거리는 사람들의 소리가 들려 옵니다. "내가 먼저 왔으니, 내가 먼저 집안으로 들어가야 해!", "아니야, 내가 더 많이 아프고 고통스러우니 내가 먼저 집안으로 들어갈게!", "아니야, 나는 간밤에 친지의 소식을 듣고서 여기서 가장 먼 동네에서 저녁 내내 걸어서 왔으니 내가 먼저 들어가서 만나야 해!"라는 소리가 들렸습니다. 이런 소리에 피곤한 눈을 떠 보니, 집 밖에 많은 사람이 새벽인데도 몰려 있었습니다.

제자들은 일어나 예수님을 찾았습니다. 어젯밤에 자신 곁에 주무셨던 스승님이 안 보입니다. 제자들은 서둘러 옷을 챙겨 입고서 찾으러 나섭니다. 스승님은 한적한 곳에서 이미 기도를 하고 있습니다. 제자들은 스승님을 만나자, 기뻐서 외칩니다. "선생님! 모든 사람이 선생님을 찾고 있습니다." 예수님은 피곤한 제자들을 배려하여 그들의 새벽잠을 망가뜨리지 않았습니다. 예수님의 비권위적인 태도입니다. 참고로 글쓴이는 인용된 개역개정본 성경을 기준으로 해석하기보다는, 영어 성경을 기준으로 해석하였습니다. 이곳에 관련 영어 성경의 내용을 인용합니다.

Simon and his companions went to look for him, and when they found him, they exclaimed: "Everyone is looking for you!" (1:36-37, NIV)

또 다른 영어 성경입니다.

Simon and his companions searched for Him; they found Him, and said to Him, "Everyone is looking for You." (1:36-37, NASB)

세리와 죄인들과 함께 먹고 마시는 예수님

그의 집에 앉아 잡수실 때에 많은 세리와 죄인들이 예수와 그의 제자들과 함께 앉았으니 이는 그러한 사람들이 많이 있어서 예수를 따름이러라 바리새인의 서기관들이 예수께서 죄인 및 세리들과 함께 잡수시는 것을 보고 그의 제자들에게 이르되 어찌하여 세리 및 죄인들과 함께 먹는가(마가 2:15-16)

예수님은 모든 사람을 친구로 맞이합니다. 비폭력은 모든 사람의 인권이 동등하다는 데서 시작합니다. 비폭력은 동등한 인권의 사람 생명이 또한 구원받아야 한다는 관점에서도 동등합니다. 그렇기 때문에 예수님은 죄인들과 세리와 함께 먹을 수 있습니다. 예수님의 비폭력은 사람의 외모(지위, 지식, 부자, 옷, 권력자, 인기)를 중요하게 여겨 제한적인 사람만 만나는 것이 아닙니다.

길거리 노숙자와 늘 거짓말쟁이라고 왕따 당하는 사람들과 앉아 어울려 먹고 마시고 있는 모습을 그의 제자들이 볼 때 어떤 느낌이 들

것인지 상상해 봅니다. '우리 스승은 조금 별나다…. 우리 제자들을 먹이고 또 가르치기 때문에 이왕이면 학식이 높은 사람을 친구로 사귀어서 우리에게도 알려 주고, 권력이 있는 사람, 돈이 많은 사람, 그리고 세상에서 인기가 있는 사람을 친구로 만들어 우리에게 소개시켜 주면 좋겠는데, 왜 우리 스승님은 오히려 우리가 돌봐야 하는 죄인들이 더 많이 몰려와서 먹고 마시게 하고 우리는 이들의 뒤치닥거리만 해야 하는가?'라고 생각할 수도 있겠습니다.

예수님은 생명 구원의 가치는 동일하다는 믿음 위에 모든 부류의 사람들과 차별 없이 먹고 마시는 것입니다. 그 이유는 우리는 하나님의 형상대로 창조되었기 때문입니다.

치유 속에 예수님의 배려심
—

사람들이 귀 먹고 말 더듬는 자를 데리고 예수께 나아와 안수하여 주시기를 간구하거늘 예수께서 그 사람을 따로 데리고 무리를 떠나사 손가락을 그의 양 귀에 넣고 침을 뱉어 그의 혀에 손을 대시며 하늘을 우러러 탄식하시며 그에게 이르시되 에바다 하시니 이는 열리라는 뜻이라 그의 귀가 열리고 혀가 맺힌 것이 곧 풀려 말이 분명하여졌더라(마가 7:32-35)

예수님이 청각 장애인을 치유하는 모습이 독특합니다. 청각 장애 때문에 말보다는 행동으로 그 장애를 치유합니다. 예수님은 병자의 상황을 보고, 그가 느낄 수 있도록 예수님의 낮은 모습으로 접근하는 것을 본 치유 현장에서 알 수 있습니다. 예수님은 먼저 청각 장애인을 안심시키기 위해 무리로부터 장애인을 분리시킵니다. 손가락으로 장애인의 귀에 넣고, 침을 뱉어 장애인의 혀에 손을 댑니다. 들을 수 없으나 볼 수 있는 장애인은 예수님의 행동을 보면서 자신의 질병이 지금 치유되고 있다는 믿음을 느끼게 될 것입니다. 예수님은 그러한 믿음의 뿌리 위에 "에바다"라는 말을 외칩니다.

이처럼 예수님은 병자에게 먼저 믿음을 형성시키고서, 병자의 상황을 배려하는 적절한 방법을 사용하여 치유하고 있습니다. 믿음이 부족한 사람들에게 예수님의 비폭력은 믿을 수 있는 상황을 만들어 주는 것입니다. 마치 태양과 지구가 질서 속에서 체계적으로 움직이는 것을 우리들의 현대과학을 통해 알 수 있도록 하는 것과 같습니다.

참고로, 창조론과 진화론의 근원적인 논쟁의 중요한 개념인 '우연'에 대한 짧은 묵상을 추가합니다. 결코 우연으로 만들어질 수 없는 것이 질서와 규약(법률, 언약)입니다. 왜냐하면 질서는 상대적 존재, 즉 기준이 반드시 있을 때 가능한 체계를 의미하기 때문입니다. 규약(법률, 언약) 역시 하나의 개체로서 존재할 때 그것은 발생 될 수 없고, 추가적으로 규약은 반드시 문자를 동반해야 합니다. 오늘날 자연과 우주는 질서라는 개념의 자연법칙(수학을 언어로 사용)에 의해 해석되고 있습니다. 사람은 문자를 발명하여 법과 규약 그리고 계약의 문서에 지배받는 사회가 되었습니다. 우연으로 문자는 결코 만들어지지 않습니다. 진화론의 핵심인 우연으로 발생한 단백질이 생명으로 진화되었다면, 그 우연으로 단백질보다 훨씬 간단한 문자도 만들어져야 합니다. 오늘날 우연으로 만들어진 문자는 역사 속에 없습니다. 역사 속에 기록된 문자는 모두 동물이 아닌 창조된 인간에 의해 만들어졌습니다.

4. 모든 사람의 질문에 응답하시는 예수님

 인간이 동물과 구별되는 변곡점이 있습니다. 그것은 불을 발견하고 부터 확연하게 인간은 동물과 구별되는 생활을 하게 되었습니다. 동물이 불을 활용하여 그들의 삶을 영위한다는 것은 창조 이래 지금까지 보고된 바 없습니다. 인간이 불을 발견함으로써 불을 보호할 필요가 생겼고, 이에 따라 구별된 개념이 시작되었습니다. 불을 보호하지 않으면 상당한 어려움이 발생한다는 것을 경험한 인간들은 불에 대한 그 어떤 정신적 혹은 영적인 기운을 덧씌워 두려움의 대상이 되도록 하였습니다.

 이렇게 인간의 구별된 개념이 형성되면서 인간의 본질적인 내면세계가 발달되었습니다. 내면세계의 발달은 모든 인간이 본능적으로 지닌 호기심에서 기인합니다. 어린아이를 키워본 부모들은 자신의 자녀가 걸음을 배우고 자연과 세상으로 나가기 시작하면서 얼마나 많은 것을 묻고 또 묻고 하였는지 기억할 것입니다. 인간의 호기심에 의한 탐구력이 오늘날 지구촌을 만들었습니다. 실시간으로 지구 반대편에 일어나는 자연재해를 볼 수 있습니다. 저 멀리 태평양의 하와이 섬에서 분출하는 용암을 집에서 뚜렷이 눈으로 볼 수 있습니다. 결코 가볼 수 없는 수억 광년의 거리에 떨어진 은하계 별들의 모습을 보고 태초의 모습을 느낍니다.

 인간은 누구에게나 궁금한 것이 있습니다. 이것을 알고 싶어 하는 욕구가 우리 모두의 본능입니다. 예수님도 12살 소년 시절에 예루살렘에서 듣기도 하고, 묻기도 하였던 것을 떠올리면서 인간의 호기심에 의한 갈급함을 너무도 잘 알고 있기 때문에 모든 계층의 사람들이 자신에게 묻는 것에 대하여 답변을 합니다. 심지어 자신을 죽이고자 증거를 찾는 대제사장의 질문에도 기꺼이 응답합니다. 이것이 폭력에 대한 비폭력의 태도입니다. 비폭력은 타인의 궁금함에 대한 내가 반응하는 것입니다. 정치적으로, 군사적으로 권력을 지닌 사람들이 묻는 말에 응답하는 예수님, 귀신과 모든 사람에게 반응하는 예수님, 그리고 종교적 권력을 지닌 사람들에게도 대답하시는 예수님의 비폭력적 삶을 정리하였습니다.

정치적 군사적 권력자에게 답변하시는 예수님

예수님은 바리새인과 헤롯당 사람들이 자신을 올무에 넣기 위해 정치적으로 민감한 것을 여쭈어 봅니다. "가이사에게 세금을 바치는 것이 옳으니이까 옳지 아니하니이까?" 이에 대해, 그 내용에 따라 상당한 오해를 사람들에게 줄 수 있는 상황임에도 불구하고, 예수님은 명쾌하게 응답합니다. "가이사의 것은 가이사에게 하나님의 것은 하나님께 바치라"라고 합니다.

예수님은 정치적 문제로 자신을 괴롭게 하고자 하는 사람에게도 바른 응답을 합니다. 요즘 말로 완벽한 소통을 이루고 있습니다. 그 당시 유대 지방의 실질적인 통치자인 로마 총독 빌라도가 묻는 말에도 예수님은 응답합니다.

돈·지식 및 남녀노소 구분 없이
누구든지 예수님께 여쭈면 응답합니다
—

흥미로운 것은, 마가복음 3장 11-12절에서 더러운 귀신이 예수님을 먼저 알아보고서 "당신은 하나님의 아들이니이다"라고 말합니다. 이에 대응하는 예수님은 보통 사람에게 말하는 것처럼 합니다. "자기를 나타내지 말라고 많이 경고하시니"라고 기록하고 있습니다. 예수님은 더러운 귀신조차도 무시하지 않고, 그에게 반응하시는 온유한 성품의 표상입니다. 비슷한 상황이 마가복음 5장 6-13절 부분에도 언급되고 있습니다. 여기서는 더러운 귀신들의 부탁을 예수님이 수용하여 그들의 소원대로 돼지에게로 들어갑니다.

무리가 웅성웅성거리면서 예수님께 알립니다. "당신의 어머니와 동생들과 누이들이 밖에서 찾나이다" 이에 대한 것 역시 예수님은 응답합니다. "누가 내 어머니이며 동생들이냐 하시고"라는 매우 이해하기 어려운 부분으로 해석될 수 있는 말을 선포합니다.

이뿐만 아니라 재물의 여유가 있는 사람이 예수님께 찾아와 묻습니다. "선한 선생님이여 내가 무엇을 하여야 영생을 얻으리이까" 이러한 사람에게 역시 예수님은 응답하는데, 가장 중요한 것, 가장 필요한 것, 그리고 질문에 정답을 줍니다. "아직도 한 가지 부족한 것이 있으니 가서 네게 있는 것을 다 팔아 가난한 자들에게 주라"

마가복음 10장 47-49절에서는 맹인이 예수님을 큰 소리로 찾습니다. 역시 예수님은 그에게 반응합니다. 힘없는 사람, 소외된 사람, 절망 가운데 있는 사람들의 외침을 예수님은 외면하지 않습니다.

종교적 사람들과 많은 대화를 나눈 예수님
—

　서기관, 바리새인, 열두 제자, 사두개인, 대제사장들과 예수님은, 하나님을 사랑하는 방법에 대하여 다양한 부분에서 대화하였습니다. 마가복음 2장에서 시작하여 마가복음 14장, 예수님의 수난 현장에 이르기까지 예수님의 사역 현장에는 어김없이 종교적 지식인들이 있었습니다.

　그런데 예수님은 이들을 무시하지 않고 응답해 주십니다. 예수님의 온유한 성품을 알 수 있습니다. 예를 들면, 마가복음 2장 6-10절에서, 그 주위에 둘러선 무리에게 상당한 영향력을 줄 수 있는 어떤 서기관이 예수님께 "어찌 이렇게 말하는가 신성 모독이로다"라고 매우 심각한 말을 할 때에, 예수님의 응답은 "인자가 땅에서 죄를 사하는 권세가 있는 줄을 너희로 알게 하려 하노라"라고 평상심으로 그 말에 대한 인정을 넘어 그 위의 개념으로 오히려 무리를 가르치는 지혜로 응답합니다.

5. 의의 실현을 위한 예수님의 열정

예수님의 비폭력적인 삶을 마가복음을 통해 생각해 보았습니다. 그런데 우리가 생각하는 예수님의 삶 속에 비폭력적 관점에서 이해하기 힘든 것이 있습니다. 이 부분에 대하여 예수님의 마음을 그려 봅니다.

첫 번째 함께 생각할 것은, 앞 장에서 언급하였지만, 성전청결 사건입니다. 여기서는 예수님이 왜 폭력적인 행위를 할 수밖에 없었는지 그 이유에 대하여 살펴보겠습니다.

성전 청결 사건

> 그들이 예루살렘에 들어가니라 예수께서 성전에 들어가사 성전 안에서 매매하는 자들을 내쫓으시며 돈 바꾸는 자들의 상과 비둘기 파는 자들의 의자를 둘러 엎으시며 아무나 물건을 가지고 성전 안으로 지나다님을 허락하지 아니하시고 이에 가르쳐 이르시되 기록된 바 내 집은 만민이 기도하는 집이라 칭함을 받으리라고 하지 아니하였느냐 너희는 강도의 소굴을 만들었도다 하시매(마가복음 11:15-17)

먼저 예수님도 화를 낼 수 있다는 것이 저에게는 다행스럽게 생각합니다. 집에서 그리고 세상에 살면서 저 자신을 볼 때 왜 이렇게 화가 자꾸 치밀어 오르는지 힘들 때가 많이 있기 때문입니다. 그런데 예수님을 믿기로 결단하고, 무엇보다 교회에서 봉사하면서 화를 내는 것은 섬기는 자의 진정한 모습이 아니라는 것을 알고부터는 화를 내지 않겠다는 것을 늘 다짐하지만 그래도 뒤돌아서면 또 화를 내곤 합니다. 그런데 예수님도 화를 낸 모습을 알고선 사람이 화를 내는 건 어쩌면 정상적인 것으로 생각하게 되었습니다. 문제는 화를 통해 그 다음 단계에서 화를 내게 된 그 원인을 기쁨의 근원으로 전환하는 것이 더 중요하고 그러한 결과를 얻기 위해 화를 다스리는 지혜를 위해 기도하게 되었습니다.

화를 내는 자신이 미덥지 못하다면, 예수님도 화를 낼 수밖에 없는 상황에서는 화를 냈다는 것을 생각하면서, 그 화를 통해 오히려 더 좋은 방향으로 성숙하게 만드는 계기가 되면 좋겠습니다.

여기서 예수님이 왜 성전에서 화를 내고 성전을 혼란스럽게 하였는지 그 배경과 이유를 생각해 봅니다.

성경에 기록된 성전은 3번 건축되고 파괴되었습니다. 성전의 기원은 모세가 이스라엘 민족을 이끌고 이집트에서 탈출하여 광야에서 40년 동안 생활하면서 하나님을 만나고 하나님께서 임재 하시는 성막에서 시작되었습니다. 따라서 성전은 하나님의 임재와 만남의 장소이고, 성전의 지성소는 성경에 기록된 법에 따라 오직 대제사장만이 들어갈 수 있는 거룩한 곳입니다. 어떤 의미로 하나님의 거룩한 분신으로 간주 될 수 있는 곳입니다. 이러한 성전을 강도의 소굴로 만들었다는 예수님의 표현과 매우 부정적인 언어를 사용하는 모습을 볼 때 짐작할 수 있는 것은, 성전에서 거룩함을 찾아볼 수 없었을 것으로 판단됩니다.

물론 외견상으로 거룩해 보일 것입니다. 그러나 그 내면에는 이익을 챙기려는 종교 세력가들의 음모가 있었을 것으로 보입니다. 예수님은 그러한 것에 대하여 분노하고 청소하였던 것으로 판단됩니다. 예수님의 행동은 폭력적으로 보일지라도 그것은 성전의 본질인 거룩함과 만인을 위한 기도의 집으로 그 본래의 모습을 되찾기 위한 경종을 울리는 행위입니다. 누군가 경고의 행위를 해야 하는 상황에서, 그 일을 예수님이 친히 수행한 것입니다. 우리는 이런 행위를 의를 위한 희생이라고 표현하기도 합니다.

바리새인을 향한 험악한 경고와 훈계

너희 중에 큰 자는 너희를 섬기는 자가 되어야 하리라 누구든지 자기를 높이는 자는 낮아지고 누구든지 자기를 낮추는 자는 높아지리라 화 있을진저 외식하는 서기관들과 바리새인들이여 너희는 천국 문을 사람들 앞에서 닫고 너희도 들어가지 않고 들어가려 하는 자도 들어가지 못하게 하는도다 화 있을진저 외식하는 서기관들과 바리새인들이여 너희는 교인 한 사람을 얻기 위하여 바다와 육지를 두루 다니다가 생기면 너희보다 배나 더 지옥 자식이 되게 하는도다 화 있을진저 눈 먼 인도자여 너희가 말하되 누구든지 성전으로 맹세하면 아무 일 없거니와 성전의 금으로 맹세하면 지킬지라 하는도다 어리석은 맹인들이여 어느 것이 크냐 그 금이냐 그 금을 거룩하게 하는 성전이냐 … 맹인들이여 어느 것이 크냐 그 예물이냐 그 예물을 거룩하게 하는 제단이냐 … 화 있을진저 외식하는 서기관들과 바리새인들이여 너희가 박하와 회향과 근채의 십일조는 드리되 율법의 더 중한 바 정의와 긍휼과 믿음은 버렸도다 그러나 이것도 행하고 저것도 버리지 말아야 할지니라 맹인된 인도자여 하루살이는 걸러 내고 낙타는 삼키는도다 화 있을진저 외식하는 서기관들과 바리새인들이여 잔과 대접의 겉은 깨끗이 하되 그 안에는 탐욕과 방탕으로 가득하게 하는도다 눈 먼 바리새인이여 너는 먼저 안을 깨끗이 하라 그리하면 겉도 깨끗하리라 화 있을진저 외식하는 서기관들과 바리새인들이여 회칠한 무덤 같으니 겉으로는 아름답게 보이나 그 안에는 죽은 사람의 뼈와 모든 더러운 것이 가득하도다 … 화 있을진저 외식하는 서기관들과 바리새인들이여 너희는 선지자들의 무덤을 만들고 의인들의 비석을 꾸미며 이르되 … 뱀들아 독사의 새끼들아 너희가 어떻게 지옥의 판결을 피하겠느냐

예수님은 왜 이렇게 큰 화를 냈을까? 그 이유는 위 성경 말씀 안에 있습니다. 위선적인 신앙생활이 가장 큰 문제입니다. 위 말씀을 통해, 사람에게 보여 주기 위한 신앙은 하나님이 좋아하지 않는다는 것을 증명하고 있습니다. 예수님은 매우 놀라운 폭력적 언어를 사용하여 바리새인들을 훈계하고 있습니다. 하나님의 말씀을 가르치는 위치에 있는 사람이 진심으로 자신이 알고 깨달아 설교한 그 말씀대로 믿음을 행하지 않는다면 지옥의 심판이 기다리고 있음을 경고하고 있습니다. 가난한 심령으로 되돌아오기를 강력하게 권면하는 예수님입니다.

여기서 바리새인들과 서기관들이 누구인지 또 생각합니다. 바리새인들은 성경에서 요구하는 하나님의 법과 규율과 약속을 철저히 자신들의 삶 속에 실현하고자 노력하는 사람들입니다. 서기관들은 성경을 필사하는 직업인들로, 성경을 누구보다 가까이 지내는 사람들입니다. 한 마디로 오늘날 우리 시대의 관점으로 보면 신학자, 목회자, 선교사, 전도사, 주일학교 교사까지 확대하여 생각할 수 있습니다. 예수님의 경고는 바로 이 글을 쓰고 있는 저 자신에게 하고 있습니다. 왜냐하면 예수님의 말씀을 가르치는 사람들은 바리새인들이 알고 있는 율법을 가르치기 때문입니다.

예수님이 바리새인과 서기관을 향한 강력한 사랑의 메시지 요약은

머리와 입으로만 신앙생활하지 말고, 마치 이렇게 글로 쓰고 난 뒤에 뒤돌아서서 잊어버리지 말고, 손과 발로 실천하는, 희생하는, 섬기는 구별된 신앙인이 되라는 것입니다.

　잠시 저의 신앙을 점검합니다. 하나님의 말씀을 가르치는 사람으로서 학생들에게 하나님의 말씀을 설교하고 나서 그 말씀대로 살지 못한 것들이 얼마나 많은지, 곰곰이 생각해 봅니다. 예수님의 시각으로 볼 때, 저는 입술로만 사랑을 외치고 손과 발로는 그 사랑을 실천하지 못하였음을 알게 되었습니다. 지옥의 강력한 심판이 저를 기다리고 있음을 깨우치게 합니다. 예수님의 회초리인 마태복음 23장은 저에게 사랑의 매로 천국에서 전환될 것으로 믿는 그 믿음으로 말씀을 기억합니다.

6. '화내지 말라'는 예수님의 강력한 '일상의 비폭력 지침'

예수님의 일상에서 비폭력적인 모습을 살펴보았습니다. 이제 예수님이 우리에게 요구하는 비폭력적인 삶의 내용이 무엇인지 마가복음과 마태복음을 중심으로 함께 생각합니다.

예수님의 사역에서 사람을 크게 두 부분으로 분류할 수 있겠습니다. 예수님이 직접 선택하고 훈련하는 제자들 그룹과 예수님의 이적과 치유를 보고서 모여든 사람을 포함한 무리로 나눌 수 있습니다. 예수님의 제자들이라면 분명 더 높은 수준의 비폭력적 삶의 태도를 보여야 하는 것은 당연할 것입니다. 그렇다고 무리는 별다른 경계심 없이 편안하게 살라는 의미도 아닙니다. 만약 그리스도인이 비폭력적인 삶을 살지 않는다면 세상 사람들과 구별될 수 없습니다. 만약 그리스도인이 폭력적인 행동과 말로 산다면 그는 세상에서 맛을 낼 수 없습니다. 예수님이 요구하는 비폭력의 성품을 알고부터, 그리고 그 성품을 실천하려고 발버둥 치는 그 순간에야 비로소 나 자신이 그리스도인으로 거듭나는 것을 느낄 수 있었습니다.

남녀노소 구별 없이 모든 영역의 사람이 반드시 지켜야 할 기초적인 비폭력의 삶을 우리 주님은 요구하고 있습니다.

화를 내지 말라, 욕하지 말라, 인신공격하지 말라

옛사람에게 말한바 살인하지 말라 누구든지 살인하면 심판을 받게 되리라 하였다는 것을 너희가 들었으나 나는 너희에게 이르노니 형제에게 노하는 자마다 심판을 받게 되고 형제를 대하여 라가라 하는 자는 공회에 잡혀가게 되고 미련한

놈이라 하는 자는 지옥 불에 들어가게 되리라 그러므로 예물을 제단에 드리려다가 거기서 네 형제에게 원망들을 만한 일이 있는 것이 생각나거든 예물을 제단 앞에 두고 먼저 가서 형제와 화목하고 그 후에 와서 예물을 드리라(마태복음 5:21-24)

마태복음 5장, 6장, 7장은 산상수훈입니다. 산상수훈은 다음 장에서 세밀하게 예수님의 마음을 알아보도록 하겠습니다. 다만 여기서는 비폭력적인 것만 먼저 생각해 봅니다.

예수님은 사람이 사람들과 어울려 사는 것을 무엇보다 중요하게 생각하였습니다. 사람은 사회적 환경에서 사는 것이 지극히 정상적이라는 의미입니다. 그래서 예수님은 모세가 하나님으로부터 받은 십계명 중 하나님과 직접적으로 관계된 부분은 건너뛰고, 십계명의 여섯 번째인 "살인하지 말라"라는 것에 대한 하나님 아버지의 깊은 속마음을 우리에게 알립니다. 하나님이 우리에게 명령한 "살인하지 말라"라는 계명 속에 담긴 하나님의 마음은 '우리가 가정에서, 일터에서 그리고 세상에서 사람들에게 화를 내지 말라는 것입니다. 우리가 만나는 사람들에게 욕을 하지 말라'는 것입니다. 또한, 우리가 다른 사람에게 인신공격적 언어를 사용하지 말라'는 의미입니다. 이것이 살인하지 말라는 계명의 참뜻이라는 것을 예수님은 알려 주고 있습니다. 이것은 인간관계에서 완전한 비폭력적 대응의 규범입니다.

역설적으로 생각해 보면, 살인은 단순한 분노로부터 시작되고 있음을 우리에게 알려주고 있습니다. 만약 우리가 화를 내도록 원인을 제공하는 폭력적 상황에서 화를 내지 않는다면, 욕을 지껄이지 않는다면, 인신공격을 상대방에게 하지 않는다면 우리는 살인의 극단적인 상황을 미리 예방할 수 있다는 의미이기도 합니다.

개인적으로 예수님을 깊이 만나고 늘 동행하고 있다는 것을 체험하는 것은, 구원의 확신을 느낄 때보다 나 자신에게 화가 치밀어 오르는 순간, 마태복음 5장 22절 말씀을 떠올리면서 화를 내지 않을 때입니다. 제가 그리스도인이라는 것을 깊이 느끼는 것은, 교회 갈 때보다 가정에서 자녀들에게 화를 내지 않을 때입니다. 제가 그리스도인이 아니라는 것을 느끼는 것은, 주일에 교회에서 예배드리지 못할 때보다 세상에서 뭇 사람들에게 양보하지 않고 화를 내거나 분노하는 저 자신을 바라볼 때입니다. 이럴 때 '내가 예수 믿는 사람 맞나?' 하고 자문하게 됩니다.

제가 그리스도인이라는 것을 비로소 알고 느끼고 또 그렇게 저 자신에게 감사를 느낄 수 있었던 것은, 기도, 예배 그리고 봉사할 때보다 모욕적인 말을 듣고서도 화를 내지 않을 때, 억울한 일을 당하고도 그들에게 분노하지 않을 때, 뭇 사람들이 인신공격할 때 그것들에 반응하지 않고 참을 때 더 깊이 그리스도인이라는 것을 느끼곤 합니다.

사람이 그리스도인이라는 것을 스스로 증명하는 것은 '자신이 예수님을 어떻게 생각하는가'입니다. 그러나 상대방의 관점에서 그가 그리스도인인가 아닌가의 그 기준은 화를 얼마나 잘 내는지 안 내는지에 좌우합니다. 화를 낼 수밖에 없는 상황에서 화를 내지 않는다면 주위의 사람들은 그가 교회에 다니기 때문이라고 말합니다. 위에 언급된 마태복음 5장 23, 24절 말씀 속에 담긴 예수님의 마음은, 우리가 예배드리는 것보다 더 우선적으로 해야 할 일은 이웃과 화평을 누리면서 즐겁게 사는 것입니다. 예수님의 속마음은 우리가 먼저 세상에서 비폭력적인 삶을 살기를 원하고 있습니다.

하늘에서 용서받고자 하거든 먼저 이웃을 용서하라
—

> 너희가 사람의 잘못을 용서하면 너희 하늘 아버지께서도 너
> 희 잘못을 용서하시려니와 너희가 사람의 잘못을 용서하지
> 아니하면 너희 아버지께서도 너희 잘못을 용서하지 아니하시
> 리라(마태 6:14-15)

비폭력적인 삶의 두 번째 중요한 것은 용서하는 마음입니다. 타인이 폭력적인 행위를 할 때, 이에 대한 반응으로 우리는 무조건 비폭력적 태도로 대응해야 한다는 것이 예수님의 요구 사항입니다. 폭력에 대응하는 비폭력적 행위의 기초가 되는 것이 용서하는 마음입니다. 만약 용서하는 마음 없이 무조건 비폭력적 대응은 불안전한 상황을 더 지속시킬 수 있습니다. 그러나 그러한 폭력적 행위 앞에 용서하는 마음이 준비되었다면, 연이은 비폭력적 행위로 대응해야만 하는 그리스도인들의 마음 중심에서 갈등하는 고통을 이겨 낼 수 있는 정당한 의미를 부여할 것입니다. 따라서 폭력에 비폭력으로 맞서기 위해서는 용서하는 마음이 먼저 훈련되고 준비되어야 합니다.

비폭력적인 태도의 숨겨진 기반은 용서하는 마음입니다. 예수님은 누구보다 이러한 상황을 잘 알기 때문에 주님이 가르친 기도문에도 용서가 언급되어 있고, 이러한 기도를 가르친 후에 위 언급된 말씀처럼 반복적으로 용서를 두 번씩 강조하고 있습니다.

비폭력 행동으로 용서는 필수적인 성품이며, 또한 그리스도인이라면 반드시 용서를 구하거나 또 용서할 수 있도록 훈련을 받아야 합니다.

7. 예수님은 온유와 용서로 만나 주십니다

　예수님은 힘을 소유하고 있습니다. 우리는 예수님을 하나님의 본체로 믿습니다. 신약성경의 많은 부분을 기록한 바울은 "그는 근본 하나님의 본체이시나 하나님과 동등 됨을 취할 것으로 여기지 아니하시고 오히려 자기를 비워 종의 형체를 가지사 사람들과 같이 되셨고"라고 예수님의 정체성을 우리에게 알려 주고 있습니다. 하나님은 우주를 지은 창조의 힘을 소유하고 있습니다. 그래서 예수님은 바다 위를 걸었고, 폭풍을 잠잠케 하였으며 죽은 나사로를 살렸습니다. 이렇게 강력한 힘을 지닌 주님이 그 힘을 활용하여 저를 만나 주면 좋겠는데 그렇지 않습니다.

　사회와 정치적인 문제가 발생될 때, 예수님이 그러한 문제를 직접적으로 개입하여 누구든지 예수님을 인식할 수 있도록 문제를 해결하면 많은 사람이 즉각 예수님을 구세주로 믿을 것입니다.

　지금도 종교, 이념, 빈곤을 기반으로 정치적 권력 쟁탈을 위한 전쟁과 폭력이 세계 곳곳에서 발생되고 있습니다. 그러한 나라 중에는 '예수님을 메시아로 믿으라'고 공개적으로 사람들에게 전도하며 선교할 수 없는 나라가 많이 있습니다. 이런 문제에 예수님이 직접 간섭해 주면 좋겠습니다. 솔직히 예수님이 오셨던 2,000년 전에는 TV와 라디오가 없었습니다. 스마트폰과 인터넷이 없었습니다. 그러나 지금은 이러한 전자기기로 인하여 만약 예수님이 현현하여 앞서 분쟁 지역 중 아무 곳이나 나타나 그들의 문제를 해결하면서 딱 하나만 그 화면에 보이도록 하면, 전 세계가 순식간에 복음화될 것입니다. 그것은 스마트폰이나 TV를 통해 문제 해결의 영상을 보고 있는 그 화면에, 시청자 본인만이 알고 있는 자신의 부끄러운 죄가 스크린 속에 오버랩되어 보이도록 권능의 힘을 보여 주는 것입니다. 마치 요한복음 8장에 기록된 간음 중에 잡힌 여인을 심판하려는 사람들 앞에서 예수님이 손으로 땅에 무엇인가 썼던 것처럼, 그 여인을 돌로 치기 위해 몰려든 사람들이 예수님의 손글씨를 보고서 하나씩 하나씩 뒤로 물러가 사라졌던 것처럼…. 그렇지만 예수님은 그렇게 세계를 복음화하지 않고 있습니다.

예수님은 지극히 상식적이고, 합리적이고, 논리적인 비폭력적인 방법으로 나를 만나고 있습니다. 이것도 우리가 믿음 위에 있을 때 가능한 만남입니다. 믿음 없이는 그 어떤 것도 예수님의 실체를 느낄 수 없기 때문입니다. 믿음은 천국을 볼 수 있는 유일한 안경입니다.

예수님은 천국을 볼 수 있는 믿음의 안경을 자신의 능력과 권세를 사용하여 강압적으로 만들어 우리에게 주면 좋겠는데, 그렇지 않습니다. 믿음은 이미 기록된 성경 말씀을 진리로 받아들이느냐 그렇지 않으냐의 결단으로 창조됩니다. 우주가 창조된 사실을 진리로 고백하는 순간, 그 영혼에게 믿음이 시작하는 것입니다. 마치 "빛이 있으라"는 말씀에 의하여 빛이 창조된 것처럼 성경에 기록된 창조 섭리를 마음으로 시인하고 입으로 고백하는 순간 믿음이 그 안에 생성됩니다. 중요한 것은 그 믿음이 뿌리내리도록 영양을 주고, 잘 자라도록 햇빛과 물을 주는 일을 그 주인이 얼마만큼 하느냐에 따라 그 믿음의 성장은 다르게 표현될 것입니다. 믿음은 폭력적인 방법으로 만들어지지 않습니다.

믿음은 나로 하여금 평화의 도구로 사용되도록 희생하고, 양보하고, 배려하도록 요구합니다. 만약 믿음이 있다고 하면서 먼저 양보하지 않고, 배려하지 않고, 희생하지 않는다면 그 믿음은 씨앗 속에 갇힌, 아직 뿌리를 내리지 못한 생명과 동일합니다. 믿음이 있는 곳에는 분쟁보다는 평화가 드러나야 합니다. 예수님께서 그렇게 하셨습니다.

예수님은 십자가 위에서 온갖 조롱과 비웃음을 들어야 했습니다. 그러나 그는 결코 자신의 안위를 위해 부여 받은 권세와 능력을 사용하지 않았습니다. 성경에 기록된 예언과 순리를 먼저 생각하고 그 섭리에 따라 희생하였습니다. 그는 십자가 현장을 침묵이 아닌 평화의 현장으로 재창조하였습니다.

예수님은 우리 곁에 문을 두드리며 계십니다. 만날 기회는 모두에게 동등하게 줍니다. 예수님은 권위적으로 우리를 만나 주지 않습니다. 예수님은 우리를 반드시 만나기를 소망합니다. 예수님은 나의 믿음 없음과 부족함을 알기 때문에, 적절한 상황 속에서 나를 만나고 있습니다. 나의 모든 질문에 답변해 주십니다. 돈하고 명예하고 상관없이 제가 궁금한 것에 답변해 주십니다. 종교적 지식이 많든 적든 상관없이, 무엇이든지 질문하면 반응해 주십니다. 예수님이 저를 만나는 방법은 믿음으로 내가 준비되었을 때, 그리고 믿음을 실천하는 저의 일상의 삶에서 화내지 않을 때 예수님께서 만나 주십니다.

제5장

행복하여라,
복을 주시는 예수님

새해가 되면 세상 모든 사람이 새해 인사를 합니다. 나이가 많든 적든 서로가 새로운 해를 시작하는 기쁨을 나누는 정겨운 모습입니다. TV 언론 매체의 영향으로 새해 인사가 동일합니다. 그것은 "새해에 복 많이 받으세요!"입니다. 세상 어디든 '복' 받는 것을 싫어할 사람은 없습니다. 그래서 세상 모든 민족의 새해 인사는 '복'을 받으라는 범주에서 크게 벗어나지 않을 것입니다.

　성경 창세기 12장은 하나님의 관심이 우주 창조 기원에서 사람의 구원으로 이동하는 역사적인 사건이 기록되어 있습니다. 하나님이 아브람을 택하시고 그로 더불어 민족을 만들어 그들로 하나님의 살아 계심과 인류의 구원을 약속합니다. 그런데 그 약속의 핵심 내용도 '복'입니다.

　　여호와께서 아브람에게 이르시되 너는 너의 고향과 친척과
　아버지의 집을 떠나 내가 네게 보여 줄 땅으로 가라 내가 너로
　큰 민족을 이루고 네게 복을 주어 네 이름을 창대하게 하리니
　너는 복이 될지라 너를 축복하는 자에게는 내가 복을 내리고
　너를 저주하는 자에게는 내가 저주하리니 땅의 모든 족속이
　너로 말미암아 복을 얻을 것이라 하신 지라(창세기 12:1-3)

이처럼 복은 모든 사람에게 근본적으로 동일하게 적용되는 행복의 기초가 되는 것입니다. 우리 주님 예수님도 그 복을 좋아하셨습니다. 예수님께서는 그 복을 우리가 받기를 소망하셨습니다. 당신이 사랑하는 사람에게 똑같은 말을 아홉 번이나 반복하여 말해 본 적이 있습니까? 대부분 사람은 똑같은 말을 반복하여 9번씩이나 한다는 것은 매우 갈급하거나 긴박하거나 중요하거나 강조에 강조를 더하고자 할 때입니다. 예수님은 우리에게 "복이 있나니"라는 말을 연거푸 아홉 번씩이나 반복하여 말합니다. 그만큼 매우 독특하고 강력한 깊은 마음을 느낄 수 있는 곳이 마태복음 5장입니다. 우리 모두가 복을 누리기를 소망하는 예수님의 간절한 마음을 우리가 느낄 수 있는 것이 마태복음 5장, 6장, 7장, 산상수훈입니다.

그래서 예수님은 산상수훈 전체를 통해서 복이 무엇인지 그리고 그 복을 받는 조건이 무엇인지, 그 복을 받는 구체적인 삶을 하나씩 하나씩 알려 주셨습니다. 마태복음 5장, 6장, 7장은 예수님이 산에 올라 무리와 제자들 그리고 미래의 우리에게 들려주는 설교로 초대 교부였던 성 어거스틴이 산상수훈이라 하였습니다.

산상수훈에서 우리를 향한 예수님의 마음은 세상 모든 영혼을 천국에서 다시 볼 수 있기를 간절히 바란다는 것입니다. 또한, 우리가 천국에서 예수님을 만나기 전에 이곳 땅에서 복을 누리며 행복하게 살기를 바라는 예수님의 마음이 기록된 것이 산상수훈입니다. 예수님께서 직접 말씀하시는 복을 누리고 나누기 위해 함께 산상수훈을 묵상합니다.

1. 헌법 그리고 산상수훈 소개

대한민국 헌법 제1조 그리고 산상수훈 적용 범위
—

"대한민국 헌법 제1조 제1항 대한민국은 민주공화국이다. 제2항 대한민국의 주권은 국민에게 있고, 모든 권력은 국민으로부터 나온다."

대한민국은 법으로 다스리는 국가입니다. 헌법에 명시된 대로 민주공화국입니다. 본 헌법에 따라 우리나라의 이름은 대한민국으로 정의하고 있습니다. 민주공화국의 뜻은 민주주의국가와 공화국 형태 국가를 합친 표현으로, 민주주의는 본래 그리스 아테네에서 시작된 다수가 다스린다는 의미이며, 공화국 개념은 로마에서 발전한 것으로 주권이 국민에게 있는 정체를 의미하며, 민주공화국이란 민주주의와 공화국으로 나라를 다스리는 기본 정체성으로 삼는 것을 의미합니다. 따라서 대한민국은 다수의 힘에 의한 선출된 대표들에 의해 다스려진다는 것을 선언하고 있습니다. 또한, 헌법 제1조는 조선 황실 복원을 막는 가장 큰 선언입니다. 이것은 곧 개헌의 한계선으로 헌법 제1조가 개정될 가능성은 없습니다. 만약 대한민국이 나라를 또다시 빼앗긴 경우나 새로운 혁명에 의하여 나라가 대 혼란이 일어난 경우면 변경될 수 있겠지만, 그렇지 않은 경우 결코 변경될 수 없는 헌법 조항입니다.

대한민국의 국민은 누구나 헌법 제1조에 적용됩니다. 헌법 제1조를 적용받는 국민은 누구나 선거권과 공무 담임권을 보장받고, 언론·출판·집회·결사의 자유를 보장받습니다. 반면에 대한민국의 국민이 사람을 죽이거나 치명적인 피해를 사람에게 준 경우는 법에 따라 엄격히 다스림을 받습니다. 최악의 경우는 법으로 사람을 사형시키기도 합니다. 대한민국 국민은 누구나 헌법과 그에 따른 법에 적용을 받습니다. 남자, 여자, 어린아이, 어른 구분 없습니다. 문자를 알든 모르든, 지식이 많이 있건 없건, 돈, 명예, 권위, 지혜, 건강, 집, 직장이 있건 없건 누구든지 대한민국 국민이면 모두 헌법의 지배를 받습니다.

예수님의 설교, 산상수훈은 천국 시민의 헌법입니다. 예수님을 구세주로 믿고 고백한 모든 사람은 천국 시민 헌법에 적용 대상입니다. "헌법은 국가의 기본 법칙으로서 국민의 기본적 인권을 보장하고 국가의 정치 조직 구성과 정치 작용 원칙을 세우며, 시민과 국가의 관계를 규정하거나 형성하는 최고의 규범"으로 위키백과 사전은 정의하고 있습니다. 이 정의에 따라 산상수훈은 천국 시민의 헌법으로써 천국의 기본 법칙이 명시되어 있어야 합니다. 천국의 기본 법칙은 모든 사람이 이해하고 알 수 있어야 합니다.

하나님과 근본 본체인 예수님의 말씀은 그 자체가 초월적 권능으로 세상법을 초월하여 모든 인류에게 적용되는 것은 당연한 믿음의 고백입니다. 하지만 여기서 '헌법'의 개념을 차용한 이유는 산상수훈의 위치와 그 중요성이 신·구약성경의 어디에 해당하며 그 중요성을 가늠하기 위한 것입니다.

우리가 알고 있는 성경의 구약은 기원전 1,500년~400년 사이 수많은 사람에 의해 기록된 24권을 39권으로 재분류하였고, 신약은 기원후 30~100년 사이에 저술된 27권을 모은 것입니다. 이러한 성경들이 한 권으로 묶인 것은 개신교의 경우 카르타고 공의회(397년)에서 결정된 신약 27권과 16세기 이후 종교 개혁자들은 유대교에서 정경으로 인정된 구약성경 39권을 합하여 66권으로 묶었으며, 66권 편집 순서는 구약성경의 토라, 역사서, 지혜서, 예언서 그리고 신약성경의 복음서, 역사서, 서신서, 계시록으로 되어 있습니다. 따라서 우리가 생각하는 성경의 일반적인 구조인 편집 순서에 따라 말씀의 무게를 가늠하도록 은연중에 우리는 길들어 있습니다. 이에 대한 글쓴이의 생각은 산상수훈은 이 모든 성경의 내용이 언약과 율법 그리고 예언의 말씀으로 요약할 때, 이러한 언약·예언 율법의 최상위 개념으로, 헌법과 같은 기능을 수행하는 것이 산상수훈의 예수님 말씀이라고 생각합니다.

예수님이 천국 시민에게 주는 헌법으로써 산상수훈은 성경의 모든 언약과 율법 그리고 예언의 뿌리가 되어야 합니다. 잠시 헌법의 정의에 언급된 주요 개념에 따라 산상수훈을 재해석합니다.

산상수훈을 천국 시민의 헌법으로 믿기 때문에 천국 시민의 기본 법칙이 산상수훈에 명시되어야 합니다. 마태복음 7장 12절, "그러므로 무엇이든지 남에게 대접을 받고자 하는 대로 너희도 남을 대접하라 이것이 율법이요 선지자니라"는 천국 시민의 기본 법칙입니다. 천국 시민의 기본적 인권은 '복'입니다. 5:3-5:11까지 모든 사람은 9가지 중에 하나의 '복'을 이미 누리고 있습니다. 따라서 천국 시민의 기본적인 인권은 보장받고 있습니다. 천국의 정치 조직 및 작용 원칙은 5장 3절에 명시되어 있습니다. 그것은 왕국입니다. 물론 왕은 하나님 그리고 성 삼위일체 되시는 예수님입니다. 천국 시민과 국가의 관계는 5장 20절 그리고 5장 21-48절 및 6장, 7장, 상급 등으로 심판받는 것을 규정하고 있습니다. 산상수훈이 최고의 규범임을 5장 17절에서 예수님 스스로 명백하게 언급하고 있습니다. 율법과 선지자를 폐하러 온 것이 아니요, 완전케 함이라고 하였습니다. 율법은 토라를 포함하고, 선지자는 예언과 언약을 포함하여, 하나님의 사랑을 완전케 하는 설교가 바로 산상수훈입니다. 그렇기 때문에 이것은 천국 시민의 헌법으로써 신약은 물론 구약의 모든 율법과 예언 그리고 하나님 언약의 뿌리가 됩니다.

모름지기 세상에 태어난 사람은 예비 천국 시민이기 때문에, 천국 시민의 헌법인 산상수훈의 적용 대상으로 세상 모든 사람임을 우리는 알 수 있습니다. 결국, 산상수훈은 모든 사람, 인류 전체를 위한 예수님의 설교입니다. 아직 산상수훈을 듣지 못한 사람들을 위해 아프리카, 아마존, 중앙아시아 그리고 땅끝 한반도까지 선교사님들이 왔습니다.

예수님은 산에서 누구를 보며 생각하고 설교하였습니까?(5:1-2, 7:28-29)

> 예수께서 무리를 보시고 산에 올라가 앉으시니 제자들이 나아온지라 입을 열어 가르쳐 이르시되… 예수께서 이 말씀을 마치시매 무리들이 그의 가르치심에 놀라니 이는 그 가르치시는 것이 권위 있는 자와 같고 그들의 서기관들과 같지 아니함일러라(5:1-2, 7:28-29)

산상수훈이 천국 시민의 헌법이라고 하였습니다. 천국 시민은 누구나 산상수훈을 지켜야 합니다. 예비 천국 시민이 되는 조건은 이 땅에 사람으로 태어나기만 하면 됩니다. 따라서 모든 사람은 산상수훈을 반드시 들어야 합니다. 왜냐하면 그들이 훗날 천국 시민이 되기 때문입니다.

그렇다면 예수님은 모든 사람이 반드시 들어야 할 산상수훈을 말씀할 때, 듣는 사람들의 눈높이를 어느 수준으로 생각하였을까, 성령님께 여쭈어 봅니다.

'그래도 성경의 율법을 잘 알고 그 율법을 실천하고자 노력하는 바리새인들의 눈높이? 청결한 마음으로 성경을 한 글자, 한 획을 기록하는 서기관들의 눈높이? 그래도 최소한 성경을 한 번쯤 읽어 본 사람들이 내 말을 들어야 이해도 되고 소통도 될 것 같은데, 그래서 글자를 읽을 수 있는 지식은 갖추어야? 천국 시민이라면 최소한 자기 관리를 할 수 있어야, 그래서 몸도 건강하고, 정신도 건강하고, 물질적으로도 타인에게 피해를 주지 않을 정도로 안정감이 있는 사람들의 눈높이로 할까? 율법과 선지자들을 완성케 하는 내용이 있으니 나름대로 권세를 지닌 사람들의 눈높이로? 경험이 많고 사람들에게 존경받는 사람들의 눈높이로 해야 나의 가르침이 더 그럴싸하지 않을까? 숭고하고 고귀한 천국의 헌법인데 내용이 심오하기 때문에 신학자들의 눈높이로 할까? 예비 천국 시민들에게 주는 헌법이니까 엄격한 신앙적 예배, 기도, 금식, 구제하는 수준 높은 성도님들의 눈높이로 할까?'

예수님은 나름대로 천국 시민의 헌법을 어려운 한자 말로 할지, 아니면 쉬운 한글로 할지 생각하면서 무리를 보고서 산 능선을 오르기 시작합니다. 만약에 12명의 작은 무리를 위한 설교라면 굳이 산으로 올라갈 이유가 없었을 것입니다.

무리 속에는 어린아이도, 글을 읽지 못하는 아낙네도, 아픈 사람을 고친다는 소문을 듣고서 몹쓸 질병에 노출된 사람도, 꼬투리를 잡기 위해 바리새인들과 서기관들도, 사람들이 무리 지어 가니 그냥 생각 없이 친구 따라온 사람들도, 양을 돌보는 목자들도, 큰 슬픔을 당한 애통한 사람도, 거룩한 말씀에 비추어 정결하게 살려고 노력하는 사람들도, 폭동을 우려한 치안 담당 군인들도, 새로운 세상을 만들겠다는 스승님을 따르는 제자들도 함께 있었습니다. 예수님은 적당한 능선에 이르자 앉아 모여든 무리를 휘둘러봅니다.

제자들은 기다렸던 스승님의 말씀이 곧 선포될 것을 기대하고서, 무리 앞으로 나와 예수님과 더 가까이 앉습니다. 예수님은 제자들을 먼저 보고, 그 뒤에 더 많은 사람의 눈망울을 보면서 천국 시민들이 바로 여기 모인 모든 사람이라는 것을 느끼며 입을 열어 진리를 선포합니다.

천국 시민 헌장은, 글을 읽을 수 없는 사람도 듣고 이해할 수 있어야 하듯이 지식과 학식에 상관없이 누구든지 듣고 이해하고 실천할 수 있도록 해야 한다는 마음으로 선포합니다. 산상수훈은 모든 사람에게 적용되도록 그렇게 예수님은 말씀하셨습니다. 산상수훈은 신학자들을 위해 선포하지 않았습니다. 산상수훈은 고결한 금욕주의자들에게 지침서로 선포하지 않았습니다. 산상수훈은 몇몇 선택된 제자들과 수도사들과 말씀을 증거하는 목사, 신부님들에게 제한적으로 적용되는 예수님의 말씀이 아닙니다. 산상수훈은 천국 시민 헌법으로 모든 사람에게 적용되는 진리입니다.

이제 제가 무리 가운데 한 사람으로 적당한 자리를 찾아 앉기 위해 타임머신을 타고 저 멀리 이스라엘 유대 땅으로 갑니다. 하나님을 잘 아는 것은 없으나 제가 이 땅에 태어난 이유를 알고 싶고, 제가 잘할 수 있는 것이 무엇인지도 알고 싶고, 더구나 새해만 되면 여기저기 저에게 "새해 복 많이 받으세요!"라고 덕담을 주니, 그 복이 무엇인지도 더욱 궁금하고, 또 그 복을 알고 나누기를 원하기 때문에 그분 앞에 자리를 펴고 앉아 봅니다.

2. 저는 생활 속에 복의 존재로 행복합니다(5:3-12)

예수님은 다시 한 번 마음과 머리를 들어 무리를 바라봅니다. 글을 알지 못하는, 결코 한 번도 성경을 읽고 볼 수 없었던 무리 속 여인들과 어린이들 그리고 농부와 유목민들, 목자들을, 그리고 그들과 함께 나라를 구하고자 모여든 젊은이들, 영원한 생명을 얻고자 갈급하는 영혼들, 지식인들, 부자들, 권세자들, 무리 앞서 앉은 제자들을 보면서, 이들의 눈망울 속에 심겨야 할 열방과 인류를 구원하는 소명이 뿌리내리도록 할 수만 있으면 쉽게 말하고, 듣는 이가 쉽게 이해하도록, 그래서 무리가 자신의 생활 속에 실천할 수 있도록, 나아가 세상 종말까지 가장 중요한 것과 세상 모든 민족의 첫 관심 사항 그리고 예수님의 부르심에 의한 관심 사항을 알려주고자 입을 열어 가르치기 시작합니다.

복이 있으라 영이 가난한 자여 … 복이 있으라 애통한 자여 … 복이 있으라 온유한 자여 … 복이 있으라 의에 주리고 목 마른 자여 … 복이 있으라 긍휼한 자여 … 복이 있으라 마음 이 청결한 자여 … 복이 있으라 화평케 하는 자여 … 복이 있으라 핍박받는 자여 … 그리고 복이 있으라 너에게 …

말씀 중에 '복'이란 무엇입니까?
—

신명기 11장 9절 이후에 나오는 복은 오래 사는 것과 물 대기 좋은 밭, 비를 흡수하는 땅, 하나님이 돌보시는 땅을 소유하는 것, 이른

비 늦은 비에 따라 곡식과 포도주와 기름을 얻는 것, 먹고 배 부르는 것, 강대한 나라, 우리를 능히 당할 사람이 없는 것입니다.

시편 1편에서 말하는 복은 악인들의 꾀를 따르지 아니함, 죄인들의 길에 서지 아니함, 오만한 자들의 자리에 앉지 아니함, 여호와의 율법을 즐거워함, 그의 율법을 주야로 묵상함, 모든 일이 형통함입니다.

한편 세상에서 말하는 복이란 건강히 오래 사는 것, 자녀들이 성공함, 명예와 권력을 소유함, 많은 재물을 소유함, 인격이 훌륭함, 사회적 책임을 위해 헌신하고 봉사함, 명문 가문을 만드는 것 등입니다.

글쓴이가 생각하는 예수님 말씀에 반복되는 '복'이란 가치를 지닌 것을 소유하고 누리는 것입니다. 국어사전에 따르면 '가치'란 사물이 얼마나 좋은 것, 필요한 것, 이로운 것으로 여기는가를 나타내는 것입니다. 팔복의 첫, 마태복음 5장 3, 4, 5절에 언급된 '복'에 대응하는 가치는 '가난', '애통', 그리고 '온유'입니다. 즉, 심령이 가난한 것은 가치 있는 일입니다. 왜냐하면 그것은 복 받는 것이기 때문입니다. 복 받은 결과는 천국을 소유하는 것입니다. 이제 글쓴이가 생각하는 팔복의 핵심 가치를 중심으로 생활 속의 팔복을 묵상하도록 하겠습니다.

일반적으로 '복'이란 가치를 지닌 것을 소유하는 것입니다. 귀중하고 값비싼 다이아몬드를 선물로 받을 수 있는 자리에 오른 사람은 복 받은 사람입니다. 물론 이러한 물건을 자유롭게 살 수 있는 재물을 소유한 사람도 복 받은 사람입니다.

팔복의 가치에 해당되는 것들은 '가난', '애통', '온유', '의에 대한 주리고 목마름', '긍휼', '청결', '화평', '핍박'입니다. 여기에 언급된 가치적 의미를 지닌 단어들의 공통적인 특징은 관계적 단어입니다. 이들 단어가 표현하는 개념은 그들 스스로 단독으로 존재할 수 없다는 것입니다.

예를 들면, '가난'이라는 단어는 상대적으로 사용되는 단어입니다. 100만 원을 소유한 사람은 10만 원을 소유한 사람보다 가난하지 않습니다. 그러나 100만 원을 소유한 사람은 1억을 소유한 사람과 비교하면 매우 가난합니다. 이처럼 '가난'이라는 단어는 어떤 기준점이 없다면 매우 이해하기 어려운 단어입니다. 막연히 '우리 집은 가난해.'라고 친구에게 듣고서 친구 따라 집에 갔는데, 자기가 살고 있는 집보다 훨씬 더 좋은 집에서 살고 있다면, 가난하다는 그 말의 기준이 자신의 그것과 다름을 알 수 있습니다.

'가난'은 심령에 대한 것입니다. 요한복음 4장에 하나님은 '영'이시라 하였습니다. 따라서 '가난'은 하나님에 대한 관계적 의미를 지니고 있습니다. 심령이 가난하다는 것은 하나님의 말씀을 기준으로 자신의 심령이 부족하다는 것을 의미합니다. 모든 신앙과 관계된 기도, 예배, 찬양은 '가난'의 가치와 직결됩니다. 심령이 가난하면 가난할수록 하나님을 향한 회개와 성결과 헌신은 부하게 되고, 또한 심령이 가난의 기준을 성경의 모든 말씀으로 확대하면 할수록 섬김의 영역은 확장되기 때문입니다.

'애통'은 사람에 대한 관계적 의미를 나타내고 있습니다. 좁게는 겉사람과 속사람과의 관계적 의미를 지니고 있습니다(대부분 신학자는 이러한 의미로 애통을 해석하는 관점입니다). 일반적인 관점으로 '애통'은 사람과 사람의 관계적 의미입니다(본 글쓴이는 앞의 관점을 포함한 사람과 사람의 관점으로 '애통'을 해석하고자 합니다). '애통'이 복이 되기 위해서는 반드시 '가난'의 가치가 병행되어야 하며, 가난한 심령의 시작점은 예수 그리스도입니다.

'온유'는 보편적 세상에 대한 관계적 의미를 강조하고 있습니다. 여기서 세상은 나와 직접적인 만남의 하나님과 나와 직접적인 관계가 설정된 사람을 제외한 그 모든 것입니다. 이것의 정확한 의미는 요한복음 3장 16절 "하나님이 세상을 이처럼 사랑하사…"의 세상과 동일합니다. 따라서 신명기 9장의 복과 세상의 보편적 복을 추구하는 것들이 '온유'의 가치와 직결됩니다. 복에 대한 예수님의 마음과 세상 사람들의 보편적인 마음의 접촉점이 '온유'입니다. 따라서 '온유'의 적용 범위는 세상의 모든 사람, 종교적 관점과 이기적인 인간의 모습을 뛰어넘는 것입니다.

'주리고 목마름'에 대한 것은, '가난'과 '애통' 그리고 '온유'의 각각의 가치들이 서로 충돌하는 상황에 대한 관계적 의미를 표현하고 있습니다(가난*애통*온유=주리고 목마름). 따라서 '주리고 목마름'의 가치는 '하나님', '사람', '세상'이 서로 혼재된 상태에서 이것들의 실천 우선순위를 결정하는 과정입니다. 산상수훈에 '의'라는 단어는 5:6, 5:10, 5:20, 6:1, 6:33에 언급되고 있으며, 또한 동일한 마태복음 3:15, 21:32에 추가적으로 언급되고 있습니다. 6번 반복된 '의'가 의미하는 것은 조금씩 서로 다릅니다. 단어가 똑같다고 같은 의미로 이해하는 것은 예수님의 마음을 6분의 1 부분만 알겠다는 것과 다를 바 없습니다. 예를 들면, 5:6에 사용된 '의'와 6:1에 사용된 '의'를 동일한 뜻으로 해석한다면 쫀쫀한 그리스도인으로 표현되거나 매우 우유부단한 사람으로 평가될 것입니다. 왜냐하면 5장 6절의 '의'는 선택과 결정에 대한 기준이 되는 것이요, 6:1절의 '의'는 이미 결단된 '의'를 실행하는 것으로, 이것에 대한 직접적인 것으로 구제를 의미하고 있기 때문입니다.

'긍휼'은 '주리고 목마름'의 가치들의 갈등에서 '애통'의 가치가 우선으로 표출된 것으로 여기에는 '온유'의 가치의 결과물이 반드시 포함되어야 진정한 '긍휼'의 가치에 다다를 수 있습니다(긍휼=애통+온유). 애통은 사람과 사람에 대한 관계적 표현이라 정의하였습니다. 따라서 긍휼은 온유의 결과물을 사람에게 적용하는 경우입니다. 온유의 결과는 앞서 언급된 세상적 복의 모든 것과 신명기 복을 포함한 것을 의미한다고 하였습니다. 따라서 '긍휼'은 온유의 결과인 재물, 지식, 경험, 권한 등등이 동반된 경우입니다. 만약 이러한 온유의 결과물이 뒤따르지 않은 긍휼은 애통의 가치 영역에 머물러 있는 것과 같습니다.

'청결'은 '주리고 목마름'의 가치들의 갈등 단계에서 '가난함'의 가치가 우위에 선 경우로, 여기에도 반드시 '긍휼'의 가치 결과물이 포함되어야 합니다. 다시 말하면 '긍휼=애통+온유'에 의한 '가난함'의 가치로 드러날 때, 그것은 '청결'의 안경으로 전환될 수 있습니다. 따라서 청결 안경의 테는 가난한 심령이고, 두 안경 렌즈는 애통 렌즈와 온유 렌즈입니다. 여기서 중요한 것은 애통 렌즈와 온유 렌즈의 초점이 바로 '의를 향한 주림과 목마름'입니다. 아무리 안경테가 황금으로 되어 있다고 해도(성령이 충만하다 하더라도) 두 렌즈가 더러워진 상태(애통함을 외면하거나 이기적 온유의 결과물)면 앞을 바르게 볼 수 없습니다. 또한, 안경테 그리고 두 렌즈가 잘 끼워져 있다고 해도 자신의 눈과 초점이 잘 맞추어져 있지 않다면(의에 대한 주리고 목마른 훈련 과정이 생략된 상태) 선명하고 정확하게 세밀한 하나님을 볼 수 없습니다.

'화평'도 '주리고 목마름'의 가치의 갈등 단계에서 '온유'의 가치가 최우선으로 선택된 경우로, 여기에도 반드시 '청결'의 가치의 결과물(하나님을 보는 것: 청결=가난함+긍휼(애통+온유))이 동반되어야 그 의미가 있습니다. 청결 안경으로 볼 때 하나님을 선명하고 바르게 볼 수 있기 때문에 세상에 임재 하시는 그 하나님을 향해 화평의 도구로 내가 바르게 쓰임 받을 수 있게 됩니다. 청결 가치의 결과물이 없는 상태의 화평은 신본주의가 아닌 인본주의 화평으로, 결국 팔복의 적용 범위에 해당 사항이 없습니다. 쉬운 말로, 예수님을 가난한 심령의 기준으로 고백하지 않는 사람의 모든 윤리적 화평은 천국을 소유하는 행위가 아니기 때문입니다.

'핍박'은 '주리고 목마름'의 가치들의 갈등 단계에서 '가난함'의 가치가 절대적 우위로 선택된 경우입니다. 여기에도 반드시 '화평'의 가치 결과물이 동반되어야 진정한 의미의 '가난함'의 가치가 완성됩니다. 이에 대한 관계적 표현식입니다.

핍박=가난함+화평[온유+청결{가난함+긍휼(애통+온유)}]

위 식에서 괄호와 플러스 및 등호는 '주리고 목마름'의 가치를 의미합니다. 이것을 팔복 각각의 가치를 순서대로 1~8 숫자로 대치하여 표기하면,

8=1+7[3+6{1+5(=2+3)}]

위 핍박의 공식을 다시 해석하면 본 공식의 핵심 가치는 2와 3, 즉 애통과 온유입니다. 왜냐하면, 애통과 온유는 사람과 세상에 대한 것이고 핍박 역시 세상에서 일어나는 일이기 때문입니다. 물론 2와 3의 가치 속에는 '가난(1)'이라는 핵심 가치가 기반으로 숨겨져 있습니다. 애통과 온유는 가난한 심령의 뿌리에서 나오는 것만 의미가 있다는 표현입니다. 5, 6, 7, 8의 외적 가치의 핵심도 근본적으로 애통과 온유로부터 시작되고 있음을 알 수 있습니다. 앞의 공식에서 4번 영역의 가치, 즉 '의에 주리고 목마른' 상황은 7번 반복적으로 적용되고 있는데, 그 갈등 요소는 다르다는 것을 인지하여야 합니다. 이것이 의미하는 것은, '핍박'의 상황에 직면하기까지는 '의에 주리고 목마른' 상

황은 긍휼의 가치에서, 청결의 가치에서, 그리고 화평의 가치에서 '의'를 향한 기도 제목이 각각 다르다는 것을 의미할 뿐만 아니라, '핍박'은 어느 한순간에 이루어지는 것이 아님을 시사하고 있습니다.

또한, 앞의 공식은 온유의 결과물이 함께하지 않는 상황의 긍휼은 애통으로 되돌아가는 것이며, 온유가 없는 청결은 그저 가난한 심령으로 되돌아가며, 온유의 결과물이 투입되지 않는 상황의 화평은 그 역할을 제대로 수행할 수 없습니다. 궁극적으로 실제 현실에서 온유의 결과물이 빠진 상황의 핍박은 핍박이라기보다는 고집스러운 행동으로 폄하될 가능성이 다분히 있습니다.

산상수훈은 천국 시민의 헌법이라고 정의하였습니다. 산상수훈의 첫 부분인 마태복음 5장 3–12절 부분은 헌법의 전문입니다. 헌법은 국가의 조직, 영토, 백성의 자격 요건 등을 규정하는 것입니다. 따라서 천국이 존재하는 동안에는 산상수훈의 전문이 사라질 수 없습니다. 헌법의 전문은 헌법의 모든 부분을 함축하고 또한 헌법에 규정하고 있는 모든 영역과 직접적인 연관성이 있어야 합니다. 산상수훈의 팔복은 산상수훈뿐만 아니라 성경의 모든 핵심적인 메시지와 그 내용이 서로 연결되어야 합니다. 팔복은 하나님과 사람 그리고 세상의 관계를 간단명료하게 정의한 것으로 신·구약성경 66권의 핵심 진리를 축약하고 있습니다. 그래서 예수님은 천국 헌법 전문의 보조 설명으로 5:17 절에 율법과 선지자를 완성케 하기 위해 오셨다고 하였습니다.

이제 이러한 해석적 기초 위에서 무리의 관점으로 마태복음 5:3절부터 팔복을 생각합니다.

복 존재의 기초: 심령이 가난함 (복은 천국 시민이 되는 것임)

"심령이 가난한 사람들은 복이 있나니 천국이 그들의 것임이요"

이 말씀은 '복이 있습니다. 가난한 사람들이여, 심령에 있어서 말입니다, 왜냐하면 너희들이 바라던 천국을 지금 소유하고 있기 때문입니다.'로 다시 말할 수 있습니다. 만약 무리가 이렇게 들었다면, 무리의 이해는 매우 간단하였을 것입니다. '복이 있습니다.'라는 말을 들을 때는 조금 의아했지만, 이어지는 말씀 속에 무리가 쉽게 수긍하는 단어가 있기 때문입니다. "가난한 사람들이여" 이 말을 듣는 무리는 대부분 가난하였기 때문에 즉각적으로 '가난한 내가 복이 있구나.' 하고 생각하였습니다. 천국을 소유하고 있기 때문이라는 이유를 듣자 고개를 끄덕였습니다. 가난한 사람들은 늘 천국을 그리워하며 살고 있었기 때문입니다.

그러나 뭔가 깔끔하지 않은 것 같은 느낌이 있는 무리를 위해 예수님은 추가적으로 '심령에 있어서 말입니다.'라는 말을 부언합니다. 물질적으로 가난하지 않으나 여전히 복 받기를 바라는 무리에게는 '심령에 있어서'라는 말이 무엇을 의미하는지 알기 때문에 자신들의 심령이, 몸과 마음이 요구하는 욕심에 지배되지 않도록 노력해야 함을 알게 되었습니다. 이들은 제한적으로 천국을 소유하고 있는 자신들을 스스로 잘 알고 있기 때문입니다.

"천국이 너희들의 것이라"는 말씀을 듣는 무리는 하나님을 갈망하는 그 심령이 하나님께 기준을 두기만 하면 언제나 가난할 수밖에 없기에, 또한 그들은 천국을 언제나 소유할 수 있으므로 복 받는 인생임을 느꼈을 것입니다.

한 번 더 생각하면 무리가 하나님을 결코 잊지 않으면서, 심령이 가난하다고 고백하는 순간마다 천국을 소유하게 됩니다. 가난한 심령이 애굽에서 노예로 살던 자신들의 조상들을 구출하시고, 홍해에서 애굽 군대로부터 구원해 주시고, 광야에서 먹을 것이 없을 때 만나를 주어 배고픔에서 구해 주시고, 시내산의 십계명을 주시고, 모세를 통해 율법을 주신 하나님으로 그 기준으로 삼으며 그리고 수많은 선지자를 통한 하나님의 사랑을 보여 준 그 말씀에 비추어 볼 때, 자신들의 심령은 절대적으로 가난해질 수밖에 없기 때문에 역설적으로 그 가난한 심령이 천국을 소유하게 됩니다.

이처럼 심령이 가난하다 할 때, 가난의 기준이 하나님의 말씀이라고 믿고 선포하는 자는 결국 천국을 소유하게 됩니다. 여기(마 5:3)가 무신론과 유신론 그리고 기독교와 비기독교로 나누는 분수령입니다. 세상의 모든 사람은 철이 들면서 부모를 생각하고, 자신을 생각하고, 세상을 생각하게 됩니다. 그러한 과정에서 심령의 존재를 느끼고, 그 존재가 갈급하거나 목말라 합니다. 영이 목말라 할 때 그 목마름의 기준을 자신에게 찾는가 아니면 절대자에게 찾는가에 따라 유신론과 무신론으로 갈라지게 됩니다. 간단한 예를 들면 영혼이 목말라 가난한 심령이 되었을 때, 그 가난의 기준점이 자신의 자아로 정의하여 그의 목마름을 해소하는 방법론이 불교와 힌두교의 성화입니다. 물론 자아를 영원한 존재, 영혼으로 믿지 않고 생각하는 혼, 정신으로 간주하여 사람이 만든 문자에 의해 축적된 지식과 지혜를 목마름의 기준으로 하는 경우의 사람은 무신론이거나 인본주의자입니다.

다른 한편으로 영혼의 목마름의 기준을 자아가 아닌 절대자로 믿는 사람들이 유신론으로 됩니다. 그 절대자를 우주를 창조한 여호와 하나님으로 믿는 무리가 바로 유대교를 비롯한 기독교인들입니다. 여기서 지금 말씀하시는 예수님이 여호와 하나님의 아들로 이 땅에 왔다고 믿는 사람들이 그리스도인이 됩니다. 팔복의 첫 번째는 세상의 모든 종교를 포함하는 진리입니다. 그럴 수밖에 없는 것은, 심령이 가난하다는 것은 대신(對神) 관계에서 가장 핵심적인 가치이기 때문입니다. 인류를 구원하는 소명을 받은 예수님의 팔복은 그 적용 범위가 인류 전체입니다.

정리하면, 예수 그리스도의 말씀이 '심령이 가난하다'의 가난의 기준점으로 믿는 자가 천국을 소유합니다. 천국에서 다시 만날 심령은 반드시 그 기준이 예수님이어야 합니다. 하나님과 예수님 그리고 성령님이 다스리는 나라가 천국입니다. 따라서 성령님의 인도하심 없이 '심령이 가난하다'고 고백할 수 없습니다. 성령님의 충만함 없이 가난한 심령으로 구제하고, 기도하고, 금식하며, 예배드릴 수 없습니다. 그렇기 때문에 가난한 심령은 성령 충만의 다른 언어 표현입니다. 성령이 충만한 성도의 삶의 매뉴얼이 산상수훈이며, 팔복은 그 매뉴얼의 전문입니다.

성경 말씀에 의해 심령이 가난하게 될 때 비로소 자신이 죄인임을 알고 회개하게 됩니다. 심령이 가난하고 또 가난하게 될 때, 보이지 않았던 자신의 숨겨진 죄에 대하여 통회하고 애통해하면서 더 깊은 회개를 합니다. 심령이 가난하고 더 가난하게 될 때, 세상에서 예수님이 보이고 따라서 그 세상을 향하여 온유하게 반응할 수 있습니다. 심령이 가난하고 더 가난하고 또 가난하게 될 때, 하나님·사람·세상의 갈등 속에 하나님의 뜻을 발견할 수 있습니다.

심령이 가난하게 될 때, 예배드리며 찬양하게 됩니다. 심령이 가난하게 되면, 전도하게 됩니다. 심령이 가난하게 되면, 교회의 모든 모임에 참여하게 됩니다. 심령이 가난하게 되면 될수록, 교회의 헌신과 사회봉사가 늘어납니다. 이는 성령 충만과 동일한 궤적을 보이는 것이 심령의 가난함입니다.

복 존재의 가치: 애통함 (하나님의 위로는 그 가치 측면에서 동등함)

"애통하는 자는 복이 있나니 그들이 위로를 받을 것임이요"

'애통'은 사람과 사람 사이의 핵심 가치입니다. 천국시민 헌법전문으로 위 마태복음 5장 4절의 말씀을 생각할 때 두 번째 중요한 것입니다. 천국 시민들 서로가 '애통'이라는 핵심 가치를 공유하고, 회복하는 행위들이 가난한 심령 안에서 이루어질 때 예수 그리스도의 이름으로 위로를 받는 은혜가 임하며, 이것이 복입니다. 예비 천국 시민들이 모여 사는 세상의 모든 사람은 정도의 차이는 있을지라도 애통함을 지니고 있습니다. 그 애통함의 극단에 있는 것이 자식을 잃은 부모의 마음입니다. 본문에 사용된 애통의 원어가 그 단어 '판데오'입니다.

사람과 사람이 어울려 살면서 사람들에게 된 사람으로 칭송받는 가장 쉬운 방법은 이웃들의 애통함을 나누어 갖는 것입니다. 자신의 애통함을 넘어 타인의 애통함을 공유하고 함께 극복하는 지혜는 인간이 인간으로서 지녀야 할 가장 근본적인 도덕과 윤리의 기초가 됩니다. 동서고금을 막론하고 어느 시대, 어느 공간에도 인간이 모여 살면서 내려오는 설화나 이야기의 핵심은 타인의 '애통'함을 자기 것으로 공유하고자 하는 것이 대부분입니다. 왜냐하면 그러한 이야기는 자신들의 공동체를 지키는 힘이 되고 문화가 되어 좋은 관습으로 자리 잡기 때문입니다. 간단한 예화로 우리나라는 애경사 일에 십시일반으로 부조합니다. 상주 애통함을 나누어 갖는 것이나 혼주의 막중한 결혼 비용의 애통함이나 즐거움을 나누어 갖는 좋은 관습입니다.

팔복은 천국 헌법 전문으로 종교의 범위를 넘는 진리입니다. 왜냐하면 사람이 먼저 창조되었고, 그 사람이 지니는 양심을 깨우는 원인이 '애통'함이기 때문입니다. 이 글을 읽는 독자님께서 잠시 자신의 주위 사람을 생각해 보시기 바랍니다. 어떤 점에서 글쓴이를 생각해도 좋겠습니다. 만약, 글쓴이가 독자님의 애경사에 한 번이라도 관심을 표명하였다면 독자님은 이 글을 이해하기 쉽습니다. 왜냐하면 독자님의 '애통'(애경사, 경사도 애통의 영역으로 표현하는 것은 애통은 경사의 기쁨 이면에는 아픔과 고통(오늘날 3억 전세금 마련하는 부모의 마음)이 내재 되어 있기 때문)을 조금이나마 글쓴이가 공유하고 싶은 그 마음을 기억하기 때문에, 그것과 관련하여 조금이라도 마음이 열려서 이 글을 읽고 있을 수 있기 때문입니다. 그러나 만약 아무런 관계가 없다면 독자님이 애통함을 지녔을 때, 도와준 사람을 떠올리시기 바랍니다. 그 사람에 대한 평가를 어떻게 하시겠습니까? 긍정적입니까, 아니면 부정적입니까? 자신의 애통함을 나누어 가지는 사람에 대한 평가는 100% 긍정적으로 생각할 것입니다.

2014년 봄에 결코 잊을 수 없는 여객선 침몰 사고가 일어나 많은 학생이 하늘나라로 갔습니다. 이 사건을 통해 우리 사회가 안전 문화에 대해 새로운 인식을 하는 계기가 되면 그나마 위로가 됩니다만,

그래도 학생들의 부모님 그리고 그의 가족과 친지, 또 친구들 마음의 고통을 생각하면 결코 치유되기 힘든 것으로, 지금도 글을 쓰면서 그들의 마음을 생각하면 가슴이 먹먹합니다. 이처럼 '애통'은 사람이 사는 데 어느 곳이든, 그 형태와 깊이만 다를 뿐 늘 내 안에 혹은 내 옆에 있습니다. 우리가 살면서 가난한 심령으로 자신의 애통한 것뿐만 아니라 이웃의 애통한 것도 나누어 가지려는 태도가 곧, 복 받는 인생입니다. 왜냐하면 가난한 심령의 기준은 예수님의 말씀이기 때문에 그 말씀에 의지하는 가난한 심령으로 애통한 것을 위로할 때, 그 위로를 통해 하나님의 은혜가 임하기 때문입니다(마태복음 25:35-40 참조).

2011년 12월 6일, 중국 도시의 높은 빌딩 옥상 난간에서 자살을 시도하는 사람을 본 지상의 앉은뱅이가 땅에서 큰소리로 외쳤습니다. 자신과 그 사람의 애통한 마음들이 하늘까지 닿도록 손나팔로 외치면서 이야기를 시작하였습니다. 이야기 도중에 당신이 만약 자살한다면 당신의 부모님 마음이 얼마나 아프고 슬플 것인지, 그 애통함을 상기시켜 줍니다. 결국, 옥상에 있던 사람은 지상으로 내려왔습니다. 이 사실을 시민이 SNS에 알려 많은 사람에게 감동을 주었습니다. 애통한 것을 공유하고 나누려는 그 마음의 진실함이 한 생명을 구한 것입니다. 타인을 감동시키는 방법은 타인의 애통함을 자신의 것으로 공유하는 것에서 시작합니다.

탈무드에 이런 이야기가 있습니다. 머리는 둘, 몸은 하나인 사람이 있습니다. 이 사람은 둘인가? 하나인가? 어떻게 알 수 있습니까? 한 머리 위에 뜨거운 물을 붓습니다. 그때 다른 하나의 머리가 같이 고통을 느끼면 한 사람입니다. 그러나 만약 고통을 느끼지 않는다면 두 사람입니다.

애통은 사람과 사람의 관계 진위를 구별하는 리트머스종이입니다. 만약 내 가족의 애통을 제가 느끼지 못한다면 그 관계는 가족이 아닌, 타인으로 생각해야 합니다.

자신의 죄에 대한 애통함을 깊이 느끼는 것만큼 심령은 더욱더 가난하게 됩니다. 죄에 대한 애통함, 탄식이 깊을수록 하나님과 친밀감은 더욱 높아집니다. 이것은 가난하다는 그 기준이 심령에 점점 더 엄격하고 더 세밀하게 확장되고 있음을 나타내고 있습니다. 다시 말하면, 자신의 죄에 대한 애통함이란 가난한 심령의 다른 표현입니다.

복 존재의 태도: 온유함 (천국 시민이 세상에서 의무는 온유)

"온유한 자는 복이 있나니 그들이 땅을 기업으로 받을 것임이요"

성경에서 '땅'이 의미하는 것은 매우 중요하고, 다양하게 인용되었습니다. 땅은 흙입니다. 사람은 땅으로 만들어진 생명체입니다. 하나님은 에덴동산, 좋은 땅을 만들어 인간들이 즐겁게 살도록 하였습니다. 땅은 인간이 하늘나라로 올라갈 때까지 하나님을 만나는 장소이기도 합니다. 물론 땅은 인간을 포함한 모든 동물을 살리는 식물이 자라는 곳입니다. 땅을 소유하는 것이 곧 자신들의 생명을 보존하고 연장하고 풍요로움을 느끼는 행복의 시작입니다.

성경에서 '기업'이라는 단어는 하나님 나라와 그 일체의 축복을 포함하여, 매우 긍정적이고 유익하고 의미 있는 것을 소유할 때 사용되고 있습니다. 또한, 성경에서 '기업'이란 "대대(代代)로 이어 오는 재산

(財産)과 사업(事業)"을 의미합니다. 땅을 재산과 사업으로 받는다는 것은 오늘날 관점으로 부자가 되거나 큰 성공하는 것과 같은 의미입니다. 세상에서 성공하거나 부자가 되는 데 핵심적인 성품은 무엇보다 '온유'라는 것입니다.

그런데 '왜 예수님은 천국시민 헌법전문으로 팔복을 말씀하면서 부자가 되는 것을 세 번째에 강조하여 선포하였을까?' 글쓴이가 생각하는 예수님의 마음은, 성경 구약에서 반복적으로 강조하는 하나님의 율법과 명령을 지켜 행하면 축복을 받고, 그렇지 않으면 저주를 받는다는 그 말씀의 숨겨진 하나님의 의도를 우리가 바르게 알 수 있도록 하기 위함입니다.

땅을 기업으로 받은 사람들이 궁극적으로 가난한 심령이기에 애통한 사람들을 구체적으로 재물을 통해 도울 수 있기 때문입니다. 사람들이 고난 가운데 애통함 속에서 눈물 흘리며 간구하면서 애타게 하나님을 찾을 때, 하나님께서 축복을 받으신 사람들을 들어서, 그들로 하여금 고난받는 사람들의 애통함을 예수님의 이름으로 위로해 줄 수 있기 때문입니다.

부자가 되는 성품은 온유입니다. 세상에서 비즈니스를 통해 부자가 되고 싶은 사람은 '온유'의 성품을 지니면 됩니다. 세상의 좋은 기업, 100년을 대대에 이어지는 기업들의 특징은 사회적 책임에 '온유'의 정신으로 공유합니다. 자신들의 상황에 따라 지역사회에 섬김으로, 그 공동체와 일체화되므로 오래도록 기업을 유지할 수 있습니다. 물론 예수님의 깊은 마음을 헤아린 당대 최고의 율법 해석자이자 열정적인 믿음을 지닌 바울도 갈라디아 교회 사람들에게 "네 이웃 중에 범죄한 일이 드러날 때, 온유한 심령으로 그러한 사람을 바로 잡으라"

라고 합니다. 또한, 바울 자신의 수제자였던 디모데에게 보낸 편지에도 "하나님의 말씀을 가르치는 주의 종은 마땅히 다투지 아니하고 모든 사람에 대하여 온유하게 가르치라"라고 당부합니다. 세상에서 온유한 사람이 끝까지 성공하고 열매를 맺게 됩니다.

그런데 팔복의 구성에서 만약 "땅을 기업으로 받는다"는 이 마태복음 5:5 말씀이 단순히 천국 가서 우리가 누릴 영적인 땅을 의미한다면 팔복의 적용 대상이 매우 제한되는 것을 의미하게 됩니다. 왜냐하면 5장 3절 말씀은 대신(對神) 관계이며, 5장 4절 말씀은 대인(對人) 관계라 하였는데, 5장 5절 말씀의 복의 결과가 천국에서 누릴 땅이라면 이것 역시 대신(對神) 관계입니다. 이것은 중복되는 것으로 '창조주 지혜자이신 예수님이 그렇게 하였을까?' 하고 저는 생각합니다. 물론 5장 5절 말씀의 복의 결과는 곧이어 '긍휼', '청결' 그리고 '화평'의 핵심 가치에 반드시 포함되어야 합니다. 만약 5장 5절 복의 결과(세상적 성공 의미)가 포함되지 않는 '긍휼'과 '화평'은 '애통'의 핵심 가치를 벗어나지 못하고 있는 상태를 의미합니다.

그렇기 때문에 예수님은 청빈(淸貧)과 청부(淸富)를 팔복에 동등하게 하였습니다. 부자가 되는 것이 복 받는 것입니다. 물론 물질적 부자가 복 받은 것으로 되기 위해서는 가난한 심령으로 애통한 가슴을 공유할 때 그렇습니다.

복 존재의 역동성: 의에 주리고 목마름 (복은 동적인 개념)

"의에 주리고 목마른 자는 복이 있나니 그들이 배부를 것임이요"

사람이 태어나 똥오줌을 스스로 가릴 줄 알게 되면, 그때부터 결코 피할 수 없는 것이 '선택'의 딜레마입니다. 두 아이를 키우면서 느낀 것은 대소변을 가릴 때까지는 힘은 들어도 정신적으로 그렇게 큰 어려움은 느끼지 못하였습니다. 그러나 자녀들이 스스로 뒤처리할 때부터는 밖으로 나가자, 놀자, 이것저것 묻는 것도 많아지고, 사 달라고 하는 것도 많아지고, 여러 면에서 선택의 상황에 놓이게 되었습니다.

부모의 입장에서 자녀의 모든 것을 수용하여 들어줄 수도 없는 선택의 어려움이 가중되는 것은 물론이거니와 자녀의 입장에서도 자신의 욕구가 수용되지 않는 세상을 인정해야 하는, 그래서 선택의 중요성을 점차 일깨우며 자라는 것을 보곤 하였습니다.

동서고금을 막론하고 모든 곳에 주술적 종교 형태가 있는데, 그 주술적 신앙은 선택의 어려움에 대한 도움을 받는 것에서 비롯되었습니다. 오늘날 현대 과학이 극도로 발달된 지금도 인터넷과 사이버 세계에 수많은 주술적 점쟁이들의 광고가 홍수를 이루고 있습니다. 점쟁이를 찾는 근본적인 이유는 뭔가 선택을 해야 하는데 어떤 선택이 자신에게 이로운지 알기 위함입니다. 물론 성경 구약에도 하나님께 묻지 않음으로 하나님으로부터 화를 당하게 되는 경우도 기록되어 있습니다. 그만큼 선택은 모든 사람의 숙제 중의 숙제입니다. 그래서 우리 주님도 산상수훈의 중앙에 내일 일은 내일 걱정하라고 하였습니다.

선택에는 반드시 목적이 있습니다. 선택은 속성상 양면성이 있습니다. 이쪽을 선택하는 것과 저쪽을 선택함으로써 그 목적을 이루는 과정은 동일할 수 없습니다. 그렇기 때문에 바르고 이로운 선택을 하기 위해 우리는 노력합니다.

그리스도인들의 선택 목적은 '의'입니다. 여기서 의는 마태복음 6장 33절에 언급된 '하나님의 의'입니다. 물론 뒤이어 언급된 '하나님의 나라' 또한 이 '의' 속에 포함되어 있습니다. 즉 우리들의 일상의 삶에서 이루어지는 '선택'의 궁극적인 목적은 '하나님의 의와 하나님의 나라'를 이루는 것입니다. 따라서 일상에서 마주치는 다양한 상황에서 어떤 선택이 '하나님의 의와 그의 나라'를 이루는 데 합당하고, 바르고, 하나님께서 기뻐할 것인지 늘 우리는 '주리고 목마를' 수밖에 없습니다.

특별히 신앙을 지닌 우리는, 하나님을 향한 가난한 심령과 사람을 향한 애통함 그리고 세상을 향한 온유의 가치가 서로 갈등을 일으키는 상황에서 선택해야만 하는 것이 그리스도인들의 일반적인 삶입니다. 예수님의 제자 가룟 유다는 무엇을 선택하였습니까? 그는 자신이 훈련받고 믿는 믿음의 영역에서 메시아로서 예수님을 선택한 것이 아닌, 자신의 비전과 그 당시 유대 민족의 패배를 한순간에 뒤엎을 수 있는 초인적인 강력한 정치 군사적 리더를 향한 개인의 바람을 선택하였습니다. 그래서 그는 극단적인 방법으로 그의 스승을 궁지에 몰아넣었고, 그 또한 자신의 선택이 잘못된 것을 알고서 또 한 번의 인간으로서 가장 바르지 못한 선택을 하게 됩니다.

베드로는 또 무엇을 선택하였습니까? 베드로 역시 "주님은 그리스도시오, 살아계시는 하나님의 아들입니다."라고 믿음의 고백을 하였지만, 바로 그 순간 예수님이 예루살렘에서 핍박을 받고 죽지만 다시 살아날 것을 듣고서, 베드로는 "절대로 그럴 수 없습니다, 주님! 결코 이런 일이 일어나지 않을 것입니다."라고 말합니다. 그러고 나서 베드로 역시 예수님의 세상 법정에서 심판받는 과정을 옆에서 지켜보면서 그는 스승을 배반하는 선택을 합니다. 치욕적인 선택은, 또다시 부끄러운 선택(가룟 유다의 마지막 선택과 같은)을 하지 않은 것도 역시 선택입니다.

우리는 하나님·사람·세상이 혼재된 곳에서 '의'를 향한 선택의 기로에 서서 하루를 보냅니다. 우리의 인생은 이런 선택된 하루가 중첩되어 이루어집니다. 현실에서 '의에 주리고 목마른' 팔복을 적용하는 것을 생각합니다.

주일 아침입니다. 주일 예배 시간에 기도로 섬기도록 이미 일주일 전에 통보를 받고, 나름대로 준비를 하였습니다. 떨리는 마음과 기대감으로 예배 시간에 드릴 기도에 집중하면서 한 주간을 보냈습니다. 그런데 그 아침에 아주 오랜 친구로부터 갑작스러운 연락이 왔습니다. 오랜만에 대전에 왔는데 얼굴을 보고 싶다며 시간을 내 달라는 것입니다. 어렵지 않게 간단한 인사말을 나누면서 늦은 오후 시간에 만나는 약속을 하였습니다.

또 다른 상황입니다. 회사 신우회에서 매주 수요일 예배를 드립니다. 나름대로 신우회를 섬기면서 하나님에게 약속한 것이 있었습니다. 그런데 갑작스럽게 직장 동료가 그 시간에 간단한 부 회식을 밖에서 한다며 참석 여부를 묻습니다. 순간적으로 부 회식의 성격을 물으니, 결혼 휴가를 마치고 업무에 복귀하는 새신랑의 간단한 답례 형태의 회식이었습니다. 잠시 머뭇거리다가 기꺼이 점심 식사에 참석하기로 하였습니다. 새로운 가정을 출발선에서 성공적으로 세상의 바다 위에 떠올린 그 의미를 함께 나누고 싶었기 때문에 잠시 하나님의 은혜를 뒤로 접어 둘 수 있었습니다. 물론 어떤 의미로 나 자신의 해석적 관점으로 볼 때, 하나님께 약속한 것을 어겼기 때문에 온전히 순종하지 않은 저의 신앙적 행위입니다. 하지만 그래도 제가 직장인으로서, 조직의 한 사람으로서 아직 100% 하나님의 조직에 헌신한 사람이 아니라면 세상 조직의 질서와 기쁨에 그 우선순위를 두는 것도 지혜라고 생각합니다. 물론 팔복의 마태복음 5장 6절 말씀에 그 근거를 두고 그렇게 신앙의 자유함을 누리기도 합니다. 왜냐하면 역설적으로 팔복의 마태복음 5장 6절, "의에 주리고 목마른 … "이라는 표현 속에는, 현실에서 '가난함', '애통', '온유', 즉 하나님, 사람, 세상의 우선순위가 항상 1, 2, 3으로 결정되어 있지 않다는 것을 시사하고 있기 때문입니다.

이러한 선택의 훈련을 받는 영혼은 긍휼과 청결함 그리고 화평과 핍박의 더 깊은 선택 영역으로 진입할 수 있는 믿음이 성장하는 것을 알게 됩니다.

복 존재의 첫 열매: 긍휼함 (복은 사랑을 나누는 것)

> "긍휼히 여기는 자는 복이 있나니 그들이 긍휼히 여김을 받을 것임이요"

성경 창세기 1장에 우주 창조 내역이 기록되어 있습니다. 첫째 날에 빛이 있으라 하매 빛이 만들어졌습니다. 둘째 날에 물 가운데 궁창을 나누어 하늘을 창조하였습니다. 셋째 날에 땅과 온갖 식물을 창조합니다. 여섯째 날에 인간을 지으셨습니다. 이 창조의 순서는 오늘날 자연과학적 지식으로 봐도 문제 될 것이 없습니다. 이러한 우주를 포함한 세상은 질서가 있습니다. 질서가 있다는 의미는 미리 계획된 것으로 설계자가 있었다는 것을 우리는 알 수 있습니다. 설계도면에는 설계자의 의도가 반드시 있습니다.

성경 학자들에 의하면 성경이 기록된 연대를 기준으로 성경책을 편집한다면, 창세기보다 더 오래된 욥기가 먼저 편집되어야 할 것입니다. 그러나 그렇게 성경책의 순서는 편집되지 않았습니다. 신약성경도 그 기록 연대순으로 배열한다면 지금의 복음서가 앞서 나올 수 없을 것입니다.

이처럼 큰 그림 전체를 포함하는 것을 말하거나 만들려면 반드시 그것을 준비하는 사람의 마음에 미리 계획하고 구성하는 짜임새의 틀을 만들 것입니다. 마치 산상수훈이 무리를 향한 것으로 예수님이 그들의 눈높이를 가늠한 것처럼 말입니다.

팔복도 천국 시민 헌법의 전문으로 그 구성이나 짜임새가 부분과 전체를 모두 포함하여 이해하고 적용할 수 있도록 의미 있게 만들어져야 합니다. 우리 예수님이 누구입니까? 지혜의 근본입니다. 그분이 팔복의 구성을 전 인류에 적용하기 위한 것으로 생각할 수밖에 없었습니다. 그 예수님의 팔복 구성 의도를 마태복음 5장 7절을 통해 또 한 번 깊이 느낄 수 있습니다.

팔복의 전반부(마 5:3-6)는 개인의 내면적 신앙 성숙과 성화를 위한 단계적 과정에서 각각 하나님·사람·세상의 핵심 가치를 중심으로 복 있는 원인을 선포하셨습니다. 그런데 팔복의 후반부(마 5:7-10)는 성화되는 그리스도인들이 내적 신앙 성숙을 기반으로 외적 생활의 핵심 가치를 선포하고 있습니다.

모든 사람이 어울려 살면서 서로를 돕고 돕는 긍휼한 행위가 보편적 삶에서 최고의 착한 행실입니다. 사랑의 외적 표현은 어떤 형태로든 아름답습니다. 사랑은 모든 생명에게 적용되는 우주의 주제입니다. 요즈음 과학 지식에 의하면 동물뿐만 아니라 식물까지 사랑을 주는 것과 그렇지 않은 것의 성장 모습이 다르다는 것입니다. 사랑은 생명의 근본적인 존재의 시작점입니다.

그렇기 때문에 팔복에서 내적 성찰의 훈련 이후에 외적 표현의 첫 번째가 그 어떤 핵심 가치보다 우선적으로 생각해야 하는 가치는 '사랑하라'는 것입니다. 여기서 결코 놓치지 말아야 할 것은 외적 표현이라는 것입니다. 외적 표현의 사랑은 반드시 외적인 형태의 노동이나 사물 혹은 재물이 동반되어야 한다는 것입니다. 외적 형태의 것(은유의 결과물)이 동반되지 않은 '사랑'의 표현은 내적 성찰의 핵심 가치인 '가난함', '애통함' 그리고 '온유함'에 따른 행위 중의 한 부분으로 재해석됩니다.

예를 들면 「하나님을 사랑합니다」라는 고백의 찬양을 예배 가운데 하는 것은, 그 심령이 가난하다는 것을 의미합니다. '하나님을 사랑하기 때문에 교회에서 헌신하고 봉사합니다.'라는 표현 역시 그 심령이 가난하다는 증거입니다. 그러나 여기에는 '노동력'이 가미된 '하나님에 대한 사랑입니다.', 즉 이것은 사랑에 외적인 사물(노동력)이 동반된 것으로 앞의 그것과는 그 깊이가 다릅니다. 심령이 가난한 것을 기반으로 긍휼한 마음이 몸과 마음을 지배하는 상황까지 성숙된 것입니다. 그만큼 신앙이 성장하고 있다는 의미입니다.

또 다른 경우입니다. 교회 주보 소식란에 심각한 질병에 노출된 어느 집사님을 위해 기도 요청이 올라왔습니다. 기도하는 시간에 그 집사님을 위해 기도합니다. 하나님의 능력의 손길로 질병을 치유하여 주시기를 기도합니다. 이것은 팔복의 관점으로 볼 때, 이웃의 '애통함'을 공유하는 아름다운 마음입니다. 그런데 집사님을 위해 기도하는 중에 그분의 형편을 더 잘 알게 되어, 기도뿐만 아니라 그의 자녀들을 위해 반찬이라도 하나 만들어 나누는 것이 곧 '긍휼'입니다. 물론 그분의 어려운 형편에 물질적으로 도움을 주는 것이 "긍휼히 여기는 자는 복이 있나니…"의 말씀에 언급된 긍휼히 여기는 자가 되는 것입니다.

그런데 그 주보에 여름 단기 선교 훈련을 떠나는 한 무리를 위해 선교 후원금을 모금하고 있습니다. 젊은이들이 반년 동안 열심히 훈련받고 이제 그 마지막 과정으로 복음을 전하는 여행을 떠나는데, 그 비용을 도와 달라는 요청입니다. 이러한 상황에서 질병 속의 집사님에게 작은 정성으로 재물을 드려야 하는지, 아니면 선교를 위한 젊은이들의 여행 경비로 선교 후원금으로 그 재물을 드려야 하는지, 어떤 선택이 하나님의 뜻인지 분별해야 하는 상황이 전개됩니다. 이것이 곧 '의에 대한 주리고 목마른' 훈련입니다. 물론 양쪽 모두에게 풍성한 '온유의 결과물, 재물'을 줄 수 있는 부자이고, 가난한 심령을 소유하고 있다면 더 좋겠습니다. 이런 경우, 하나님의 뜻은 쉽게 알 수 있겠습니다. 예수님이 부자가 천국에 들어가는 것은 낙타가 바늘귀로 들어가기보다 어렵다는 말씀을 하였는데, 그 이유는 보편적으로 부자들의 심령은 가난하지 않기 때문입니다.

세상은 주거니 받거니 하면서 관계는 깊어만 갑니다. 현관문 앞집에 작은 반찬을 나누어 먹는 이웃들이 어려운 일에 서로 그 짐을 공유할 가능성이 큽니다. 이웃끼리 한쪽에서 주기만 하고 건너편에서 오는 것이 없다면 점차 그 관계는 소원해지기 쉽습니다. 이러한 보편적 상식을 마태복음 5장 7절 하반부에 포함하고 있습니다.

한 번 더 '긍휼히 여기는 자'의 마음을 생각해 봅니다. 긍휼히 여기는 자의 심령은 어떤 것일까요? 다음 중 하나로 예측해 봅니다. 팔복의 가난한 심령으로 기준이 하나님의 말씀에 근거한 것입니다. 다른 측면 역시 그의 심령은 가난한데 기준이 하나님 말씀이 아닌 자신의 가치관이나 세계관에 입각한 경험으로 그 기준으로 삼아 애통한 자를 바라보고, 연민의 정으로 긍휼함을 보이는 경우도 있겠습니다. 후자의 경우는 마태복음 5장 8절의 '청결함'과 연결되지 않습니다. 왜냐하면 '청결'은 하나님을 볼 수 있는 복을 받는데, 그 청결의 안경알들이 '긍휼(애통+온유)'이기 때문입니다. 따라서 '긍휼'의 가치가 '청결'의 복으로 연결되기 위해서는 전자의 경우를 의미합니다.

탈무드에 어떤 사람에게 세 친구가 있다고 합니다. 갑작스레 왕이 그 사람을 소환하였습니다. 소환을 받은 사람은 왕이 부른다는 전갈을 받고서 두려움에 세 친구를 차례로 찾아가 도움을 요청합니다. 항상 자신과 가깝게 지내고 늘 자신도 좋아한 첫 번째 친구에게 가서 자신의 처지를 이야기하고서 왕 앞에 함께 가자고 하나 그 친구는 언제 보았냐는 듯이 그 자리에서 거절합니다. 그래도 늘 반가이 맞아 주었던 두 번째 친구에게 가서 왕 앞에 가는데 함께 가기를 부탁하니, 이 친구도 두려웠는지, 궁궐 앞까지는 함께 가겠지만 왕을 만나는 곳까지는 함께 갈 수 없다고 합니다. 그 사람은 세 번째 친구에게 똑같은 이야기를 하였습니다. 그런데 의외였습니다. 평소에 그렇게 친하게 지내지 않던 친구였고, 또 자신도 그렇게 썩 좋아하지 않았는데 왕 앞에 가는데 자기는 따라가겠다고 합니다. 이 이야기는 왕의 소환은 죽음을 의미하며, 세 친구는 각각 돈, 친척, 그리고 착한 행실입니다. 착한 행실은 자기 심판의 자리까지 따라갑니다. 궁극적으로 "긍휼히 여기는 자는 긍휼히 여김을 받는다"는 말씀을 통해 긍휼한 행위는 심판의 때까지 인식되고 있음을 알 수 있습니다.

> **"마음이 청결한 자는 복이 있나니 그들이 하나님을 볼 것임이요"**

보는 것이 믿는 것입니다. 하나님을 볼 수만 있다면, 믿지 못할 사람은 없습니다. 인간이 보는 것만큼 확실한 증거는 없습니다. 자신이 경험한 것, 보는 것에 대한 신뢰는 매우 높습니다. 따라서 신의 존재를 직접 자신의 눈으로 보고 확인하였다면 그것은 대단한 체험입니다. 특별한 계시나 은혜를 입은 사람만 하나님을 볼 수 있습니다.

성경에 모세, 선지자 그리고 예수님 정도의 높은 관계를 지닌 제한된 사람들만 하나님을 볼 수 있었습니다. 그런데 예수님은 누구나 하나님을 볼 방법을 알려 주었습니다. 여기에 추가하여 그것은 복 받은 인생이라는 것도 알려 주었습니다.

우리는 하나님을 눈으로 보려고 합니다만, 예수님의 말씀에 의하면 하나님을 보는 도구는 눈이 아닌, 마음입니다. 마음으로 하나님을 볼 수 있습니다. 마음은 어디에 있으며, 무엇입니까? 마음은 볼 수 있는 영역에 있지 않습니다. 마음은 사람의 깊은 곳에 감추어져 있습니다. 때때로 심각한 부정적 경험이나 마음의 상처가 정상적으로 치유되지 않는 사람은 그 마음을 완전히 닫은 경우도 있습니다. 마음이 볼 수 있는 도구로 활용되기 위해서는 먼저 그 마음이 열려야 합니다.

감추어진 마음을 밖으로 드러내는 것부터 시작하여야 볼 수 있는 마음이 됩니다. 마음을 밖으로 드러낸다는 것은 자신의 마음의 소리를 들을 수 있어야 합니다. 마음이 소리 내어 웃고 싶을 때, 울고 싶을 때, 소리치고 싶을 때, 노래 부르고 싶을 때, 우울할 때, 사랑을 나누고 싶을 때, 마음이 자유롭게 소리를 내거나 행동으로 표현하는 것이 마음을 여는 것입니다.

마음이 우울하고 미래가 불안하다는 걱정으로 세상을 살아야 할 이유를 찾을 수 없어 방황하는 영혼을 소유한 사람은 먼저 가난한 심령으로 마음 문을 열어야 합니다. 자신의 마음이 고통 속에 아픔을 느끼며 뭔가 외치고 있습니까? 그 외침을 주님께 보이십시오. 내 형제자매의 질병으로 고통받고 있는 그 마음의 소리가 자신의 마음에 전달되어 내 마음도 아픔을 호소하고 있습니까? 자신의 아픈 마음을 가지고 고통받는 형제자매에게 가는 것이 자신의 마음 문을 여는 두 번째 단계입니다.

이러한 열린 마음이 '의에 대한 주리고 목마름' 단계에서 긍휼의 안경 초점을 맞추고 깨끗하게 함으로 온유의 결과물, 즉 물질에 투영된 하나님을 상대방이 인식하고 그 하나님을 찬양함으로 인하여, 역설적으로 그 열린 마음이 하나님을 보게 됩니다. 자신의 것을 이웃에게 나누는 그 희생과 헌신과 봉사 수고의 손길을 주관하는 심령이, 그러한 긍휼의 행위로 청결된 마음으로 하여금 보이지 않는 하나님을 느끼고 찬양하며 선포하게 합니다.

그러므로 마음이 청결하다는 것은 가난한 심령 위에 애통함, 온유함, 의에 주리고 목마름 그리고 긍휼이라는 행위들이 동시에 일어날 때 가능합니다. 이러한 청결한 마음이 하나님을 볼 수 있습니다. 심령이 가난해야 천국을 소유할 수 있습니다. 그러나 천국의 왕을 직접 볼 수 있는 복을 누리기 위해서는 몇 가지 더 은혜(애통, 온유, 의에 주림, 긍휼)를 입어야 한다는 것이 팔복의 관점임을 우리는 알 수 있습니다.

대한민국 헌법에 지배받는 국민은 누구나 헌법에서 보장하는 권리를 소유합니다. 국민은 누구나 대통령을 만날 수 있습니다. 그러나 보편적 상식으로 대통령을 만나는 것은 매우 특별한 경우입니다. 팔복의 구성을 보면, 천국 시민의 헌법으로 당연히 천국을 소유하는 첫 번째 조건이 명시되어 있습니다. 그리고 여섯 번째 단계에서 비로소 천국을 다스리는 하나님을 볼 방법을 가르치고 있습니다. 하나님을 볼 수 있다는 것 역시 매우 특별한 경우라는 것을 알 수 있습니다.

우리는 하나님을 만나기를 소망합니다. 그 하나님을 만나기 위해서 필수적으로 통과해야 하는 과정이 있음을 깊이 인식해야 합니다. 어느 한순간에 환상이나 꿈으로 하나님을 볼 수도 있겠지만, 그러한 상황 속에서 만난 하나님은, 반드시 역설적으로 팔복의 영역의 요건으로 검증되어야 합니다. 즉 환상으로 본 하나님이 나에게 뭔가 사명을 주셨다면 그 사명이 저의 심령을 가난하게 하고, 이웃의 애통을 내 것으로 만들고, 세상을 향하여 온유함으로 순종하여 섬기며, 의에 주리고 목마름으로 인도하는 사명인지 아닌지 확인해야 합니다.

'하나님을 본다'는 의미는 무엇입니까? 모세는 하나님을 보았기 때문에 그는 이제 죽음을 맞이할 것으로 생각할 정도로 하나님을 본다는 것은 매우 두렵고 떨리는 상황입니다. 왜냐하면 죄인인 인간이 거룩함의 실체인 하나님을 본다는 것은 피조물로서 상상도 할 수 없는 것이기 때문입니다. '하나님을 본다'는 것은 하나님의 성품에 온전히 하나 되는 순간입니다. 그래서 자신의 마음이 하나님의 성품 가운데 한 부분으로 인식되는 것입니다. 거룩한 하나님과 함께 존재한다는 것은, 청결한 마음을 소유한 자신이 곧 이 땅의 평화를 위해 친히 오셨던 예수님의 사명과 다를 바 없음을 깨닫고 자신의 것으로 그것을 받게 된다는 것입니다. 한 번 더 깊은 체험은 예수님께서 이 땅의 평화를 위해 오셨지만, 결국 부르심에 순종하기 위해 핍박의 자리까지 다다랐던 예수님의 소명을 자신의 소명으로 전환시키는 필수 조건이 바로 청결한 마음으로 하나님을 볼 때 가능하게 됩니다. 결국, 핍박의 자리까지 도달할 수 있는 근원이 되는 것이 청결한 마음으로 하나님을 보는 것입니다. 요약하면 하나님을 보여 준 이유는 이제 그가 화평케 하는 자, 혹은 의를 위하여 박해받는 사람으로 준비되었다는 것을 의미합니다.

복 존재의 두 번째 열매: 화평케 함 (첫 열매 위에 화평의 열매를 맺자)

> "화평하게 하는 자는 복이 있나니 그들이 하나님의 아들이
> 라 일컬음을 받을 것임이요"

보편적 세상의 최고 가치는 평화입니다. 2018년 남쪽과 북쪽의 정상들이 모여 회의를 하였습니다. 북쪽과 미국의 정상들도 모여 회의를 하였습니다. 그들의 공통된 명분은 평화를 누리기 위함입니다. 아이러니컬하게 세상 전쟁의 시작점은 자신들의 생명을 보호하고, 그 생명에게 평화를 유지하기 위함입니다. 예를 들면 북쪽의 『조선중앙통신논평』(2014.11.27.)에 '핵 문제를 걸고 우리나라에 침략의 불을 지르려고 호시탐탐 노리다가'라는 문구가 있는데, 이것은 자신들의 공동체의 평화를 지키는 것이 최고의 가치이며, 국민들을 단결시키는 명분임을 단적으로 나타내고 있습니다. 세상적 가치의 마지막 종착점은 평화를 누리는 것입니다.

2015년 자료를 기준으로 한국의 고소득자를 대상으로 조사한 인생에서 가장 중요한 가치 1위가 '건강' 그리고 '가족'이라고 합니다. 대부분 평범한 사람들의 가장 중요한 가치는 '행복하게 사는 것'입니다. 흥미로운 것은, 깊은 산의 사찰에 가면 기와 보시가 있고, 그 기와 뒷면에 보시하는 사람의 소망을 적는데, 그 내용이 한결같이 가족 건강, 가족 우애, 사업 번창, 승진, 입시 합격, 취업, 장수와 번영, 순산, 사랑 등의 내용입니다. 이러한 모든 가치의 이면에는 근본적으로 평화가 내재하여 있습니다. 화평함이 없는 가족 건강, 우애, 승진, 합격, 취업, 장수, 후손 번영, 순산, 사랑은 의미가 없습니다. 모든 사회적 갈등의 극복은 평화적으로 해결되어야 하는 것이 원칙입니다. 그래서 세상에서 공공의 평화를 이루기 위한 조직과 공동체의 그 어떤 행위도 의미 있는 것으로 인정받습니다.

그런데 평화를 공동체적 관점으로 조명하면 양면성이 있습니다. 한쪽 공동체의 평화를 위한답시고 다른 상대방 공동체의 평화를 짓밟을 수 있기 때문입니다. 앞서 인용된 논평의 내용처럼 두 공동체 간의 갈등이 증폭되면 서로가 '자신들의 평화를 지키기 위해'라는 명분으로 상대방의 평화를 파괴하는 극단적인 상황으로 전개될 수 있습니다. 이런 사실을 예수님이 모를 이유가 없습니다. 그렇기 때문에 팔복의 7영역과 8영역이 행함의 마지막 단계로 각각 배치되었습니다.

가난한 심령이 배제된 것에서 시작된 모든 인본주의적 가치의 최종점은 팔복의 7영역인 '화평'에 머뭅니다. 대표적인 것이 '원불교 교리'입니다. 원불교의 핵심 교리는 일원사상으로 모든 종교를 긍정적으로 수용하고 인정하며 서로 화평을 누리는 것입니다. 인본주의적 관점에서 완벽한 믿음의 체계로 느낄 수 있습니다. 그러나 가난한 심령에서 시작된 신본주의 종교의 최종 핵심 가치는 '화평'을 넘어 '핍박'의 가치가 그 위에 있습니다. 왜냐하면 신본주의 종교는 계시와 섭리를 통해 진리가 선포되고, 그 진리를 믿는 것이 최고의 가치이며, 그 진리를 위해 기꺼이 희생할 수 있기 때문입니다.

평화를 이루기 위한 행위 속에 가난한 심령으로부터 시작된 것이면 그 행위는 착한 행실로 하나님께 기억될 것입니다. 그렇기 때문에 그들은 하나님의 아들이라는 복을 누리게 됩니다. 하나님의 아들로 일컬음을 받는다는 예수님의 마음은 요한복음 3장 16절, "하나님이 세상을 이처럼 사랑하사 독생자를 주셨으니…"의 하나님의 마음과 동일할 것으로 저는 믿습니다.

예수님도 우리가 살고 있는 세상이 화평하게 되기를 매우 소망하고 있음을 알 수 있습니다. 왜냐하면 우리가 비록 죄인이지만, 가난한 심령으로 시작된 믿음의 실천이 세상을 화평케 하는 것이라면 우리도 하나님 아들들의 위치까지 도달할 수 있는 복을 주셨기 때문입니다. 하나님의 아들들이 될 방법은 먼저 하나님을 볼 수 있는 마음이 선행되어야 합니다. 마음이 청결하지 않은 상태는 하나님을 볼 수 없고, 하나님을 볼 수 없는 마음으로 세상을 화평케 하겠다는 것은 하나님의 아들들로 인식될 수 없습니다.

화평에 대한 예수님의 마음을 앞서 언급된 청결한 마음과 연계하여 묵상합니다. 청결의 가치를 통해 하나님을 봤다고 믿는 자의 증거는 둘 중 하나로 반드시 표현되어야 합니다. 만약 이 둘 중 하나의 증거물이 없다면, 그가 봤다는 하나님은 예수님이 말씀하는 하나님이 아닐 가능성이 다분히 있습니다. 왜냐하면 예수님은 팔복을 통해 하나님을 본 증거를 누구나 쉽게 알 수 있도록 논리적 구조로 설명하시기 때문입니다. 하나님을 본 증거의 첫 번째가 자신이 화평케 하는 도구가 되는 것이고, 그렇지 않다면 자신이 본 하나님의 진리를 위해 핍박을 받거나 혹은 희생하는 태도입니다.

지금 이 글을 쓰고 있는 저 역시 이 부분에 예외가 될 수 없습니다. 여러 면에서 부족한 글쓴이가 있는 곳—직장, 가정, 교회 그리고 세상 어디든—에서 평화의 도구가 되어야 하며, 때로는 불가피하게 그 평화보다 더 높은 가치의 예수 그리스도의 진리를 위해 희생도 해야 한다는 것을 명심합니다.

만약 하나님을 보았다고 말한 사람이 머무는 곳에 화평보다는 갈등이나 부정적 관계를 형성하거나 아니면 희생하지 않거나 손해 안 보려는 쪽으로 선택한다면, 우리는 그가 본 것을 의심해야 합니다. 예배의 설교 말씀에 은혜를 받았다고 우리는 종종 말합니다. 은혜를 받았다는 말의 의미는 설교를 통해서 잠시 자신의 심령이 하나님의 성품에 참여하게 되었다는 것이고, 이것을 좀 더 확장하여 생각하면 곧 하나님을 만났다는 의미이기도 합니다. 따라서 은혜받았다는 사람은 최소한 그 날 아니면 일주일 만이라도 가정이든 일터이든 어디에서든지 자신이 화평케 하는 자가 되든지, 혹은 핍박을 받든 지 둘 중 하나의 행함이 나타나야 합니다. 그래야 '은혜받았다'는 그것이 진짜가 되는 것입니다.

이런 관점으로 본다면, 특별히 하나님의 말씀을 전하는 설교자들이 있는 곳에 평화가 없다면 그들이 선포한 설교는 모래 위에 지은 집을 의미합니다. 한국 교회 교단 총회의 불협화음은 산상수훈의 팔복의 관점으로 보면 모두 모래 위에 지은 집처럼 보이는 이유가 여기에 있습니다.

복 존재의 완성: 의를 위하여 박해를 받음 (천국을 세상에서 공유하는 방법)

> "의를 위하여 박해를 받은 자는 복이 있나니 천국이 그들의 것임이라"

천국 시민이 세상에 살면서 핵심 가치의 마지막 단계는 '핍박'입니다. 이것은 '화평'의 가치를 뛰어넘는 것입니다. 이 영역의 행위는 오직 예수 그리스도의 이름 안에서 행할 때 적용되는 핵심 가치입니다.

앞서 마음이 청결한 자는 하나님을 본다고 하였습니다. 하나님을 보았다는 것은 '의를 향한 주리고 목마름'의 훈련을 통해 하나님의 뜻이 무엇이고, 그 뜻이 하나님·사람·세상 중 어디에 있는지 구별할 수 있는 가난한 심령이 고난이나 어려운 문제의 상황 속에서 순종해야 하는 이유를 알게 되었다는 것을 의미합니다.

다시 말하면 하나님의 뜻에 따라 긍휼을 베풀고, 그 긍휼 속에 함께하는 하나님을 만나고, 하나님의 임재 가운데 자신을 향한 하나님을 뜻을 분명하게 인지하여 그 뜻에 순종해야 하는 그 이유의 증거를 받음으로 자신이 속한 가족, 교회, 직장, 공동체에 화평케 하는 사람이 될 수 있습니다. 이것이 평범한 소금의 삶입니다. 소금은 맛을 내는 것이나 결코 그 재료 위에 군림하지 않습니다. 소금의 삶은 자신이 있는 곳에 화평의 양념이 되는 것입니다. 무리를 향한 예수님의 말씀은 제가 소금이라고 정의를 내리셨습니다. 제가 소금으로 사는 것이 곧 청결한 마음으로 예수님을 만나는 지름길입니다

그런데 여기서 잊지 말아야 할 것은, 하나님을 본 사람은 예수 그리스도의 이름으로 화평을 이루고자 노력하나 필연적으로 인간의 욕심

과 이기심 그리고 악과 사탄이 지배하는 세상에서 갈등이 발생한다는 것입니다. 그 갈등을 자신의 관점에서 해결하는 것이 아닌, 하나님의 뜻에 따라 순종하는 최고의 행위가 곧 핍박받는 상황입니다. 작게는 가정에서조차도 부부간, 부모와 자식 간에 평화적인 노력이 외면받거나 오히려 마음의 상처를 더 깊게 만드는 경우가 있는데, 이럴 때 철저히 친절하고, 배려하고, 용서하는 마음으로 대응해야 합니다. 물론 가족 공동체에서 서로 사랑하는 것을 당연한 것으로 생각할 수 있으나 오늘날 한국의 이혼율 그리고 자살률이 말하는 것을 보면 한국의 가족 공동체가 무너지고 있고, 가정이 더 이상 회복이나 치유의 현장이 못 되고 있다는 것을 알 수 있습니다.

만약 갈등 속에서 하나님의 뜻이 자신의 안위 속에 함께 있거나 자신이 속한 공동체, 혹은 이해관계의 집단에 이익이 되는 것이라면 하나님의 뜻에 따른 행동은 화평의 단계에 머물 수 있겠습니다.

그러나 그 반대의 경우라면 화평이 아닌 핍박의 상황으로 전개될 것입니다. 예를 들면, 1930년 한반도의 기독교 공동체를 생각해 봅니다. 치욕적인 1910년 한일합병에 따라 우리나라를 잃었습니다. 일본은 신사참배를 문화적 행위로 간주하여 강압적으로 한국의 기독교인들이 그 행위를 수행하도록 요구합니다. 회유와 핍박에 못 이겨 결국 1938년 9월 10일, 조선예수교장로회가 공식적으로 신사참배를 결의합니다. 문화 행사라는 명분과 화평을 위해 사람을 신으로 모시는 이방 종교에 조선 기독교는 굴복하였습니다.

이러한 상황에서 교회 목사님과 성도님들은 어떻게 대응해야 하겠습니까? 첫 번째 관점은 '의에 주리고 목마름'의 단계입니다. '신사참배'를 단순히 일본 왕에 대한 예의로 보고, 그가 신이 아니라고 판단한다면 당연히 문화 행사로 간주되어 별다른 문제가 안 될 것입니다. 그런데 선대 일본 왕들이 신이 되어 그들이 종교로서 모시고 있다면 이것은 기독교 믿음의 체계에서 볼 때 분명한 우상숭배입니다. 그렇다면 신사참배를 거부하면 되는 것입니다. 이렇게 거부하는 과정에서 화평과 핍박의 양자택일을 해야 하는 것이 교회 목사님들의 몫이었습니다.

만약 목사님이 신사참배를 거부하면 그 교회 공동체는 해체될 것이고, 그렇다면 본인뿐만 아니라 가족과 지역 공동체에 지대한 핍박을 받을 것입니다. 핍박 속에 믿음이 더 굳건할 수도 있으나 연약한 자에게는 오히려 그 핍박으로 인하여 믿음을 저버리는 상황도 발생할 것입니다. 따라서 교회 리더들은 더욱더 힘들고 어려운 선택을 해야만 하였습니다. 어려운 선택을 위해서 만약 하나님을 볼 수만 있다면, 하나님의 뜻이 어디에 있는지 알 수만 있다면 그분들의 선택은 한결 가벼웠을 것입니다. 그렇기 때문에 '의에 주리고 목마른' 과정과 '마음이 청결한' 과정을 반드시 경험하고 깨닫는 자가 비로소 핍박의 영역까지 이를 수 있으며, 그들이 바르게 세상에 하나님 나라를 증거할 수 있습니다.

그러나 교회의 목사님이 신사참배를 수용하면 외견상으로 그가 소속된 교회 공동체는 조선총독부로부터 박해를 받지 않음으로 화평을 누릴 것입니다. 이러한 목사님의 판단은 팔복의 관점으로 보면 가난한 심령으로 시작된 믿음이 아닌, 인본주의적 심령으로 시작된 믿음임을 알 수 있게 됩니다. 그런데 이것은 신앙고백과 일치하지 않기 때문에 곧 교회 공동체는 또 다른 문제에 직면하게 됩니다. 즉 성도들이 두 그룹으로 나누어집니다. 목사님의 생각에 동의하는 사람들은 교회에 남겠으나 목사님의 판단이 잘못된 것으로 믿는 사람들은 혼란스러운 상태에서 교회를 떠나게 될 것입니다. 여기서 한국 교회는 큰 문제에 봉착되었고, 오늘날까지 그 여파는 계속되고 있습니다. 교단 분리의 원인이 바로 이것입니다. 신사참배 반대 목사님들과 그렇지 않은 목사님들로 분리되어 교단이 새롭게 형성되었습니다.

이처럼 팔복은 각 영역이 유기적으로 연결되어 있습니다. 예수님이 누구나 쉽게 유기적으로 연결되었음을 알 수 있도록 복의 결과를 처음과 마지막이 동일하게 하였습니다. 심령이 가난한 자의 복이나 의를 위해 박해받는 자의 복은 천국을 소유하는 복으로 동일한 결론을 맺어 주고 있습니다. 이렇게 과정은 달라도 그 결과들이 동일하다는 것은, 심령이 가난하게 되는 것으로부터 시작된 땅의 삶이 박해받은 상황의 고통까지 그 스펙트럼이 다양하고 다르지만, 그 과정의 방향은 천국을 소유하는 것으로 되어야 복의 존재가 된다는 의미입니다.

핍박은 목사님에게만 있는 것이 아니고, 모든 사람에게 있습니다. 다만 그 핍박을 어떤 관점으로 바라볼 것인가에 따라 거듭난 기독교인 그리고 성화 속에 그리스도인으로 각자 믿음이 성장하게 됩니다. 우리 모두는 예수님의 십자가를 보면서 각자 자신의 십자가를 외면하지 않는 삶이 곧 팔복의 삶입니다. 아무리 힘들고 고통스럽고 부끄럽고 창피하고 죄송스런 마음이 든다 하더라도 내 안에 있는 심령이 더욱더 낮아지고 또 낮아지는 그 기준이 우리 주님의 십자가로 일치시키는 믿음만 선포하고 나간다면, 우리는 자신에 대한 그 어떤 절망이나 실망 그리고 고통과 아픔도 이길 수 있을 것입니다. 왜 절망의 기준을 자신에게 맞춥니까? 절망의 기준을 십자가로 일치하십시오! 부끄러움의 기준을 자아로 제한합니까? 십자가 위에 달린 벌거벗은 예수님의 모습을 부끄러움의 기준으로 생각하면, 그 어떤 용서받지 못할 일은 세상에는 없습니다. 왜냐하면 이 땅에 태어날 때부터 고향 사람으로부터 외면당하여 동물들이 사는 곳에서 예수님의 생명은 시작되었고, 그의 마지막은 벌거벗은 채로 저주받은 나무에 달려 죽었던 그 모습 속의 한 인간의 마음이 나를 용서하기 때문입니다. 그를 메시아로 고백하는 영혼에게! 왜냐하면 앞서 '결코 포기하지 않은 예수님'의 마음을 우리는 알고 있기 때문입니다.

아홉 번 복이 있으라 선포하시는 예수님의 마음은?
———

무리 중 누구든지 심령이 가난하여 이 땅에서도 천국을 소유하기를 간절히 바라는 마음입니다. 천국을 소유하는 것이 복 중의 복임을 알려 주면서, 그 복이 우리들의 일상의 모든 삶에서 직접적으로 연결되어 복을 누리고 있음을 알게 하였습니다. 반복하여 '복이 있으라'는 말씀 속에 예수님의 불타는 열정과 복을 누리는 실천적인 삶을 강력하게 요구하고 있습니다.

심령이 가난하게 되는 것, 애통함을 겪거나 공유하려는 것, 온유하게 대응하는 것, 의에 주리고 목마른 것, 이러한 모든 것들 자체가 복의 존재를 나타내고 있습니다. 왜냐하면 이런 복의 존재들이 곧 자비를 베풀고, 하나님을 보고, 화평케 하며, 핍박의 위치까지 이끌어 결국은 가난한 심령이 천국에 가서 영원한 생명으로 우리 주님과 함께 살기 때문입니다.

성령의 내주함 없이 심령이 가난할 수 없습니다. 또한, 성령의 인도함 없이는 자신이 복의 존재로 행하는 것은 불가능합니다. 복의 존재로 이웃에게 복을 나누어 주는 것은 성령이 충만할 때 가능합니다. 성령 충만한 사람이 이웃의 애통함을 나누어 가질 수 있습니다. 성령 충만한 사람이 세상을 향하여 온유할 수 있습니다. 성령 충만한 사람이 의에 주리고 목마를 때, 하나님의 뜻을 바르게 알 수 있습니다. 성령 충만한 사람이 이웃에게 자기의 것을 나누어 줄 수 있습니다. 성령 충만한 사람이, 마음이 청결하여 하나님을 볼 수 있습니다. 성령 충만한 사람이 화평케 하는 하나님의 아들이라 일컬음을 받을 수 있고, 성령 충만하지 않고는 결코 예수님의 이름을 위하여 핍박받는 자리에 갈 수 없습니다. 팔복을 통한 예수님의 마음은 성령 충만함으로 이 세상에 살면서 천국을 소유하는 많은 시간을 만들라는 것입니다. 팔복의 보물을 천국에 쌓으라는 것입니다.

궁극적으로 복은 누가 줍니까?
—

하나님입니다. 그러나 그 복을 받을 수 있는 조건을 충족하는 의무는 내게 있습니다. 따라서 이미 준 복을 누리는 것은 저의 일상의 삶의 믿음과 태도입니다. 하나님 앞에 죄인임을 먼저 철저히 알고 믿고 회개하고 천국을 소망하는 간절한 심령을 한시도 잊지 않는 삶의 태도는 이미 복의 존재로 인식됩니다. 왜냐하면 심령이 가난한 자는 복이 있다고 하였습니다. 가난한 심령은 예배 시간의 설교 말씀 속에 하나님을 만날 수 있습니다. 예배의 찬양 속에, 기도 속에 임재 하는 하나님을 가난한 심령은 느낄 수 있기 때문에 그는 예배의 성공자가 됩니다. 그렇기 때문에 복의 근원이 됩니다.

하나님이 복을 우리에게 줍니다. 애통한 일을 당하여 절망과 낙망과 고난 속에서 하나님을 원망한다 하더라도, 그 원망 속에 함께하는 심령이 가난해지기만 하면 그 가난한 심령의 틈으로 성령 하나님께서 원망 가운데 함께하는 것을 느끼고 믿음이 자라기 때문에, 애통함도 복의 존재가 되는 것입니다. 그 애통함의 원망이 가난한 심령 가운데 내주하는 성령 하나님의 말씀을 듣는다면 그것만큼 더 큰 위로가 없을 것입니다. 이 위로가 성령 하나님에 의한 것으로 믿고 주님을 선포하는 것이 곧 애통함이 복의 존재로 전환되는 것과 같습니다.

우리가 심령이 가난하고, 가슴이 찢어지는 애통함을 복의 존재로 전환하기 위해서는 필연적으로 말씀에 의지한 성령님의 인도하심과 성령 충만으로 하나님과 사람을 바라볼 때 가능합니다.

나는 지금 복을 누리고 있습니까?
—

심령이 가난합니까? 그 가난함 심령의 기준은 무엇입니까? 오직 성경과 예수님의 말씀이 가난한 심령의 기준으로 선포하고 시인한다면 당신은 지금 복을 누리고 있습니다. 그 복을 누리는 믿음으로 바울은 "항상 기뻐하라 쉬지 말고 기도하라 범사에 감사하라"라고 말씀하였으며, 이것이 곧 예수 그리스도 안에서 하나님의 뜻이라고 선포하였습니다.

3. 저는 세상의 소금과 빛입니다 (5:13-48)

『빛과 소금』이라는 월간 잡지로 인해 대부분 사람들이 '빛과 소금'으로 그리스도인의 정체성을 나름대로 설명합니다. 그러나 앞서 살펴보았듯이 팔복은 짜임새 있는 얼개로 유기적으로 연결되었음을 알고 있습니다. 팔복 속에 담긴 예수님의 마음은 기초부터 그리고 낮은 곳에서부터 점차 성장하는 심령을 설명하고 있습니다. 팔복에 이어 말씀하시는 "너는 세상의 소금이다 … 너는 세상의 빛이다"는 말씀도 역시 그 순서를 고려하지 않으면, 팔복과 소금 그리고 빛을 통해 말씀하시고자 하는 예수님의 마음을 제대로 알 수 없습니다.

한 마디로, 빛과 소금이라고 언급하면서 설교하는 설교자는 산상수훈의 예수님의 깊은 마음속에 담긴 산상수훈의 얼개를 묵상하지 않았음을 나타내고 있습니다. 우리는 소금과 빛으로서 그리스도인임을 늘 기억해야 합니다. 소금이 먼저 언급되고, 먼저 소금이 되어야, 그 이후에 세상 사람들에 의해 빛으로서 기억되는 것입니다.

저는 세상의 소금입니다(5:13)

예수님은 팔복, 천국 시민 헌법의 전문을 말씀하시고 나서 제가 누구이며 무엇을 해야 하는지, 예수님 앞에 모인 무리, 지식이 있건 없건, 문자를 알건 모르건, 돈이 있건 없건, 권세가 있건 없건, 남자건 여자건 누구든지 알고 있는 '소금'을 비유로 들어 우리가 누구인지 말씀하십니다.

"너희는 세상의 소금이다"라는 말을 듣는 무리는 금방 이해가 됩니다. 더군다나 예수님이 부연하는 소금이 그 맛을 잃으면 아무짝에도 쓸모가 없어 길에 버려져 사람의 발에 밟힐 뿐이라는 것을 무리 모두는 아주 쉽게 이해하는 내용입니다. 그들의 일상에서 소금은 광산에서 캐는데, 암염이 불순물에 섞여서 짠맛이 없다면 그대로 길에 버려졌기 때문에, 그곳에 모인 어린아이도 예수님의 말씀을 듣고 이해할 수 있었습니다.

'너희가 소금이라'는 것은, 소금은 음식에 사용되는 데, 소금 없이 먹는 음식은 맛이 없습니다. 이와 같이 '내가 소금이라'는 의미는 내가 사람들과 함께 어울려 사는 것이 먼저이고, 또 그 사람들이 맛을 낼 수 있도록 내가 도와주며 사는 것이 곧 '너희가 소금이라'는 예수님의 마음을 알게 됩니다.

내가 소금이라면 그 소금의 짠맛은 무엇을 의미합니까? 그때나 지금이나 사람이 사는 것은 동일합니다. 그래서 소금으로서 역할을 하기 위해서 나는 반드시 사람과 함께 살아야 합니다. 최소한 가정을 통해서 제가 태어나 양육되어 성장한 것처럼, 나도 때가 되면 반드시 배우자를 찾아 결혼해야 합니다. 그래야 새로운 가정에서 제가 소금으로서 해야 할 일이 많기 때문입니다.

자녀를 낳고 양육하고, 교회에서 직장에서 세상에서 나는 소금으로서 해야 할 일들이 많습니다. 소금으로 가정의 평화를 위해 배우자 간에 서로 오래 참고, 친절하고, 진실하게 거짓 없이 서로 대화하고, 자녀들에게 부모로서 그 역할을 성실히 수행하는 것이 소금의 의미입니다.

정리하면, 예수님이 요구하는 소금이란 무엇입니까? 무엇보다 짠맛을 지닌 것입니다. 부패 방지용으로 사용되는 소금은 맛을 잃으면 아무 쓸모가 없습니다. 소금이 그 의미를 지니기 위해서는 반드시 이웃과 더불어 살아야 합니다, 왜냐하면 맛을 내는 대상이 있어야 하고, 또 그 맛을 느끼는 사람이 필요하기 때문입니다. 덧붙여 생각하고 싶은 것은, 천국의 소금이 아닌 세상의 소금이라는 예수님의 마음입니다. 우리는 세상에서, 즉 직장과 가정 그리고 사회 속에서 그 짠맛을 내야 합니다. 세상을 벗어나면 더 이상 짠맛을 내지 않아도 됩니다.

저는 세상의 빛입니다(5:14-16)

예수님께서 "너희는 세상의 빛이다"라고 말씀하시는 '빛'이란 무엇입니까? 빛은 우주 창조의 첫 번째 존재입니다. 빛은 모든 사물 혹은 생각의 기준을 함축하고 있습니다. 기준은 결코 숨길 수 없는 것입니다. 빛은 그 자체가 존재하는 순간 드러나게 되었습니다. '네가 세상의 빛이다'라는 말에 숨겨진 예수님의 마음은 '심령이 가난한 존재로 시작된 나는 세상에서 감추어진 존재가 아닌 반드시 드러나는 존재임을 알아라'라는 것입니다. 드러남이 없는 그리스도인은 실체가 없는 그리스도인과 다를 바가 없습니다.

또한, 빛은 다른 존재 인식을 위한 절대적인 도구입니다. 빛이 없는 캄캄한 방에 들어가면 아무것도 볼 수 없습니다. 하지만 전등이 켜진 순간 빛으로 인하여 방안에 무엇이 있는지 알 수 있게 됩니다. 이처럼 빛은 다른 사물의 존재를 인식하는 데 절대적으로 필요한 도구입니다. 우리가 예수님을 믿는 사람으로서 빛의 역할을 다 할 때, 우리를 통해 타인들이 예수님을 인식하게 됩니다. 하나님의 존재를 믿게 됩니다. 그렇기 때문에 빛이라 명명된 우리는 세상에서 사람과 함께 더불어 살아야 합니다.

무리는 예수님이 "너희는 세상의 빛이다"라는 말씀에 이어 설명하는, "산 위의 동네가 숨길 수 없느니라"라는 말씀을 사람이 등불을 켜서 등경 위에 두는 것처럼 빛은 결코 숨길 수 없다는 것으로 쉽게 이해하고, 그 안에 담긴 예수님의 마음을 알게 됩니다. 곧이어 어떤 말씀이 뒤따를 것인지도 무리는 충분히 짐작할 수 있습니다.

"이같이 너희 빛을 사람 앞에 비춰게 하여 저희로 너희 착한 행실을 보고 하늘에 계신 너희 아버지께 영광을 돌리게 하라"라는 말씀을 듣는 무리는 '우리가 세상에서 소금이고 빛이다'는 뜻이 곧 제가 사는 마을에서 착한 일을 하라는 것으로 이해하게 됩니다. 그 착한 일은 가난한 심령으로 시작되었을 때, 착한 일을 보는 사람들이 하늘에 계신 아버지를 찬양하게 됨을 깨닫게 되었습니다. 착한 일을 하는 자신을 칭찬하는 것이 아닌, 하늘에 계신 하나님을 찬양하게 한다는 그 말이 팔복의 모든 내용을 포함한 착한 행실을 의미하고 있습니다.

정리하면, 세상의 빛이라 말씀하신 예수님은 우리가 천국의 빛이라 말씀하지 않았습니다. 그렇기 때문에 우리는 세상과 더불어 살아야 합니다. 빛은 그 자체가 숨길 수 없습니다. 또한, 빛은 존재의 인식을 위한 절대적인 도구입니다. 빛이 없으면 존재 인식이 불가능합니다. 우리가 없으면 예수님의 존재를, 하나님의 존재를 증거할 수 없습니다. 빛은 낮은 곳이 아닌 높은 곳에 두는 것이 상식입니다. 전등처럼, 그러나 착한 행실을 보는 사람들은 착한 행실의 주인공은 제가 아닌 하나님이라는 사실도 알도록, 착한 행실은 반드시 가난한 심령으로 시작되어야 합니다.

소금과 빛의 차이점은 무엇입니까?

—

소금은 짠맛을 내는 것으로 맛을 느끼는 내용물에 흡수되어 눈으로 볼 수 없습니다. 소금은 그리스도인의 기능(機能)적인 측면에서 비유입니다. 다시 말하면 그리스도인이 세상에서 수행하는 역할이나 작용하는 것을 소금으로 비유하여 설명하고 있습니다. 그리스도인들은 세상에 대한 역할은 소금의 기능과 같다는 의미입니다. 소금의 기능은 무엇보다 짠맛을 내기 때문에, 소금은 세상의 모든 음식이 필요로 하는 존재입니다. 만약 소금이 없다면 사람은 살 수 없습니다. 음식을 맛있게 먹을 수 없습니다. 이처럼 그리스도인은 세상에서 사람들에게 맛을 주어, 그들이 맛을 내도록 해야 합니다. 그리스도인들이 없다면 세상이 맛이 없어, 세상이 재미가 없습니다. 그리스도인이 없다면 세상이 진보하고 성숙할 수 없습니다. 그렇기 때문에 우리 그리스도인은 예수님의 편지라, 향기라 하였습니다.

소금은 짠맛을 내어 다른 맛과 연합하여 음식들 고유의 맛을 더 진하고 의미 있게 합니다. 덧붙여 소금의 중요한 기능 중 하나가, 음식의 부패를 막는 것입니다. 곧 그리스도인들이 세상에서 맛을 내는 것과 동일하게 세상의 부패를 막아야 하는 기능까지 감당해야 합니다. 그것이 예수님의 마음입니다.

또한, 우리는 세상의 빛이라 하였습니다. 곧이어 산 위에 도시는 숨길 수 없는 것처럼, 빛은 결코 숨겨질 수 없다는 것을 먼저 강조하셨습니다. 이것은 그리스도인의 중요한 속성(屬性)을 결코 숨길 수 없는 빛에 비유하여 설명한 것입니다. 그리스도인은 세상에서 소금의 기능을 수행하며 살고, 그 소금의 기능을 수행하는 가난한 심령은 결코 숨겨질 수 없다는 것을 예수님은 말씀하시고 있습니다. 그렇기 때문에 우리들의 착한 행실을 본 사람들이 하나님을 찬양한다고 하였습니다(5:16).

예수님을 믿는 그리스도인은 어디에 있든지 숨겨질 수 없다는 것을 명심해야 합니다. 그런데 여기서 비유로 인용된 빛의 기능적인 측면보다는 속성적인 측면이 먼저 강조되고 있음을 알아야 예수님의 마음을 바르게 읽을 수 있습니다. 빛은 물리적 특성 중 하나인 물질의 속도에 대한 기준입니다. 이것은 빛의 기능적 측면입니다. 물론 그리스도인이 세상의 기준이 되는 것은 지극히 당연한 일입니다. 그러나 빛의 속성적 측면인 숨길 수 없다는 것을 뒤로 한 채, 빛의 기능적인 비유를 들어 세상의 기준을 먼저 앞세우는 것은 하나님의 은혜가 임하기 어렵습니다. 이와 같은 의미로 회자되는 대표적인 것이 '빛과 소금'입니다. 이것에 대한 글쓴이의 생각을 앞서 피력하였습니다만 한 번 더 언급하면, '빛과 소금'이라는 그리스도인의 정체성은 예수님의 깊은 마음보다는 세상의 듣기 좋은 것에 길든 묵상의 표현으로, 소금의 기능과 빛의 속성을 구별하지 않은 것입니다.

그렇다면 여기서 빛의 속성적 측면인 숨길 수 없다는 것이 의미하는 바는 그리스도인의 자기 정체성을 바르게 알며, 그 정체성을 먼저 선포하는 것입니다. 즉 어떤 모임이나 조직에서 자신은 어느 교회의 성도라는 것을 먼저 소개하라는 것입니다. 그 순간 본인은 그 조직이나 모임에서 나름대로 조심하게 되는 것입니다. 이것이 빛의 속성을 따르는 그리스도인입니다.

'소금과 빛'은 그리스도인이 팔복을 통한 세상의 삶에서 그리스도인의 기능과 속성 측면에서 비유의 모습입니다. 우리들의 삶이 영위되는 일상은 대부분 기능적인 것들로 채워집니다. 그러한 기능적인 역할을 통해서 각자의 속성(특성)이 드러나는 것입니다. 예를 들면 학교에서 숙제하라는 선생님의 요청에 순종하는 것은 삶의 기능적인 행위입니다. 학교 숙제를 잘하는 갑돌이는 그래서 착하다고 한다면, 여기서 착한 것은 갑돌이의 속성 중 하나입니다. 이처럼 기능적인 행위가 먼저입니다. 속성적인 것을 앞세우며 기능적인 행위를 하려는 것은 자칫 교만하기 쉽고, 때로는 타인에게 이기심으로 비추어지고, 보편적인 세상으로부터 공감을 얻지 못한다면 그것은 자아도취로 평가되곤 합니다. 부끄러운 이야기지만, 오늘날 한국에서 기독교가 상당한 질타와 욕을 먹는 것은 바로 이러한 생각의 깊이가 없기 때문입니다. 기독교의 속성적 측면이 기능적 측면을 누르고 모두 자기 믿음의 영역으로 세상을 해석하려고 하기 때문에 발생된 일들입니다.

따라서 소금과 빛은 그 순서에서 차이가 있고, 그 의미에서 기능적 그리고 속성적 비유로 차이가 있습니다.

소금으로 율법 그리고 빛으로 선지자(5:17-20)

성경에서 율법으로 대표되는 것은 십계명입니다. 십계명은 출애굽기 20장에 기록된 것으로, "나 외에는 다른 신들을 네게 두지 말라 우상을 만들지 말고 하나님 여호와의 이름을 망령되게 부르지 말라 안식일을 기억하여 거룩히 지키라" 이렇게 대신(對神) 관계의 네 계명이 먼저 선포되고, 다음으로 "부모를 공경하라 살인하지 말라 간음하지 말라 도둑질하지 말라 네 이웃에 대하여 거짓 증거하지 말라 네 이웃의 소유를 탐내지 말라"로 대인(對人) 관계의 명령이 선포됩니다.

그런데 조금 더 생각해 보면 사람의 창조 목적과 선악과를 먹은 이후의 삶에 대한 지침으로 십계명보다 앞서는 것은 창세기 1장 26절로 "하나님이 이르시되 우리의 형상을 따라 우리의 모양대로 사람을 만들고 그들로 바다의 물고기와 하늘의 새와 가축과 온 땅과 땅에 기는 모든 것을 다스리게 하자"라는 말씀 속에 인간 창조의 의도가 있습니다. 또한, 인간의 범죄 이후 하나님의 첫 번째 부르심은 "네가 어디 있느냐" 3장 9절 말씀입니다. 덧붙여 계속하여 "네가 흙으로 돌아갈 때까지 얼굴에 땀을 흘려야 먹을 것을 먹으리니 네가 그것에서 취함을 입었음이니라 너는 흙이니 흙으로 돌아갈 것이니라 하시니라" 3장 19절 말씀입니다.

그리고 예수님이 우리에게 요구하는 서로 사랑하라, 이웃을 네 몸과 같이 사랑하라 등으로 율법을 생각할 수 있습니다. 우리가 율법에 순종하는 것은 기능적입니다. 그러므로 율법을 지키는 것은 소금의 삶입니다. 법을 지키는 것은 세상에서 기본이지만 그것으로 인하여 세상은 살맛 나는 세상이 됩니다. 언젠가 TV에서 교통 법규를 잘 지키는 것을 알아보기 위해, 자정이 넘은 밤중에 차량이 뜸한 사거리 교통 신호등을 잘 지키는지 모니터링하였습니다. 대부분 차량이 멈칫거리다가 그냥 지나가지만 어떤 차가 교통 신호등을 잘 지켰습니다. 이것을 본 많은 시청자가 긍정적인 반응을 보였던 뉴스가 기억됩니다. 이처럼 법을 지키는 것은 이웃에게 긍정적인 영향력을 줄 수 있습니다.

우리는 소금이기 때문에, 기능적으로 무조건 율법을 따르는 것이 소금으로서 할 일입니다. 소금으로 맛을 내는 것은 다양한 상황에서 주어진 법을 지키는 것입니다.

그런데 왜 예수님은 천국 시민의 헌법을 공포하면서 율법과 선지자를 폐하러 온 것이 아니고 완성하기 위해 오셨다고 말씀하시면서, 구체적인 우리 삶의 지침 가운데 율법을 먼저 강조하였을까요? 반면에 오늘날 한국 교회의 설교 내용을 중심으로 그 강조점을 순서대로 언급한다면, 구원입니다. 따라서 예수님은 구원을 완성하기 위해 오셨다고, 먼저 구원을 강조하였을 것입니다. 다음으로 예배입니다. 예수님은 예배를 완성하기 위해 오셨다고, 예배를 강조하였을 것입니다. 다음으로 전도입니다. 예수님은 하나님 나라를 완성하기 위해 오셨다고, 전도를 강조하였을 것입니다. 다음으로 찬양입니다. 예수님은 하나님의 찬양을 완성하기 위해 오셨다고, 찬양을 강조하였을 것입니다.

그러나 한국 교회의 모습보다 장차 온 땅의, 모든 민족의 구세주로서 예수님께서 생각하는 신앙의 본질을 행하는 것은 교회 안보다 교회 밖에서 더 중요하다는 것을 강조하고 싶었습니다. 그렇기 때문에 율법을 그 무엇보다 먼저 강조하고, 또 그 율법 속에 담긴 하나님의 마음을 바르게 전달하고자 하였습니다.

또 다른 관점으로 예수님이 율법과 선지자를 먼저 언급한 숨겨진 의미는 필연적으로 율법을 해석하는데, 바리새인들과 서기관들의 그것과 깊이와 넓이가 다르기 때문에 갈등이 양산될 터인데, 이 부분에 대해 먼저 정리를 하는 것입니다. 율법에 대한 갈등은 1장에서 함께 생각하였습니다.

율법과 선지자를 묶어서 예수님은 강조하고 있습니다. 선지자의 특징은 빛의 그것과 동일합니다. 숨길 수 없다는 것입니다. 만약 선지자로 소명 받은 이가 숨어서 선지자 역할을 한다는 것은, 그는 이미 선지자가 아닙니다. 선지자로 하나님의 말씀을 받은 것은 자신과 하나님만이 알 수 있는 것입니다. 그러나 그 말씀을 세상에 알릴 때, 비로소 그는 선지자로서 그 의미를 지니게 되고, 세상은 그를 선지자로 대접하게 됩니다. 따라서 선지자의 이미지는 결코 숨겨질 수 없다는 것입니다. 이러한 점에서 선지자의 이미지는 빛과 연결됩니다. 물론 앞서 언급된 율법은 소금과 연결되어 생각할 수 있습니다. 따라서 소금의 맛은 율법을 기억하여 지키는 것입니다. 숨길 수 없는 빛의 이미지는 선지자의 그것으로, 하나님을 믿고 예수님을 구세주로 일상에서 선포하여 내 이웃들이 제가 교회 다닌 것을 알도록 하는 것입니다.

선지자는 하나님의 말씀을 받은 사람들입니다. 하나님의 말씀의 진위는 결국 그들의 삶과 직결됩니다. 그들의 삶이 세상에서 투명하고 정직하게 기록될 때, 그들이 받은 하나님의 말씀은 그 권위를 인정받습니다. 그들이 광야 혹은 산속 깊은 곳에서 하나님의 말씀을 받았다 하더라도 결국은 세상에 나와 그 말씀을 선포할 때 비로소 선지자로 불리게 됩니다.

선지자는 첫째 세상적 직함이 없다는 것이 특징입니다. 따라서 세상 사람들이 그들에게 무관심하거나 무시할 수 있습니다. 그러나 선지자들의 가슴에 불타오르는 하나님 말씀의 뜨거움 때문에 결국 그들은 들어날 수밖에 없고, 그에 따른 적절한 어려움, 핍박을 받는 것이 전형적인 그들의 삶의 모습입니다.

이렇게, 예수님이 율법과 선지자를 먼저 언급한 것은 우리가 사는 세상이 천국을 향한 중요한 시작점이라는 것입니다. 세상을 무시한 채로 사는 것은 천국으로 향하는 좋은 방법이 아니라는 것입니다. 우리가 천국에 간다는 것은 이곳 세상에서 아름답고 행복하게 살고서 천국에 가는 것이 정상적이라는 의미입니다. 그렇기 때문에 예수님은 사람들과 격리된 산속의 수도승보다는 율법과 선지자를 꼭 필요로 하는 세상-가난한 심령, 애통한 가슴, 온유한 관계, 의에 주리고 목마름, 박애, 청결한 마음, 화평과 박해를 느끼고 경험할 수 있는 곳-에서 사는 그리스도인들을 더 좋아할 것입니다. 이렇게 세상은 반드시 율법과 선지자, 즉 소금과 빛이 공존하는 곳입니다. 따라서 율법과 선지자를 언급하는 그 마음에는 세상을 사랑하는 하나님의 마음이 담겨 있습니다. 이것이 요한복음 3장 16절 말씀에 담긴 하나님의 마음, 산상수훈에 담긴 예수님의 마음입니다.

요약하면, 그리스도인은 소금의 기능을 수행하는 일상 속에서 선지자의 속성을 지니는 것입니다. 따라서 그리스도인이 있는 곳은 어디든 맛이 있어야 하고, 그 맛을 이웃들이 느끼고 하나님을 찬양하도록 하는 것입니다. 이것이 5장 16절에 담긴 예수님의 마음입니다.

소금과 빛으로 사는 세상에 기준이 있습니다. 예수님이 우리에게 소금으로서 율법 그리고 빛으로서 선지자를 비유로 가르치는 목적은 세상에서 그리스도인의 증거된 삶을 살라는 것입니다. 이렇게 증거된 삶을 사는 데 그 목표치와 기준점이 무엇인지 알아야 합니다. 목표치와 기준이 되는 것이 "의가 바리새인과 서기관들의 그것보다 더 높지 않으면 천국에 들어갈 수 없다"라는 예수님의 기준과 눈높이입니다.

'왜 예수님은 율법과 선지자를 언급하시고 이어서 바리새인과 서기관의 의에 빗대어 천국에 들어갈 수 있는 기준을 강조하였을까?' 하는 생각입니다. 예수님이 율법과 선지자를 언급한 근본적인 이유는 그 속에 담긴 하나님의 사랑을 바르게 알려 주어, 율법을 완성하게 하기 위함입니다. 그런데 율법을 지키는 바리새인들과 서기관들의 삶은 부분적으로 예수님의 마음을 흡족하게 하지만, 또한 부분적으로 그들의 행위와 의도가 하나님의 뜻에 빗나간 것을 예수님은 알고 있었습니다.

그래서 예수님은 우리에게 거듭 천국 백성이 되는 길을 강조합니다. 그것은 바리새인들과 서기관들이 하나님을 사랑하여 율법을 순종하는 그 행위는 우리도 반드시 지켜야한다는 것입니다. 왜냐하면 이 세상에서 율법을 저버리고서 잠시나마 천국을 소유한다는 것은 불가능하기 때문입니다. 십계명과 함께 하나님의 형상과 모양대로 창조된 목적, 그리고 창세기 3장 9절, 19절 등 이러한 법은 세상에서 하나님을 인정하고 하나님의 창조 섭리를 믿는 외적인 증거이기 때문입니다.

그런데 예수님의 눈높이인 '바리새인들과 서기관들의 의보다 더 높지 않으면 천국에 들어갈 수 없다'는 말씀을 볼 때 다소 더 높습니다. 이것은 율법을 따르는 행위가 빛의 속성으로 수행되는 것이 아닌, 소금의 기능으로 수행되어야 함을 강조하고 있습니다. 즉 바리새인들은 율법을 지키는 것을 길 어귀에서나 길에서, 회당에서 많은 사람 앞에서, 사람들이 보이는 곳에서, 율법을 지킴으로 은연중에 자신의 믿음이 하나님을 얼마나 많이 사랑하는지 사람들에게 자랑하고 있다는 것입니다. 즉 숨길 수 없는 빛의 개념으로 율법을 행하고 있다는 것입니다. 예수님이 우리에게 요구하는 것은 율법을 지키는 행위 그 자체를 폐하러 온 것이 아니고, 그 율법을 행하는 중심을 빛이 아닌, 소금으로 전환시키라는 것입니다.

다시 말하면 기도할 때 골방같이 아무도 안 보이는 곳에서 하고, 금식할 때 사람들이 못 알아보도록 하고, 구제할 때 왼손이 모르게 하라는 것입니다. 소금의 기능과 같은 방법으로 율법을 행하라는 것입니다. 이것이 너희 의가 바리새인과 서기관의 의보다 더 높지 않으면 천국에 들어갈 수 없다는 예수님의 마음입니다.

또한, 무리 속에 있는 서기관과 바리새인들을 수용하는 말씀이기도 합니다. 소금 그리고 등불과 산 위 도시의 비유 속에 무리의 평범함을 들어 진리를 설파한 것처럼, 또한 성경의 핵심 요소인 율법과 선지자를 들어 무리 속에 섞여 있는 지식인과 권세자들 그리고 종교지 도자들을 배려하는 가르침입니다.

소금의 삶(5:21-32)

화내지 말라, 욕하지 말라, 인신공격하지 말라 (소금 기능 1)

예수님은 율법을 완성하러 오셨다고 하시면서, 십계명의 여섯 번째 계명인 "살인하지 말라"라는 율법으로 율법에 대한 하나님의 깊은 마음을 세상 사람들에게 알려 줍니다. 개인적으로 좁고 무지한 자의 짧은 묵상으로 마태복음 5장 21절 말씀을 풀어주는 22절 말씀 속에 담긴 예수님의 마음은 세상의 모든 갈등과 싸움과 전쟁을 마무리할 수 있는 유일한 해법이라고 생각합니다.

마태복음 5장 22절 말씀은 누구든지 모든 사람이 지킬 수 있는 수준의 율법입니다. 지식과 지혜와 성품과 돈과 권력과 남녀노소 누구에게나 반드시 적용되는 것입니다. 그렇게 예수님의 마음은 단순하고 평이합니다. 5장 23절과 24절에 언급된 내용과 비교할 때 더욱더 예수님의 마음이 아름답고 멋져 보입니다. 하늘 아버지의 본체이기 때문에 당연한 것으로 해석할 수도 있지만 그래도 제단에 예물을 드리려다가 형제에게 원망 들을 만한 일이 생각나면 예물을 제단에 놓고,

먼저 형제와 화해하라는 예수님의 마음은 무리를 사로잡을만하고, 또한 예수님은 우리가 세상에 살면서 우선순위가 무엇인지 판단할 수 있는 좋은 지침을 주었습니다.

"살인하지 말라"라는 계명을 위해, '너희는 핵무기를 만들지 말라, 너희는 칼과 창을 만들지 말라, 너희는 높은 성벽을 쌓아 살인하러 오는 사람을 막아라, 너희는 사람들과 떨어진 높은 곳, 안전한 곳에서 살아라'라고 예수님은 말씀하지 않으셨습니다. 누구든지 듣고 이해할 수 있는 눈높이로 살인하지 말라는 계명 속에 담긴 하나님의 마음을 알려 주셨습니다. 그것은 화내지 말라는 것입니다. 율법의 완성은 율법 속에 담긴 하나님의 마음을 알고 그 마음에 나의 마음을 하나로 만들 때 가능합니다.

우리는 소금이라 하였는데, 소금이 의미하는 것은 일상에서 기능적이라고 하였습니다. 소금의 첫 번째 기능은 누구에든지, 어떤 상황이든지, 어떤 위치에 있든지 내 앞과 옆에 있는 사람에게 화내지 말라는 것입니다. '내가 소금이다.'라는 의미는, '나는 화내지 않는 사람이다.'라는 의미입니다. 예수님이 우리에게 요구하는 소금의 삶, 빛의 삶의 시작점은 '화내지 않는 것'입니다. 세상의 모든 갈등, 오해, 불화의 시작점은 화내는 것입니다. 어떠한 갈등이나 분쟁 가운데 화를 조절하여 상대와 안정적으로 대화를 풀어 갈 수 있다면, 그것에 대한 이차적인 또 다른 문제를 양산하지 않을 것입니다.

"네가 소금이다"라는 예수님의 마음은, '네가 세상에서 이웃에게 욕하지 말라'는 것입니다. 욕하는 것은 자신이 무시당하거나 상대방이 나에게 욕을 하는 것에 대한 반응으로 욕을 할 수 있습니다. 그러나 예수님은 그 어느 때이든지, 누구에게든지, 어떤 상황이든지 욕을 하지 말라는 것입니다. 그것이 소금이 맛을 내는 방법입니다. 그것이 '네가 소금이다'라는 예수님의 마음입니다. 욕하지 않는 것이 소금의 기능입니다. 화를 내지 않는다면 욕을 하는 경우가 거의 없습니다. 화를 내는 것은 욕하는 것을 동반합니다. 그렇기 때문에 우리는 소금의 첫 번째 기능을 언제나 명심해야 합니다.

'네가 소금이다'라는 예수님의 마음은 대화 중에 인격적인 약점을 공격하지 말라는 것입니다. 이것 역시 말에, 혀에 관한 것입니다. 소금의 기능은 첫 번째는 모두 혀에 관한 것입니다. 누구든지 모든 사람에게는 허물이 있습니다. 연약한 부분을 부각하거나 우회적으로 조롱한다면 결코 그의 심령은 가난한 것이 아닙니다. 그리스도인이 될 수 없다는 의미입니다. 인격모독의 말을 하는 것은 곧 팔복에서 벗어나는 행동입니다. 이것은 소금의 기능이라 할 수 없고, 곧 예수님의 마음에서 벗어나는 것으로, 이 땅에서 천국을 소유하는 삶이 아니라는 것을 알 수 있습니다. 왕따를 시키는 말은 소금의 삶이 아닙니다. 험담하는 혀를 지닌 사람은 천국을 소유하는 사람이 아닙니다. 이웃의 허물이나 실수를 타인에게 이야기하는 것 역시 예수님이 나에게 명령한 소금의 삶이 아닙니다.

제가 소금으로서 세상에서 그 기능을 온전히 수행하기 위해서는 먼저 가난한 심령이 되어야 합니다. 다른 말로 한다면, 성령이 나를 온전히 주관하여야 합니다. 나아가 성령이 충만할 때 세상에서 소금의 기능을 온전히 수행할 수 있습니다. 성령 충만이라는 것은 심령이 얼마나 많이 가난해져서 하나님의 마음으로 가득 채워져 있는 것과 정비례합니다. 화내지 않고 욕하지 않고 인신공격하지 않는 소금의 기능을 온전히 수행하기 위해서는 애통함을 하나님의 마음으로 볼 때

가능합니다. 갑작스러운 사고나 황당한 일을 당해 애통함 속에 있을 때, 분노하거나 절망하거나 원망할 수 있습니다. 그러나 그러한 상황을 오히려 하나님의 마음으로 채워지는 가난한 심령이 나를 다스리게 될 때, 소금의 기능을 수행할 수 있게 됩니다. 물론 세상을 향하여 온유한 마음을 지닐 때, 세상 사람들로부터 무시를 당해도, 모욕적인 말을 들어도 소금으로서 그 기능을 수행할 수 있습니다. 소금은 가난한 심령, 애통한 상황, 온유한 성품들이 합력할 때, '화내지 말라'는 그 기능을 온전히 수행할 수 있습니다.

간음하지 말라, 이혼하지 말라 (소금 기능 2)
—

소금의 또 다른 중요한 기능은 가정을 지키는 책임이 나에게 있다는 것입니다. 가정은 태초 하나님의 창조 질서에 포함된 가장 오래된 조직이고, 모든 생명의 시작점입니다. 가정은 우주의 신비를 품고 있습니다. 가정에서 새 생명을 탄생하고, 새 생명을 향한 아름다운 사랑이 흘러나오기 때문입니다. 가정에서 세상의 지혜를 전수받고 또 훈련받는 첫 번째 훈련소이기 때문입니다. 가정은 모든 사람의 첫 번째 마음의 고향이기 때문입니다. 가정의 중요성은 곧 하나님의 창조 질서의 중요성과 동일합니다. 가정이 바르고 평안하고 즐거운 곳으로 늘 유지되는 것이 곧 생육하고 번성하여 땅을 정복하고 다스리라는 말씀을 실행하는 첫 번째 요구 조건이기 때문에 예수님은 소금의 두 번째 기능으로 간음하지 말라, 이혼하지 말라고 명령합니다. 제가 세상의 소금이라는 것은 자신의 배우자 이외의 사람에게 마음을 주지 말라는 것, 철저히 자신의 가정을 지키는 책임을 지닐 것을 요구하고 있습니다.

사람이 사람 구실을 배우고 깨닫는 것은 자녀를 낳아 키우면서입니다. 엄마가 되지 않는 여자는 결코 생명의 탄생과 결부된 고통에 대한 신비함을 알 수 없습니다. 1년 가까운 시간 동안 자신의 몸이 어떻게 변화되는지 그 신비를 체험할 수 없습니다. 아기를 낳음으로 자신의 어머니에 대한 그 생각이 더 깊고 높아질 수 있습니다. 아빠가 되지 않고는 결코 자기 아버지의 마음을 온전히 알 수 없습니다. 자녀를 낳아 양육한 경험이 없는 사람이 어떻게 생명의 존귀함을 경험할 수 있겠습니까! 만약 그가 생명의 존귀함을 안다는 것은, 다만 머릿속의 지식에 의한 것이지 경험에 근거한 것은 아닐 것입니다. 그 어떤 말로도 설명할 수 없는 것이 부모들이 자녀를 사랑하는 그 마음입니다. 이것을 현실 속에서 경험하지 못한 심령은, 하늘에 계신 우리 아버지의 그 마음을 안다고 해도, 지극히 피상적이고 사변적인 지식일 뿐입니다. 모름지기 사람은 누구나 엄마가 되거나 아빠가 되어야 합니다. 그래야 자신의 존재에서 의미를 찾을 수 있습니다.

그래서 예수님은 살인하지 말라, 다음으로 간음하지 말라, 이혼하지 말라는 율법으로 가정을 지키는 것이 소금의 두 번째 중요한 기능임을 가르치고 있습니다. 이것은 소금의 첫 번째 기능이 가정에서 늘 수행된다면 소금의 두 번째 기능까지 가는 위험한 상황은 다다르지 않으리라고 예측됩니다. 그러나 피치 못한 상황 속에서도 제가 소금이라는 예수님의 부르심에 따라 결코 간음하거나 이혼하지 말아야 합니다. '가정을 지키는 것이 그리스도인이 소금이다.'라는 정의입니다.

맹세하지 말라 (빛의 속성 1)
—

빛은 숨길 수 없다는 점을 들어 그리스도인의 속성을 비유로 설명한 것입니다. 소금의 삶에 이어 빛의 삶의 모습으로 마태복음 5:33부터 48까지 묵상을 정리하였습니다.

예수님은 모세의 율법을 다시 강조하면서, 맹세하지 말라고 합니다. 하늘과 땅 그리고 예루살렘으로도 맹세하지 말고, 나아가 자신의 머리로도 맹세하지 말라고 합니다. 왜냐하면 우리는 머리카락 하나도 희고 검게 할 수 없기 때문입니다. 예수님이 우리에게 요구하는 것은 '옳으면 옳다, 아니면 아니다' 대답하라는 것입니다. '이것으로부터 범위를 넘는 것은 악으로부터 나왔다'고 합니다.

매우 높은 어조로 세상에서 이루어지는 모든 맹세에 대해 경고를 합니다.

우리가 어떤 경우에 맹세합니까? 무엇을 이루기 위한 결단을 할 때, 자기 의지의 견고함을 나타내기 위해 맹세를 하곤 합니다. 자신의 서원을 하나님께서 이루어 주시기를 간절히 바라는 마음으로 맹세하기도 합니다. 절체절명의 문제를 만나 그 문제를 극복하기 위한 조건으로 맹세하기도 합니다. 이러한 맹세의 특징은 결코 숨겨질 수 없는 것입니다. 따라서 이러한 맹세는 자신이 바라던 대로 되었을 때는 그것으로 인하여 기쁨이 가중될 수 있습니다. 그러나 그렇게 원하던 대로 이루어지지 않았을 때는 그것으로 인하여 더 많은 고통과 어려움에 직면하게 됩니다. 왜냐하면 모든 일의 주관자는 하나님이시기 때문입니다. 따라서 우리는 단순히 옳고 그름에 따라 자신의 판단을 말하는 것으로 세상에서 살도록 예수님은 요구하고 있습니다.

왜 예수님은 '살인하지 말라, 간음하지 말라, 이혼하지 말라'는 율법에 이어 '맹세하지 말라, 악한 자를 대적하지 말라, 원수를 사랑하라'는 율법을 강조하고 있습니까? 그것은 우리가 세상에서 반드시 살아야 하는 것을 의미합니다. '맹세하지 말라'는 말씀 속에는 사람과 사람의 관계, 사람과 하나님과의 관계가 전제되어 있습니다. 예수님께서 우리를 향하신 관심은 우리가 세상에서 행복하게 살면서 천국을 소유하는 복된 인생이 되기를 바라는 것입니다. 그렇기 때문에 예수님은 우리가 자신의 위치를 바르게 알아야 하는 것과 행여나 우리가 자신을 망각하고 교만하게 행동하지 않도록 가르치고 있습니다.

맹세에 대한 슬픈 이야기가 구약성경에 기록되어 있습니다. 사사기 11장의 입다 사사가 암몬 자손과 전쟁을 시작하면서 "내가 암몬 자손에게서 평안히 돌아올 때 누구든지 내 집 문에서 나와서 나를 영접하는 그는 여호와께 돌릴 것이니 내가 그를 번제물로 드리겠나이다"라는 맹세를 하면서 그들과 싸우기 위해 전쟁터로 갑니다. 여호와께서 암몬 자손을 입다의 손에 넘겨주시매, 입다가 전쟁에 크게 승리하여 자기 집에 이를 때에, 그의 무남독녀 딸이 소고를 잡고 춤추며 나와서 영접하니, 입다가 이를 보고 자기 옷을 찢으며, "어찌할꼬 내 딸이여…"라고 말하며, 입다는 매우 심각한 문제에 직면하게 됩니다. 결국, 딸은 두 달 동안 산에서 애곡한 뒤에 그 맹세에 따라 죽임을 당하는 참담한 사건이 기록되어 있습니다. 우리는 세상을 주관하시는 하나님을 절대적으로 믿고 의지해야 한다는 것을 알 수 있습니다.

악한 자를 대적하지 말라 (빛의 속성 2)

사람이 세상에 살면서 다양한 문제들을 만나게 됩니다. 그러한 문제를 만날 때 어떻게 대응해야 하는지 난감할 때가 많습니다. 사람에게는 양심이 있습니다. 그 양심에 따라 문제를 해결하려고 일차적으로 노력할 것입니다. 그러나 그 양심이 숨겨져 있고, 또 문제의 해결 방법으로 그 양심이 적절한 답을 일관되게 주지 않기 때문에 혼란스러울 때가 많습니다. 이러한 상황을 고려하여, 성경에 "눈에는 눈, 이에는 이"라는 말씀으로 문제를 해결하는 지침을 주고 있습니다.

"눈에는 눈, 이에는 이"라는 말씀이 적용되는 문제는 어떤 점에서 숨겨질 수 없는 것입니다. 이미 드러난 사건에 대한 우리들의 태도가 어떻게 해야 하는지 예수님이 가르치고 있습니다. 이것 역시 사람과 사람 사이에 일어나는 문제에 대한 해결 방법을 예수님이 재해석하여 가르치고 있습니다.

예수님이 우리에게 가르치는 것은, 전혀 예상치 못한 상황에서 갑작스러운 봉변을 당하였을 때 어떻게 대처해야 하는지 그 답을 주고 있습니다. 누가 내 오른편 뺨을 쳤다는 것을 상상해 보시기 바랍니다. 절대적 권력에 의한 임금과 신하의 관계, 혹은 사장과 부하 직원의 관계, 주인과 노예의 관계에서 이러한 상황은 정상적인 행동일 것입니다. 그러나 그렇지 않은 상황에서 뺨을 맞은 경우는 상당한 모욕과 수치심을 느끼게 됩니다. 이때에 당연히 상대방에게 동일한 방식으로 대응할 수 있는데, 예수님의 가르침은 그렇게 하지 말라는 것입니다. 오히려 다른 쪽 뺨을 돌려 대라는 것입니다. 이것은 상대로 하여금 더 큰 화를 불러오게 하는 동기를 유발하는 경우도 있지만, 그래도 절대적으로 상대와 동일한 방법으로 맞대응하지 말라는 예수님의 가르침입니다.

정상적인 양심과 상대방의 인격을 배려할 줄 아는 사람이라면 이런 수치심과 모욕적인 행위로 자신을 욕되게 하지 않을 것이기 때문에 예수님은 이러한 사람을 악한 사람으로 규정하고, 오히려 그러한 악한 사람들을 대적하지 않는 것이 빛의 삶이라고 가르치고 있습니다. 빛은 숨길 수 없습니다. 악한 사람들에게 화내지 않고, 욕하지 않고, 인신 공격하지 않는 소금의 방법으로 접근하여, 그들로 하여금 스스로 제가 그리스도인이라는 이유를 알게 하는 것이 곧 악한 자를 대적하지 않는 것입니다. 그들이 소금 된 저의 대응을 통해 오히려 교회 다니는 사람이 착하다는 평가를 이웃에게 소문을 낼 것이고, 이러한 결과가 그리스도인의 빛의 삶입니다.

세상에 악한 사람은 육체적 가해를 주는 사람들뿐만 아니라 재산을 탐내는 사람도 포함합니다. 이들에 대한 대처 방법도 그저 내 재산을 빼앗고자 하면 바보처럼 주라는 것입니다. 억지로 친구 삼아 '오리를 가자고 하면 십 리를 함께 가고, 요청하는 사람에게 주고, 꾸고자 하는 사람에게 거절하지 말'고 가르칩니다. 결국, 우리 주님이 우리에게 가르치는 것은 모든 상황에서 어떤 사람에게나 육체적, 물질적, 정신적 문제에 당혹스럽게 맞닿을 때 먼저 져주고, 내어주고, 희생하라는 것입니다. 이것이 빛의 삶입니다.

원수를 사랑하라 (빛의 속성 3)

　사람이 세상에서 살면서 가장 힘든 일을 예수님은 가장 쉽게 이해할 수 있는 것으로, 사람이 반드시 기억하도록 가르칩니다. 만약 이 부분만이라도 세상 사람들이 바르게 그 마음을 알고 기억하고 지킨다면 좀 더 빨리 이 땅에 천국이 임하였을 것입니다. 그러나 여기에는 딱 한 가지 믿음이 필요합니다. 그것은 하늘의 해와 비를 만든 창조주 하나님을 믿는 것입니다. 창조주 하나님을 믿지 않는 사람들에게 '원수를 사랑하라'는 법은 연약한 사람들의 변명으로 들릴 것이며, 따라서 이 말씀을 하는 예수님을 바르게 믿을 수 없기 때문입니다.

　다시 한 번, 예수님 앞에 앉은 사람들이 무리라는 것을 상상해 보시기 바랍니다. 그들은 문자를 알지 못한 사람들이 태반이요, 부자보다는 가난한 사람들이 대부분이요, 권력이나 명예를 지닌 사람은 거의 없었을 것이며, 성경을 읽는 사람들은 몇몇 없는, 일반 무리입니다. 그러나 그들 모두는 하늘의 해가 착한 사람이나 악한 사람 모두에게 빛을 비추는 것을 알고 있으며, 또한 하늘에서 비가 의로운 사람이나 그렇지 않은 사람에게도 골고루 내려 주는 것을 알고 있습니다.

　그렇기 때문에 나는 원수를 사랑하고, 나를 박해하는 사람을 용서하고 기도해야 합니다. 하나님께서 악한 자와 선한 자에게 동등하게 사랑을 베푸시듯 말입니다. 예수님이 우리를 향한 눈높이는 하늘에 계신 하나님의 온전하심과 같이 우리도 이 땅에서 온전하도록 요구하고 있기 때문입니다.

　원수를 사랑하라는 이 말씀이 오늘날 중동 팔레스타인 지역에서 양쪽 모두 진리로 믿고 따른다면 수많은 폭력과 테러가 발생될 수 없었을 것입니다. 지구에 전쟁과 폭력 그리고 테러를 막을 수 있는 유일한 방법이 '원수를 사랑하라'는 산상수훈에 있습니다. 우리 주님의 가슴이 얼마나 고통스러워 할 것인지 짐작이 되는 말씀이 마태복음 5:43-48입니다.

이하 마태복음 6장과 7장에 대한 묵상은 부록을 참조하시기 바랍니다.

제6장

생육하라 만물을 다스리라,
자유를 주시는 예수님

단순하게 '자유'는 내가 하고 싶은 대로 하는 것입니다. 먹고 싶으면 먹고, 자고 싶으면 자고, 일하고 싶으면 일하는 것입니다. 기본적인 생명 활동의 중심 요소입니다. 그런데 그 하고 싶은 대로 하는 것이 타인에게 고통을 주거나 헤치는 것이라면 그것은 자유라고 말할 수 없습니다. 이런 관점에서 글쓴이가 생각하는 자유는 타인에게 고통을 주거나 억압하는 수단으로 사용되지 않는 행위입니다. 글쓴이가 묵상하며 사용되는 '자유'는 영어로 표현하면 'freedom'이 아닌 'liberty'입니다. 자유는 서로의 존재를 위한 도구로 사용될 때 진정한 의미를 지닐 수 있습니다. 믿음에 의한 사회적 존재의 도구로써 자유는 공유할 만한 가치를 지니기 때문에 타인에 의해 기억될 수 있습니다.

　　'자유·평등·박애', 1789년 프랑스 대혁명의 표어입니다. "공화국을 위해 흩어지지 말고 단결하라. 자유와 평등, 박애가 아니면 죽음을 달라."라는 표어를 1793년 파리 시 집정관 회의에서 결정하여 모든 집에 내걸도록 결의하였습니다.

1776년 미국의 독립선언문은 "모든 사람은 평등하게 태어났으며, 조물주로부터 몇 개의 양도할 수 없는 권리를 부여받았다. … 생명과 자유와 행복의 추구, 이 권리를 확보하기 위하여 인류는 정부를 조직했다. … 정당한 권력은 국민의 동의로부터 유래하는 것이다. 어떠한 형태의 정부이든 이러한 목적을 파괴할 때에는 … 새로운 정부를 조직하는 것은 국민의 권리이다."라고 명시하고 있습니다.

영국의 마그나 카르타, 대헌장(the Great Charter of Freedoms)은 1215년 영국의 존 왕이 귀족들의 강요에 의해 서명한 문서로, 국왕의 권리를 문서로 명시한 것입니다. 이것은 국민의 자유와 권리를 지키는 역사 속에서 인용되는 가장 중요하고 기본적인 문서로서 영국의 헌정뿐만 아니라 국민의 자유를 옹호하는 근대 헌법의 토대가 되었습니다.

"생육하고 번성하고 다스리라"는 명제에 따라, 오늘날 지구상의 모든 민족을 객관적으로 평가할 때 위에 언급된 나라들의 다스리는 체계가 가장 앞서 나가고 있으며 또한 그 영향으로 지구의 대부분 나라가 뒤따르고 있습니다. 앞서 언급된 문서들이 작성될 그 당시의 세 나라를 다스리는 절대적 권력의 배경에 예수 그리스도의 십자가 진리가 지배하고 있었습니다. 그런데 세 나라의 기초가 되는 문서의 공통적인 요소는 '자유'입니다.

보편적으로 성경에서 자유의 개념이 시작되는 곳은 창세기 2:16-17 말씀입니다.

"여호와 하나님이 그 사람에게 명하여 이르시되 동산 각종 나무의 열매는 네가 임의로 먹되 선악을 알게 하는 나무의 열매는 먹지 말라 네가 먹는 날에는 반드시 죽으리라 하시니라"

이 말씀 속에 하나님이 우리에게 자유의지를 주셨다고 합니다. 이처럼 자유라는 것은 인간이 사는 데 중요한 핵심 가치임에 틀림이 없습니다. 자유를 제한할 수밖에 없는 상황이 전개될 것을 예측하면서도 만물을 다스리라는 말과 함께 생각하면 결국 인간의 삶은 자유와 다스림의 긴장 관계를 통해 행복을 추구하도록 창조된 것으로, 이러한 섭리를 바르게 알고 믿을 때 세상은 평화를 유지 할 것입니다.

앞서 미국독립선언문에 강조하듯, 생명과 자유 그리고 행복 추구는 모든 생명체의 공통된 관심입니다. 성경 안에서 예수님의 삶을 통해 지극히 작은 자가 누리는 자유를 건강, 삶, 사색, 감정, 그리고 신앙 생활 부분으로 나누어 정리하였습니다.

성경에서나 인류의 정치 역사 속에 큰 이정표를 만드는 혁명적 기록물을 보더라도 자유는 물질적인 관점보다 비물질적인 정신세계의 자유를 먼저 고려합니다. 그러나 글쓴이는 비물질적인 것을 담고 있는 물질적인 몸에 관한 관심을 먼저 나누고 싶습니다. 몸이 건강해야 정신과 영혼이 바르게 일을 할 수 있기 때문입니다.

1. 건강의 자유

오늘도 종합병원에 가면 많은 사람이 병상에 누워 있습니다. 몸이 질병으로 고통받으면 자신뿐만 아니라 가족과 일터에서 그의 동료들이 함께 고통을 받게 됩니다. 사람이 사는 동안 질병으로부터 자유로우면 좋겠다는 생각은 누구나 바라는 소망입니다. 예수님이 산상수훈을 말씀하시고 산에 내려와 처음 행하셨던 일도, 질병으로 고통받는 사람을 치유하는 것입니다. 물론 그 이후에도 예수님 사역의 많은 부분이 질병을 치유하는 것으로, 복음서 곳곳에 반복적으로 기록되어 있습니다.

생육하고 만물을 다스리라는 하나님의 인간 창조 목적을 이루기 위해 먼저 나 자신의 몸이 어떻게 만들어졌는지, 그 요구 조건을 생각해 보았습니다. 사람의 몸도 창조주의 관점에서 보면 생산품일 뿐입니다. 내 몸의 설계 요건을 바르게 알아야 만물을 다스리기 전에 내 몸부터 다스리는 훈련을 스스로 할 수 있습니다. 자신의 몸을 다스리지 못하면서 만물을 다스린다는 것은 지혜롭지 못한 것입니다. 몸의 경계 조건을 알아야 그 몸을 바르게 다스리며 아름답게 꾸밀 수 있습니다.

사람 창조 계획과 설계 요건

제가 일하는 일터에서 생산하는 제품은 반드시 설계 요건에 따라 제작 계획서나 제작 도면을 만들고, 이것을 기준으로 원자력 연료를 만듭니다. 생산된 연료가 발전소에서 연소될 때 예측된 경계 조건에 따라 안전하게 그리고 관리되는 자연의 법칙 안에서 연쇄 반응하여 그 기능을 잘 수행할지 미리 품질을 검사할 때도 설계 요건과 제작 계획서를 기준으로 확인합니다. 만약 설계 요건을 만족하지 않는 물품은 아무리 좋아 보이더라도, 비용의 손실을 주더라도 발전소 현장에 사용될 수 없습니다. 이렇게 어떤 사물을 만들 때 미리 계획하고, 그 요건을 확인하고 그리고 그 요건에 따라 품질을 점검하는 일련의 과정이 오늘날 안전한 제품을 균일하게 만드는 최고의 방법입니다.

사람도 흙으로 만든 피조물이라는 관점에서 생각해 봅니다. 사람의 몸은 때가 되면 그 생명을 다하고 땅으로 되돌아갑니다. 따라서 정신 그리고 영혼을 잠시 구별하여 몸을 생각해 보면 몸을 만든 창조주도 미리 계획하고 설계 요건을 생각하고 그러고 나서 사람을 지으셨음이 성경에 소상히 기록되어 있습니다.

창조주께서 사람을 만들기 위해 미리 계획하는 모습입니다. 창세기 1:26-29에 기록되어 있습니다.

> 하나님이 이르시되 우리의 형상을 따라 우리의 모양대로 우리가 사람을 만들고 그들로 바다의 물고기와 하늘의 새와 가축과 온 땅과 땅에 기는 모든 것을 다스리게 하자 하시고 하나님이 자기 형상 곧 하나님의 형상대로 사람을 창조하시

되 남자와 여자를 창조하시고 하나님이 그들에게 복을 주시
며 하나님이 그들에게 이르시되 생육하고 번성하여 땅에 충만
하라, 땅을 정복하라, 바다의 물고기와 하늘의 새와 땅에 움
직이는 모든 생물을 다스리라 하시니라 하나님이 이르시되 내
가 온 지면의 씨 맺는 모든 채소와 씨 가진 열매 맺는 모든
나무를 너희에게 주노니 너희의 먹을 거리가 되리라

하나님이 사람을 만드는 계획서의 첫 번째 설계 요건은 외모입니다.
그것은 '자신의 형상과 모양'입니다. 두 번째 설계 요건은 목적입니다.
그것은 '온 땅과 땅에 기는 모든 것을 다스리게 하자'입니다. 세 번째
설계 요건은 먹는 것입니다. 그것은 '씨 맺는 모든 채소와 씨 가진 열
매 맺는 모든 나무'입니다. 이렇게 계획을 세운 다음에 그 계획서에
따라 사람을 창조하였습니다.

두 번째 제작 계획서는 독립적인 생산 체계를 갖추기 위한 것으로
남자와 여자의 기능적 독특성을 서로 존중하도록 하는 배필 계획입
니다. 창세기 2:18에 의하면 사람은 혼자 사는 것이 좋지 아니하여
돕는 배필을 짓는다고 하였습니다.

여호와 하나님이 이르시되 사람이 혼자 사는 것이 좋지 아
니하니 내가 그를 위하여 돕는 배필을 지으리라 하시니라

하나님이 사람을 만들 때 그 사람의 물성적 제작 요건을 알 수 있
는 세 번째 제작 계획서를 살펴봅니다. 곧 인간들이 먹고 마시는데
그들의 노동력이 필요치 않을 때와 그들의 노동력이 필요할 때를 구
분하여 설명하고 있습니다. 한 마디로 품질 요건을 점검하는 그 상황

이 변화되었기 때문에 숨겨진 요건을 구체화하여 그 요건에 따라 물건의 품질을 점검하고 확인하는 것과 다를 바가 없습니다.

예를 들면 원자력 분야에서 지난 2011년 일본 대지진으로 말미암아 후쿠시마 원자력발전소에 안전사고가 발생하였는데, 그 사건의 원인을 분석하여 새로운 안전 요건들이 추가되었고, 현재의 모든 원자력발전소는 후쿠시마 안전 요건을 반드시 만족하여야 하는 것과 같은 의미입니다. 추가적인 안전 요건은 부가적인 상황을 고려하여 만든 더 엄격하고 세밀하게 제정되어 규제 기관의 검사를 통해 확인됩니다. 추가적인 요건을 만족해야 원자력발전소는 예전처럼 전기를 생산할 수 있도록 하였습니다.

처음 사람의 창조 계획서를 세밀히 보면 음식을 위한 노동에 대한 언급이 없습니다. 사람들은 물과 실과로 충만한 완벽한 곳, 이미 음식이 준비된 에덴동산에 살도록 하였기 때문입니다. 그래서 그들은 바다의 물고기와 하늘의 새와 가축 그리고 땅을 다스리면 되었습니다. 물론 배필을 통해 사랑을 나누고 즐겁게 살면 되도록 창조되었습니다. 먹는 것도 에덴동산에 풍성하기 때문에 굳이 수고롭게 땀을 흘리며 일하지 않아도 되었습니다. 옷을 만들 필요도 없었습니다. 부끄러움을 느끼지 못하였을 뿐만 아니라 그 안에 질병이나 고통이 존재할 필요가 없었기 때문입니다. 그들에게 필요한 것은 에덴동산에서 평화를 누리면서 동산의 생물들을 다스리면서 다양성의 조화로운 창조의 아름다움을 지으신 창조주를 찬양하는 것이 일입니다.

그런데 문제가 발생하였습니다. 사람의 몸 창조 계획서에 언급되어 있지 않지만, 추가적으로 제한적 속성을 창조주께서 주셨는데, "선과 악을 알게 하는 나무의 열매는 먹지 말라"라는 것입니다. 그런데 아담과 이브가 선악과를 따 먹고 나서, 새로운 세상이 전개되었습니다. 이에 따른 추가적인 요건이 사람에게 부여되었는데, 이 요건은 인간이 사는 날 동안 필연적으로 노동해야 한다는 것입니다.

인간이 노동을 반드시 해야 하는 상황에서, 하나님의 네 번째 사람의 창조 설계 요건입니다.

> 네가 흙으로 돌아갈 때까지 얼굴에 땀을 흘려야 먹을 것을 먹으리니 네가 그것에서 취함을 입었음이라 너는 흙이니 흙으로 돌아갈 것이니라 하시니라

여기서 '얼굴에 땀을 흘려야 먹을 것을 먹으리니'라는 말씀 안에는 몸에 대한 숨겨진 요건이 있습니다. 그것은 사람 몸의 강인성, 즉 세기와 밀도를 예측할 수 있는 경계 요건입니다. 첫째, 자연 상태의 태양 아래에서 얼굴에 땀을 흘릴 정도로 노동하여도 우리의 몸은 전혀 문제가 없도록 창조되었다는 것입니다.

다시 말하면, 따가운 햇빛 아래 논에서 밭에서 땀을 흘리면서 일을 하여도 우리들의 피부와 뼈는 전혀 문제가 없도록 강인하게 만들어졌습니다. 특별히 이러한 강인한 몸을 유지하기 위해 우리 몸의 오감을 비롯한 순환계, 소화계, 림프계, 호르몬계, 신경계, 냉각시스템을 총관리하는 뇌까지 잘 조화되어 완전한 신진대사를 이루도록 만들어졌다는 의미입니다. 얼굴에 땀을 흘린다는 것은 우리 몸의 냉각시스템으로 정의하겠습니다. 이것이 의학적으로 적절한지 그렇지 않은지 여기서는 따지지 않겠습니다.

네 번째 설계 요건을 세밀히 살펴보면 얼굴에 땀을 흘리는 주기가

불분명합니다. 그런데 창세기 1장에서 천지창조의 설명을 1일 단위로 하고 있습니다. 모세가 이스라엘 민족을 이끌고 이집트를 탈출하여 광야로 나왔을 때, 하나님이 그들에게 준 음식은 하루 단위로 주었습니다. 그래서 지성소에 하루치 만나를 담은 한 오멜의 만나 항아리를 법궤와 함께 놓았습니다. 또 예수님께서 우리에게 가르쳐 주신 '주님의 기도'에 언급된 것은 하루치 식량을 달라는 기도입니다. 이러한 것을 종합할 때, 얼굴에 땀을 흘리는 주기는 매일입니다. 또한, 그 기간은 몸이 흙으로 될 때까지입니다. 정리하면, 우리가 사는 날 동안 몸은 음식이 필요하고, 그것은 얼굴에 땀이 나올 정도로 날마다 일을 하여도 문제를 일으키지 않는 강인한 몸이 숨겨진 설계 요건입니다. 따라서 몸의 설계 요건을 정리하면 음식과 운동입니다. 이제 설계 요건으로 음식을 생각하고 나서 몸의 설계 요건으로 운동에 대한 것을 정리합니다.

몸의 설계 요건 1을 만족하는 음식

생명을 지닌 몸은 영양소가 필요합니다. 따라서 우리는 음식을 만들거나 구해서 먹어야 살 수 있습니다. 먹지 않고는 결코 오래도록 살 수 없습니다. 무엇을 얼마만큼 먹어야 몸의 설계 요건에 충족하는지 함께 생각합니다.

성경 말씀에 기록된 것처럼 몸이 필요로 하는 일차적인 음식은 채소와 열매 그리고 나무입니다. 독성을 지닌 나쁜 채소와 열매 그리고 나무는 먼저 제외합니다. 따라서 기본적으로 채소와 과일 그리고 열매, 즉 곡식이나 뿌리 열매를 주식으로 하는 것이 성경적 식단입니다. 물론 우리 몸이 이러한 것을 입력으로 받아 소화할 수 있도록 만들어졌다는 의미입니다. 참고로 갑천에 가면 왜가리와 백로들이 먹이 활동을 하는데, 그들은 조용히 물가에 서 있다가 지나가는 물고기를 긴 부리로 순식간 낚아채, 통째로 꿀꺽 삼킵니다. 그들은 이빨로 먹이를 잘게 나누지도 않고, 그냥 살아 있는 물고기를 그대로 삼킵니다. 그래도 그들에게는 아무런 문제가 없나 봅니다. 하나님이 그들에게는 강한 소화액이 분비되어 물고기를 통째로 소화하나 봅니다. 이런 점에서 우리 인간들은 왜가리의 소화력보다 약해 보입니다.

'무엇을 먹는다'는 것은 간단해 보이지만, 성경의 내용을 세밀히 묵상해 보면 먹는 것이 매우 중요한 요소임을 알 수 있습니다. 대표적인 것이 선과 악을 아는 것도, 먹는 것, 열매를 통해 인류의 역사 속에 개입되었고, 그에 대한 징벌로 흙으로 돌아갈 때까지 먹는 것, 음식을 위해 얼굴에 땀을 흘리는 수고를 하도록 선언을 하였습니다. 인류 최초의 살인 사건 역시, 먹는 것을 도구로 하여 하나님께 예배드리는데 그 결과값이 한쪽은 수용되고 반면에 다른 쪽은 거부되고, 따라서 이것으로 인하여 질투와 분노로 가인이 아벨을 죽입니다. 이것 역시 먹는 것이 중요한 요소로 언급되고 있습니다.

예수님도 마지막 사역, 십자가 대속 사역을 앞두고, 제자들과 함께 다락방에서 만찬을 합니다. 떡을 떼어 몸이라 비유하고 잔을 들어 자신의 피라고 말씀하시면서 우리가 먹고 마실 때 자신을 기념하라고 하였습니다. 여기서도 역시 먹는 것이 중요한 도구로 사용되고 있습니다.

이처럼 먹는 것은 생명 활동을 하는 모든 생명체에게 공통적으로 매우 중요한 요소입니다. 따라서 우리가 무엇을 먹고, 얼마의 양을 먹느지 늘 관심을 가지고 자신의 몸에 적절한 영양소가 지속해서 공급되도록 균형을 유지해야 합니다.

그렇다면 우리는 무엇을 어떻게 얼마만큼 먹어야 하는지, 그 분량에 대해서 정확하게 기록되어 있지 않습니다. 그러나 유추할 수 있는 것은, 다음 음식을 마련하기 위해 노동을 하도록 몸이 설계되어 있기 때문에 일하는 데 불편함을 느끼지 않을 정도로 먹는 것이 요건으로 생각합니다.

그 무엇보다 먼저 생각할 것은 과식 금지, 채식 기준 곡식과 열매 위주 식사, 제한된 범위에서 생식(채소), 육식 절제, 규칙적인 식사 및 소식, 전문가의 의견에 따라 건강 보조 식품 한두 가지 섭취, 음식 청결 유지 관리 등의 지침을 기억하여 먹는 것이 요건 1을 만족하는 자유함입니다.

구약성경 레위기 11장에 부정한 것을 먹지 말라고 엄격하게 강조하면서 조목조목 자세하게 기록하였습니다. 그러나 예수님은 이러한 것에 대한 구체적인 추가 언급이 없습니다. '율법을 완성케 한다'는 예수님의 말씀 속에 음식에 관한 것도 포함되어 있었을 것으로 글쓴이는 해석합니다. 그렇다면 예수님이 추가적으로 음식에 대한 제한적인 언급이 없다면, 결국 음식에 대한 신약시대의 고린도전서와 로마서 말씀을 통해 하나님의 마음을 알 수 있습니다.

그러므로 만일 음식이 내 형제를 실족하게 한다면 나는 영원히 고기를 먹지 아니하여 내 형제를 실족하지 않게 하리라
(고린도전서 8:13)

음식으로 말미암아 하나님의 사업을 무너지게 하지 말라 만물이 다 깨끗하되 거리낌으로 먹는 사람에게는 악한 것이라 고기도 먹지 아니하고 포도주도 마시지 아니하고 무엇이든지 네 형제로 거리끼게 하는 일을 아니함이 아름다우니라 네게 있는 믿음을 하나님 앞에서 스스로 가지고 있으라 자기가 옳다 하는 바로 자기를 정죄하지 아니하는 자는 복이 있도다 의심하고 먹는 자는 정죄되었나니 이는 믿음을 따라 하지 아니하였기 때문이라 믿음을 따라 하지 아니하는 것은 다 죄니라 (로마서 14:20-23)

모든 것이 가하나 모든 것이 유익한 것은 아니요 모든 것이 가하나 모든 것이 덕을 세우는 것은 아니니 누구든지 자기의 유익을 구하지 말고 남의 유익을 구하라 무릇 시장에서 파는 것은 양심을 위하여 묻지 말고 먹으라 이는 땅과 거기 충만한 것이 주의 것임이라 불신자 중 누가 너희를 청할 때에 너희가 가고자 하거든 너희 앞에 차려 놓은 것은 무엇이든지 양심을 위하여 묻지 말고 먹으라 누가 너희에게 이것이 제물이라 말하거든 알게 한 자와 그 양심을 위하여 먹지 말라 내가 말한 양심은 너희의 것이 아니요 남의 것이니 어찌하여 내 자유가 남의 양심으로 말미암아 판단을 받으리요 만일 내가 감사함으로 참여하면 어찌하여 내가 감사하는 것에 대하여 비방을 받으리요 (고린도전서 10:23-30)

말씀에 따라 우리는 먹는 음식 그 자체에 대하여 걱정할 필요는 없습니다. 우리가 먹는 것에 대한 분량과 다양성에 대한 서로의 존중이 필요로 할 것입니다. 먹는 것은 문화와 밀접하고 또 '먹는 음식은 모두 주의 것, 하나님이 지으신 것'이라고 바울은 선언하고 있습니다. 이 부분은 다음 절 '삶의 자유' 부분에서 한 번 더 생각을 나누도록 하겠습니다. 고린도 교회의 성도들에게 그리고 지금 나에게 당부하는 바울의 간절한 마음은 앞서 우리가 함께 묵상한 예수님의 산상수훈(마 7:12)과 다를 바가 없습니다. "모든 것을 할 수 있으나 모든 것이 유익한 것이 아니요 모든 것을 할 수 있으나 그 모든 것이 덕을 세우는 것이 아니라"는 말씀은 자유가 자신의 유익과 덕이 아닌, 타인의 유익을 위해 사용되어야 함을 거듭 강조하고 있습니다.

몸의 설계 요건 2, 얼굴에 땀을 흘려라, 건강의 필수 요건

"네가 흙으로 돌아갈 때까지 얼굴에 땀을 흘려야 먹을 것을 먹으리니…" 몸의 설계 요건 2입니다. 여기서 얼굴에 땀을 흘리는 상황에 이르기까지 몸의 변화를 현대 의학 상식으로 풀면서 하나님이 우리 인간을 설계할 때 그 마음을 살펴보도록 합니다.

먼저 땀이 얼굴에 나오기까지 과정을 생각하기 위해, 우리 몸의 체온에 대하여 알아야 합니다. 체온에 대하여 안다는 것은 우리 몸의 신진대사의 전체적인 관계를 알아야 체온 유지와 땀에 대한 의미를 바르게 이해할 수 있습니다. 땀에 대한 바른 이해가 있어야 몸에 대한 전체적인 설계 요건이 무엇인지 알 수 있게 됩니다. 결론적으로 누구든지 '얼굴에 땀을 흘리는 것(몸의 냉각시스템이라 한다)'만 상식적인 수준에서 이해하고 이것을 위해 스스로 점검한다면 최소한 건강에 대한 자유함을 누릴 수 있다고 저는 확신하고 또한 믿습니다.

결론부터 말한다면, 지금 이 글을 읽고 있는 당신께서 얼굴에 땀이 흐른 경험이 지난 1주일 동안 몇 번 있었습니까? 한 번 더 확장하면, 지난 한 달 동안 몇 번 있었습니까? 다시 생각해 보시기 바랍니다. 지난 일주일 동안 음식은 몇 번 드셨습니까? 몸의 설계 요건은 음식을 먹기 위해 먼저 얼굴에 땀을 흘리는 신진대사를 충분히 활성화 시키도록 요구하고 있습니다. 최소한 하루 2번 이상이라면 14번 이상 식사를 하였을 텐데, 이것에 비례하여 얼굴에 땀이 흐를 정도로 노동이나 운동을 하였습니까? 만약 그렇지 않았다면 음식은 정상적으로 먹기 때문에 소화계, 순환계, 호르몬계, 신경계 등 그 모든 것은 정상적으로 잘 작동할 것입니다. 그러나 냉각시스템 그리고 냉각시스템을 조절하는 뇌의 기능은 쉼의 연속으로 점차 그 기능이 약화되었을 것입니다. 주인이 나(얼굴에 나는 땀)를 부르지 않기 때문에 두 영역(냉각시스템과 이것을 조절하는 뇌)의 기능들은 나이에 따라 점차 퇴화될 것입니다.

여기서 리비히의 식물 최소의 법칙을 떠올립니다. 식물을 통해 객관적으로 증명된 이론이지만 이것은 동물의 일반 신진대사의 영역에도 적용하여 음미할 만한 질서입니다. 리비히 최소의 법칙이란 식물의 성장에 필수 3요소로 질소, 인산, 칼륨 중 가장 적은 요인에 따라 식물 성장이 제한된다는 것입니다. 즉 다른 두 요소가 풍성하더라도 한 요소가 상대적으로 결핍하면 그 결핍된 요인으로 인하여 발육이 더디다는 것입니다. 이것은 우리 몸의 면역을 이루고 있는 여러 요소에 대해 비슷한 관점으로 적용할 수 있다고 생각됩니다. 소화계, 순환계, 신경계, 호르몬계, 호흡, 체온유지, 냉각계 등 다양한 신진대사와 인체에 들어온 이물질을 인식하여 제거하는 면역 기능까지 포함하여 몸의 생체 기능 전체를 면역 체계로 표현한다면, 여기서 다른 기능과 비교하여 냉각계 및 체온 유지와 관련된 기능이 주기적으로 활성화되지 않는다면 이것에 따른 전체적인 면역 체계가 영향을 받을 수 있다고 저는 생각합니다. 물론 면역 체계를 이루고 있는 한 요인의 기능이 떨어진다고 하여 당장에 생명을 유지하는 데 어려움을 당하는 것은 아닙니다. 우리 몸은 스스로 생존을 위한 충분한 자기 보존 본능이 구비되어 있다고 또한 저는 믿습니다. 그렇기 때문에 한 달 내내 얼굴에 땀 한 번 흘리지 않고, 술도 먹고 담배도 피워도 건강하게 70, 80평생을 사는 분들도 있습니다.

이쯤 하고서, 이제 얼굴에 땀이 나오는 상황을 조목조목 인터넷의 도움으로 정리하였습니다.

얼굴에 땀이 난다, 그 원인은 몸에 열이 발생하여 몸을 냉각하기 위함이라는 것은 기본 상식입니다. 자동차 엔진으로 비유하면 엔진이 일하면서 발생하는 열을 식히는 냉각시스템의 냉각수가 바로 땀이라는 것입니다. 그렇다면 왜 몸에서 열이 발생하며, 왜 그 열이 나는 몸을 식혀주어야 하는지 그 이유를 생각해 봅니다.

에너지가 변환되는 것이 열입니다. 따라서 몸이 열을 내는 과정은 몸이 에너지를 발생하는 과정을 의미합니다. 우리 몸의 에너지는 음식에 저장된 탄수화물, 단백질, 지방들이 인체의 세포에서 분해되어 생산됩니다. 세포에서 생산된 에너지는 ATP(adenosine triphosphate: 아데노신삼인산)에 저장됩니다. 세포에 에너지가 필요하면 ATP를 분해하여 그 안에 저장된 에너지를 꺼내 사용합니다. 이때 달리기와 같이 지속해서 신진대사를 필요로 한 경우는 유산소 대사 작용으로 글루코오스를 이용하여 ATP를 생산 및 가수분해하여 생명 활동에 필요한 에너지가 생산되고, 이와 동시에 열이 발생됩니다. 물론 이 과정을 통해 이산화탄소와 물이 함께 생성됩니다.

요약하여 정리하면, 우리가 먹는 음식은 소화되어 포도당으로 전환되어 몸의 세포에서 산소와 물을 기반으로 ATP로 전환되거나 분해되면서 에너지, 열, 이산화탄소 그리고 물을 생성합니다. 이때 일련의 생화학적 과정을 조절하고 통제하는 것을 효소라고 합니다.

얼굴에 땀이 난다는 것은 이러한 생화학적 과정에서 생성된 물이라는 것을 직감으로 알 수 있으며, 또한 그 물은 생화학적 과정에서 발생한 열의 과다로 인하여 체온의 상승을 조절하기 위한 것임을 짐작할 수 있습니다. 이산화탄소는 호흡을 통해 밖으로 배출될 것입니다. 에너지는 당연히 세포들의 생명 활동에 쓰이고, 효소들의 원활한 이동을 돕는 데 사용될 것입니다. 물론 기본적으로 이러한 생화학적 과정에서 필수적인 포도당과 물 그리고 산소는 소화계와 순환계의 도움을 받을 것이며, 각각 효소들의 적용 시기와 배출 분량과 기능의 수행을 위한 신경계, 호르몬계 등 모든 영역의 신진대사가 연합하여 얼굴에 땀을 흘리도록 하고 있음을 알 수 있습니다.

얼굴에 땀을 흘린다는 것은 간단하게 자신의 몸의 모든 영역의 신진대사를 활성화시키고 있다는 간접적인 표시이자 역할을 의미합니다. 즉 '얼마만큼 어떤 주기로 내 몸의 생화학적 과정을 활성화시키는 것이 나의 몸의 설계 요건을 만족시키는가?' 그 기준이 얼굴에 땀이 날 때까지입니다. 음식을 날마다 먹는 것으로 기준 삼을 때, 얼굴에 땀을 흘리는 것도 날마다 입니다. 최소한 햇빛 아래에서 얼굴에 땀을 날마다 흘리는 것을 기준으로 우리 몸은 설계되어 창조되었습니다. 이것이 몸에 대한 창조 요건으로서 저의 믿음입니다.

오늘날 건강 관련 의학적인 상식의 범위에서 책들이 많이 나오고 있습니다. 특별히 개인적으로 창세기 3장 19절 말씀에서 몸의 설계 요건을 이해하고부터 날마다 얼굴에 땀을 흘리는 일을 하였습니다. 그런데 그 얼굴에 땀을 흘리는 일이 반쪽짜리였음을 깨우친 계기 있었습니다. 그것은 『의학의 틈새』라는 책을 읽으면서입니다. 사무실에서 일하는 현대인들은 대부분 비타민 D의 결핍이라는 것이 위 책 저자의 주장입니다. 왜냐하면 햇빛을 충분히 받지 못하기 때문에 인간이 스스로 합성할 수 있는 비타민 D를 충분히 만들지 못한다는 것입니다. 이 부분을 읽으면서 저의 머릿속에 순간적으로 번개가 스쳐지나갔습니다. 2002년 한마음관 4층에 헬스 장비가 들어온 다음 날부터 출근하면 늘 아홉째 업무 시간으로 실내 헬스장에서 얼굴에 땀이 날 정도로 운동하였습니다. 그런데 그것은 반쪽짜리라는 것인데, 이유는 햇빛 없이 얼굴에 땀을 흘렸기 때문입니다. 그 이후 가능한 자전거를 타면서 햇빛과 친숙하게 지내려고 노력을 하고 있습니다. 창조주는 햇빛을 염두 한 상태에서 날마다 얼굴에 땀을 흘리도록 노동이나 일을 해도 우리 몸에 문제가 없도록 설계 요건을 만들었다고 저는 믿습니다.

체온을 일정하게 유지하는 이유가 무엇입니까? 우리 몸은 36.5℃에 모든 신진대사가 정상적으로 활성화 되도록 만들어졌습니다. 만약 우리 몸이 6℃정도 떨어지면 의식을 잃을 수 있고, 9℃정도 체온이 떨어져 27.5℃ 정도 되면 사망에 이를 수 있다고 합니다. 물론 그 반대의 경우도 치명적으로 신진대사를 방해하기 때문에 인체에서 냉각시스템은 매우 중요한 기능을 수행하고 있음을 알 수 있습니다.

참고로 체온이 1℃ 높은 효과는 백혈구 활동력 증가로 면역력 향상 배가, 세포 재생 촉진으로 근육 회복 원활, 자율신경 자동 조절, 몸속 세포 영양분·산소 공급량 증가, 체내 효소 작용 촉진, 신진대사 활발로 피부·몸속 세포들이 젊어진다고 합니다. 체온 1℃ 높이는 방법은 얼굴에 땀을 날마다 흘리는 것을 기준으로 운동하면 충분합니다.

2. 삶의 자유

냉전 시대의 산물로 이념의 흑백논리 학교 교육에 따라 개인적으로 집회·결사·출판의 자유가 없는 공산주의에 태어나지 않는 것을 큰 축복으로 생각하였던 때가 있었듯이, 나 자신이 타인에게 구속받지 않고 산다는 것이 행복의 출발점입니다. 육체적인 몸의 구속뿐만 아니라 정신적 속박을 받는 것도 사람들은 싫어합니다. 우리는 스스로 자기 생각과 삶을 판단하고 결정할 수 있는 의지를 지닌 독립된 생명체로 대접받기를 기대합니다. 이러한 기대가 허물어질 때 사람들은 삶의 자유에 대한 소중함을 깨우치게 됩니다.

우리가 이렇게 자기 삶을 판단하고 결정하는 자유에 대하여, 부족한 글쓴이가 몇몇 생각을 정리하여 함께 나누고자 합니다. 이러한 생각들은 전적으로 개인적인 사유로써 근본은 성경을 배경으로 하고 있습니다. 하지만 지극히 개인적인 경험과 묵상으로 성경의 하나님 마음에 정확하게 일치되는지는 독자 스스로 기도로써 그 답을 찾으시기 바랍니다. 아울러 선악과와 생명나무를 창조하신 창조주의 깊은 마음을 저는 온전히 알 수 없음을 먼저 고백합니다.

자유의지

창조주께서 인간에게 축복한 최고의 선물은 자유의지입니다. 물론 자유의지에 대한 책임도 그 안에 담겨 있습니다만, 인간은 선물을 포장한 자유의지만을 좋아합니다. 내가 글을 읽을 수 있다는 것, 내가 선택할 수 있다는 것, 내가 판단할 수 있다는 것, 내가 행동할 수 있다는 것, 내가 고통을 선택할 수 있다는 것, 내가 생명을 창조할 수 있다는 것, 내가 볼 수 없고 결코 가 본 적이 없는 곳을 상상하고 믿을 수 있다는 것만큼 경이롭고 위대한 것은 없습니다. 이러한 것들이 인간에게 주어진 최고의 선물이 될 수 있는 기초는 의미를 분별하는 기준을 스스로 결정할 수 있는 선택권이 자신에게 있는 자유의지 때문입니다.

본능의 울타리를 넘어 '의미'를 생각하고 판단할 수 있는 것은 자유의지를 지닌 자들만 누리는 축복입니다. 의미를 생각하지 않는다면 자유의지 또한 그렇게 크게 생각할 주제는 아닙니다. 앞서 언급되었듯이, 성경에서 자유의지는 "선과 악을 알게 하는 나무의 열매를 먹지 말라"는 명령에 근거하고 있습니다. 선악과나무를 창조한 이유에 대한 것은 여기서 논외로 하고, 단순히 선악과를 먹지 말라는 범위에서 생각할 때, 최소한 먹고 안 먹고 선택할 수 있는 자유를 우리에게 주었다는 의미입니다. 사실 흥미로운 것은, 기록된 성경에 의하면, 인간이 선악과를 따 먹은 후에 창조주 하나님은 "이 사람이 선악을 아는 일에 우리 중 하나같이 되었으니 그가 그의 손을 들어 생명나무 열매도 따 먹고 영생할까 하노라 하시고 … 그 사람을 쫓아내시고 에덴동산 동쪽에 그룹들과 두루 도는 불 칼을 두어 생명나무의 길을 지키게 하시니라"라고 대응하는 부분입니다. 한 마디로 생명나무 열매를 따 먹지 못하도록 원천적으로 차단합니다. 즉 인간 스스로 영생할 방법을 근본적으로 차단하였다는 의미입니다. 이것을 자유의지의 관점에서 생각하면, 우리에게 주어진 자유의지 역시 제한적이라는 것을 간접적으로 알 수 있습니다. 자유의지의 적용 범위는 영생에 관한 것까지입니다. 영생 이후의 삶은 우리들의 자유의지와 상관없는 주제라는 의미입니다.

그런데 여기서 한 번 더 생각해 볼 것은, '의미'라는 개념입니다. 자유의지를 설명하는데 핵심적으로 사용되는 개념이 '의미'이기 때문입니다. 생각하는 존재 만이 의미를 따질 수 있습니다. 생각하지 않는 존재, 단순히 본능에 따라 생명 활동을 하는 존재는 의미 자체를 생각할 겨를이 없습니다. 우리가 의미를 따진다는 것 자체가 자유의지를 지낸 존재라는 증거이기도 합니다. 다음은 찰스 콜슨, 『한 지정인의 회심』(한국기독학생회(IVF))이란 책에서 그대로 인용한 부분으로, '삶의 의미'를 깊이 생각할 수 있는 예화입니다.

"러시아의 표도르 도스토옙스키(Feodor Dostoyevsky)는 하나님을 믿지 않는 것은 의미 없는 우주 쪽으로 폐기 처분되는 것이라고 말했다. 그는 '죽은 자의 집(The House of the Dead)'에서 만약 어떤 한 사람을 완벽하게 매장시키고자 한다면 그 사람에게 완전히 비합리적인 일을 시키면 된다고 말했다. 이 점은 도스토옙스키 자신이 십 년 동안 감옥살이를 하면서 직접 깨달은 것이었다. 한 죄수에게 한 무더기의 흙을 여기에서 저기로 옮기라고 한 후 다시 원래 자리로 가져가라고 한다면, 그 사람은 그렇게 수치스럽고 창피하며 고통스러운 일을 감당하느니 차라리 목을 매어 자살하는 쪽을 택하리라 믿는다." (Joseph Frank. Dostoevsky Years of Ordeal(Princeton, NJ.: Princeton University Press, 1983), p.159)

"헝가리 나치 수용소에서 유대인들은 수레에 모래를 퍼 담아 수용소의 한쪽 귀퉁이로 끌고 가라는 나치 장교의 지시를 받았다. 이튿날 유대인들에게 이번에는 그 과정을 거꾸로, 즉 거대한 모래 더미를 수용소 단지의 다른 쪽 끝으로 옮겨 놓으라는 지시가 떨어졌다. 유대인들은 뭔가 잘못된 것으로 생각했다. '어리석은 독일 놈들.' 유대인들에게 이와 같은 생활이 계속되었다. 며칠이고 계속해서 독일인들은, 유대인들에게 같은 모래 무더기를 수용소의 이쪽 끝에서 저쪽 끝으로 그리고 또 그 반대로 옮겨 놓으라고 지시한 것이다. 그러자 도스토옙스키의 예견이 현실로 나타났다. 한 노인이 주체할 수 없을 정도로 울부짖기 시작했고, 경비원들은 그를 어디론지 끌고 가 버렸다. 다른 사람도 소릴 질렀지만, 경비원으로부터 매를 맞고서 잠잠해졌다. 그때, 삼 년 동안 이 수용소에 갇혀 있던 한 젊은이가 무리를 이탈하여 도망쳤다. 경비원들이 멈추라고 소리쳤지만, 이 젊은이는 전류가 흐르는 담을 향해 달렸다."

'의미'가 상실된 행위는 존재 그 자체를 부인하도록 인간의 정신을 파괴하고 있음을 이 예화에서 알 수 있습니다. 이것은 인간이 자유의지를 지녔기 때문에 존재의 의미를 늘 누리면서 살고 있는 생명체라는 것을 역설적으로 증거하고 있습니다. 의미가 상실된 인간은 존재의 상실로 자유의지는 판단하였기 때문에 젊은이는 그렇게 행동하였던 것으로 생각합니다.

인간에게 자유의지가 있다는 것 자체를 느끼며 산다는 것은 행복한 삶의 기초입니다. 지금 내가 글을 읽고, 볼 수 없는 글쓴이의 마음을 그려 볼 수 있는 자유의지를 지녔다는 것이 창조주께서 나의 삶에 준 첫 번째 축복입니다.

부부의 지침 '부끄럽지 않은 가정'

성경에서 축복받은 왕으로 솔로몬을 언급하곤 합니다. 솔로몬은 구약성경의 사랑의 노래인 아가서를 그리고 지혜의 잠언, 또 다른 관점의 지혜서인 전도서를 기록한 왕으로 알려져 있습니다. 그가 전도서 9장 9절에서 "네 헛된 평생의 모든 날 곧 하나님이 해 아래에서 네게 주신 모든 헛된 날에 네가 사랑하는 아내와 함께 즐겁게 살지어다 그것이 네가 평생에 해 아래에서 수고하고 얻은 네 몫이니라"라고 말씀하였습니다. 사랑하는 아내와 즐겁게 사는 것이 해 아래에서 가장 지혜로운 삶이라는 것을 그는 강조하고 있습니다.

누구든지 이 땅에서 가장 행복하게 살 수 있는데, 그것은 결혼함으로써 시작됩니다. 성경을 기록한 히브리인들은 결혼하여 엄마가 되고 아빠가 되었을 때 비로소 사람으로 인정한다고 합니다. 사람은 사람을 낳아 길러야 창조주와 사람의 진의를 알게 된다는 의미로 해석합니다. 이렇게 아기를 낳고 엄마·아빠가 되는 것은 결혼할 때 가능합니다. 부부의 관계를 이룬 자들이 누리는 행복을 생각해 봅니다. 그 축복을 온전히 받기 위한 인류의 첫 번째 결혼식 주례사를 통해서 부부 생활의 핵심 지침을 생각해 보았습니다. 다음은 인류의 첫 결혼식 주례사입니다.

이러므로 남자가 부모를 떠나 그의 아내와 합하여 둘이 한 몸을 이룰지로다 아담과 그의 아내 두 사람이 벌거벗었으나 부끄러워하지 아니하니라 (창세기 2:24-25)

위 주례사의 첫 마디 속에서 '가정의 질서'를 유추할 수 있습니다. '이러므로 남자가 부모를 떠나'라는 말씀은 부부 사이에 대표성이 있다는 의미로 해석할 수 있습니다. '남자'라는 대표성이 의미하는 것은 그 안에 질서가 존재한다는 것입니다. 따라서 가정은 작은 공동체이지만 그 안에 질서가 있음을 명심해야 합니다. 가정에 질서가 있다는 의미는, 가정 살림에서 리더는 여자인 어머니에게 있으며, 가정의 문화를 이끌고 만들어가는 부분도 여자인 어머니에게 있습니다. 하지만 가정의 가치관과 신앙관 등의 대표성은 남자인 아버지에게 있습니다. 가정의 자녀 교육 관점에서 생각할 때, 리더는 어머니에게 있으나 가정의 보호 및 재정 부분에서 리더는 남자인 아버지에게 있습니다. 현대사회의 관점에서 생각하면 일부 불합리한 것을 느낄 수 있으나 세 번째 지침과 연합하여 실천하면, 질서의 자유함을 누릴 수 있을 것입니다.

두 번째, 가정을 풍성하게 세우는 지침은 '둘이 하나가 되는 융합'입니다. "남자가 부모를 떠나 그 아내와 연합하여 둘이 한 몸을 이룰지로다."라는 주례사의 '부모를 떠난다'는 말이 의미하는 바가 무엇입니까? '부모'라는 말 속에 담긴 뜻을 안다면 본 말씀을 쉽게 이해할 수 있습니다. '부모'는 나에게 생명을 주신 분, 나를 키워 주신 분, 나를 사람 구실 하라고 가르쳐 주신 분입니다. 따라서 '부모'라는 단어 속에 감춰진 것은 '생명·양육·교육 그리고 재정'입니다. '부모를 떠나 둘이 한 몸을 이룬다'는 말씀이 주는 것은 '생명'을 탄생시키기 위해 둘이 하나로 연합해야 하며, 그 생명을 건강하게 '양육'하기 위해 경제적인 부분도 합력해야 하고, 그 생명이 바르고 의롭게 '교육'받도록 문화·신앙·사상 부분도 엄마와 아빠가 연합하여 일치시키라는 것입니다.

마지막으로 가정을 감동과 회복 그리고 평강으로 세우는 지침은 '가정은 부끄러워하지 않는 곳'입니다. "벌거벗었으나 부끄러워하지 아니하니라."라는 주례사는 언제나 생각해도 완전한 진리입니다. 이 말씀만 가슴에 담고 평생 산다면 우리 사회는 평화를 이룰 수 있다고 저는 믿습니다. 간단한 논리로 생각해도, 벌거벗을 수 있는 공간 그리고 관계를 지닌 사람은 창조시대 에덴동산에 살 수 있는 자격을 갖춘 사람입니다. 다시 주례사를 묵상합니다, 부끄러운 것은 무엇을 의미합니까? 그것은 수치심을 유발하는 모든 자신의 행동과 생각입니다. 상처로 기억되는 내면의 부정적 경험입니다. 부끄러운 것들을 우리의 상황으로 확대하여 생각하면 열등감, 욕심, 싸움질, 질투, 미움, 실수, 무능, 무기력, 절망, 낙망, 왕따, 죄, 이기심, 무지 등이 있습니다. 그런데 태초의 가정의 특징을 보면 '두 사람이 벌거벗었으나 부끄러워 아니 한다'고 합니다. 서로 부끄러운 것을 보여 주고 있으나 서로 수치스럽게 느끼지 않고 있습니다. 따라서 가정은 자신의 부끄러운 부분을 스스로 고백하고 드러낼 수 있는 곳입니다.

이 세상 어느 곳에서도 수치스럽기 때문에 자신의 부끄러운 것을 말할 수 없지만, 오직 가정에서만큼은 자신의 부끄러운 것을 고백하고 나눌 수 있는 곳입니다. 그래야 몸과 마음이 치유되는 회복의 거룩한 장소로 가정이 쓰임 받을 수 있습니다. 부부가 먼저 이렇게 부끄러운 것을 나눌 수 있는 가정으로 만들 때, 훗날 자녀들이 그렇게 부모님을 따라 자신의 속 이야기를 털어놓을 수 있게 될 것입니다. 만약 가정에서 자신의 부끄러운 부분을 고백하고 나눌 수 있다면 당신의 가정은 태초의 에덴동산처럼 건강하고 아름답고 멋있는 가정입니다.

위 주례사를 통해서 부부가 이루는 가정의 근본적인 지침 몇 가지를 요약·정리하였습니다. 가정에는 질서가 있음을 알 수 있습니다. 가정의 대표성이 명시되어 있기 때문입니다. 다음으로 가정은 둘이 한 몸을 이루는 융합의 신성한 곳이며, 가정은 부끄러워하지 않는 곳으로 자신의 부끄러운 것을 고백하여 마음과 영혼의 치유와 회복 그리고 소망을 나누는 곳입니다.

젊은이들이여, 엄마와 아빠가 되자![3]

어느 결혼 정보 업체의 2016년 결혼 통계에 의하면 한국의 남자는 35.8세이고, 여자는 32.7세가 결혼 평균 연령이라 합니다.

하지만 하나님께서 우리를 창조하신 육체적 섭리에 따르면 사람이 엄마가 되고, 아빠가 되는 시기는 20세 전후입니다. 20대에 세상으로 나가 일을 하고 가정을 꾸리기 때문입니다. 우리는 창조주 하나님과 성경을 믿습니다. 성경에 근거하여, 왜 우리가 엄마가 되거나 아빠가 되어야 하는지 그 이유를 살펴봅니다.

• 하나님의 창조 사역이 나에게 전가되었기 때문입니다.

기독교에서 첫 번째의 믿음은 하나님께서 인간을 창조하셨다는 진리입니다. 만약 하나님이 인간을 만들지 않았다면 성경은 물론 우리 믿음의 모든 체계는 허상입니다. 그렇기 때문에 먼저 생각해야 하는 성경 말씀은 창세기 1장 26절입니다.

"하나님이 이르시되 우리의 형상을 따라 우리의 모양대로 우리가

---

3 『한빛』, Vol. 27에 기고된 글, 한국전력그룹선교회, 2017.

사람을 만들고 그들로 바다의 물고기와 하늘의 새와 가축과 온 땅과 땅에 기는 모든 것을 다스리게 하자 하시고."

위 말씀에서 하나님은 처음 인간을 창조하실 때, 혼자가 아닌 복수의 개념을 도입하셨고, 또 하나님께서는 많은 사람을 동시에 만드시는 것이 아니고, 아담과 이브를 먼저 만드셨습니다.

이렇게 하나님께서 직접 인간을 창조하셨던 그 일을 아담과 이브에게 전가 시키셨고(창 4:1), 이제 아담과 이브가 수행한 일을 그의 후손인 우리의 부모님에게까지 전가되었습니다. 따라서 내가 하나님의 형상대로 지은 바 된 아담과 이브의 후손이라면 나도 당연히 사람을 창조하셨던 하나님의 거룩한 일에 동참할 수 있는 고귀한 의무와 책임 그리고 부르심이 있습니다. 그 창조주 하나님의 부르심에 순종하기 위해 우리는 엄마가 되거나 아빠가 되어야 합니다.

● **하나님께서 나를 창조하시고, "생육하고 번성하라"고 나에게 부탁하셨기 때문입니다.**

하나님께서 사람을 창조하시고 곧이어 사람들에게 복을 주시는데 "생육하고 번성하여 땅에 충만하라"(창 1:28)고 부탁하십니다. 우리가 엄마가 되고 아빠가 되어야 하는 두 번째 이유는 하나님의 말씀에 따라, 우리는 땅을 정복하고 바다와 물고기와 하늘의 새와 땅에 움직이는 모든 생물을 다스리는 사람이 필요하기 때문입니다.

정복해야 할 땅은 아직도 많습니다. 남극대륙, 북미 대륙, 시베리아, 중앙아시아, 바다와 물고기는 셀 수도 없이 많습니다. 더군다나 땅에 움직이는 모든 생물, 즉 곰팡이, 단세포생물, 더 미시 세계로 접어들면 바이러스에 이르기까지, 다스려야 할 대상은 무궁무진합니다.

그래서 우리는 엄마가 되거나 아빠가 되어야 합니다. 당신의 자녀가 인간의 생명에 위험을 주는 바이러스를 다스리는 백신을 개발하는 사람이 될 수도 있습니다.

- **하나님의 말씀을 기억하고 보존하고 전수 받도록 하기 위해 자녀를 낳아야 합니다.**

유대인들이 자녀를 낳으면 그 자녀에게 제일 먼저 가르치는 말씀이 신명기 6장 4-9절 말씀입니다. 이름하여 쉐마라 합니다. 물론 유대인들은 죽을 때 이 말씀을 읊조리면서 하늘나라로 간다고 합니다. 예수님도 광야에서 시험을 받을 때 신명기 말씀으로 승리하셨습니다.

신명기 6장 4-9절의 쉐마를 묵상하면, 그 말씀에는 하나님의 첫 번째 성품인 오직 유일한 하나님, 그리고 우리가 해야 할 일, 마음을 다하고 뜻을 다하고 힘을 다하여 하나님 여호와를 사랑하라는 것입니다. 그런데 그 하나님을 사랑하는 구체적인 행위가 바로 자녀에게 하나님의 말씀을 부지런히 가르치는 것입니다. 이 쉐마를 실천하기 위해서는 두 가지가 필요합니다. 하나는 하나님의 말씀이 나의 마음에 새겨져야 하고, 그다음으로는 내 자녀가 있어야 합니다. 따라서 우리는 반드시 엄마가 되든지, 아빠가 되어야 합니다. 그래야 내 마음에 새겨진 하나님의 말씀을 내 자녀에게 집에 앉아서 밥을 먹을 때든지 내 자녀랑 함께 일을 하면서, 아니면 여행을 하면서도 가르치고, 함께 잠을 잘 때도 하나님의 말씀을 가르칠 수 있기 때문입니다.

- **하나님의 마음을 알 수 있기 때문입니다.**

예수님이 오시고 예수님의 삶을 통해 알 수 있는 창조주 하나님의 사랑은 누구든지 공감하고 긍정적으로 받아들입니다. 특히 산상수훈의 내용은 비기독교인조차도 인정하고 그 말씀대로 살려고 노력합니다. 그런데 구약에 나타난 하나님의 말씀은 때때로 어렵고, 또 오늘날의 문화적 배경으로 이해하기 어려운 부분이 있습니다.

예를 들면 요한 1서 4장 16절에 "… 하나님은 사랑이시라 …" 하는 말씀은 우리가 쉽게 이해할 수 있고, 또 그 말씀을 읽을 때마다, 하나님의 성품에 나도 참여하고자 하는 마음이 솟구칩니다. 그러나 출애굽기 34장 14절에 "… 여호와는 질투라 이름하는 질투의 하나님임이니라…"라는 말씀을 마주 대하면 상당히 부담됩니다.

그런데 내가 아빠가 되고 나서 자녀를 키우면서 느낀 것은 내 자녀가 남들보다 더 못하면 얼마나 힘이 들고 또 욕심이 생기는지 나 스스로 놀랄 때가 있습니다. 더군다나 내 자녀가 나의 뜻에 따르지 않으려고 하면 자녀에 대한 화가 솟구치기도 합니다. 그런데 이런 현상이 성경에도 비슷하게 기록되어있습니다. 신명기 32장 19절–22절 말씀 가운데, 19절 말씀만 인용합니다.

"그러므로 여호와께서 보시고 미워하셨으니 그 자녀가 그를 격노하게 한 까닭이로다"

하나님께서도 자녀 때문에 격노하셨고, 징계하셨습니다. 하나님께서는 이스라엘을 자녀로 생각하셨습니다. 자녀를 둔 부모는 이런 하나님의 마음을 어느 정도 이해하고 공감할 수 있습니다. 자녀를 낳아 키우면서 성경에 기록된 하나님의 마음을 조금 더 가까이 공감할 수 있고, 또 그 기록된 말씀 속에 숨겨진 하나님의 마음을 알 수 있습니다.

● 예수님의 탄생의 말씀에 대한 믿음을 견고히 하기 위해 엄마, 아빠가 되어야 합니다.

우리는 성경의 말씀에 따라 예수님이 처녀 마리아에게서 낳아졌다고 믿습니다. 이것은 마태복음 1장 18-25절에 상세히 기록되어있습니다.

내가 엄마가 되고 아빠가 되는 순간 내 자녀의 얼굴을 보는 순간, 내 자녀를 양육하면서 느끼는 그 시간들을 통해서 예수님의 탄생의 비밀을 온전한 믿음으로 바라볼 수 있게 되는 것입니다. 여자는 엄마가 되는 순간 그 생명의 시작을 본인 스스로 정확하게 알 수 있듯이 예수님의 어머니였던 마리아는 예수님의 생명의 시작을 정확하게 알고 있었습니다. 이처럼 내가 엄마가 되고, 아빠가 되는 것은 예수님의 탄생에 대한 믿음을 견고하게 하는 가장 확실한 동기가 되는 것입니다.

누가복음 2장 후반부에 보면 "그 어머니는 이 모든 말을 마음에 두니라"라는 말씀이 이것을 증거하고 있습니다.

이렇게 우리가 엄마 혹은 아빠가 되기 위해 예수 그리스도 안에서 결혼을 먼저 해야 합니다. 우리가 부모가 되었을 때 하나님의 마음을 알고, 또 예수님의 말씀을 자녀들에게 부지런히 가르쳐, 우리 주님 재림의 그 날에, 믿음으로 천국에 있을 나와 그때까지 이 땅에 있을 나의 후손들과 함께 예수님을 찬양하며 만나는 그 날을 꿈꾸시기 바랍니다.

> "빛이 있으라.
> 주께서 호령과 천사장의 소리와 하나님의 나팔 소리로 친히 하늘로부터 강림하시리니 그리스도 안에서 죽은 자들이 먼저 일어나고 그 후에 우리 살아남은 자들도 그들과 함께 구름 속으로 끌어 올려 공중에서 주를 영접하게 하시리니 그리하여 우리가 항상 주와 함께 있으리라" (데살로니가전서 4:16-17)

먹는 것

이스라엘 백성들이 광야로 나왔을 때, 여호와 하나님도 그곳에 그들과 함께하셨습니다. 특별히 하나님께서 머무실 곳을 만들도록 모세에게 지시하는 부분이 출애굽기 25장 이후에 기록되어 있습니다. 그런데 25장 22절 말씀을 읽는 가운데 저에게 감동을 주셨습니다.

> 거기서 내가 너와 만나고 속죄소 위 곧 증거궤 위에 있는 두 그룹 사이에서 내가 이스라엘 자손을 위하여 네게 명령할 모든 일을 네게 이르리라

위 말씀에서 "거기서 내가 너와 만나고"라는 부분입니다. 하나님께서 나를 만나 주신다고 하였는데, 그 장소가 '거기서'라는 것입니다. '거기서'는 22절 말씀 안에서 생각하면 증거궤 위의 두 그룹 사이로 알 수 있습니다. 하지만 광야의 생활 전체적 관점에서 생각하면 성막의 지성소를 의미합니다. 지성소는 하나님의 말씀 곧 증거판(출 25:21), 아론의 싹 난 지팡이(민수기 17:10, 11) 그리고 한 오멜의 만나(출 16:34)를 담는 항아리를 함께 보관하고 있는 공간입니다.

오늘날 인터넷과 스마트폰을 통해 세상을 바라보는 때에 위 출애굽기 25:22 말씀을 재해석해 봅니다. 하나님께서 나를 만나 주시는 것은 구약의 39권과 신약의 27권 말씀을 통해 만나 주십니다. 또한, 예수 그리스도의 십자가를 통해 죄를 용서받는 하나님의 은혜로 구원받았다는 믿음을 통해 만나 주십니다. 그리고 우리가 날마다 먹는 세 끼 식사를 통해 주님은 나를 지금 만나 주신다는 것입니다.

신약시대의 우리는 믿음으로 예수님의 십자가를 통해 지성소에 들어갈 수 있으며, 지성소에 계시는 하나님을 만날 수 있습니다. 따라서 우리는 매 주일 예배 가운데 선포되는 하나님의 말씀을 통해 하나님의 사랑과 뜻을 알게 됩니다. 또한, 하나님께서 매일 우리가 먹는 음식을 통해 우리를 만나고 싶어 하신다는 것입니다. 그렇다면 어떻게 하나님께서 음식을 통해 나를 만나고 계시는지 그 과정을 '내 식탁의 밥 한 알의 여정'을 통해 알아봅니다.

모든 식물은 하나님에 의해 지은 바 되었습니다
———

하나님이 이르시되 땅은 풀과 씨 맺는 채소와 각기 종류대로
씨 가진 열매 맺는 나무를 내라 하시니 그대로 되어 (창세기 1:11)

하나님께서 나를 만드시기 전에 공간과 시간을 지으시고 빛과 땅을 만든 다음에 풀과 씨 맺는 채소를 말씀으로 지으셨습니다. 지구상의 모든 생명체의 먹이가 되는 근본을 하나님께서 만드셨습니다. 하나님의 첫 번째 노동의 땀 방울이 한 알의 볍씨 안에 담겨 있습니다.

농부에 의해 심어짐
———

하나님의 말씀으로 창조된 모든 식물의 씨앗들은 자라서 열매를 맺습니다. 다음 세대를 위해 심어진 씨앗은 10배, 30배, 때로는 100배의 결실을 거둡니다. 이렇게 풍성하게 만들어진 씨앗은 전 세계로 흩어져 농부에 손을 통해 다시 땅에 뿌려집니다.

하나님에 의해 키워짐

—

그가 밤낮 자고 깨고 하는 중에 씨가 나서 자라되 어떻게 그리 되는지를 알지 못하느니라 (마가복음 4:27)

농부에 의해 씨앗은 뿌려지지만, 그 싹이 나고 잎이 나고 열매를 맺는 과정에서 또 한 번의 하나님의 노동이 필요합니다. 적절한 온도를 유지하기 위해 지구가 태양 주위를 타원형을 이루면서 돌고 또 지구 스스로 돌면서 밤과 낮을 만들어 그 기온 차를 통해 식물들에게 긴장감을 줍니다. 구름 위에 물을 실어서 이곳저곳 논과 밭으로 물을 줍니다. 물 뿐만 아니라 바람을 보내어 모가 튼튼하게 자라도록 아침저녁으로 운동을 시킵니다. 튼튼한 잎이 나와야 좋은 열매를 맺힐 수 있기 때문입니다.

농부에 의해 추수됨

—

논에 심어진 모는 더운 한 철을 지나면 노랗게 탐스러운 빛으로 들녘을 풍성하게 합니다. 하나님의 정성으로 잘 맺힌 열매를 농부들이 수확합니다. 풍성한 벼 이삭들은 또 한 번 농부들의 수고와 정성으로 들녘에서 거두어들입니다.

농부와 상인에 의해 이동됨

—

농부의 땀방울로 수확된 벼는 창고로 이동되어 보관됩니다. 우리나라에서 생산되는 곡물은 국민 모두를 배부르게 하지 못합니다. 우리

나라는 식량 부족 국가입니다. 부족한 식량을 외국에서 수입합니다. 2015년 농림수산물 수입액은 347억7000만 달러이며, 그해 곡물 자급률은 23.8%입니다. 우리가 하루에 먹는 음식의 4분의 3은 우리나라에서 생산되는 식량이 아니라 외국에서 생산된 먹거리를 수입하여 배를 채우고 있습니다. 식량의 관점에서 보면 지구의 여러 민족이 한 가족이 되었습니다.

부모의 노동의 대가로 가게에서 구매됨

세상에 공짜가 없습니다. 하나님께서 만들어 주시는 한 알의 볍씨 안에도 하나님의 수고의 땀 방울이 스며 있음을 알게 되었습니다. 수많은 농부의 정성과 수고의 땀 방울도 그 안에 담겨 있음을 알았습니다. 이제 드디어 쌀 한 톨이 상인들에 의해서 우리 집 앞 슈퍼까지 오게 되었습니다. 그 한 톨이 우리 집에 들어오기 위해서는 적절한 돈이 지불되어야 합니다. 돈은 부모님의 노동의 대가 입니다. 따라서 우리 집에 있는 쌀 한 톨 속에는 부모님의 땀과 수고도 담겨 있습니다.

엄마의 정성으로 요리되어 식탁에 올려짐

쌀 미(米)의 한자어는 팔(八)자가 위아래 있어서 그런지, 한 톨의 쌀이 만들어지기 위해서는 88번의 농부의 정성스러운 손길이 필요하다고 합니다. 부모님의 노동의 대가가 지불되어 우리 집에 온 쌀은 마지막으로 엄마가 정성껏 먼지를 씻어 내고, 적절한 물을 부어 밥을 짓습니다. 고슬고슬하게 잘 익은 밥을 어머니께서 그릇에 담으시어 식탁 위로 올려놓습니다. 드디어 쌀 한 톨이 변화되어 밥 한 알이 되었습니다.

내 식탁 위에 올라온 밥 한 알은 많은 여행을 하였습니다. 또 많은 사람의 정성이 그 안에 담겨 있습니다. 이런 밥 한 알이 나의 몸으로 변화되는 것이 밥 한 알의 임무를 다하는 것입니다. 그런데 만약 이 밥 한 알이 마지막 단계에서 버려진다면 얼마나 많은 손실이 그 안에 담겨 있겠습니까! 이것은 마치 예수님 이름으로 쭉 살다가 천국 문 앞에서 예수님께서 "나는 너를 모르는데"(마태복음 25:41) 하는, 매우 충격적인 말을 듣는 것과 다를 바 없습니다. 버려지는 밥 한 알의 입장에서 생각해 본다면 그렇다는 것입니다.

이렇게 내가 먹는 모든 음식에는 하나님의 수고와 농부와 상인들과 부모님의 노동과 그리고 음식을 만드는 모든 사람의 수고와 정성이 깃들어 있습니다. 오늘 내가 먹는 음식을 통해서 이러한 모습들을 늘 볼 수 있다면, "거기서 내가 너와 만나고"라는 성경 말씀이 이루어지고 있음을 확신합니다. 예배의 설교를 통해서 하나님을 만나듯, 식탁에서 음식 속에 감춰진 하나님의 수고를 볼 수 있어야 균형적인 영혼을 지닌 사람으로 몸과 마음이 건강합니다.

> 혼인을 금하고 어떤 음식물은 먹지 말라고 할 터이나 음식물은 하나님이 지으신 바니 믿는 자들과 진리를 아는 자들이 감사함으로 받을 것이니라 하나님께서 지으신 모든 것이 선하매 감사함으로 받으면 버릴 것이 없나니 하나님의 말씀과 기도로 거룩하여짐이라 (디모데전서 4:3-5)

친구

　시골에서 자란 내가 편지를 처음 써 본 대상은 서울로 전학 간 초등학교 친구였습니다. 그 친구 집은 읍내에서 그런대로 여유가 있었고 그의 형들이 서울에서 학교에 다니고 있었기 때문에 비교적 일찍 초등학교를 떠났습니다. 방학 때 내려오면 이런저런 이야기를 나누며 서울에 대한 호기심을 해소할 수 있었습니다. 그 이후 중 고등학교를 지나 다시 만나게 되었고, 비슷한 시기에 학교를 졸업하고, 앞서 대전에 살게 된 나를 따라서인지 그 친구도 일터를 대전에 잡으면서 우린 인생의 긴 친구가 되었습니다.

　그런데 그 친구가 간경화로 인하여 간 이식을 하지 않으면 생명을 연장할 수 없는 상황이었습니다. 결국, 간 이식을 위해 그의 형들이 백방으로 노력하였으나 뜻을 이루지 못하였습니다. 그는 병상에서 "친구에게 간을 이식해 줄 수 없겠는가?"라는 말을 불쑥 던지곤 하였습니다. 이 말을 듣고서 잠시 나 자신을 생각해 보았습니다. '예수님을 믿는 그리스도인으로서 친구를 위해 목숨을 버리는 것보다 더 큰 사랑은 없다고 하였는데, 저는 친구를 위해 나의 것을 내어 줄 수 있겠는가?'라고 스스로 반문해 보았습니다. 순간적으로 내 안에 떠오르는 소리는, '그럴 만한 동기가 있는가?'라는 것입니다. '조건 없이 순수하게 접근해야 진정한 의미로 사랑의 행위로 평가될 수 있을 텐데, 저의 속사람은 희생할 만큼 순수한 우정이나 흠모할 만한 사람인가?'라고 나 자신에게 여전히 묻고 있는 것을 발견하고서, 아무런 대꾸를 친구에게 하지 않았던 기억이 선명합니다.

　사람이 사는 데 친구로부터 많은 영향을 받기도 하고 주기도 합니다. 사람이 살면서 가족을 떠나서 가장 많은 시간을 함께 보내는 사람이 친구입니다. 친구는 서로 허물이 없습니다. 서로 막힘이 없습니다. 서로를 생각할 수 있습니다. 친구에게 모든 것을 말합니다. 부모에게 못하는 말도 친구에게 합니다, 친구랑 보내는 시간이 부모랑 보내는 시간보다 더 많습니다. 친구랑 함께 어디든 갑니다. 친구는 참 좋습니다. 예수님의 삶 속에 친구들을 찾아보았습니다.

예수님의 친구는 재물과 상관이 없었습니다. 예수님의 친구는 권력과 무관합니다. 더군다나 예수님의 친구들은 학식과도 관련이 없습니다. 왜냐하면 예수님은 정규 교육과정을 이수한 특별한 교육을 받지 않았기 때문입니다. 예수님은 시골에서 무명의 목수입니다. 예수님의 친구는 누구나 될 수 있었습니다. 무리 속의 누구나, 영혼의 그리움에 예수님을 찾는 이 모두입니다.

예수님의 친구는 세리와 죄인들이라고 성경은 기록하고 있습니다. 예수님은 이들 뿐만 아니라 다양한 부류의 사람들을 친구로 사귈 수 있습니다. 왜냐하면 예수님은 누구와도 함께 먹을 수 있고 또 논쟁할 수 있기 때문에 그들을 친구로 사귈 수 있습니다. 친구는 무엇보다 먹고 마시고 노는 것을 함께하지 않는다면 친구라고 말할 수 없을 것입니다.

친구의 의미를 바르게 알 수 있는 상황이 성경에 잘 기록되어 있습니다. "요한의 제자들은 금식하고 있는데 왜 당신의 제자들은 금식하지 않는가"라는 비판에 예수님은 답변하기를 "친구의 혼인 잔치에 참여한 신랑 친구들이 어찌 즐거워하지 않겠는가 하지만 때가 되면 그들도 금식을 할 것이라"라고 답변을 합니다. 친구는 함께 즐거워하고, 함께 슬픔을 나누는 것이 상식입니다.

친구를 보면 그 사람을 알 수 있다는 말처럼 친구는 제2의 자아라고도 합니다. 친구는 우리들의 삶에서 결코 분리할 수 없는 중요한 요소입니다. 친구는 자신의 모든 영역에서, 어떤 점에서는 세상의 시작부터 세상을 마무리하는 순간까지 함께할 수 있는 존재이기 때문입니다. 개인적으로 시골에서 자랐기 때문에 지금도 어릴 때 강과 산에서 함께 놀던 친구들을 만나고 있습니다. 그들의 얼굴을 볼 때마다 나의 가슴은 어린 시절의 여러 추억이 클로즈업되는 것을 느끼곤 합니다. 예수님은 고향 친구들과 어떻게 지냈을까 생각해 봅니다.

그가 어린 소년 시절과 청년의 때에 만났던 친구들은 기록된 성경에 언급이 없습니다. 오히려 자신 때문에 자신의 동년배들이 무참히 죽었던 사실을 전해 듣고서 매우 힘든 시절을 보냈을 것으로 예측될 뿐입니다. 예수님이 세상에 나와 제자들을 선택하여 그들과 함께 자신의 정체성에 따른 천국을 이루기 위한 삶 속에서 끈끈한 관계가 이루어지자, 예수님은 제자들을 급기야 친구로 생각하게 됩니다. 요한복음 15장 첫머리에 예수님 자신을 포도나무로 그리고 제자들은 가지로 비유하여 서로 생명의 줄로 연결되어 있음을 선포합니다. 함께 좋은 열매를 맺자는 것입니다. 그리고 바로 뒤에, "너희를 친구라 하였노니 내가 내 아버지께 들은 것을 다 너희에게 알게 하였음이라"라고 말씀하시면서 친구는 서로 사랑하는 것이고 또한 친구는 친구가 하는 말을 듣고 그대로 실천하는 것을 주지시킵니다.

친구는 서로가 모른 것 없는 사이입니다. 친구는 서로가 요구하는 것을 수용하고 따르는 관계입니다. 친구는 서로가 동등한 관계에서 우정을 만듭니다. 친구는 역경을 헤쳐 나갈 힘을 북돋워 줍니다. 친구는 쉼을 줍니다. 친구는 나를 이해해 줍니다. 친구는 나를 위로해 줍니다. 이러한 것들은 친구가 나를 알기 때문입니다.

> 세례 요한이 와서 떡도 먹지 아니하며 포도주도 마시지 아
> 니하매 너희 말이 귀신이 들렸다 하더니 인자는 와서 먹고 마
> 시매 너희 말이 보라 먹기를 탐하고 포도주를 즐기는 사람이
> 요 세리와 죄인의 친구로다 하니 지혜는 자기의 모든 자녀로
> 인하여 옳다 함을 얻느니라 (누가복음 7:33-35)

―――――
사람의 관계를 완전케 하는, 지혜의 왼손법칙

사람은 사람과 더불어 사는 것입니다. 사람이 동물과 어울려 산다
면 그것은 일방적인 관계라 설명할 수 있습니다. 예를 들면, 반려동물
과 사람의 관계입니다. 이들은 어느 한쪽이 일방적으로 돕고 보살피
는 관계입니다. 물론 서로가 무엇을 주고받는다고 주장한다면 동등관
계라 할 수 있을지라도, 특히 먹는 것 하나만 생각하면 완전한 일방
적 관계입니다. 결코, 반려동물이 주인의 먹거리를 준비하여 요리하
지 못하기 때문입니다. 따라서 사람이 더불어 사는 관계에서 무엇이
지혜인지 성경 말씀을 통해 자유함을 얻고자 합니다.

회사에서 오래도록 함께 신우회를 섬기는 동료가 있었습니다. 늘
함께 모여 기도하고 성경을 통해 서로의 믿음을 나누는 직장 동료입
니다. 그런데 언젠가 대화 중에 상당히 거북한 언어를 듣게 되었습니
다. 그 거북한 언어는 나의 가슴 깊이 들어가 뭔가 깊은 상처를 만들
기에 충분하였습니다. 소명에 대한 객관적이건 외형적이건 누가 보
라도 확실한 표적을 지닌다면 그것에 대한 전적인 반응의 책임은 본

인에게 있겠으나 그렇지 않다면 그의 반응은 상당히 모호하게 됩니다. 그런 상황에서 소명에 대한 거북한 말을 직설적으로 들었을 때 받은 충격은 상당히 컸습니다.

그런데 갑자기 지혜의 왼손법칙이 떠올랐습니다. 잠시 그 동료를 지혜의 왼손법칙 위에 올려놓고 다시 생각하였습니다. 그동안 그 동료를 지혜의 왼손 약지 위에 올려놓고 늘 그와 대화를 하였는데, 이제 그를 중지 위로 살짝 이동하고서 그의 거북한 말들을 들으니 모든 것이 이해가 되었습니다. 가슴 깊이 숨으려고 하는 상처가 오히려 스스로 치유되는 것을 느끼면서 상처 위에 아름답게 지혜의 왼손법칙(야고보서 3:17)이 꽃 피우는 것을 보면서 큰 기쁨을 누렸습니다. 그 치유의 말씀을 함께 나누면서, 우리가 세상에서 살면서 사람과 관계의 기본적인 지혜가 무엇인지 하나님의 마음을 생각해 봅니다.

> 오직 위로부터 난 지혜는 첫째 성결하고 다음에 화평하고
> 관용하고 양순하며 긍휼과 선한 열매가 가득하고 편견과 거
> 짓이 없나니 (야고보서 3:17)

당신의 왼손을 가볍게 주먹을 쥔 다음에, 오른손을 펴서 그 왼손을 받치고서 가슴 앞으로 내밀어 보시기 바랍니다. 그리고 먼저 엄지를 그대로 펴 보이십시오. 엄지는 곧게 하늘을 바라볼 것입니다. 그 엄지가 가리키는 곳은 하늘이고 천국이며 하나님과 나의 관계를 의미합니다. 즉 나와 하나님과 관계 속에서 지혜는 성결하는 것입니다. 성결하지 않고는 결코 하나님과 원만한 관계를 유지할 수 없습니다. 성결은 거룩을 의미하고, 거룩은 분리, 구별을 의미합니다. 따라서 나와

하나님의 관계는 늘 세상과 구별된 상태, 즉 거룩하고 성결의 상태를 유지하려고 노력하는 것이 위로부터 난 지혜입니다. 이것이 위로부터 난 지혜의 시작이며 기초입니다. 성결하지 않은 상태에서 그 이후의 지혜들은 모래 위에 지은 집과 같은 것입니다.

다음으로 왼손의 검지를 그대로 쭉 펴 보이시기 바랍니다. 엄지를 기준으로 수직으로 검지가 나의 앞을 지칭하고 있습니다. 왼손이 나의 가슴 앞에 있다면, 검지가 가리키는 것은 나와 마주 선 모든 사람을 말합니다. 가족도 포함됩니다. 직장 동료도 포함합니다. 교회의 성도님들도 포함합니다. 버스에서 지하철에서 길거리에서 마주치는 불특정 모든 사람을 포함합니다. 세상의 모든 사람과 기본적으로 화평을 유지하는 것이 지혜입니다. 사람들과 평화를 누리지 못한다면 그 사람은 심각한 스트레스에 사로잡혀 또 다른 병적 현상을 나타낼 수 있습니다. 외부적 불특정 사람과 화평을 못 누린다면 그것은 두려움과 공황장애로, 자신과 가까운 관계의 사람들과 화평을 누리지 못한다면 신경성 과민 반응이나 반대로 우울증으로 나타날 것입니다. 화평을 유지하는 데 필요한 요소는 상대방을 있는 모습 그대로 인정하는 것입니다. 내 가족, 동료, 교회 성도님, 그리고 불특정 모든 사람을 존귀한 모습 그대로 인정하면 화평을 누릴 수 있습니다.

다음으로 엄지와 검지를 편 상태에서 자연스럽게 중지를 살짝 펴 보이기 바랍니다. 중지는 검지보다 90도 각도로 상대적으로 자신의 가슴에 약간 구부러진 상태로 펴지도록 하면 더 적절하겠습니다. 중지가 가리키는 방향의 사람은 불특정 다수가 제외된 모든 사람입니다. 특히 자신과 관계가 설정된 사람들, 즉 내가 알고 있는 범위의 사람들을 의미합니다. 이 부류의 사람들은 학교에서 만난 친구, 일터에서 만난 사람, 취미 생활 속에서 만난 사람들입니다. 갑을 관계와 생활 속에서 자주 마주치는 사람들입니다. 이 사람들과 더불어 살면서 필요한 위로부터 난 지혜는 화평에 관용이 추가됩니다. 관용이란 "남의 잘못 따위를 너그럽게 받아들이거나 용서함"으로 국어사전은 설명하고 있습니다. 관용의 지혜가 필요하다는 것은 관계 속에서 잘못한 일이 발생한다는 것을 함축하고 있습니다. 잘못한 일이 발생 한다는 것은 그만큼 상대방과 빈번한 교류가 있음을 의미하고, 빈번한 소통 가운데 서로가 상처를 주고받는 관계를 나타냅니다. 학교 친구, 직장 동료와 상사 및 후배, 취미 동호인들 관계에서 일어날 수 있는 어떤 문제라도 서로 관용하며 지내는 것이 지혜입니다. 관용에 필요한 것은 용서입니다. 상대방을 있는 모습 그대로 인정하고 또 그가 나에게 어떤 문제를 일으켰다면 예수님 때문에 용서할 때, 그 관계는 아름다운 사이로 진전할 것입니다.

다음으로 약지를 자연스럽게 펴서 중지와 50도 각도로 내 가슴을 가리키도록 합니다. 약지가 가리키는 방향의 사람은 가족 그리고 교회에서 만나는 사람들을 의미합니다. 가족과 신앙생활 속에 만나는 사람들과 관계에서 필요한 지혜는 양순입니다. 가족과 교회 성도들과의 관계는 화평과 관용을 넘어 양순의 지혜가 추가로 필요한 매우 중요한 관계입니다. 양순은 '어질고 순하다'는 의미입니다. 양순의 지혜에 필수적인 것은 순종하는 태도입니다. 가족 안에서 서로 순종하며 사는 것이 지혜입니다. 여기서 자녀들이 부모님께 순종하는 것은 당연한 것으로 생각합니다. 이와 같이 어른들도 자녀들에게 때로는 순종하는 모습을 보이는 것이 위로부터 난 지혜입니다. 가족이, 교회가 화평과 관용 그리고 양순의 지혜로 섬길 때, 그곳은 온전한 작은 천국이 될 것입니다.

마지막으로 새끼손가락을 보면 자신을 그대로 가리키고 있는 것을 알 수 있습니다. 즉 약지보다 45도 각도로 나 자신을 그대로 가리키고 있습니다. 검지와 180도 반대로 있도록 하면 됩니다. 이것은 나 자신의 정체성으로 긍휼과 선한 열매를 의미합니다. 즉 나 자신의 정체성은 예수 그리스도 이름으로 행하였던 사랑과 예수님의 이름으로 거두었던 착한 행실들이 궁극적으로 내가 천국에 가서 기억되는 나 자신이라는 것입니다. 우리가 천국에 가면 예수 그리스도 이름 밖에서 행하였던 것은 어떤 점에서 기억될 이유가 없습니다. 하지만 예수님 이름으로 행하였던 모든 것들은 그 날에 기억될 것이며, 그것만이 천국에서 나를 인식하는 실체가 될 것입니다. 따라서 새끼손가락이 나 자신을 가리키고 있는데, 위로부터 난 지혜, 즉 긍휼과 선한 열매는 나 자신을 나타내는 것입니다.

그런데 여섯째 손가락은 없으니, 당연히 편견과 거짓은 우리의 관계 속에 없는 것이 지혜입니다.

우리가 세상에 살면서 만나는 사람을 검지 위에, 중지 위에, 약지 위에 아니면 새끼손가락 위에, 어디에 올려 두고 관계를 유지하겠습니까? 앞서 예에서 언급하였듯이, 저는 그를 약지 위에 올려 두고서 관계를 유지하였습니다. 왜냐하면 함께 신앙생활을 하고 있었기 때문입니다. 약지 위에 올려 둔 상태에서 필요한 지혜는 양순입니다. 피차 서로를 위해 돕고 또 섬기면서 주거니 받거니 하는 것이 양순입니다. 그런데 그렇지 않다는 것을 느낀 순간, 저는 그를 중지 위로 살짝 옮겨 놓고 생각해 보았습니다. 중지 위의 사람들과 관계에서 필요한 것은 관용입니다. 그와 나의 관계는 관용이 필요한 상황이었습니다. 관용은 용서가 늘 따라다녀야 합니다. 지혜의 왼손법칙으로 사람과 사람의 관계의 자유함을 얻게 되었습니다.

주인 정신(섬김 그리고 꿈)

오늘날 사회는 모든 분야에서 경쟁의 시대입니다. 어린아이 때부터, 어떤 점에서는 임신의 순간부터, 더 빠르게 생명을 잉태하기 위한 준비의 기간부터 이미 예비 엄마, 아빠가 자신들의 몸 상태를 최선의 조건으로 만들기 위한 노력을 전해 듣고서 놀란 기억이 있습니다. 임신한 예비 엄마는 좋은 환경에서 아기를 낳기 위해 신중한 몸 관리, 정신 관리 그리고 영혼의 관리를 하는 것은 상식이 되었습니다.

아기가 유치원에 들어갈 나이가 되면 1년 학원비가 대학 수업료만큼 비싼 학원에 보내기 시작합니다. 이 모든 것은 경쟁 시대에 승리하기 위한 전략입니다. 세상은 1등에 많은 관심과 인기를 모아 줍니다. 당연히 세상에서 1등에게는 돈과 인기를 독차지합니다. 그렇기 때문에 세상은 1등을 쫓는 사회가 되었습니다. 언론도 1등에게 관심이 있습니다. 왜냐하면 세상은 1등만 좋아하기 때문입니다. 이러한 사회에서 1등이 못된 그 이외의 사람들은 여러 면에서 스트레스를 받을 수밖에 없는 자신을 다독거리면서 지냅니다.

저 역시 평범한 직장인으로서 다를 바가 없습니다. 예수님을 믿는다는 그 자체로서 자신을 다독거리는 것 하나를 나누고자 합니다. 주인 정신입니다. 1등은 못 되어도 주인 정신으로 세상을 산다면 그런대로 자신감 있게 하루를 지낼 수 있기 때문입니다. 그렇다면 무엇이 주인 정신입니까? 어떻게 주인 정신을 항상 지닐 수 있습니까? 주인 정신은 누가 누릴 수 있습니까?

주인 정신은 무엇입니까?

주인은 자신의 소유가 무엇인지 알고 있습니다. 따라서 주인 정신이란 자신이 소유하고 있는 것들이 어디에 있는지 그 위치도 당연히 알고 있습니다. 주인 정신은 자신의 소유물이 어디에 있는지 그 위치를 알고 있듯이, 중요한 것의 위치를 알고 있는 것입니다. 주인은 소유물을 모아 놓는 창고의 위치뿐만 아니라 그 창고의 자물쇠와 열쇠를 소유한 사람이 주인입니다. 따라서 주인 정신은 열쇠를 가지고서 필요할 때는 언제든지 창고 문을 열 수 있는 권세를 지닌 것입니다. 주인은 자신의 소유물이 어디에 있고 적절한 때에 그것을 팔거나 아니면 남에게 빌려주거나 더 확장하거나 수리하거나 합니다. 따라서 주인 정신은 소유물의 쓰임새를 알고 있는 것입니다. 정리하면 주인 정신은 소유물의 위치를 아는 것, 열쇠를 지닌 것으로 문을 여닫는 권세, 그리고 쓰임을 알고 있는 것으로 정의할 수 있습니다.

누가 주인 정신을 누릴 수 있습니까?
—

주인 정신을 간략하게 정리하였는데, 그렇다면 누가 주인 정신을 누릴 수 있는지 상식적으로 생각해 보겠습니다. 당연히 주인이 주인 정신을 누릴 것입니다. 그 주인의 단면을 농부를 통해 생각해 봅니다. 땅을 소유한 농부는 일찍 일어나 논과 밭으로 나갈 것입니다. 간밤에 비나 동물들로 인하여 혹시 농작물이 해를 받았는지 확인하거나 도랑의 물꼬를 보기 위해 갑니다. 농부들이 아침 일찍 나서는 것은 해가 올라온 시간은 농사일하는 데 적절하지 않기 때문이기도 합니다. 농부들은 논과 밭을 가꾸면서 가을이 되면 풍성한 수확을 기대합니다. 풍성한 수확은 농부의 꿈을 이루는 기초가 됩니다.

앞서 살펴본 주인 정신과 연계하여 정리하면 땅의 위치를 알고, 논밭의 농작물의 필요를 알아 관리하여 그들이 알찬 열매를 맺도록 아침 일찍 집을 나서는 사람, 처음으로 출입문을 열고 마지막으로 그 문을 닫는 사람 그리고 추수 때에 풍성한 수확으로 꿈을 이루어 가는 사람이 주인 정신을 누리며 산다고 생각합니다.

글쓴이 일터로 확장하여 생각해 봅니다. 덕진동 기슭, 보덕봉 아래에 터를 잡은 일터에 아침 일찍 출근하는 사람이 바로 회사의 주인 정신을 누릴 수 있는 사람입니다. 왜냐하면 주인은 일찍 그의 일터에 가기 때문입니다. 물론, 종도 주인의 뜻에 따라 일찍 일터로 갑니다만 누구든지 스스로 아침 일찍 일터로 나온다고 하여 문제될 것이 전혀 없습니다. 다만 약속된 시간까지 일터로 나온다는 것은 주인 정신을 필요로 하지 않은 정상적인 생활이라고 생각합니다.

어떻게 주인 정신을 항상 지닐 수 있습니까?

주인 정신을 알고 또 주인 정신을 누리는 사람의 대표적인 특징 하나를 생각해 보았습니다. 이러한 주인 정신을 늘 지닐 수 있도록 동기를 불러일으키는 것은 섬김의 태도입니다. 주인은 자신의 것이기 때문에 무엇이든지 능동적으로 일합니다. 농부는 자신의 논과 밭에서 나오는 열매들이 알차고 윤기가 좋아, 좋은 상품으로 최고의 가격으로 판매되도록 정성으로 농사일을 합니다. 이와 같이 주인은 자신의 사업이 번창하기 위해 최선을 다하고, 성공하기 위해 노력하는 것은 상식입니다. 이처럼 비록 주인이 아니더라도 주인처럼 적극적으로 일하는 태도가 '섬김'으로 일을 하는 것입니다.

섬김의 태도로 일할 때, 마음은 주인 정신으로 채워질 수 있습니다. 섬김은 스스로 능동적으로 일하는 것입니다. 스스로 일의 순서를 알아야 합니다. 주인의 뜻과 방향을 알아 섬김으로 일을 합니다. 섬기는 태도의 삶은 당연히 아침 일찍 일터로 향하게 됩니다. 왜냐하면 섬기기 위해 먼저 준비해야 하기 때문입니다. 섬기는 태도는 늘 주인 정신을 기억해야 합니다. 그렇지 않는다면 그의 섬김은 반쪽짜리 일로 전락할 수 있기 때문입니다. 주인의 뜻이 무엇인지 그리고 주인의 소망이 무엇인지 바르게 알아야 합니다. 그래야 섬김의 일이 바른 열매로 맺힐 수 있습니다. 경쟁의 시대에 비록 뒤처지더라도 주인 정신으로 일터에서 일한다면, 그는 작은 CEO로서 일을 하고 있는 것과 다를 바가 없습니다.

예수님도 섬기는 자로 이 땅에 오셨습니다. 우주를 지은 창조주 본체입니다. 그는 이 땅의 주인입니다. 하지만 그는 주인으로서 땅을 지배하기보다는 오히려 땅을 아름답게 만들기 위해 사람과 세상을 섬기러 오셨다고 선포하였습니다. 그는 열등의식에 사로잡힌 실패한 사람들에게 섬기는 삶으로 용기와 궁극적인 승리의 모델이 되었습니다. 그 역시 사람으로부터 저주를 받아 나무에 달렸던, 인간의 시간 속에 실패자였습니다. 그러나 그는 하나님의 시간 속에 부활하여 그의 실패가 승리로 전환되는 지금을 우리는 믿음 안에서 목격하고 있습니다.

> 너희 중에는 그렇지 않을지니 너희 중에 누구든지 크고자 하는 자는 너희를 섬기는 자가 되고 너희 중에 누구든지 으뜸이 되고자 하는 자는 모든 사람의 종이 되어야 하리라 인자가 온 것은 섬김을 받으려 함이 아니라 도리어 섬기려 하고 자기 목숨을 많은 사람의 대속물로 주려 함이니라 (마가복음 10:43-45)

3. 사색의 자유

인간이 생각할 수 있다는 것이 지혜와 행복의 기초입니다. 누구나 할 수 있는 생각은 자신의 존재를 스스로 증명하는 간단한 삶의 지혜입니다. 생각은 존재 그 자체를 의미하기 때문입니다.

생각할 수 있다는 것은 인간 스스로 존재의 자유를 마음껏 누리는 축복이기도 합니다. 우리는 생각하는 것을 철학이라고 합니다. 철학은 생각하는 존재로부터 시작합니다. 만약 생각을 떠난, 즉 존재를 부정하는 철학은 이미 철학이 아닙니다. 왜냐하면 철학의 주체와 대상이 사라지기 때문입니다.

철학은 궁극적으로 생각을 도구로 하여 시간에 따른 사람에 관한 연구입니다. 문자의 발명에 따라 사람이 앞선 시간의 경험을 생각과 함께 기록하여 현재에 이르고, 현재의 사람들이 미래의 시간에 대한 생각을 문자로 기록하여 다음 세대로 전달하는 것이 사람의 본분이며 역사의 패러다임입니다. 이러한 구조 속에서 시간이 무엇을 의미하는지, 그 시간을 주장하는 자가 누구인지, 그 시간은 어떤 방향으로 가고 있는 것인지, 그 시간을 인식하고 존재의 실체를 합리적 이성으로 규명하는 작업이 철학입니다. 그래서 철학은 생각하는 존재에 절대적으로 의존합니다. 생각하는 존재의 상실은 철학의 상실입니다.

어떤 점에서 철학이 상실된 인간은 스마트폰과 같은 존재입니다. 스마트폰은 주인의 손가락이 누르는 대로 SNS, 인터넷, 게임, 사진, 동영상, 경제활동을 하며 즐길 줄만 아는 도구일 뿐입니다. 인간이 생각하지 않는다면 기계와 다를 바가 없다는 것입니다. 생각하는 것은 사람이 살아 있다는 증거요, 창조의 근원과 나의 존재가 연결되어 있다는 증거이기도 합니다. 왜냐하면 생각 자체를 우주 속에 시작한 것은 창조주이기 때문입니다.

생각한다는 것은 즐거움과 행복의 기초를 만들지만, 또 다른 생각은 생각 자체를 부정할 수 있습니다. 왜냐하면 생각한다는 것에 절대적인 자유가 주어졌기 때문입니다. 생각하는 것을 막을 수 있는 것은 결코 없습니다. 최소한 창조주의 형상대로 창조된 사람에게 말입니다. 생각의 울타리가 없기 때문에 존재의 울타리를 넘는 생각이 오늘날 우리나라가 직면하는 가장 큰 문제입니다. 특히 젊은 날에 자신의 인생을 생각하지 않은 사람은 드뭅니다. 누구든지 세상에 홀로서기를 하면서 한 번쯤 겪는 생각의 어려움에 대하여 성경의 도움을 받아 정리하였습니다.

우울증, 성경을 통해 극복하자 (전도서 전체)

내가 살고 있는 대전의 인구는 약 150만 전후 그리고 인근 세종시 인구 30만을 합치면 약 180만 명입니다. 평화롭게 살고 있는 대전·세종 지역에 날마다 총기 혹은 칼부림으로 살인 사건이 발생하여 매주 8명 이상 내지 9명의 사람이 죽는다고 한다면 누구든지 이곳을 무서운 곳으로, 도시 전체에 큰 문제가 있는 것으로 생각할 것입니다. 날마다 모든 언론에서 집중적인 조명을 받아 사회적 큰 문제로 인식할 것입니다. 왜 갑자기 매일 살인 사건이 발생하는가? 왜 일 년 내내 날마다 사람이 죽는 범죄가 끊이지 않고 발생하는가? 그 원인이 무엇인지 모든 언론에서 집중 취재할 것입니다.

그런데 죽음으로 이끄는 과정은 다르지만 실제로 2017년 자살률 통계 기준 인구 대비로 비유하면, 대전·세종 지역에서 매일 1명 이상, 매주 8명 이상 자살자가 발생하고 있다는 의미입니다. 우리나라 전체로 생각하면 매일 35명 이상이 자살로 생을 마감합니다. 총과 칼로 죽이는 것에 대하여 문제로 인식하지만, 자살이라는 것 때문에 사회적 관심이 없습니다. 이것은 우리 사회에 심각한 암적인 문제입니다.

자살에 이르는 원인은 여러 가지가 있겠으나 무엇보다 정신적인 불균형으로 인한 자신의 처지를 비관하는 경우가 대부분으로 분석되고 있습니다. 정신적인 불균형의 대표적인 증상이 '우울증'입니다. 다른 한편으로 허무주의적 가치관도 일부 원인으로 예측할 수 있습니다. 성경에서 우울증이나 허무주의적 색채를 찾아보았습니다. 개인적으로 성경의 전도서를 발견하였을 때, 그 기쁨을 지금도 생생히 기억합니다. "헛되고 헛되고 헛되도다"로 시작하는 성경 말씀이 있다는 것 자체가 저에게 코페르니쿠스적 발견이었기 때문입니다. 전도서를 통해 인간의 정신세계를 균형 있게 다루는 것을 생각해 보았습니다.

우울증은 생물학적으로 설명되는 정신 질환입니다. 기분 장애의 일종으로, 우울한 기분, 의욕·관심·정신 활동의 저하, 초조(번민), 식욕 저하, 불면증, 지속적인 슬픔·불안 등을 특징으로 합니다. 감정을 조절하는 뇌의 기능에 변화가 생겨 '부정적인 감정'이 나타나는 병이며 전 세계 1억 명 이상이 앓고 있는 질환입니다.

이러한 정신 질환으로 우울증을 치료받기 위해 병원을 찾는 것이 우선입니다. 그러나 정신을 치유하는 것은 인간의 지식 이전에 인간의 정신을 창조한 창조주의 말씀을 통해 치유될 수 있음을 믿는 것이 동반되어야 합니다. 따라서 우울증을 극복하는 방법은 병원에서 현대

의학 지식의 도움을 받으면서 스스로 전도서를 날마다 읽는 것으로 병행 치유하는 것이 최고의 방법이라고 생각합니다.

전도서는 우울과 허무에 시달린 영혼의 일기를 기록한 것이기 때문입니다. 지금 내가 고통받고 있는 문제를 하나님도 이미 나와 동일한 문제로 고통을 받으셨다는 사실을 발견하는 것이 매우 중요한 깨달음입니다. 이것은 나의 문제가 하나님의 문제로 전환되는 것으로, 이제 하나님이 어떻게 극복하였는지 그 방법을 통해 나도 하나님과 함께 우울을 극복할 수 있기 때문입니다.

이미 문제를 알고 있다면 당연히 문제에 대한 해법이 있을 것으로 믿고, 전도서를 읽었습니다. 헛되고 헛되다는 성경 말씀은 나의 열등감을 적나라하게 객관화시키고 있는 증거였습니다. 내가 알고 있는 세상이 헛되다는 것을 성경은 이미 알고 있었습니다. 그 헛된 것들이 의미 있는 것으로 전환되는 방법이 성경에 기록되어 있을 것으로 믿고 전도서를 단숨에 읽었습니다. 답은 때를 아는 것과 아름다움 그리고 조물주의 믿음으로 요약되었습니다. 절망의 때가 있고 아름다움의 때가 있는데 그것은 이미 창조주도 알고 있는 것으로, 우리는 그 안에서 의미를 지닌 존재로 사는 것이 인생이라는 것입니다.

전도자가 이르되 헛되고 헛되며 헛되고 헛되니 모든 것이 헛되도다 해 아래에서 수고하는 모든 수고가 사람에게 무엇이 유익한가 한 세대는 가고 한 세대는 오되 땅은 영원히 있도다 해는 뜨고 해는 지되 그 떴던 곳으로 빨리 돌아가고 바람은 남으로 불다가 북으로 돌아가며 이리 돌며 저리 돌아 바람은 그 불던 곳으로 돌아가고 모든 강물은 다 바다로 흐르되 바다를 채우지 못하며 강물은 어느 곳으로 흐르든지 그리로 연하여 흐르느니라 모든 만물이 피곤하다는 것을 사람이 말로 다 말할 수는 없나니 눈은 보아도 족함이 없고 귀는 들어도 가득 차지 아니하도다 (전도서 1:2-8)

사람이 먹고 마시며 수고하는 것보다 그의 마음을 더 기쁘게 하는 것은 없나니 내가 이것도 본즉 하나님의 손에서 나오는 것이로다 (전도서 2:24)

내 아들아 또 이것들로부터 경계를 받으라 많은 책들을 짓는 것은 끝이 없고 많이 공부하는 것은 몸을 피곤하게 하느니라 일의 결국을 다 들었으니 하나님을 경외하고 그의 명령들을 지킬지어다 이것이 모든 사람의 본분이니라 하나님은 모든 행위와 모든 은밀한 일을 선악 간에 심판하시리라 (전도서 12:12-14)

성경 속에 전도서를 발견하는 젊은이들은 결코 절망을 극복하는데 실패하지 않을 것을 확신하게 되었습니다.

창조 그리고 진화의 논쟁

태초에 하나님이 천지를 창조하시니라 땅이 혼돈하고 공허하며 흑암이 깊음 위에 있고 하나님의 영은 수면 위에 운행하시니라 하나님이 이르시되 빛이 있으라 하시니 빛이 있었고 (창세기 1:1-3)

오늘날 스마트폰과 인터넷으로 가상의 세계가 우주를 덮고 있음을 그 누구도 부인하지 못합니다. 1687년 『자연철학의 수학적 원리(Principia)』라는 책이 아이작 뉴턴에 의해 발간된 이래 200년이 넘게 오늘과 같은 자연과학의 발달에 따른 생활의 변화를 예측하는 문헌은 찾기 어렵습니다. 지구 반대에서 일어나는 일을 옆 동네에서 발생한 것처럼 실시간으로 알 수 있고, 더군다나 누구나 필요하다면 직접 볼 수 있도록 정보를 제공하는 시대입니다.

일반적으로 신학자들이 예수님께서 오신 때에 대한 적절한 이유 중의 하나가 '팍스 로마나'입니다. 서기 1, 2세기는 로마제국이 지중해를 중심으로 모든 지역을 다스리는 시대로 지중해 연안에 평화가 정착된 때였습니다. 그러나 만약 예수님이 지금 이때, 스마트폰과 인터넷이 전 세계를 덮고 있고 하늘 위에 인공위성이 수없이 많이 떠 있는 21세기에 이스라엘에 오셨다면 어떤 현상이 일어날지 상상해 봅니다. 물론 믿거나 말거나 하는 양분된 반응으로 나타나겠지만, 그래도 최소한 인터넷을 타고 전 세계로 동일한 시간에 실시간으로 요단강에서 침례를 받는 것을 볼 수 있고 우레와 같은, 아니면 평화로운 헨델의 할렐루야와 같은 소리가 들리는 것을 함께 보고 들을 수 있고, 문둥병자들이 고침받은 것을 볼 수 있고, 바다 위로 걷는 모습을 볼 수 있고, 죽은 지 나흘이 지난 뒤에 무덤에서 걸어 나오는 나사로를 볼 수 있고, 흥겨운 잔칫집에서 포도주가 끊이지 않고 배달되는 것을 이곳 대전에서 볼 수 있을 텐데…. 왜 예수님께서는 지금이 아닌 2000년 전 그때를 선택하였는지 궁금합니다.

관찰한 사실을 근거로 이론과 질서를 찾고, 그 질서에 따라 재현하여 질서의 객관성을 확보한 뒤에 공리로서 인정하는 과학적 방법론을 자연에 적용하여 연구하는 것이 자연과학입니다. 공리로 인정된 질서를 시간의 축으로 확장하여 물질의 위치와 운동량(에너지)을 예측하는 것이 자연과학의 궁극적인 목적입니다.

창조와 진화의 논쟁은 엄밀히 따지면 과학적 방법을 자연의 물질이 아닌 생명에게 적용하면서 시작되었습니다. 생명체들이 서로 연관성이 있다는 것을 관찰하게 되어 그러한 정보들이 쌓이자 질서를 발견할 수 있었고, 그러한 질서를 새로운 가설로 진화론을 만들었습니다. 여기서 결코 간과해서는 안 되는 것이 진화론은 이미 만들어진 것(생명체, 생명)에 대한 관찰에서 비롯되었다는 것입니다. 생명체, 생명 자체를 만드는 것에 대한 과학적 방법을 적용하여 발생한 이론이 아니라는 것입니다. 따라서 진화론은 창조론과 비교할 수 없는 근본적인 차이가 있습니다. 창조론은 생명 자체를 만들었다는 것에서 시작하고 있지만, 진화론은 만들어진 생명체들의 변화에 따른 질서를 찾아내고 그 질서를 생명의 시작점으로 확장하는데, 이때 적용되는 것은 과학적 방법이 아닌 단순한 예측에 따른 가설을 적용하고 있습니다. 이것이 근본적으로 창조론과 진화론이 서로 논쟁할 수 없는 이유입니다.

인간 복제 유머입니다.

2159년 지구 과학자 대표가 하나님에게 가서 "하나님이여, 우리는 과학으로 사람을 복제할 수 있고 창조할 수 있으니, 이제 인간에게 떠나 주시기 바랍니다."라고 말을 했습니다. 하나님은 과학자의 말을 듣고서 "그럼 내가 한 가지 제안을 하지. 우리 인간을 만드는 시합을 하면 어떨까?"

"좋습니다."

"그럼 이렇게 하지. 내가 태초에 아담을 창조했을 때와 똑같이 한 번 해보게나."

"문제없죠!"

과학자는 자신 있게 대답하고 흙덩이를 집어 들었습니다. 그러자 하나님이 말했습니다.

"아니지, 내 흙 말고 너희 흙으로 해!"

다른 한편 진화론이라는 것은 토기장이가 주전자, 물그릇, 밥그릇, 장식용 등 여러 종류의 토기를 만들었는데, 토기들이 스스로 흙에서 나왔다고 주장하는 것과 다를 바 없습니다. 어느 순간에 토기장이가 토기들에게 생각하는 힘을 부여하였습니다. 이에 따라 토기들이 서로 모여 생각해 보니, 각자 토기들이 비슷하면서도 약간씩 다르다는 것을 관찰을 통해 알게 되었고, 그러다 보니 가장 먼저 만들어진 순서를 찾는 즐거움과 호기심을 채우는 계기가 되었습니다. 토기들은 급기야 스스로 우리가 진흙에서 나온 것으로 확장하여 생각하게 되어, 토기들 스스로 반복된 논쟁으로 그들 스스로 흙에서 나온 것을 절대 진리로 만들고 있습니다. 스스로 흙에서 만들어졌다는 것이 진리로 인식되면 토기들 자신의 정체성에 대한 주인으로서 행세할 수 있는 근거가 확보되기 때문입니다.

그런데 앞서 과학적 방법이란 관찰, 이론, 실험, 재현이라고 하였는데, 진화론은 결코 이론까지는 얼마든지 만들 수 있을지 몰라도, 실험한 내용은 없습니다. 더군다나 재현이라는 것은 결코 없습니다. 단순히 단백질의 합성에 대한 실험이 시도되고 있지만, 그것은 이론화될 수 있는 유의미한 데이터를 만들지 못하고 있습니다. 최초 단백질 합성 실험인 밀러의 실험 이후에 몇몇 단백질 합성 실험이 있었지만 이에 대한 유의미한 정보를 생산하지 못하고 있습니다. 이것은 무엇을 의미하고 있습니까?

글쓴이 일터에서 만드는 연료는 원자로 안에서 우라늄이 핵분열 하는데 그 분열에 핵심적인 물질이 우라늄 안에 있는 중성자입니다. 그 중성자 크기가 10^{-15}M보다 더 작습니다. 중성자는 원자핵 안에 있는데, 원자핵의 크기가 10^{-15}M 정도이기 때문입니다. 현대 과학은 이렇게 작은 물질을 제어하고 관리하여 적정한 온도에서 적정한 양의 우라늄이 일관되게 연쇄반응을 일으키도록 합니다. 그만큼 자연과학이 발달한 지금, 왜 밀러의 실험은 지속해서 확대되어 수행되고 있지 않은가? 그 이유는 간단합니다. 생명의 창조 그 자체를 위한 경계 조건을 만들어 실험하는 것은 의미가 없음을 과학자들은 이미 알고 있기 때문입니다. 단순한 분자생물학적 연구의 대상은 세포의 진화론보다 생명 창조 이후에 발생하는 다양한 생명 활동에 따른 DNA의 분석, 유전자 가위, DNA 조합, 신약 개발 등에 관심을 두는 것이 더 의미가 있기 때문입니다. 따라서 진화론은 자연과학이 아니라는 것입니다. 단순한 가설일 뿐입니다. 실험에 의한 재현을 할 수 없기 때문입니다.

인간이 창조론을 믿을 때, 겸손해질 수 있습니다. 인간이 창조론을 믿으면 자신의 양심의 소리에 귀 기울이게 됩니다. 왜냐하면 양심은 창조주께서 만든 창조의 증거이기 때문입니다. 인간이 창조론을 바르게 믿으면 양심의 소리에 자아가 주인으로 행세할 수 없습니다. 왜냐하면 양심은 내 안에 숨겨진 창조주의 마음도 볼 수 있는 존재라는 것을 자아가 알기 때문입니다. '양심이 찔린다'는 말을 우리는 때때로 하는데, 이것은 양심의 기준이 하나님에게 있다는 의미입니다.

인간이 창조론을 믿고 자신의 양심의 소리와 창조의 진리를 구별할 수 있다면 그는 예수님의 말씀을 듣는 준비가 되었습니다. 아담을 지으셨던 그 창조의 손길이 예수님 십자가 대속의 섭리로 전환되었다는 진리를 믿음으로 고백하면 당신은 그리스도인입니다.

이는 하나님을 알 만한 것이 그들 속에 보임이라 하나님께서 이를 그들에게 보이셨느니라 창세로부터 그의 보이지 아니하는 것들 곧 그의 영원하신 능력과 신성이 그가 만드신 만물에 분명히 보여 알려졌나니 그러므로 그들이 핑계하지 못할지니라 (로마서 1:19-20)

율법 없는 이방인이 본성으로 율법의 일을 행할 때에는 이 사람은 율법이 없어도 자기가 자기에게 율법이 되나니 이런 이들은 그 양심이 증거가 되어 그 생각들이 서로 혹은 고발하며 혹은 변명하여 그 마음에 새긴 율법의 행위를 나타내느니라 (로마서 2:14-15)

인간의 윤리, 하나님의 윤리

창세기 38장은 오늘날 우리들의 상식으로 접근하기 어려운 상황을 기록하고 있습니다. 마태복음 1장은 예수님의 족보를 기록하고 있는데, "유다는 다말에게서 베레스와 세라를 낳고…"라고 창세기 38장 내용을 간접적으로 재인용하고 있습니다.

창세기 38장의 내용을 살펴봅니다. 37장은 야곱의 아들 중 한 명인 요셉 이야기를 시작합니다. 요셉이 형제들의 질투로 애굽에 노예로 팔려 갑니다. 이때 요셉을 죽이지 말고 노예로 팔자고 제안 한 사람이 유다입니다. 그리고 38장에 유다의 행적을 기록합니다. 그가 세 아들 엘, 오난, 셀라를 낳았고, 첫째와 둘째 모두 며느리 다말 때문에 죽임을 당한 것으로 착각하고 이에 따라 셋째 셀라는 그의 기업을 이을 자로 다말에게 주어야 하는데 그렇지 않았습니다. 다말이 결국 시아버지인 유다를 유혹하여 그녀가 베레스와 세라를 낳아 기업을 잇도록 합니다.

여기서 유다의 아들 엘은 "여호와 보시기에 악하므로 여호와께서 그를 죽였다"라고 38장 7절에 기록하고 있고, 또 오난 역시 "여호와 보시기에 악하므로 여호와께서 그도 죽이시니"라고 38장 10절에 반복하여 기록하고 있습니다. 한 번 더 생각해 볼 것은, 다말이 임신하였다는 소리를 듣고 시아버지 유다는 당장 "다말을 끌어내어 불사르라"라고 심판합니다. 물론 다말은 안전장치, 도장·끈·지팡이를 보임으로 "그는 나보다 옳도다"라는 재평가를 받고서 38장은 쌍둥이를 낳음으로 마무리합니다.

여기서 우리들의 시각으로 다말의 행동을 판단하면 이해할 수 없습니다. 그러나 다말의 신앙의 관점으로 하나님의 마음으로 접근한다면 이해할 수 있는 생각의 틈새를 발견하게 됩니다. 그것은 우리의 윤리와 하나님의 윤리는 다르다는 것입니다. 하나님의 윤리는 율법 속에 일차적으로 표현되어 있습니다. 장자 엘과 오난의 행위는 하나님 보시기에 악하다고 하였습니다. 우리 인간의 관점으로 보면 다말도 매우 악하다고 판단할 수 있습니다. 그러나 하나님의 관점에서 한쪽은 악으로, 다른 한쪽은 수용되는 행위로 받아들였습니다. 그 중심을 우리가 바르게 안다면 우리는 그 중심 안에서 자유를 누릴 수 있습니다.

율법 속에 담긴 하나님 뜻의 중심을 바르게 아는 것이 곧 하나님의 윤리를 바르게 적용할 수 있게 됩니다. 하나님 윤리의 기준은 하나님 자신입니다. 하나님이 악하다고 판단하면 그 행위는 악합니다. 그러나 하나님이 수용하면 그 행위가 비록 인간의 윤리에 위배된다 하더라도 하나님의 윤리 속에 정당한 평가를 받는 것을 우리는 알 수 있습니다. 어떤 관점에서 생각하면 율법은 하나님 윤리의 기준을 우리의 윤리로 전환시키는 옷과 같은 것입니다. 율법이라는 옷을 벗기고, 그 안 담긴 하나님 윤리의 기준을 바르게 알게 되면 우리의 행위는 그 폭이 더 넓어지게 됩니다.

이런 측면에서 자유를 생각해 봅니다. 우리가 생각하는 자유와 하나님이 생각하는 자유는 다를 수 있다는 것입니다. 우리 스스로 자신이 원하는 것을 마음대로 하는 것을 자유라고 생각한다면, 하나님의 관점에서 자유는 우리가 율법의 옷 속에 감춰진 하나님의 중심을 바르게 아는 것입니다. 그 중심을 선포하면 그 중심의 깊이만큼, 우리의 자유도 그와 비례하여 확장될 것입니다. 마침 바울이 고린도 교회 성도님들에게 "시장에 고기를 묻지 말고 그냥 사 먹으라"라는 말씀과 같습니다.

> 모든 것이 가하나 모든 것이 유익한 것은 아니요 모든 것이
> 가하나 모든 것이 덕을 세우는 것은 아니니 누구든지 자기의
> 유익을 구하지 말고 남의 유익을 구하라 무릇 시장에서 파는
> 것은 양심을 위하여 묻지 말고 먹으라 (고린도전서 10:23-25)

위 말씀의 핵심은 예수님께서 앞서 산상수훈에서 가르쳤던 '황금률(마태복음 7:12)'과 동일하다는 것입니다. 바울은 예수님 가르침의 중심을 이미 알고 있었던 것입니다. 이것이 바울이 누렸던 자유입니다.

4. 감정의 자유

인간이 동물과 다르다는 것은 감정을 표현하고, 감정을 관리하고, 감정을 기억하는 데에 있는데, 이것은 특수한 축복을 받은 것입니다. 아침에 일어나 어떤 기분으로 시작하는지 사람마다 다를 것입니다. 그러나 대부분 사람들은 아침을 좋은 감정으로 시작하면 하루가 기분 좋은 날로 기억합니다. 그런데 반대로 아침을 복잡한 감정으로 시작하였다면 하루가 힘들다고 느낄 것입니다. 인간은 감정의 동물이기 때문에 그 감정으로 인하여 자신의 삶을 아름답게 혹은 힘들게 만듭니다.

이렇게 감정의 지배를 받는 사람이 감정으로부터 자유를 누릴 수 있는 것을 성경을 통해 생각해 보았습니다. 감정 중에 가장 관리하기 어렵고, 또 이러한 감정을 통하여 2, 3차의 죄를 범하거나 매우 심각한 시험에 당하게 되는 '분노'에 대해서 성경의 예화를 통해 함께 생각해 봅니다.

___

분노와 절망은 누구나 할 수 있다

개인적으로 믿음에 대한 갈급함은 있었지만, 그에 대한 구체적인 행동이 뒤따르지 않았습니다. 그렇기 때문에 믿음과 관념의 차이를 알 수 없었습니다. 성경 공부를 하던 목사님께 나의 고민을 털어놓으니, 교회에서 봉사를 하라는 것입니다. 그 목사님이 어떤 것이든 교회에서 사람들과 어울려 신앙을 만들어야 한다고 권고하였습니다. 그때 첫 번째 다짐은 내가 소속된 교회의 모임에 빠지지 않고 참석하는 것이었습니다. 그중에 하나가 제직회였습니다. 제직회에서 이런저런 의견을 제시하면서 개인적으로 감정을 조절하지 못하는 격양된 발언을 연거푸 쏟아 내기도 하였습니다. 그러다 보니 교회에서 화를 내는 것이 적절한지 그렇지 않은지에 대해 많은 생각을 하게 되었습니다.

분노하는 모세, 누구나 분노할 수 있다

모세는 민수기 12장 3절에 "온유함이 지면의 모든 사람보다 더하더라"라고 기록하여 모세의 성품을 나타내고 있습니다. 그런데 모세가 이스라엘 민족을 애굽으로부터 이끌어 내어 광야의 시내산에 머물 때, 하나님의 말씀을 받기 위해 산에 올라가 있는 동안 그의 백성들이 부패하여 범죄하는 모습을 보고서, 그가 분노하여 하나님으로부터 받은 십계명 두 증거판을 자기 백성들에게 던져 버립니다. 대단한 분노의 표현입니다. 이러한 모세를 향하여 다시 성경은 온유한 사람이라고 평가를 하고 있습니다.

모세가 돌이켜 산에서 내려오는데 두 증거판이 그의 손에 있고 그 판의 양면 이쪽 저쪽에 글자가 있으니 그 판은 하나님이 만드신 것이요 글자는 하나님이 쓰셔서 판에 새기신 것이더라 여호수아가 백성들의 요란한 소리를 듣고 모세에게 말하되 진중에서 싸우는 소리가 나나이다 모세가 이르되 이는 승전가도 아니요 패하여 부르짖는 소리도 아니라 내가 듣기에는 노래하는 소리로다 하고 진에 가까이 이르러 그 송아지와 그 춤 추는 것들을 보고 크게 노하여 손에서 그 판들을 산 아래로 던져 깨뜨리니라 모세가 그들이 만든 송아지를 가

져다가 불살라 부수어 가루를 만들어 물에 뿌려 이스라엘 자
손에게 마시게 하니라(출애굽기 32:15-20)

여기서 우리가 생각할 수 있는 것은 사람은 때에 따라 분노할 수
있다는 것입니다. 분노를 습관적으로 하는 것은 큰 문젯거리가 되겠
으나 그렇지 않다면 분노는 우리 감정의 한 부분으로 인정되어 분노
할 수 있다는 것을 서로 수용하고, 그 자체 때문에 2, 3차의 죄를 범
하지 않도록 충분히 관리 할 수 있다면 분노는 오히려 적절한 긴장과
균형을 주는 좋은 성품으로 자리매김할 수 있습니다. 팔복의 관점에
서 생각할 때, 의에 대한 주리고 목마름을 넘어 의를 위해 핍박받는
위치까지 다다를 수 있는 자양분이 의분이라고 생각하기 때문입니다.

조절할 수 없는 감정으로 분노하는 것은 적절하지 않습니다. 분노
를 관리 할 수 있다면 그 분노는 의분으로 이웃에게 인식될 것입니다.
화를 통해서 자신이 희생하거나 고난의 길이라고 이웃들이 공감할 수
있다면 화를 내는 것은 적절한 용기 있는 행동입니다.

분노에 버금가는 예수님의 강력한 경고, 지금 나에게 하고 있습니다
—

마태복음 23장은 예수님이 바리새인들을 심각하게 훈계하는 가르
침입니다. 오늘 우리들의 관점으로 바리새인들에게 경고하는 예수님
의 어휘를 보면 상당히 부담됩니다. '화 있을진저', '어리석은 맹인들
아', 급기야 '뱀들아 독사의 새끼들아'까지 표현되는 말씀 속에 강력한
분노가 녹아 있음을 우리는 쉽게 느낄 수 있습니다. 왜 예수님이 이
렇게 강한 말씀으로 바리새인들과 서기관들을 훈계하였는지, 그 이

유는 단순합니다. 그들의 말과 행동이 일치하지 않은 것이 예수님을 화나게 하였습니다(마태복음 23:3). 마태복음 23장은 오늘날 말만 하고 실제로 행동으로 옮기지 않는 모든 가르치는 사람과 권세자들이 깊이 새겨야 할 말씀입니다.

> 화 있을진저 외식하는 서기관들과 바리새인들이여 너희는 천국 문을 사람들 앞에서 닫고 너희도 들어가지 않고 들어가려 하는 자도 들어가지 못하게 하는도다 … 뱀들아 독사의 새끼들아 너희가 어떻게 지옥의 판결을 피하겠느냐 (마태복음 23장 일부)

사명자도 때로는 절망하고 낙담한다, 절망은 누구에게나 찾아오는 것이다

선지자 엘리야는 자신의 생명이 위기에 처할 순간에도 왕에게 직언을 서슴지 않았던 용기 있는(열왕기상 18:17-18) 선지자입니다.

엘리야는 바알 이방신의 선지자들과 맞서 싸워 승리하고서 그 이방 선지자 450명을 모두 몰살시키도록 백성들에게 명령한 무서운 선지자입니다. 또한, 기도로 하늘에 비를 내리도록 하는 능력의 선지자입니다. 그러한 선지자가 이세벨 왕비의 위협을 듣고서 도망하여 광야의 로뎀 나무 아래에 앉아서 자기가 죽기를 원하는 모습이 성경에 자세히 기록되어 있습니다. 물론 천사가 나타나 그를 쉬게 하고 회복하게 하여 다시 그의 사명을 감당하게 합니다(사무엘상 19:15, 16).

사명자도 탈진하고 낙담하는 것은 지극히 정상적이라는 의미로 해석합니다. 온 몸과 마음을 다하여 열심히 수고하여 성취감을 맛보고 나면 오히려 심한 탈진 상태가 뒤따라오는 것을 알 수 있습니다. 성취감이 높으면 높을수록 정비례하여 모든 것을 내려놓고 싶은 생각이 자신을 압도합니다. 성경은 이러한 현상이 정상적이라는 것을 보여주고 있습니다. 절망에 이르게 하는 마음을 회복시키는 방법은 쉼, 안식입니다. 사명자, 능력자뿐만 아니라 누구에게나 재충전의 안식이 필요합니다.

항상 기뻐하라

"항상 기뻐하라"라는 성경 말씀처럼 우리는 늘 기뻐하며 사는 것이 행복한 삶입니다. 사람이 무엇 때문에 항상 기뻐할 수 있습니까? 누구든지 항상 기뻐하면서 살고자 하는 것이 기본적인 본능입니다. 그런데 대부분 사람들은 기쁨보다는 무덤덤함과 걱정과 근심으로 시간을 보내곤 합니다. 어떻게 사는 것이 항상 기뻐하면서 살 수 있을까요?

직장인이 진급하면 여기저기에서 축하를 받습니다. 기쁘게 살 수 있는 원동력입니다. 일터에서 성공하는 것은 모든 사람이 바라는 것입니다. 소망하는 것을 이루는 것은 기쁨, 그 자체입니다. 한 걸음 더 나가, 승리하는 것 역시 큰 기쁨입니다. 운동 경기에서 자신이 응원하는 팀이 승리하면 덩달아 자신도 그 승리를 만끽하면서 기뻐합니다.

가정을 이루고 있다면, 그 가족의 한 구성원이 성공하는 것은 큰 기쁨입니다. 자녀가 건강하게 자라는 것, 소질과 재능을 펴 보이면서 성장하는 것을 보는 것은 모든 부모의 강력한 기쁨의 원천이 됩니다.

특별히 자녀들이 좋은 학교와 직장 그리고 결혼하는 것을 보는 것은 부모로서 평생 기쁨을 누리는 큰 축복입니다.

현대사회에서 사람을 즐겁게 하는 다양한 것들로부터 사람들은 기쁨을 누리면서 살고 있습니다. 자신의 건강 유지, 취미 생활, 여행, 맛있는 음식을 먹는 것 등등 물질을 필요로 하는 곳이 우리 삶의 모든 영역에 연결되어 있습니다. 이러한 것들에 적절한 시간을 보내면서 사람들은 즐거워하고 기쁘게 지냅니다. 여기에는 필연적으로 재물이 필요합니다. 따라서 재물이 충분히 확보되는 로또에 당첨되는 것은 확실한 기쁨을 누리는 계기가 될 것입니다.

그런데 성경에서 '항상 기뻐하라'는 것을 위와 같은 경우를 포함하여 항상 기뻐하라는 것으로 생각합니다. 진급하지 못하더라도, 가정에서 자녀들이나 구성원들이 자기 뜻대로 성장하지 못한다 하더라도, 돈이 없더라도 항상 기뻐하라는 것입니다. 어떻게 이것이 가능하겠습니까?

동기들은 승승장구하는데 나는 여전히 헤매고 있다면 일터에서 해가 지날수록 점차 기뻐하는 일터가 안될 것입니다. 해가 지날수록 일터에서 즐거움을 찾는 것이 어렵게 될 것입니다. 왜냐하면 동일한 조건을 지닌 자신과 잘나가는 동기를 비교하기 때문입니다. 이러한 상황에서 항상 기뻐하는 모습을 보이라는 것이 성경의 요구 조건입니다. 어떻게 하면 인정받지 못한 일터에서 항상 기뻐하라는 말씀대로 기쁘게 일을 잘할 수 있겠습니까? 가정 그리고 세상에서도 기뻐할 수 있는 자랑거리가 없는데도 어떻게 하면 항상 기뻐하라는 말씀에 의지하여 기쁘게 살 수 있겠습니까?

사람이 사람과 더불어 살고 있다는 것을 느낄 수 있다면, 그 느낌으로 하루를 기쁘고 즐겁게 지낼 수 있습니다. 즉 나의 존재로 인하여 이웃이 기뻐하도록 하는 것입니다. 항상 기뻐하라는 것은 만나는 모든 사람에게 항상 인사하라는 것입니다. 마주치는 사람에게 먼저 인사말을 건네는 것이 항상 기쁘게 사는 시작입니다.

간밤에 집에서 자녀들로 인하여 집사람과 다투었습니다. 어제 일터에서 심한 스트레스를 받았던 기억이 아직 가시지 않은 상태에서 또 하루를 시작합니다. 세상은 여전히 분주하고 경쟁적입니다. 조금만 틈을 보이면 차량이 비집고 들어와 내 앞에 머리를 내밀고 나의 진행을 더디게 합니다. 그렇지만 또 현관문을 열고 세상을 향합니다. 처음 마주치는 사람은 아파트 관리인 아저씨, 아줌마, 혹은 늘 아침에 마주치는 사람들입니다. 이들에게 가볍게 인사를 먼저 나눕니다.

"안녕하세요! 수고하십니다."

"네, 안녕하세요. 아침 일찍 나서네요!"

가볍게 인사를 주고받습니다. 가슴은 여전히 답답하고 무거운 짙은 회색으로 가득 차 있지만 그래도 '항상 기뻐하라=항상 인사하라'라는 공식에 따라 의무적으로 기분이 내키지 않더라도 집 밖으로 나오면 무조건 처음 만나는 사람들에게 인사하기를 철저히 지키는 것이 나 자신 스스로 만든 약속이었기 때문에 그렇게 하면서 하루를 시작합니다.

일터로 들어오면 또 맞이하는 사람들이 여럿 있습니다. 청경 근무자, 청소하시는 분들, 그리고 헬스장에서 함께 운동하는 사람들, 이 모두에게 인사를 나눕니다. 두 번, 세 번에 걸쳐 '안녕하십니까. 좋은 아침입니다. 날씨가 참 좋습니다.'라고 인사를 나누다 보면 나 자신도 모르게 내 안에 있던 답답함과 무거운 스트레스가 이미 걷혀 있음을 느끼곤 합니다. 비록 자신의 내면이나 환경은 나를 온전히 기쁘게 하지 못한다 하더라도, 내가 만나는 사람마다 그들에게 인사를 나눔으로 인하여 그들의 존재를 스스로 느끼고 아는 데 조금이나마 도움이 되고자 노력하는 것이 오히려 나 자신을 치유하고 있음을 발견할 수 있습니다.

아무리 힘들고 어렵고 스트레스 속에 산다고 하더라도 그날 걱정은 그날에 족하다는 우리 주님의 말씀에 따라, 새롭게 시작하는 아침에 만나는 사람 모두에게 인사를 나누면, 결국 그 인사를 나누는 행위를 통해서 자신이 항상 기쁘게 살고 있음을 이웃에게 듣게 됩니다.

> 그런즉 너희는 먼저 그의 나라와 그의 의를 구하라 그리하면 이 모든 것을 너희에게 더하시리라 그러므로 내일 일을 위하여 염려하지 말라 내일 일은 내일이 염려할 것이요 한 날의 괴로움은 그 날로 족하니라 (마태복음 6:33-34)
> 우리 각 사람이 이웃을 기쁘게 하되 선을 이루고 덕을 세우도록 할지니라 (로마서 15:2)

질투와 사랑은 생명 활동입니다

관념에는 질투가 없습니다. 관념에는 슬픔이 없습니다. 관념은 감정이 개입할 수준이 다르기 때문입니다. 관념은 자아가 절대 기준으로 모든 것을 승화시키기 위해 감정을 포함한 지식과 경험을 바탕으로 하는 이성이 합리적 논리만 필요로 하기 때문입니다. 만약 관념에 질투가 개입된다면 그것은 이미 관념이 아닙니다, 왜냐하면 궁극적으로 관념은 이데아(Idea)로 이성이 만들어 낸 최고의 개념입니다. 그런데 질투와 같은 저급 수준의 개념이 최고의 개념인 이데아의 핵심 요소로 인식된다면 그것은 이성적 판단이 저급 수준으로 떨어져 최고 개념과 상치되는 논리적 모순을 보이기 때문입니다. 플라톤에 의하면 이데아의 세계는 오직 이성에 의해서만 인식될 수 있는 이상적이고 완전하여 결점이 없는 영원불변의 참다운 세계라고 주장하고 있습니다. 이상적이고 완전하여 결점이 없는 이데아가 질투한다는 것은 관념론의 시각으로 볼 때 적절치 않으며, 굳이 따진다면 저급, 아직 충분히 성숙하지 못한 단계의 관념으로 치부될 것입니다.

그러나 내가 믿는 하나님은 성경 곳곳에서 질투의 하나님으로 기록하여 창조주의 마음을 그려내고 있습니다. 이것은 오늘날 관념론으로 해석할 수 없는 영역입니다. 결국, 관념과 믿음은 일치될 수 없음을 알 수 있습니다.

그것들에게 절하지 말며 그것들을 섬기지 말라 나 네 하나님 여호와는 질투하는 하나님인즉 나를 미워하는 자의 죄를 갚되 아버지로부터 아들에게로 삼사 대까지 이르게 하거니와 (출애굽기 20:5)

네 하나님 여호와는 소멸하는 불이시요 질투하시는 하나님이시니라 (신명기 4:24)

여호와는 질투하시며 보복하시는 하나님이시니라 여호와는 보복하시며 진노하시되 자기를 거스르는 자에게 여호와는 보복하시며 자기를 대적하는 자에게 진노를 품으시며 (나훔 1:2)

관념과 믿음의 차이는 무엇입니까? 질투가 없고 있고, 부활이 없고 있고, 행위의 실체가 없고(기억되지 않고, 단지 단어와 문자만) 있고(기억되고) 입니다.

질투하지 않는다면 당신은 하나님의 형상을 닮았다고 말할 수 없습니다. 하나님께서는 질투의 하나님이시기 때문입니다. 당신에게 질투가 있습니까, 그것은 정상적인 생명 활동입니다. 그 질투를 생산적인 동기로 전환시키면 됩니다.

솔로몬이 기록한 아가서를 생각합니다. 사랑에 대한 표현으로 상당히 부담되는 표현들이 많습니다. 물론 예배 설교 시간에 은유적으로 해석하고 비유적으로 재해석하여 하나님의 사랑, 예수님의 사랑을 설명하곤 합니다.

> 너는 나를 도장 같이 마음에 품고 도장 같이 팔에 두라 사랑은 죽음 같이 강하고 질투는 스올 같이 잔인하며 불길 같이 일어나니 그 기세가 여호와의 불과 같으니라 많은 물도 이 사랑을 끄지 못하겠고 홍수라도 삼키지 못하나니 사람이 그의 온 가산을 다 주고 사랑과 바꾸려 할지라도 오히려 멸시를 받으리라 (아가서 8:6-7)

5. 신앙생활의 자유

신앙생활의 자유는 자기 신앙생활의 변명입니다. 신앙생활에서 근본적으로 자유를 생각한다는 것은 기독교 믿음의 체계로 볼 때 적절치 않습니다. 믿음의 영역에서 자유보다 순종하는 것이 더 성숙한 태도로 생각합니다. 그러나 그렇게 삶이 따라가지 못하는 것을 억지로 자유라는 단어를 차용하여 내가 만난 예수님의 사랑 안에서 신앙생활의 핵심적인 예배, 헌금 그리고 봉사에 대한 제 생각을 정리하였습니다.

예배 장소의 자유

「예수님은 예배의 개혁자입니다」에서 예배에 대한 예수님의 마음을 그려 보았습니다. 나 자신이 하나님을 믿는 영으로 예수님을 메시아로 선포하며 예수님 이름으로 드리는 것이 예배라 하였습니다. 예배의 장소보다 예배드리는 영의 중심이 더 중요함을 가르치셨습니다.

오늘날 한국 교회의 예배는 많습니다. 전통적으로 주일 낮, 저녁 그리고 수요일 저녁 예배와 새벽 기도회입니다. 점차 예배드리는 시간이 줄어들고 있지만, 교회의 신앙생활 관점에서 접근하면 일주일에 최소한 3번 이상은 예배에 참석하는 것이 관례입니다. 그래야 나름대로 믿음을 유지할 수 있고, 믿음에 대한 기본적인 죄책감에서 벗어날수 있기 때문입니다. 규칙적으로 드리는 예배에 참석하지 않은 것이 상당한 큰 죄라고 반복적으로 교회에서 강조하기 때문입니다. 물론 안식일을 기억하여 거룩히 지키라는 십계명에 따라 일주일에 한 번은 어디서나 하나님을 믿는 영과 예수 그리스도의 이름으로 예배를 드리는 것이 신앙생활의 기초이자 시작입니다.

정기적으로 공개된 장소에서 예배드리지 않는 영혼은 자칫 엉뚱한 곳으로 휩쓸려 갈 수 있기 때문에 반드시 주기적으로 공개된 곳에서 예배를 드려야 합니다. 저 자신은 이런 믿음으로 예배를 드리고 있습니다. 하지만 장소보다 더 중요한 것은 예배드리는 사람의 중심입니다. 왜냐하면 영과 진리로 예배드리는 자를 찾으시는 하나님을 믿기 때문입니다. 이것은 일상의 삶이 곧 예배라는 것을 알 수 있는 이유이기도 합니다. 교회 안뿐만 아니라 밖에서도 우리가 영과 진리로 하루의 삶을 산다면 바로 그것이 하나님께서 찾으시는 예배가 되기 때문입니다.

예배에 대한 또 다른 부담감을 털어 내고 싶은 것이, 교회 주일학교에서 봉사하는 선생님들의 작은 갈등입니다. 어린 학생들과 함께 드리는 예배에 대하여, 봉사하는 선생님 스스로 예배를 차별하는 것입니다. 담임목사님이 설교하는 주일 낮 예배를 참석해야 예배를 드린 것으로 생각하고, 학생들과 함께 드리는 예배는 단순히 섬기는 봉사로 생각하는 선생님들의 태도입니다. 엄격히 따지면, 하나님 보시기에 둘 다 동일한 예배입니다. 따라서 학생들과 함께 기도하고 찬송하고 성경 공부하는 것도 거룩한 예배입니다. 개인적으로 학생들과 함께 드린 예배만으로도 주일 예배를 충분히 드렸다고 생각합니다.

우리나라의 특성에 따라 설날과 추석 명절 그리고 일 년에 한 번 여름 휴가철에 주일 예배를 어디서 드려야 하는지에 대한 갈등이 있습니다. 대부분 교회에서 자신이 출석하는 교회에서 먼저 예배를 드리고 나서 고향이나 휴가를 떠나도록 권면을 합니다. 하지만 어떤 열린 교회에서는 이때에 출석교회를 떠나 고향의 교회나 휴양지 현지 교회에서 예배를 드리도록 권면하는 경우도 있습니다. 저는 개인적으로 교회에 봉사하지 않는 성도님들의 경우는 자유롭게 장소에 제한받지 않고 예배를 드리면 좋겠다고 생각합니다.

> 아버지께 참되게 예배하는 자들은 영과 진리로 예배할 때가 오나니 곧 이 때라 아버지께서는 자기에게 이렇게 예배하는 자들을 찾으시느니라 하나님은 영이시니 예배하는 자가 영과 진리로 예배할지니라 (요한복음 4:23-24)

헌금 드리는 곳의 자유

예수님도 헌금을 드렸습니다(마태복음 17:24-27). 교회 공동체에 필요한 것을 위해 헌금은 드려야 합니다. 헌금은 제물과 같은 의미입니다. 사람은 본능적으로 부모님에게 무엇을 드리게 되어 있습니다. 자신을 낳아 길러 준 것을, 자신 스스로 어버이가 되면서 자연스럽게 깨닫고 그래서 감사하는 마음을 표현하고자 부모님에게 드리는 것입니다.

창세기 4장에 가인과 아벨이 하나님께 제물을 드리는 것이 기록되어 있습니다. 헌금은 여기서부터 시작되었다고 생각합니다. 가인과 아벨이 드린 제물이 헌금입니다. 그 이후에 출애굽기와 레위기, 민수기 등에서 반복적으로 십일조와 성전세 그리고 제사의 제물 등을 상세하게 기록하고 있습니다. 이렇게 헌금은 교회 공동체에서 꼭 필요한 것이지만, 그 의미는 철저히 생명과 연결되어 있습니다.

생명의 대속, 생명의 감사, 생명의 평화를 위한 화목에 사용되는 제물이 곧 헌금이기 때문입니다. 당연히 헌금은 이러한 일에 합당하게 쓰여야 할 것입니다.

생명의 대속을 위한 전도와 선교에 재물이 쓰이도록 헌금을 하면 하나님의 마음에 합당한 헌금이 될 것입니다. 이러한 일에 헌신하는 사역자, 선교사님의 의식주에 사용되는 헌금은 누구에게나 동일할 것입니다. 꼭 자신이 등록한 교회의 선교사님이 아니더라도 문제가 될 것 없다는 의미입니다.

그런데 앞서 언급한 가인과 아벨의 삶에서 우리가 기억해야 할 것은, 아벨과 그의 재물은 받으셨고, 가인과 그의 제물은 받지 아니하였다고 하는 것입니다. 헌금을 드리는 것도 중요하지만, 더 중요한 것은 헌금을 드리는 자의 삶 그 자체가 받는 이의 관점에서 핵심적인 판단 근거가 된다는 점입니다. 이것은 교회 안에서 드리는 예배와 같이 교회 밖에서 영과 진리로 사는 일상의 삶도 곧 예배라는 앞의 정의와 일치되고 있습니다. 헌금은 영과 진리로 사는 일상의 삶의 대표성을 지닌 것으로, 교회에 드리는 것입니다. 곧 생명을 대신하여 드리는 것이 헌금의 진정한 의미입니다.

예를 들면, 십일조에 관한 것입니다. 아브람이 롯을 구하고 나서 만난 하나님의 제사장 멜기세덱에게 그 얻은 것의 십 분의 일을 주었다고 기록하고 있습니다. 또한, 야곱 역시 형과 아버지를 속이고 도망가는 길에 "하나님께서 내게 주신 모든 것에서 십 분의 일을 내가 반드시 하나님께 드리겠나이다"(창 28:22)라고 고백합니다. 여기서 아브람과 야곱이 드리는 몫의 의미는 생명의 보존을 위한 감사와 서원입니다. 즉 생명의 대속적 개념으로 십 분의 일이 사용되고 있습니다. 이처럼 십 분의 일(10%)이라는 몫은 생명의 가치와 직결되는 의미 있는 단위입니다.

이것은 내가 자신의 생명을 위해 십 분의 일 정도는 사용할 수 있으나 그 이상의 것은 적절치 못하다는 방증입니다. 다시 말하면 자신의 취미, 자신의 욕구 충족을 위한 입는 것, 먹는 것, 잠자는 것에 대한 총합이 자기 노동의 대가의 십 분의 일이 넘으면 그것은 적절치 않다는 의미입니다. 이러한 관점으로 헌금하고, 또한 나 자신이 물질을 사용할 때, 십일조를 기초로 하여 경제활동을 합니다.

내 맘대로 봉사 (교회 청소)

누구든지, 내 맘대로, 어느 곳에서, 언제든지 할 수 있는 봉사가 있습니다. 그 봉사의 열매는 대단합니다. 그 봉사를 통해서 다양한 하나님의 성품을 알 수 있고, 느낄 수 있고, 실천할 수 있는 용기를 얻을 수 있습니다. 무엇보다 그 봉사를 통해서 하나님의 첫 번째 성품인 거룩에 대해서 깊이 묵상할 수 있습니다. 그 봉사를 통해 주인 정신 그리고 종의 개념을 경험할 수 있습니다. 또한, 그 봉사를 통해 자신의 신앙생활의 변화를 직접 체험할 수 있고, 하나님을 만날 기회를 잡을 수 있고, 믿음의 열정을 만들 수 있습니다. 그것은 교회를 청소하는 봉사입니다.

청소는 더러워진 곳을 깨끗하게 정리하고 닦는 일입니다. 어질러진 것을 바른 위치에 놓는 것입니다. 청소는 계단의 먼지를 제거하는 일입니다. 청소는 쓰레기통을 비우고 화장실을 깨끗하게 만드는 일입니다. 일반적으로 청소하는 것을 사람들은 싫어합니다. 그렇기 때문에 청소는 누구나 할 수 있으며 또한 칭찬받을 수 있는 봉사입니다. 청소하는 당신에게 성령 하나님이 함께할 것입니다. 성령 하나님이 즐거워하는 모습을 당신은 쉽게 느낄 수 있을 것입니다. 그 이유는 단순합니다. 거룩, 거룩, 거룩하신 하나님의 성품을 당신이 지금 만들고 있고 또한 그렇게 세상과 구별된 곳에 당신의 영혼이 있다는 것을 느낄 수 있으며, 성령 하나님 역시 동일한 장소에 임재 할 수 있게 되었기 때문입니다.

청소는 아무 때나 할 수 있습니다. 교회에 아무도 없는 때에, 조용한 시간에 청소하면 됩니다. 청소할 때는 도구가 필요합니다. 걸레와 빗자루 그리고 쓰레기통의 위치를 알아야 합니다. 교회에 걸레가 어느 곳에 있는지 그 위치를 아는 것은 쉬운 듯하면서 어렵습니다. 지금 자신에게 물어보시기 바랍니다. 교회의 걸레가 어디에 있는지 그 위치를 알고 있습니까? 예배드리기 위해 교회에 갔을 때, 더러운 곳을 경험해 보셨습니까? 만약 더럽고 어지럽고 쓰레기가 여기저기 놓여 있는 예배당을 결코 본 적이 없다면, 이미 누군가 열심히 교회를 청소하고 있다는 증거입니다. 특히 아주 작은 먼지도 의자에 없다면 더욱더 누군가 열심히 교회를 쓸고 닦고 있다는 것입니다. 교회의 걸레 위치를 아는 순간, 교회 청소를 할 수 있습니다. 이른 새벽 시간에 기도를 마친 후에 청소할 수 있고, 늦은 시간에 기도하고 나서도 청소할 수 있습니다.

어질러진 자신의 방이 신기하게 깨끗하게 정리가 되었습니다. 말끔히 청소된 방을 보면 누가 생각납니까? 어머니? 가족? 친구? 아마도 자신의 방에 자유롭게 들어올 수 있는 사람이 떠오를 것입니다. 청소는 사람의 관계를 떠올리게 하는 간단한 도구입니다. 깊은 산속에 우연히 만난 묘가 잘 정리되어 있습니다. 정리 정돈된 묘를 보는 순간 조상을 섬기는 후손들의 손길과 정성을 쉽게 느낄 수 있어 왠지 조상의 묘가 쓸쓸해 보이지 않았습니다. 조금 더 숲을 헤치며 산을 가로질러 가는데 이번에는 전혀 후손의 손길을 찾아볼 수 없는, 잡풀에 뒤덮인 조상의 묘를 보고서 정반대의 느낌을 받습니다. 청소는 이렇게 보이지 않는 손길을 느끼도록 하는 강력한 힘이 있습니다. 그렇기 때문에 성전은 거룩한 곳으로, 최고의 청결 상태를 항상 유지하도록 강력한 율법으로 요구하고 있습니다. 물론 예수님께서 마음이 청결한 자가 하나님을 볼 수 있는 복을 누린다고 앞서 가르치셨습니다. 청결한 곳에 하나님은 임재하며, 청결한 곳에서 하나님의 임재를 느낄 수 있습니다. 그것은 절대적 믿음으로 청소하는 손길을, 청결하게 된 곳에서 느낌으로 인하여 그 믿음에 임재 하였던 성령 하나님을 볼 수 있기 때문입니다.

교회 청소는 누가 합니까? 무엇보다 개척 교회라면 아마도 목사님과 사모님이 청소할 것으로 예측됩니다. 조금씩 교회에 성도님이 모이면 아마도 열심으로 섬기는 집사님들이 할 것입니다. 그런데 자신의 방 청소는 누가 하는지 생각해 보면, 자신 아니면 부모님입니다. 이렇게 청소는 주인 아니면 자신과 가장 가까운 사람이 합니다. 교회 청소를 하는 순간 교회의 주인이 됩니다. 교회의 실질적인 주인은 성령 하나님, 예수 그리스도입니다. 여기서 중요한 것을 발견하게 됩니다. 청소하는 순간 자신이 교회의 주인이 되고, 본질적으로 교회 주인은 성령 하나님에 의한 예수님 말씀이라고 믿으면 이 두 요소가 주인이라는 공통분모로 묶어지게 됩니다. 따라서 성경 말씀과 함께 교회를 청소한다면 로고스의 말씀이 레마의 살아 있는 말씀으로 전환 되는 것을 경험하게 될 것입니다.

교회 청소는 어디부터 합니까? 당신이 섬기는 교회의 어느 곳이 가장 깨끗하게 관리되고 정리됩니까? 그곳은 어느 교회나 강대상이 있는 교회의 전면입니다. 예배드리는 모든 사람이 바라보는, 예배 인도자와 설교자가 서 있는 곳이 교회에서 가장 청결합니다. 왜 그럴까요? 그 이유는 앞서 설명한 대로, 청결한 곳에 경외심을 불러일으키기 때문입니다. 그 강대상을 중심으로 점차 멀어질수록 먼지는 쌓여 있고, 깨끗하지 않습니다. 사람의 손이 점차 멀어지기 때문입니다. 교회의 계단은 세상과 연결 고리입니다. 그 계단을 중심으로 흙 먼지의 많고 적음이 차이가 있습니다. 흙 먼지는 우리가 한 주간 살면서 알게 모르게 하나님과 이웃의 관계에서 빚은 삶의 흔적들입니다. 선한 흔적으로, 혹은 실수와 상처 그리고 죄의 흔적으로 대별될 수 있습니다. 그 모든 것이 청소를 통해 교회 공동체와 나의 삶이 하나로 묶이는 것을 느낄 수 있고 깨달을 수 있게 됩니다. 교회 청소는 하나님을 가까이 만날 좋은 기회의 시간입니다.

저녁 잡수시던 자리에서 일어나 겉옷을 벗고 수건을 가져다가 허리에 두르시고 이에 대야에 물을 담아 제자들의 발을 씻기시고 그 두르신 수건으로 씻기기를 시작하여 시몬 베드로에게 이르시니 가로되 주여 주께서 내 발을 씻기시나이까 예수께서 대답하여 가라사대 나의 하는 것을 네가 이제는 알지 못하나 이 후에는 알리라 베드로가 가로되 내 발을 절대로 씻기지 못하시리이다 예수께서 대답하시되 내가 너를 씻기지 아니하면 네가 나와 상관이 없느니라 시몬 베드로가 가로되 주여 내 발뿐 아니라 손과 머리도 씻겨 주옵소서 예수께서 가라사대 이미 목욕한 자는 발밖에 씻을 필요가 없느니라 온 몸이 깨끗하니라 너희가 깨끗하나 다는 아니니라 하시니 (요한복음 13:4-10)

제7장

회개하라, 구원의 예수님

저는 죄인입니다

오늘날 죄값 중에 가장 무거운 것이 사형입니다. 사형의 죄값을 치르는 죄가 살인죄입니다. 이것은 사람을 죽이는 것보다 더 악한 것은 없기 때문입니다. 누구든지 사람을 죽이는 것은 죄라는 것을 알고 있습니다.

예수님은 "살인하지 말라 누구든지 살인하면 심판을 받게 되리라"라는 말씀을 하시면서, 우리에게 재차 하시는 말씀은 "형제에게 노하는 자마다 심판을 받게 된다"라고 합니다.

사람에게 화를 낸다는 것은 세상적인 관점으로 내가 살인을 하지 않았기 때문에 사형에 해당하는 죄값을 치를 필요는 없습니다. 그러나 예수님의 관점으로 내가 형제들에게 화를 내었기 때문에 살인에 대한 심판을 받는 것과 동일한 심판을 받아야 합니다. 형제에게 화를 내는 행동은 세상적인 관점으로 살인죄에 해당하지 않지만 예수님의 관점으로 살인죄에 해당합니다.

저는 죄인입니다. 누구든지 기독교인이 될 수 있는데, 그것은 자신이 죄인임을 고백하는 그 고백 위에 기독교인이 될 수 있습니다. 만약 자신을 죄인으로 동의할 수 없다면, 그의 영혼은 결코 기독교인이 될 수 없습니다. 왜냐하면 그는 대속의 예수님과 관계를 바르게 만들 수 없기 때문입니다. 물론 그가 죄인이 아니라면 메시아도 필요 없습니다.

예수님의 산상수훈의 눈높이로 볼 때, 세상의 모든 사람은 죄인입니다. 저 역시 심각한 죄를 범한 것을 고백하지 않을 수 없습니다. 그렇기 때문에 대속의 예수님, 구속의 예수님을 늘 생각하며 살 수밖에 없습니다. 어떻게 하든 폭풍 속에도, 눈보라에도, 가뭄의 고난에도 참포도나무인 예수님의 가지로 열매를 맺고자 합니다. 그 열매로『내가 만난 예수님』을 기록하고 있습니다.

1. 일상에서 만난 대속의 예수님

내 앞에 오신 예수님을 어떻게 알 수 있을까?

 어느 토요일 일터에서 교회의 친구들을 생각하면서 일주일을 정리하고 있었습니다. 모든 동료는 이미 퇴근하여 사무실은 텅 비어 있었습니다.

열린 사무실 문이 동료의 호기심을 자극하였는지 그의 발걸음을 사무실 안으로 향하게 하였습니다. 칸막이 넘어 인기척에, 저는 자리에서 일어나 눈인사를 하고서 자리에 마주 앉았습니다.

마침 동료의 손에는 녹차를 우려내는 사기 물주전자가 들려 있었습니다. 우리는 자연스럽게 차 이야기에서 시작하여 서로가 관심을 두는 것으로 옮겨 갔습니다. 이런저런 이야기를 하는 가운데, 동료는 저에게 묻습니다.

"요즈음은 많은 사람이 세상을 구원한다고 야단법석입니다. 너무도 많은 사람이 '내가 구세주다, 내가 진리를 바로 아는 자다.', '아니다, 진리는 바로 이것이다. 이것을 믿어라.' 하면서 매우 혼란스러울 때가 많습니다. 어떻게 그가 진짜 구세주인지 아닌지 알 수가 없어요. 아니, 어떻게 그가 구세주인지 알 수 있을까요?" 그리고서 다짜고짜 나에게 묻는 것입니다.

"지금 여기 앞에 한 사람이 와서 '내가 바로 예수요!' 하면서 '믿어라'고 한다면 박봉식 씨는 어떻게 그가 예수인지 알 수 있겠소? 무엇으로 그가 예수인지 증명할 수 있겠습니까?"

저는 그 순간 머릿속이 복잡하게 엮어지는 것을 느꼈습니다. 겉으로는 잠시 시간을 가지면서, 내면에는 지혜를 달라고 매우 긴박한 간구를 드리고 있음을 느끼면서 포괄적인 이야기로 그의 관심을 유도하였습니다. 그때 마침 저는 마틴 부버의 『하시디즘』이라는 책을 읽는 중이었기 때문에 하시디즘의 생각을 잠시 나누었습니다.

"모든 세상의 만물은 창조주의 발광체이지만, 독립된 현존과 노력을 타고났기 때문에 언제나 어디에서나 그를 두르고 있는 어떤 껍질을 둘러쓰게 되어 있습니다. 그리하여 신의 불꽃이 모든 사물 속에 갇혀 있으며, 인간만이 그 불꽃을 해방시킬 수 있으며, 원래의 상태로 그것을 결합시킬 수 있습니다. 인간의 내부에 신의 능력이 존재한다는 것이지요." 이러한 내용을 이야기하면서, "지금 당신 안에 내재되어 있는 그 신의 성품을 저는 믿고 또 그 성품을 향하여 지금 저 앞에 있는 당신 역시 저의 작은 예수님이 될 수 있습니다."

"아니, 그런 이야기 말고, 진짜로 지금 당신 앞에 예수님이 오셨는데, 그를 어떻게 예수님으로 알겠는가를 말해 주세요!"

다그치는 동료의 말을 듣는 순간 내 안에 기도의 응답이 순식간에 이루어지는 것을 느끼면서 '대속'이라는 단어가 떠올랐습니다. '그래 바로 이거다'라고 내 안에 있는 그 어떤 음성이 쾌재를 부르면서, 주님이 정말로 내 앞에 와서 저를 만나고 있음을 느낄 수 있었습니다.

"글쎄요…, 아마도 제가 배운 성경 지식으로 여러 가지를 묻겠지요…. 예수님께서는 유대 땅, 어디서 나셨어요? 그리고 몇 년 어디서 십자가에 달리셨어요? 그때 로마 왕은 누구였고, 총독은 누구였고, 유대인 제사장은 누구였나요? 이런 것들을 묻겠지요…. 그런데 제가 묻는 마지막 질문은, 아니 어쩌면 이것이 내 앞에 있는 사람이 예수님인지 아닌지 바로 알 수 있는 질문입니다. 제가 묻고 싶은 딱 한 가지 질문이기도 합니다.

예수님, 저를 위하여 십자가에 달리신 주님! 저의 죄를 위하여 달리신 주님께서 알고 계시는 저의 죄가 무엇인지 하나만 말해 주세요."

이 말을 하는 순간 가슴과 머리에서 저의 죄들이 떠올랐습니다. 길지 않는 저의 인생이지만 수십 년 동안 저를 매어 놓은 것, 그리고 예수님을 주님으로 고백한 이후에도 저의 가슴에 앙금처럼 남아 있었던 죄악들이 눈앞으로 지나가는 것을 볼 수 있었습니다.

동료는 저의 대답이 전혀 엉뚱한 것이었는지, 일어나 정수기로 찻물을 받으러 나갑니다. 저는 사무실에 혼자가 되었습니다. 그런데, 그 순간부터 저는 혼자가 아님을 알게 되었습니다. 그렇게 만나고 싶은 예수님을 저는 매우 엉뚱하게 직장 동료를 통해서 깊이 만나며 묵상하였습니다.

내 앞에 예수님께서 오셔서 "내가 바로 네가 만나기를 바랐던 예수야!" 할 때에, 저는 그분께 "진정으로 저를 알고 있습니까?"라고 되묻고 싶습니다. 제가 어떤 아픈 마음을 지니고 있고, 저에게 어떤 아름다운 시간들이 있었고, 제가 어떤 소망을 가지고 살았는지, 내 안에 도사리고 있는 죄악은 구체적으로 무엇인지 알고, 저의 처음과 끝을 알고 있는 분께서 저의 죄를 대신 지셨던 예수님이기 때문입니다. 역설적으로 제가 주님께 고백한 수많은 죄와 허물과 욕심과 이기심을 통해서 주님을 알아볼 수 있음을 알게 되었습니다.

저의 가슴 속에 담긴 오래된 죄책감들이 새로운 느낌으로 다가오는 순간이었습니다. 저는 스스로 어둠의 상처를 예수 그리스도 이름으로 지웠다고 자부하였으나 여전히 때때로 저를 절망케 하는 요소로 압박하곤 하였는데, '너의 죄를 알고 있다'는 내면의 소리에 저를 덮고 있었던 죄책감이 벗겨지는 것을 느낄 수 있었습니다. 그렇게 주님께서는 일터에서 저를 만나 주셨습니다.

> 그들이 다시는 각기 이웃과 형제를 가리켜 이르기를 너는 여호와를 알라 하지 아니하리니 이는 작은 자로부터 큰 자까지 다 나를 알기 때문이라 내가 그들의 악행을 사하고 다시는 그 죄를 기억하지 아니하리라 여호와의 말씀이니라 (예레미야 31장 34절)

하나님께서 받으시는 회개는 무엇입니까?

하나님의 말씀을 전하는 교회의 리더들이 어려운 시험에 들곤 합니다. 예수님의 부활 사건 이래 단일 교회로 세계 최대의 교회를 개척한 목사님이 세상 법을 지키지 않아 곤욕을 치르고, 장로교 교단의 관점에서 세계 최대 교회를 개척한 목사님이 장로교 헌법의 근본정신에 어긋난 행위로 말미암아 큰 시험에 든 한국 개신교회의 지도자 모습입니다. 최소한 한두 사람이 아닌 천 명, 만 명을 넘는 수십만에 이르는 무리가 그분들의 설교를 듣고 하나님을 만났다고 앞다투어 간증합니다. '왜 성령님께서 기름 부으시고 세우신 교회의 리더들이 시험에 들어 어려워할까!' 이런 의아심 가운데, 나 자신의 죄에 대한 용서와 회개에 대한 하나님의 마음을 알기 위해 성경 사무엘상·하에서 사울과 다윗을 만나게 되었습니다.

이들을 통해서 어렴풋이나마 하나님께서 기뻐 받으시는 '회개'가 무엇인지 알게 되었습니다. 하나님께서 보시는 회개는, '통회하는 중심에 내(자아)가 있는가, 아니면 하나님이 있는가?' 그 중심을 보고 계심을 깨닫게 되었습니다.

사무엘상·하 말씀에서 사울과 다윗의 공통점을 찾아보았습니다. 사무엘이 사울과 다윗 모두에게 기름을 부어 지도자로 삼았습니다(사무엘상 10:1, 16:13). 사울도 선지자들과 함께 예언하였으며(사무엘상 10:11), 다윗 역시 하나님께 묻고 전쟁에 임하였습니다(사무엘상 23:4, 30:8). 아말렉 적군에 대하여 사울과 다윗은 똑같이 대단한 승전보를 올립니다(사무엘상 14:47-48, 30:18). 사울과 다윗은 선지자 사무엘과 나단 앞에서 그들 스스로 죄를 범하였음을 고백합니다(사무엘상 15:24, 사무엘하 12:13).

사울과 다윗이 범죄한 이후에 선지자들 앞에서 어떻게 반응하였는지 조사하였습니다. 사울은 사무엘 선지자의 겉옷자락을 붙잡아 찢어지는 상황으로 사뭇 심각한 분위기였음을 느낄 수 있습니다(사무엘상 15:26-27). 선지자의 옷이 찢어졌다는 것은 왕과 선지자가 서로 몸싸움을 하면서 실랑이를 하였던 것을 예측할 수 있습니다. 선지자의 옷은 매우 정교하게 꼼꼼히 정성으로 만든 옷입니다. 그런 옷이 찢어졌다는 것은 왕과 선지자 두 분 모두가 서로의 의지를 표면적으로 굽히지 않았던 것으로 저는 판단합니다. 사울이 자신의 머리에 기름 부어 왕으로 선포한 그 선지자의 옷을 찢었다는 것은 선지자의 권위를 온전히 인정하지 않았던 것을 의미합니다.

반면에 범죄한 다윗에게 나단의 경고와 예언은 더 무서운 것이었지만, 나단 선지자의 옷은 찢어졌다는 기록이 없는 것으로 보아 다윗이 선지자 나단을 향하는 태도가 사울과 달랐다는 것을 알 수 있습니다 (사무엘하 12:7-11).

하나님 앞에서 둘 다 범죄하였습니다. 그런데 회복되는 과정이 서로 달랐습니다. "사울이 사무엘에게 이르되 내가 범죄 하였나이다"(사무엘상 15:24)라는 말씀에서 사울 나름대로 회개하였다는 것을 간접적으로 우리는 알 수 있습니다. 둘 다 회개를 하였는데, 한쪽은 그 회개가 온전하게 수용되지 않았고, 다른 한쪽은 그 회개를 인정하여 영원한 참회록인 시편 51편으로 남아 지금도 하나님 말씀으로 전달되고 있습니다.

그렇다면 사울과 다윗의 회개에서 차이점은 무엇입니까? 전자의 회개는 통회하는 심령의 중심에 자기(자아)가 있습니다. 회개의 심령 중심에 세상과 사람이 있고, 그 회개의 중심이 사람과의 관계를 더 중요하게 여긴다는 것입니다(사무엘상 15:30). 회개의 과정에서 자기의 환경과 자기에게 주어진 상황을 벗어버리지 못하는 회개입니다. 회개하는 마음이 세상 것에서 하나님께 나아가는 자세입니다. 세상 방법으로 하나님과 타협하려고 하는 것입니다.

사울의 죄는 사울과 사람과의 관계 속에서 죄가 아니고, 사울과 하나님과의 관계 속에서 일어난 죄입니다. 사울은 아말렉과 전쟁에서 승리하고 나서 하나님의 예언적 경고 말씀을 듣고 순종하지 못했는데, 그 원인은 백성들이 좋은 것을 취하여 하나님께 제사 드리고자 하는 요청을 승낙하였던 것입니다. 백성들이 내건 명분은 '하나님께 제사', 즉 예배였습니다. 무리는 그들의 리더에게 자기들의 욕구를 충족하기 위해 하나님의 이름을 빌리곤 합니다. 리더는 이런 상황을 지혜롭고 전체적인 안목으로 신속한 판단을 하여 무리를 인도해야 합니다. 결과적으로 백성들의 요구 때문에 하나님께 범죄한 사울의 회개는 하나님을 향한 두려움보다는 백성들을 향한 마음이 여전히 더 크게 있음을 알 수 있습니다. 이런 회개는 하나님께서 받으시는 제사가 아닙니다.

반면에 다윗의 회개는 그 중심에 하나님이 있습니다. 통회하는 심령 속에 하나님을 깊이 만나고 싶은 강렬한 마음이 일어납니다. 다윗의 범죄(밧세바 사건)는 하나님 앞에서뿐만 아니라 백성들 앞에서도 얼굴을 들 수 없는 도덕적으로나 군인으로서, 사나이의 의리로서도 통치권자의 권위를 내세울 수 없는 매우 추악한 죄입니다. 왕이라고 해서 마음대로 다른 부인을 빼앗는 것은 분명한 죄악으로 훈련받은 다윗입니다. 그런 다윗이 심각한 문제에 봉착했습니다. 하나님을 뵐 수 없는 것은 물론이요, 다스리는 백성들의 얼굴도 볼 수 없는 그런 상황에서 다윗의 회개는 철저하게 하나님만을 향하고 있습니다. 그 상황에서 그의 회개의 마음을 하나님께서는 받으시고, 그 마음에서 하나님 사랑의 형상을 찾을 수 있기에 오늘날까지 기록하여 시편 51편으로 우리에게 전해 주고 있습니다.

시편 51편은 "하나님이여"로 시작하고 있습니다. 51편에 '하나님'과 '주여'라는 단어가 계속하여 반복하여 기록되고 있습니다. 세상 백성에 대한 것은 맨 마지막에 한 줄 정도 언급되고 있습니다. 다윗은 처절하고 추악한 상황에서 백성들을 의식하면서 회개하기보다는, 오직 하나님만 바라보면서 회개하였습니다. 하나님께서 나에게 어떤 마음을 주시는가? 오직 이 문제를 풀 수 있는 분은 하나님밖에 없음을 알고 하나님께만 매달렸습니다.

다윗은 문제를 통해서 사람을 떠올리지 않고 하나님을 만나려고 간절히 매달렸습니다. 나의 하나님께서는 이 죄악을 통해서 무엇을 가르치고, 어떤 하나님의 마음을 알도록 하고 계시는가? 온통 회개의 중심에 내가 있는 것이 아니라 하나님만 있는 것입니다.

우리는 아직 세상에 머물러 살고 있고, 이 세상은 죄와 더불어 있고, 아담의 후손으로 본질상 죄인이기에 회개는 누구나 합니다. 그러나 하나님이 기뻐 받으시는 회개는, 그 죄로 인하여 예수님의 마음을 먼저 기억하고 그 십자가의 사랑 속에서 나를 부르시는 하나님의 큰 뜻과 거룩한 부담을 발견하려는, 하나님 사랑으로 되돌아가는 하나님 중심의 기도입니다.

> 무릇 나는 내 죄과를 아오니 내 죄가 항상 내 앞에 있나이다 내가 주께만 범죄하여 주의 목전에 악을 행하였사오니 … 주의 구원의 즐거움을 내게 회복시켜 주시고 자원하는 심령을 주사 나를 붙드소서 (시편 51편 부분)

어떻게 타인을 온전히 용서할 수 있습니까?

기독교인들은 여러 측면에서 용서를 빌고, 또 용서하도록 강요받다시피 합니다. 인터넷을 통하여 사람들에게 잔잔한 삶의 의미를 느끼게 하였던 말기 암 환자의 마지막 하고픈 말 가운데도 '하루에 한 사람씩 용서하세요.'가 있어, 용서가 삶의 중요한 요소임을 알도록 하였습니다. 어느 선교사님의 간증에서도 예수 그리스도 이름으로 행하실 권능 앞에 장애물은 용서하지 않은 가슴의 상처라는 것을 기억합니다.

유대인이 오래전부터 믿어 온 이야기에 의하면, 유대인은 잠자는 동안 영혼이 하늘에 올라가 하나님을 만난다고 합니다. 따라서 유대인은 하나님을 만날 준비를 하기 위하여 매일 일과를 보따리에 싸야 합니다. 슐한 아룩은 용서에 대한 구체적인 방법을 가르치고 있습니다. 그 방법은 먼저 "나는 나를 괴롭힌 사람을 누구든 용서합니다."라고 말합니다. 그 후 자신이 용서할 사람들의 이름을 명단에 적습니다. 그리고 "우주의 창조자는 ○○를 용서한다."라고 말합니다. 이로써 그날의 일은 모두 잊힙니다. 그는 말하기를 "네가 남을 용서함으로 아무도 너 때문에 심판받지 않는다."라고 가르칩니다. 이 말 속에는 네가 남을 용서하였으니 너도 심판받지 않는다는 뜻도 포함되어있습니다(현용수, 『IQ는 아버지, EQ는 어머니 몫이다』(2권), 서울:국민일보사, 232-233 쪽).

그런데 우리는 입으로 하는 '용서합니다'는 말이 실제로 우리의 감정을 그대로 묶고 있음을 종종 느낍니다. 아무리 진심으로 여러 번 '용서한다'는 말을 되풀이하여도, 여전히 우리의 마음 깊숙이 그 사건에 대한 감정이나 관계가 평화롭지 못한 것을 느낄 때가 많습니다. 그렇기 때문에 용서한다는 말이 오히려 나의 위선적인 표현으로 느껴질 때도 있습니다.

오래전에 있었던 일입니다. 집 베란다 앞 주차장에 차를 전면이 울타리 쪽으로 향하여 주차하였습니다. 아침에 일어나 베란다 창문을 열고 주차장에 주차된 차를 보는 순간 뭔가 이상한 느낌이 왔습니다. 차가 옆 차와 어깨를 나란히 맞대고 있는 것이었습니다. 밖으로 나가 보니 조수석 뒷바퀴 부분이 움푹 찌그러져 들었습니다. 누군가 상당히 큰 상처를 차에 남기고 도망을 갔던 것입니다. 그 순간 저의 머릿속에서 '왜, 내 차인가? 담장 너머로 철조망을 쳐야 하는데, 관리하는 아저씨들은 도대체 무엇을 하는가!' 등등 온갖 불평들이 부글부글 끓어 올랐습니다. 그런데 다행스럽게도 차가 굴러가는 데는 전혀 지장이 없었습니다. 다만 보기에 흉하고, 차의 외모적 모습과 전혀 어울리지 않는 꼴이 되었습니다. 순간적으로 저는 '나는 기독교인이다. 용서해야지.' 하면서 용서를 했습니다. 그러나 용서한다고 차 모양이 원 상태로 돌아오는 것도 아니고, 여전히 거의 2년 동안이나 그대로 그 모습으로 있었습니다.

많은 사람이 구겨진 차를 보면서 모두 다 한마디씩 합니다. "왜 차가 이렇게 되었어요?", "왜 좋은 차를 고치지 않으세요?", "언제 이렇게 되었나요?", "찌그러진 차를 타고 싶지 않는데요!", "다음 사람을 위해서 보기 좋게 고치겠어요, 나 같으면." 저와 관계를 맺고 있는 사람들은 뒷바퀴 부분이 움푹 구겨진 차를 보면서 자기 나름대로 위로의 한마디를 합니다. 그럴 때마다 저는 구차한 변명을 합니다. "사는 곳이 좋지 않아서, 술 먹은 사람이 아마 구겨놓고 도망을 갔지요. 중고 고물차여서, 가는 데 지장 없으니 그냥 타고 다니지요!"

그런데 교회 성도님 조문을 갔다 오는 길에, 이 차에 대하여 또 묻기에 그 내막을 한 무리의 교회 조문객들에게 자세히 설명했다는 말을 전해 듣게 되었습니다. 이때에 내 안에서 뭔가 스치는 것이 있었으나 그것이 어떤 것인지 분명하지 않았습니다. 그런데 며칠 지난 새벽 시간에 불현듯 구겨진 차가 오히려 저를 변명하고 있음을 알게 되었습니다. 제가 소속된 교회의 새해 예산안 계획을 의논하는 과정에서 교회에 부담을 주었는데, 이 일로 인하여 가슴앓이를 하고 있을 때였습니다. 이러한 저의 심리적 상태에서 구겨진 차는 저의 한 면을 드러내고 있으며, 저의 한 부분임을 보여 주고 있음을 느끼게 되었습니다.

중심을 보시는 주님을 생각나게 하듯이, 구겨진 차가 저의 중심을 향하는 태도를 엿보게 하고 있었습니다. 또 한편으로 구겨진 부분이 있었기에 저와 관련된 모든 사람이 자연스럽게 말의 접촉점을 찾을 수 있었고, 쉽게 서로의 안부를 묻는 그리고 좀 더 진전된 대화를 나눌 수 있는 촉매 역할을 하였음을 느끼게 되었습니다.

그 순간, '아, 용서란 이것이구나. 용서해야 할 대상이 우리 주 예수 그리스도 안에서 재해석될 때, 그리고 그 해석이 주님의 사랑을 드러내고, 가르치는 권고의 한 표현으로 저를 깨닫게 해 줄 때야 비로소 용서해야 할 대상이 온전히 용서하게 되고, 그 관계가 완전한 평화의 단계로 접어드는구나.'를 알 수 있게 되었습니다. 구겨진 차로 인하여 오히려 주님이 저와 함께하신다는 사실을 깨닫는 순간, 저의 마음 한편에서는 수년 전 아침에 저의 가슴에 조그만 원망의 그림자를 만들게 했던 알 수 없는 어떤 사람에 대한 미워함이 형체도 없이 깨끗하게 지워져 가고 있음을 느꼈습니다. 그것은 마치 여름날 시원한 냉수를 마실 때 느끼는, 시원한 것이 온 가슴을 잔잔히 적시고 있는 것 같았습니다.

요셉도 형제들에게 그렇게 하나님의 섭리를 설명하면서 두려워 떨고 있는 형제들을 위로합니다. 요셉은 섭리로 인하여 형님들의 행위를 재해석하고, 형들을 용서하게 됩니다(창세기 45:5, 50:20). 용서는 사건이나 문제 혹은 관계가 예수님 안에서 재해석될 때 비로소 완전한 용서를 이룰 수 있음을 깨닫게 되었습니다.

분을 내어도 죄를 짓지 말며 해가 지도록 분을 품지 말고
(에베소서 4:16)

너희가 사람의 잘못을 용서하면 너희 하늘 아버지께서도 너희 잘못을 용서하시려니와 너희가 사람의 잘못을 용서하지 아니하면 너희 아버지께서도 너희 잘못을 용서하지 아니하시리라 (마태복음 6:14-15)

2. 부분과 전체로서 구속의 예수님

네가 어디 있느냐?

높은 산을 오르는 사람들이 가지고 가는 것이 있습니다. 지도와 나침반입니다. 왜 산악인들은 지도와 나침반을 가지고 가야 할까요? 자기의 위치를 알기 위함입니다. 올라가고자 하는 산의 꼭대기가 어디에 있으며, 내가 가고자 하는 목적지와 내가 있는 곳의 거리를 알기 위해서입니다. 이렇게 내가 어디에 있는지 그 위치를 아는 것이 중요합니다. 왜냐하면 그것은 산악인들이나 탐험가들이 그들의 목적과 방향을 정확하게 알 수 있도록 하여 목적을 성취하거나 때로는 자기 생명을 지켜주기 때문입니다.

그런데 '네가 어디 있느냐'라는 물음은 인간보다 하나님께서 먼저 사용한 것으로, 문제에 부딪힌 인간들에게 던지는, 첫 번째 물음입니다. 창세기 3장에 선악과를 따 먹고, 부끄러움에 숨어 있는 아담을 부르시는 하나님의 말씀입니다. 아담은 모든 사람의 대표성을 지니고 있기 때문에 이 물음은 나 자신에게 하는 하나님의 마음으로 생각할 수 있습니다.

잠시 아담이 만났던 선악과의 의미를 묵상합니다. 아담이 선악과를 먹음으로 하나님과 분리되는 영혼의 사망 선고를 받았지만, 또 다른 관점에서 생각합니다. 하나님께서 온 우주를 만드시고 나서 하시는 말씀은 "보시기에 좋았더라"였습니다. 그러고 나서 세상과 창조주의 관계를 알리는 고리로써, 선과 악을 아는 열매를 만들었습니다. 그런데 선과 악을 분별하는 것이, 창조주 하나님의 '보시기에 좋았더라'는 성품을 아는 간단하고 보편적인 도구라는 것입니다. 그 도구를 인간이 선악과를 먹음으로써 역설적으로 지니게 되었다는 의미입니다.

달리 말하면 선악과는 하나님을 바르게 알며 영원한 아름다움 가운데 살고, 죄악과 죽음의 두려움 가운데 살지 않도록 하기 위해 인간에게 주어졌지만, 선악과의 또 다른 의미로 우리의 가슴속에 있는 '양심의 가책', '부끄러움', '마음의 아픔', '머쓱함'이라는 것을 통해서 '옳고', '옳지 않다'는 것을 느낄 때마다, '너는 지은 바 된 피조물이라는 것을 깨달아라.'라는 것입니다.

그런데 여기서 옳고 그르다는 것은 반드시 기준이 필요합니다. 기준이 없는 선과 악은 의미가 없습니다. 기준은 창조주입니다. 부활의 예수님입니다. 따라서 죄와 사망 아래 있는 사람에게 '선악과'가 주는 기능은 '하나님과 예수님이 우리에게 옳고 그름의 절대적 기준이다.'라는 것입니다.

다시 아담이 만난 문제를 재해석하면, 하나님의 말씀에 대한 호기심과 '정말 내가 죽을까?' 하는 궁금함 그리고 '아내의 말과 하나님의 말 중에서 어느 쪽을 선택할 것인가?' 하는 문제였습니다. 아담이 만난 문제가 선택과 갈등이라면 오늘의 내가 만나는 문제와 다를 바 없습니다. 희생, 유혹, 시험, 욕심, 핍박, 이기심, 범죄, 싫어함, 내 뜻대로 되지 않음 등등 이러한 것들은 우리가 일상에서 만나는 선택과 갈등의 문제를 만드는 원인입니다. 이러한 상황에서 우리가 자유로울 수 없기 때문에, 또한 우리가 떠올릴 첫 번째 하나님의 말씀은 아담의 그것과 동일한 '네가 어디 있느냐'입니다.

지금 저 자신에게 묻습니다. '내가 어디 있느냐?' 밑도 끝도 없이 막연한 질문에 다양한 반응을 할 수 있습니다. 장소를 말할 수 있고, 인생의 여정에 대하여 생각할 수 있고, 심각한 고민과 걱정에 대한 스트레스를 말할 수 있습니다. 누구든지 어떤 형태로든 '네가 어디 있느냐'에 응답하는 영혼은 창조주와 함께하는 존재로 자신을 증거하고 있다고 저는 믿습니다. 왜냐하면 앞서 살펴보았듯이, 그 질문은 창조주께서 피조물에게 던진 첫 번째 묻는 말씀이기 때문입니다.

이 질문에 의미론적으로 응답할 수 있는 첫 반응은 선과 악의 상황에서 내가 선한 곳에 있음을 스스로 확인하는 것입니다. 물론 악의 위치에 있다 하더라도 '네가 어디 있느냐'라는 소리를 들을 수 있거나 기억해낼 수만 있다면 그 순간부터 자신이 피조물로서 창조주와 관계를 정상화하는 계기가 될 것이기 때문에 궁극적으로 자신을 선한 곳으로 이동시키는 동기가 될 것입니다.

또한, 앞서 함께 묵상한 '건강 자유'에서 창세기 3장 19절을 인용하였는데, 사실 3장 19절 말씀은 '네가 어디 있느냐'라는 질문에 관한 결과로써 주시는 새로운 하나님의 말씀이었습니다. 그것은 죄인으로서 인간은 흙으로 되돌아갈 때까지 일용할 양식을 위해 얼굴에 땀을 흘리는 정도로 정직한 노동을 매일 하라는 것입니다. 이것에 덧붙여 글쓴이의 관점에서 생각한다면, '네가 어디 있느냐'의 질문은 건강의 자유 관점에서 몸의 설계 요건 1, 2를 위해 '지금 네가 어디 있느냐'로 생각할 수 있습니다. 즉 먹는 것, 운동하는 것, 노동하는 것에 대하여 바른 위치에 있는지 날마다 자신에게 묻고 있다는 의미입니다.

오늘도 얼굴에 땀을 흘렸는가? 만약 얼굴에 땀을 흘리지 않고 밥을 먹었다면 '네가 어디 있느냐'라는 요청에 다시 자신을 되돌아보라는 것입니다. 그것은 스마트폰과 인터넷을 통해 사이버 세계를 만들어 낸 21세기 사람들의 관점으로 굳이 얼굴에 땀을 흘리지 않은 노동을 통해 일용할 양식을 구할 수 있기 때문에 앞서 언급된 의미론적 응답은 바르게 할 수 있다 하더라도, 글쓴이의 관점에서 건강 요건을 위한 응답으로는 적절치 않다는 것입니다. 건강 요건 2를 충족시키지 못한 하루를 지금 만들고 있다는 의미입니다.

사실 '네가 어디 있느냐'라는 질문은 내가 심각한 죄에 노출되어, 자신에 대한 분노와 낙담으로 절망 속에 있는 상황을 이겨낼 수 있는 가장 확실한 계기를 주는 생명의 말씀입니다. 사람이 어떤 상황이든 이 말씀만 기억한다면, 그는 그 상황을 이겨 낼 수 있는 실마리를 찾을 수 있습니다. 그 말씀을 해 주신 분께서 응답할 수 있는 지혜도 주시기 때문입니다. 이것은 마치 망망한 북극해 얼음 위에서 북극점을 찾는 탐험가의 손에 들린 나침반(GPS)과 같습니다.

> **여호와 하나님이 아담을 부르시며 그에게 이르시되 네가 어디 있느냐** (창세기 3:9)

부분과 전체로써 구속의 예수님

우리가 전체 속에서 부분을 구별할 수 있는 지혜를 지니면 좋겠습니다. 또한, 부분 속에서 전체를 느낄 수 있는 은혜를 덧입으면 좋겠습니다. 예수님도 말씀하시기를 천하보다 더 귀한 것이 자신의 목숨이라고 하였습니다. 그러나 또 한편으로 우리에게 모든 족속을 제자로 삼아 세례(침례)를 주고 모든 것을 가르치라고 합니다. 이렇게 부분이 연합하여 전체로써 의미를 지니고, 또 전체는 부분에 의해 표현되고 나누어질 때 그 의미를 지닌다고 생각합니다. 성경의 말씀을 전체와 부분의 관점으로 정리하여 먼저 전체로 느껴지는 하나님 말씀들입니다.

태초에 하나님이 천지를 창조하시니라 하나님이 자기 형상 곧 하나님의 형상대로 사람을 창조하시되 남자와 여자를 창조하시고 하나님이 그들에게 복을 주시며 그들에게 이르시되 생육하고 번성하여 땅에 충만하라, 땅을 정복하라, 바다의 고기와 공중의 새와 땅에 움직이는 모든 생물을 다스리라 하시니라

또 물으시되 너희는 나를 누구라 하느냐 베드로가 대답하여 가로되 주는 그리스도시니이다 무리와 제자들을 불러 이르시되 아무든지 나를 따라 오려거든 자기를 부인하고 자기 십자가를 지고 나를 좇을 것이니라

청년이 이르되 놀라지 말라 너희가 십자가에 못 박히신 나사렛 예수를 찾는구나 그가 살아나셨고 여기 계시지 아니하니라 보라 그를 두었던 곳이니라

주 예수께서 말씀을 마치신 후에 하늘로 올리우사 하나님 우편에 앉으시니라

오직 너희는 택하신 족속이요 왕 같은 제사장들이요 거룩한 나라요 그의 소유된 백성이니 이는 너희를 어두운 데서 불러 내어 그의 기이한 빛에 들어가게 하신 자의 아름다운 덕을 선전하게 하려 하심이라

부분으로 생각되는 말씀들입니다.

신만 신고 두 벌 옷도 입지 말라 하시고 또 가라사대 어디서든지 뉘 집에 들어가거든 그곳을 떠나기까지 거기 유하라 어느 곳에서든지 너희를 영접지 아니하고 너희 말을 듣지도 아니하거든 거기서 나갈 때에 발 아래 먼지를 떨어 버려 저희에게 증거를 삼으라 하시니

예수께서 돌이키사 제자들을 보시며 베드로를 꾸짖어 가라사대 사단아 내 뒤로 물러가라 네가 하나님의 일을 생각지 아니하고 도리어 사람의 일을 생각하는도다 하시고

우리 중에 이루어진 사실에 대하여 처음부터 말씀의 목격자되고 일군 된 자들의 전하여 준 그대로 내력을 저술하려고 붓을 든 사람이 많은지라 그 모든 일을 근원부터 자세히 미루어 살핀 나도 데오빌로 각하에게 차례대로 써 보내는 것이 좋은줄 알았노니 이는 각하로 그 배운 바의 확실함을 알게 하려 함이로라

무엇이 전체이고 무엇이 부분인가?
―

우리가 전체와 부분 속에서 하나로 일관되게 흐르는 중심을 볼 수 있으면 좋겠습니다. 중심이란 천장에 매달린 종이 인형 속에 있는 철제 심과 같은 것입니다. 예쁘게 종이를 이리저리 접어서 아름다운 천사를 만들었습니다. 그 종이 천사의 한가운데는 가느다란 철사 한 가닥이 머리끝에서 가슴과 몸체를 연결하고 있습니다. 그 철사 한끝을 고리로 만들어서 줄을 달아 보기 좋은 곳에 매달아 놓고, 우리는 즐거움을 느끼면서 그것을 만든 사람이나 혹은 선물한 사람을 기억합니다.

이렇듯 중심은 구조물, 조직, 공동체의 모임, 인류, 나아가 우주 전체를 가늠하는, 흔들리지 않는 축의 기능이 될 것입니다. 따라서 전체는 중심을 인식하고 알 때입니다. 부분은 중심과 관계 속에서 그 중심의 힘을 느끼는 것입니다. 중심을 느끼지 못한 부분은 전체에 매달려 있을 수 없습니다. 중심을 모르는 것은 전체라고 말할 수 없습니다.

그리스도인의 중심은 예수님께서 전체로 늘 알고 계셨던 하늘에 계신 아버지를 나의 아버지로 믿는 신앙고백에서 시작합니다. 그 고백 위에 예수님께서 천국에서 오셨듯이 또한 그 천국으로 우리도 되돌아갈 것을 믿고 그 중심축에서 일상의 삶을 엮어 가는 것이 구속적 예수님과 함께하는 구원 받은 자의 삶입니다.

천지를 창조하셨던 하나님의 진리의 중심축에 나의 세계관과 가치관 그리고 윤리관을 매는 것이 구속적 삶입니다. 생육하고 번성하고 땅을 정복하고 만물을 다스리라는 그 말씀에 반응하며 꿈을 만드는 것이 구속적 인생입니다. 진리의 중심이 나의 삶을 구속하도록 하는 것이 구원을 이루라는 사도 바울의 마음입니다(빌립보서 2장).

때로는 우리들의 시간 속에 그분의 삶을 재현하는 것이, 곧 구속적 삶입니다. 예를 들면 열심으로 천국 복음을 전도하는데, 세상은 외면하고 오히려 핍박과 박해를 합니다. 이런 상황에서 주님의 말씀에 의지하여 발아래 먼지를 떨어뜨리듯이 그들에서 벗어나는 것도 지혜입니다. 온전한 사랑으로 그들을 품을 수 없는 것도 부분으로서 우리가 중심에 매여 있는 모습입니다. 이것 역시 구속적 일상의 삶으로 저는 생각합니다.

오늘도 지구 곳곳에 전쟁과 폭력 그리고 기아에 생명이 고통을 받고 있습니다. 왜 평화의 하나님께서 이들을 그대로 방임하시는지 그 이유를 우리는 부분으로서 온전히 알 수 없습니다. 그렇다고 전체의 중심을 모를 수 없는 우리이기 때문에 최소한 제가 있는 곳에 평화를 만드는 사람으로 서 있는 것이 구속적 삶의 표상이라고 생각합니다. 물론 그 평화를 위해 때로는 희생과 박해를 감내할 수 있는 믿음을 위해 기도하는 것을 잊지 않는 것이 대속과 구속의 균형적 주님의 삶을 본받는 것이라고 믿습니다.

또 내게 보이신 것이 이러하니라 다림줄을 띄우고 쌓은 담 곁에 주께서 손에 다림줄을 잡고 서셨더니 (아모스 7장 7절)

신앙의 상처를 치유하는 구속적 예수님

오래전 겨울이었습니다. 오랜만에 매서운 추위가 와서, 아파트와 과학원을 친구처럼 묶고 엑스포 공원 앞으로 흐르는 갑천이 꽁꽁 얼었습니다. 어렸을 때 추억이 생각나, 썰매를 창고에서 꺼내어 두 아이의 마음을 가까스로 붙잡아 이미 땅거미가 내린 강가로 갔습니다. 얼음을 지치는 사람들은 없었으나 우리는 서로 밀고 당기면서 얼음 위에서 놀다 보니 재미있고, 신나서 늦은 밤까지 얼음 위에서 놀았습니다. 아빠의 어린 시절을 위해서 자녀들이 봉사한 것입니다.

드디어 기다리던 토요일이 되었습니다. 퇴근하자마자 애들을 데리고 갑천으로 다시 나갔습니다. 이미 그곳에는 차를 주차할 수 없을 정도로 많은 사람이 얼음 위에서 썰매를 타거나 스케이트를 타면서 즐겁게 놀고 있었습니다. 강 언저리에는 썰매와 스케이트를 빌려주는 사람들이 많이 있었습니다. 솜사탕을 파는 사람들도 있었습니다.

얼음 위에는 이제 막 걸음을 배우는 어린아이도 있었습니다. 온몸에 두툼한 옷을 입어서 그냥 얼음 위에서 뒹굴어도 다치지 않을 정도였습니다. 그 주위에는 적당히 나이가 드신 할아버지가 즐거워하면서 따라다녔습니다. 젊은 연인들은 마냥 즐거워하면서 웃습니다. 넘어져도 웃습니다. 이제 막 스케이트를 배우는 아이는 한 걸음, 한 걸음을 매우 조심스럽게 걷습니다. 그러다가 이내 넘어지곤 합니다. 중년의 아주머니들이 썰매를 타면서 웃고 즐거워합니다. 그러다가 옆 사람과 부딪혀 넘어집니다. 서로 일어나 얼굴을 보고 웃습니다. 할아버지가 어린 손자들의 손을 잡고 빙판 위를 걷다가 훌렁 넘어집니다. 어디 다치지 않았는지 걱정됩니다. 그런데 허허 웃으시며 일어납니다. 빙판 위에 있는 모든 사람의 마음은 하나였습니다. 그곳은 즐거움으로 가득 찬 희락의 세계였습니다.

빙판 위에 얼음을 지치면서 문뜩 저는 교회 사람들과 관계에 관하여 풀지 못하였던 한 부분의 해답을 찾게 되었습니다. 교회 일을 봉사하다가 사람과 사람의 관계로 인하여 상처를 받은 사람들이 교회를 떠나는 것을 보면서, 교회에서 일하는 데 되려 깊은 상처를 받고 교회를 떠나게 되는지 그 원인을 몰라 찜찜한 상태였습니다.

그런데 빙판 위에 놀면서, 교회에서 상처받는 원인을 알게 되었습니다. 교회도 어떤 관점에서 얼음 위에 있는 한 무리의 사람들이라는 것입니다. 교회의 얼음은 물로 만들어진 그냥 얼음이 아니고, 성령의 물로 만들어진 사랑의 얼음입니다. 따라서 교회의 성도님 모두는 넘어질 수밖에 없는 '사랑의 빙판' 위에 있는 것입니다.

다시 갑천의 빙판을 관찰하였습니다. 빙판 위에 노는 사람들은 모두 다 즐거워하고 있습니다. 빙판 위에는 어린아이부터 60-70이상 되는 할아버지, 할머니, 그리고 어른들도, 학생들도, 아줌마도, 아저씨도, 여자도, 남자도 다 더불어 즐거워하고 있었습니다. 설령 미끄러운 얼음 위에서 넘어져도, 누구도 넘어진 사람을 편견으로 바라보지 않는다는 것입니다. 미끄러운 길 위에 있는 사람은 중심을 잃다 보면 넘어지는 것은 당연합니다. 그렇다고 "나이 먹은 사람이 어린이들 틈 속에서 놀면서 넘어지고 있네." 하며 야유하지 않습니다. 여러 사람이 얼음 위에서 놀다 보면 서로의 몸이 부딪혀 넘어지곤 합니다. 그러나 그들은 서로 얼굴을 마주 대하며 일어나고, 웃으면서 또 얼음 위에서 미끄럼을 즐기면서 신나게 놉니다. 빙판 위에 있는 사람들은 미끄럽다는 것을 알기 때문에 넘어지는 것은 큰 시비거리가 아님을 압니다.

얼음 위에서 미끄럼을 타며 노는 것은 서로가 즐거움을 느끼고자 하는 것을 알기 때문에 상대편을 향하여 왜곡된 마음이 없습니다.

성령의 물로 만들어진 교회의 사랑의 빙판 위에 있는 우리들의 모습도 위와 동일합니다. 쉽게 넘어지고 또 쉽게 즐거움을 만끽할 수 있습니다. 갓 태어난 영혼으로 성령의 나이는 겨우 한 살, 두 살 되는 영혼들이 사랑의 빙판으로 들어오기 때문입니다. 물론 그 사랑의 빙판에는 30년, 50년 넘게 신앙생활을 하는 분들이 있습니다. 이들이 어린 영혼보다 빙판 위에 넘어지는 횟수가 적을지 몰라도 그들 역시 미끄러운 빙판의 특성 때문에 넘어질 수밖에 없습니다. 그런데 갑천에서 보았던 것처럼, 얼음을 지치다가 넘어져도 서로 웃고 즐거워하듯이, 교회에서도 일하다 보면 넘어지고 다치고, 혹 이웃하는 다른 성도에게 무례함을 입힐 수도 있습니다. 이때에 서로를 일으켜 세워주고, 서로를 격려하면서 사랑의 빙판 놀이를 즐거운 마음으로 계속해야 한다는 것입니다.

빙판 위에서는 쉽게 넘어지는 것을 안다는 것은, 우리는 하나님 앞에 죄인이기 때문에 성령의 물로 만들어진 사랑의 빙판 위에 선 우리는 부끄러운 존재임을 누구나 알고, 고백한 우리라는 것입니다. 갑천의 빙판에서 넘어지는 것은 결코 잘못된 것이 아닌 지극히 상식적인 것으로 생각하는 것처럼, 우리 역시 사랑의 빙판 위에서 실수하고 이웃에게 상처를 주는 것은 지극히 정상적이라는 의미입니다. 왜냐하면 사랑의 빙판 위에 있는 사람은 용서받을 죄인이기 때문입니다.

우리는 사랑의 빙판 위에서 때로는 넘어질 수 있습니다. 그러나 넘어진 사실에 온 마음을 빼앗겨 즐거움을 더 이상 찾지 못하거나 넘어진 것을 두려워하여 이제는 더 이상 사랑의 빙판에서 놀려고 하지 않고, 그냥 빙판 위에 주저앉아만 있다면 역동적인 기쁨을 누리기 어렵습니다. 혹, 사랑의 빙판 위에 있는 것만으로 만족 한다면, 그것은 균형 있는 하나님 나라의 멋과 맛을 느끼기 어렵습니다.

성령의 물로 만들어진 사랑의 빙판은 궁극적으로 예수님의 품안에 있는 풀장입니다. 교회의 상처는 예수님의 가슴에서 뛰놀 때 만들어진 것이기 때문에 예수님의 가슴 안에서 또한 치유될 것입니다. 예수님은 우리를 구속하시는 메시아이기 때문입니다.

사도 바울은 데살로니가 교인들에게 하나님의 마음을 알려 주었습니다. 우리를 선택하여 부르심은 예수 그리스도로 말미암아 구원을 받기 위함이라고 하면서, "항상 기뻐하라 쉬지 말고 기도하라 모든 일에 감사하라"라고 일러 주었습니다. 겨울날 얼음 위에 있던 사람들 모두가 즐거워하는 것처럼, 우리가 예수님 가슴의 풀장에 있다고 생각하면 기뻐할 수 있습니다. 그 풀장이 때때로 꽁꽁 언 빙판이 되어 있다 하더라도, 예수님 가슴 안에 있다는 믿음으로 즐거워할 수 있습니다. 쉬지 말고 기도하라는 의미는 빙판 위에 있기 때문에 실수와 유혹 그리고 상처를 주고받을 수밖에 없는데, 이러한 것으로부터 보호와 인도를 받기 위해 기도해야만 합니다. 물론 그 어떤 상황에서도 내가 성령의 빙판 위에 있다는 그 믿음으로 인하여 이웃과 관계를 유지하고, 또한 기도로 하나님의 뜻과 마음을 알아 친밀한 관계를 유지한다면 빙판의 모든 일에 감사할 수 있습니다. 이것이 곧 구속하시는 우리 주 예수님의 풀장에서 신앙의 상처를 치유하는 방법입니다.

삼가 누가 누구에게든지 악으로 악을 갚지 말게 하고 서로
대하든지 모든 사람을 대하든지 항상 선을 따르라 항상 기뻐

하라 쉬지 말고 기도하라 범사에 감사하라 이것이 그리스도 예수 안에서 너희를 향하신 하나님의 뜻이니라 성령을 소멸하지 말며 예언을 멸시하지 말고 범사에 헤아려 좋은 것을 취하고 악은 어떤 모양이라도 버리라 (데살로니가전서 5:15-22)

3. 참포도나무 예수님 열매 맺기

한 줌 흙 그리고 꿈

　점심 식사 후에 산책하는데, 온실 뒤 버려진 흙에서 노란 꽃을 피우는 몇 송이의 국화를 지나치면서 몇 번 보았습니다. 찬 바람이 불고 돌아보는 사람이 없다고 생각되어, 또 저에게 노란색의 감동을 주었기에 두 손을 삽 모양으로 하여 한 줌 흙과 국화를 움켜서 곁에 버려진 이빨 나간 화분에 옮겨 심어 사무실로 가지고 왔습니다. 지금 생각하면 그때 저의 행동은 국화를 향한 배려로 보였지만, 제 마음의 욕심이 더 컸음을 알 수 있게 되었습니다. 그 이후로 한 묶음의 재래종 국화는 저에게 많은 묵상 거리를 주면서 창조주의 마음을 알게 하는 좋은 친구가 되었지만, 다시 꽃을 피우지 못하였기 때문입니다.

　언제부터 저에게 꿈이 자라기 시작했습니다. 저도 여러 많은 사람 앞에 하나님의 진리를 선포하고, 하나님의 사랑과 예수님의 부활을 증거하는 창조적인 삶을 소망하였습니다. 그러나 이것은 현실적으로 불가능하게 보여 꿈이 아닌 공상으  로 여겨지면서 오히려 저를 힘들게 하였습니다. 여러 면에서 부족한 모습을 마음속으로 생각하면서 산책을 하는데, 불현듯 저의 시선은 한쪽 모퉁이 약간 움푹 파인 곳에 멈추었습니다. 그곳은 다름 아닌 몇 달 전에 몇 그루의 국화를 제 손으로 움켜 캐냈던 곳이었습니다. 그 순간, 저의 마음속에는 어떤 소리가 들려 왔습니다.

'너를 감동시킨 노란 꽃을 피우는 데 필요한 흙은 한 줌이란다. 지구를 덮고 있는 무수히 많은 흙이 필요하지 않아!'라는 내면의 소리를 듣게 된 때는 꿈과 사명에 대한 인생의 방향을 결정하지 못해 몹시 혼란스러워하던 시기였습니다.

저는 내면의 소리를 가슴에서 머리로 옮겨 묵상하면서, 저의 꿈을 다시 생각해 보았습니다. '내가 사는 아파트 주위에 얼마나 많은 작은 개척 교회가 있는가! 그리고 그들을 돌보는 목자는 얼마나 힘들까!', 10년이 넘게 교회는 지하 어두운 곳을 벗어나지 못하고, 성장하지 않는 모습 속에 있는 목사님들을 생각하면서 '같은 기간에 가까이 있는 큰 교회는 날이 갈수록 더욱더 성장하여 좋은 소문이 온 동네를 덮을 때, 작은 개척 교회는 얼마나 힘들까! 과연 이런 상황 속에서 하나님의 마음은 어떨까?'라는 것에 몰두하면서 저의 마음은 평화를 누리지 못하였을 때였습니다. 그러나 그 내면의 소리는 저의 복잡한 마음을 평화로 이끌어 주었습니다.

비록 적은 흙이라도 그 안에서 꽃을 피우기에는 절대 부족하지 않는다는 것입니다. 한 줌 흙으로도 충분히 노란 국화꽃을 피우듯이, 적은 무리의 영혼의 토양만으로도 충분히 아름다운 꽃을 피울 수 있기 때문입니다. 꽃을 피우는 데 필요한 흙은 한 줌이었습니다. 영혼의 소망 꽃을 피우는 데 필요한 양은 제가 생각한 것보다 훨씬 작은 양임을 알게 되었습니다. 다만 꽃을 피운 다음에 그 향기의 영향은 얼마든지 멀리멀리 퍼져 나갈 수 있다는 사실도 알게 되었습니다.

어쩌면 저는 꽃을 피우기 위해 노력하기보다는 꽃의 향기와 꽃의 아름다움을 먼저 생각하고 그 향기의 영향력을 꿈꾸었으며, 그 꽃의 아름다움에 관한 것에 더 관심이 집중되었음을 느끼게 되었습니다. 꽃을 피우기 위한 토양과 씨와 물과 빛은 다 있는데 정작 꽃을 피우려 하지 않고, 그다음 단계만을 꿈꾸었음을 알게 되었습니다.

인간의 욕심을 알게 되었습니다. 그 한 줌 흙은 하나님께서 저에게 허락하신 가정임을 알게 되었습니다. 그 한 줌 영혼의 토양은 하나님께서 허락하신 교회의 유치부임을 알게 되었습니다. 그 한 줌 생명의 토양은 하나님께서 허락하신 일터의 예수를 알지 못하는 동료들임을 알게 되었습니다. 이제, 한 걸음 나아가 그 한 줌 토양은 주일마다 교회에서 만나는 예비 천국 시민의 영혼들임을 알게 하였습니다.

제가 피우고 싶은 꽃! 그 꽃이 저의 욕심으로, 혹은 저의 이기심으로 피우기보다는 오직, 주님의 사랑의 성령 물에 의해서 꽃이 피도록 수고해야 함을 알게 되었습니다.

첫 사람은 땅에서 났으니 흙에 속한 자이거니와 둘째 사람은 하늘에서 나셨느니라 무릇 흙에 속한 자는 저 흙에 속한 자들과 같고 무릇 하늘에 속한 자는 저 하늘에 속한 자들과 같으니 우리가 흙에 속한 자의 형상을 입은 것같이 또한 하늘에 속한 자의 형상을 입으리라 (고린도전서 15:47-49)

천국은 세상에서 시작합니다

직장 신우회 조찬 기도회에서 천국에 관한 말씀을 듣게 되었습니다. 자주 듣던 익숙한 말씀을 다시 묵상하는 계기가 되었습니다. 마태복음 13장 44-48절은 천국에 대한 3가지 이미지, 땅속의 보화와 값진 진주를 찾는 장사 그리고 고기 잡는 그물의 비유를 통해 천국의 특성을 가르치고 있습니다. 저의 마음과 생각을 늘 빼앗는 천국에 대해서 예수님의 마음을 또 그려 봅니다.

> 천국은 마치 밭에 감추인 보화와 같으니 사람이 이를 발견한 후 숨겨 두고 기뻐하며 돌아가서 자기의 소유를 다 팔아 그 밭을 사느니라

위 말씀을 읽으면서 어떤 단어가 혹은 이미지가 마음속에 크게 떠오릅니까? '보화? 사람이? 발견한 후 숨겨 두고? 기뻐하며? 자기의 소유를 다 팔아? 밭을 샀느니라?' 솔직히 저는 이 말씀을 읽을 때마다, '자기 소유를 다 팔아'라는 부분이 항상 마음속에 부담이 되었습니다. 또 그 부분 때문에 '나의 소명이 무엇인지, 저의 소유를 다 팔아서 살 만한 부르심이 어떤 것인지, 그것이 무엇일까?'라고 궁금해 왔습니다.

그런데 이번 묵상에서는 다른 면을 느끼게 하셨습니다. 천국은 감추어져 있다는 것입니다. 그동안 저의 마음속에 깨우침을 주지 못하였던, '감추인' 단어가 본문의 중심임을 알게 되었습니다. 그다음 두 가지 비유와 덧붙여 생각할 때, 그 사실은 더욱더 확실해 보였습니다.

천국은 숨겨져 있다는 것입니다. 천국은 발견되어야 한다는 것입니다. 천국은 밭에, 곧 세상에 묻혀 있습니다. 천국은 사람과 사람의 관계 속에 숨겨져 있음을 알게 되었습니다. 천국은 교회 공동체 속에도 숨겨져 있다는 것을 느끼게 되었습니다. 천국은 선포되는 말씀 속에 숨겨져 있다는 것을 느낄 수 있었습니다. 천국은 저의 일터에서 만나는 영혼들 속에 숨겨져 있음도 알게 되었습니다. 천국은 제가 하고 있는 일에 숨겨져 있을 가능성도 알게 되었습니다. 천국은 세상을 이루고 있는 모든 것에서 발견되기를 기다리고 있습니다.

하지만 천국의 가치는 자기의 모든 소유와 바꿀 수 있는 것입니다. 자기의 모든 소유와 바꿀 수 있을 만한 확신과 기쁨을 누릴 수 있는 것이 천국의 가치입니다. 그 가치는 각자의 처지에 따라 상대적 차이가 있을 수 있으나 절대적 가치는 동일합니다. 예를 들면 1억 원이 전 재산인 사람과 100억 원이 전 재산인 사람의 천국의 가치는 같습니다. 최소한 예수님의 비유에 나타난 '자기의 소유'라는 관점에서 진리의 자유함을 느끼게 합니다. 이 비유를 통해 각자에 따라 천국 보화는 다르게 인식될 수 있으나 그 특성은 숨겨져 있다는 것과 가치의 동질성을 알게 되었습니다.

> 또 천국은 마치 좋은 진주를 구하는 장사와 같으니 극히
> 값진 진주 하나를 발견하매 가서 자기의 소유를 다 팔아 그
> 진주를 사느니라

두 번째 천국의 특성은 이익을 남기는 장사라는 것입니다. 그가 극히 값진 진주를 구하고 찾는 모습을 상상해 보시기 바랍니다. 먼저

값진 진주를 구별할 수 있는 전문성과 그러한 진주를 구하고자 하는 간절한 직업의식이 있어야 숨겨진 값진 진주를 만날 수 있습니다. 그런데 여기서 천국에 대한 또 다른 속성을 알 수 있는데, 그것은 천국을 위해 자신의 소유를 다 팔아 그 진주를 구하는 것이 결코 손해 보는 비즈니스가 아니라는 것입니다. 여기에서도 천국의 가치는 앞의 비유와 동일하게 강조되고 있습니다. 다른 측면으로 두 번째 천국의 비유는 역동적인 미래 지향적인 관점을 강하게 내포하고 있습니다. 장사하시는 분들의 이미지는 그들의 역동성과 이익을 추구하는 것입니다.

> 또 천국은 마치 바다에 치고 각종 물고기를 모는 그물과 같으니 그물에 가득하매 물 가로 끌어 내고 앉아서 좋은 것은 그릇에 담고 못된 것은 내버리느니라

세 번째로 주님은 천국이 그물과 같다고 하였습니다. 물고기를 잡고자 하는 어부에게는 고기를 잡는 것이 목적이지, 그물을 가지는 것으로만 어부에게 기쁨이 있는 것은 아닙니다. 어부에 손에 달린 그물은 목적을 향한 수단일 뿐입니다.

천국 그 자체가 결코 목적이 아님을 알려주고 계십니다. 진정한 목적은 영혼의 구원입니다. 영원한 생명, 영생입니다. 그물은 어떤 일을 하는 데 사용되는 도구입니다. 그물에는 적당한 크기의 그물코가 있습니다. 즉, 상대적인 평가가 있음을 알 수 있습니다. 천국이 마치 그물 같다는 의미는 천국은 평가에 따른 심판이 있다는 것입니다. 왜냐하면 그물은 모든 물고기를 잡는 것이 아니고, 그물 코보다 더 큰 물

고기만 그물에 걸려 잡히기 때문입니다.

그런데 설령 그물에 걸렸다 하더라도 버려지는 것이 있다는 사실을 간과해서는 안 되겠습니다. 바로 이 부분이 마태복음 7장 21-23절 말씀과 연결되고 있습니다. 이것은 다른 측면으로 보면 같은 방향으로 가는 공동체 속에도 역시 버려질 어떤 것이 내포되어 있음을 시사하고 있습니다.

천국은 숨겨져 있기 때문에 그 천국을 발견하고, 또 그 천국을 소유하기 위해서는 자기의 모든 소유와 바꿀 수 있는 가치가 있는 것으로, 천국이 숨겨진 밭을 산다는 것처럼 때로는 불필요한 것까지도 사야 함을, 희생해야 함을 느꼈습니다.

세 번째 비유는 평가와 심판의 이미지가 강하게 부각되고 있습니다. 첫 번째는 천국 소유의 시작 관점이요, 두 번째는 천국 소유 이후에도 역시 역동적으로 계속하여 더 좋은 진주를 구하며 찾는 지속적인 성화 과정을 느끼게 하면서, 세 번째는 전체적인 관점으로 천국은 반드시 심판이 있다는 것을 가르치고 있음을 알게 되었습니다.

그렇다면 천국은 어떤 사람들에게 발견되고, 또 소유될 수 있습니까? 주님께서 앞서 말씀하셨음을 알 수 있습니다. 심령이 가난한 자, 애통하는 자, 온유한 자, 의에 주리고 목마른 자, 긍휼히 여기는 자, 마음이 청결한 자, 화평케 하는 자, 의를 위하여 핍박받는 자들이 먼저 천국이 발견할 것입니다.

그러므로 우리들의 천국은 예수님을 만남으로 시작됩니다. 천국은 우리가 죽으면 가는 곳으로 생각하지만, 그곳은 하나님께서 다스리시는 나라이기 때문에 예수님을 믿는 순간 우리의 천국은 이미 시작되고 있습니다. 예수님도 공생에 첫 외침이, "회개하라 천국이 가까이 왔느니라"였습니다. 예수님 자신이 곧 천국에서 왔고, 그 나라를 다스리는 주권자이기 때문에 이것은 시간적으로 그리고 공간적으로 실제 천국이 이미 왔음을 의미합니다. 우리는 믿음으로 예수님을 만나기 때문에 우리의 천국도 공간적으로 우리와 가까이 왔음을 믿을 수 있습니다. 이것은 이 땅에서 만났던 우리 서로가 훗날 천국에서도 만날 수 있다는 증거입니다. 우리의 천국은 지금 이곳에서 예수님 이름으로 만나는 모든 사람과 함께 시작합니다, 왜냐하면 그들도 천국 시민이 되기 때문입니다.

이러므로 그들의 열매로 그들을 알리라 나더러 주여 주여 하는 자마다 다 천국에 들어갈 것이 아니요 다만 하늘에 계신 내 아버지의 뜻대로 행하는 자라야 들어가리라 그 날에 많은 사람이 나더러 이르되 주여 주여 우리가 주의 이름으로 선지자 노릇 하며 주의 이름으로 귀신을 쫓아 내며 주의 이름으로 많은 권능을 행하지 아니하였나이까 하리니 그 때에 내가 그들에게 밝히 말하되 내가 너희를 도무지 알지 못하니 불법을 행하는 자들아 내게서 떠나가라 하리라 (마태복음 7:20-23)

영혼의 설계도

하나님께서 우주를 창조하실 때 먼저 생각하시고 나서 만물을 지었음을 창세기 1장 2절을 통해 우리는 알 수 있습니다. "땅이 혼돈하고 공허하며 흑암이 깊음 위에 있고 하나님의 영은 수면 위에 운행하시니라"라고 기록하고 있는데, 여기서 '운행하시니라'는 단어에서 무엇을 계획하고 있음을 알 수 있습니다. 이처럼 보이지 않는 영혼도 창조될 때 계획된 설계도가 있었을 것으로 예측할 수 있습니다. 그 설계도로 시편 23편이 가장 근접한 것으로 저는 판단합니다. 따라서 영혼의 설계도라는 관점으로 시편 23편을 묵상합니다.

시편 23편은 다윗의 시로 성경의 상징적 말씀 중에 하나입니다. 어느 목사님의 간증에 따르면 2차 세계 대전에서 독일군 병사가 시편 23편을 암송하며 사형장으로 끌려가는데 갑작스러운 총살 중지 명령을 받아 극적으로 살았다는 것처럼, 시편 23편은 인생의 마지막과 시작을 포함하여 어느 때든지 즐겨 암송하는 성경의 대표 말씀입니다.

시편 23편을 히브리 원문에 근접하게 번역한 영어 성경 NIV를 활용하여 영혼의 설계도로써 묵상합니다. 먼저 그 얼개를 요약하면 1절은 신앙고백으로 영혼의 탄생 및 영혼의 유아기, 2절은 영혼의 청소년기, 3절은 영혼의 청년기, 4절은 영혼의 장년기, 5절은 영혼의 결실기, 그리고 6절은 영혼의 노년기, 천국 소망기입니다.

The LORD is my shepherd, I shall not be in want.
He makes me lie down in green pastures, he leads me beside quiet waters,

he restores my soul. He guides me in paths of righteousness for his name's sake.

Even though I walk through the valley of the shadow of death, I will fear no evil, for you are with me; your rod and your staff, they comfort me.

You prepare a table before me in the presence of my enemies. You anoint my head with oil; my cup overflows.

Surely goodness and love will follow me all the days of my life, and I will dwell in the house of the LORD forever.

위 말씀의 1절의 주어는 '주님'과 '나'입니다. 가난한 심령으로 하나님을 믿는 신앙고백으로 영혼은 태어나고 자라기 시작합니다. 주님이 나의 목자라는 고백은 나의 먹고 마시고 잠자는 모든 것을 보호하고 책임지는 것을 믿는다는 선언입니다. 이때는 영혼의 유아기 시절입니다. 부모님이 아기의 모든 것을 도맡아 책임지는 것과 같은 시기입니다.

2, 3절의 주어는 'He'입니다. 1절의 신앙고백을 바탕으로 태어난 영혼은 이제 성장해야 합니다. 2절과 3절의 동사를 중심으로 영혼의 설계도를 그려 보겠습니다. '아기 영'이 성장하는 첫 단계는 'He makes me lie down…'입니다. 그가 나를 누이도록 만드는 단계입니다. '아기 영'이 만들어지고 있는데, 목자들의 경험으로 양이 눕는다는 것은 매우 특별한 상황이 아니면 눕지 않는다고 합니다. 그 특별한 상황을 그분, 주님께서 만들어 주시면서 나를 눕도록 만든다는 것입니다. 만든다는 것은 그 주체의 의지가 절대적으로 개입될 수 있음을 기억해야 합니다. '아기 영'이 자라는 다음 단계는 'he leads me…'입니다. 그분이 '아기 영'을 인도합니다. '아기 영'이 자라서 이제 밖으

로 나가기 시작합니다. 이것저것을 보면서 궁금한 것을 묻습니다. 호기심 많은 '아기 영'은 이곳저곳을 혼자 다니려고 합니다. 그러나 여전히 '아기 영'이 걷기에는 수많은 장애물이 있기 때문에 그분이 '아기 영' 앞에서 인도해야 합니다. 내가 '아기 영'을 인도하는 것이 아니고, '그분이 만들고 인도한다'는 영혼의 청소년기 설계 요건을 기억해야 합니다.

'청소년기 영'이 성장하는 다음 단계는 'he restores my soul.'입니다. 어느 정도 자란 '청소년기 영'은 스스로 자기 일을 하기 시작하는데 이때를 '청년기 영'이라 합니다. 그러나 '청년기 영'은 이내 어려움을 만나거나 시험에 들어 낙심하거나 실수할 수 있습니다. 낙심하고 실수하는 영혼을 회복하는 주체 역시 내가 아닌 그분입니다. 이때는 훈련을 받는 시기입니다. 믿음의 근육을 더 단단히 만들어야 할 시기입니다. 적절한 시행착오를 통해 주님의 손길을 체험하는 것은 강인한 영혼을 만들 수 있습니다. '청년기 영'이 믿음의 근육을 만들면서 스스로 세상에 나갈 준비를 합니다. 이때 영혼의 성장 설계 요건은 'He guides me……'입니다. 여전히 주체는 내가 아니고 그분, 주님입니다. 그분이 나를 인도합니다. 그런데 앞서 '청소년기 영' 때의 인도하는 모습과 '청년기 영' 때의 인도하는 위치가 다릅니다. 그때는 주님이 앞서서 인도하였으나 이제는 그분이 내 곁에, 때로는 내 뒤에 서서 인도하는 모습입니다. 세상에 나갈 준비가 거의 마무리 단계에 와 있음을 의미합니다.

그런데 여기서 가슴에 새겨야 할 부분이 '자기 이름을 위하여(for his name's sake.)'입니다. 따라서 그가 나를 회복시키는 방법과 과정이 2절에서 언급하는 'He makes me…'의 방법과 'He leads me…'라는 과

정의 반복으로 이루어진다는 것입니다. 또한, 역설적으로 '청년의 영'이 성장하는 것은 문제를 만나 회복의 과정을 통해서 이루어진다는 것입니다. 이것은 장년기 단계와 밀접하게 연결되어 있기 때문입니다. 만약 '청년기의 영'이 회복과 치유의 과정에서 2절의 내용을 거부하고 자신의 방법을 고집한다면, 그것은 4절, 5절 그리고 6절의 영혼의 설계도와 연결되지 않습니다.

시편 23편이 '영'의 성장 얼개로써 묵상할 수 있는 실마리를 주는 것이 바로 4절과 5절 그리고 6절 문장 주어의 변화입니다. 4절의 주어는 2, 3절의 주어와 달리 그가 아닌 바로 '나', '장년기의 영'입니다. 성장한 영이 세상에서 신앙적 주체성을 가지고 살아야 한다는 것입니다. 물론 세상에서 '장년기의 영'이 주체적으로 혼자 살아가는 것은 아닙니다. 사망의 음침한 골짜기를 거닌다는 것과 그곳에 만나는 악한 것을 두려워하지 않는다는 것은 앞서 '청년기의 영'에서 강인한 믿음의 훈련을 받았기 때문입니다. 2절과 3절의 반복적인 훈련을 통하여 주님의 손길을 이미 체험한 '장년기의 영'은 자신을 돕고 있는 것들을 주님의 지팡이와 막대기로 인식하면서 자신과 동행하는 주님을 느낄 수 있습니다.

만약 주체적으로 신앙생활을 하지 않는 경우가 어떤 결과를 가져올 수 있다고 생각합니까? 그것은 갓 태어난 '아기 영'이 자라지 않고 항상 1절에 머무는 경우를 의미합니다. 단단한 음식을 먹지 않고, 어머니의 젖과 이유식으로 사는 '아기 영'의 상태는 부모의 관점으로 본다면 매우 큰 걱정거리입니다. 만약 우리들의 신앙이 이렇게 주님이 처음부터 모든 것을 챙겨 주어야만 만족하는 아기 영으로만 신앙생활을 한다면, 주님의 마음을 근심하게 하는 것과 같다는 의미입니다.

이것은 '영혼 설계도'의 요구 조건에 맞지 않는 것임을 우리는 알 수 있습니다.

예수님의 삶이 우리에게 보여 주고 있는 스펙트럼을 잠시 묵상합니다. 그는 인간의 몸을 입고 이 땅에 왔으며, 평범한 목수의 아들로 자랐습니다. 그가 꿈(메시아)을 알고 그것을 이루기 위해서 30년의 세월을 평범한 가정에서 훈련받고 양육되었고, 그가 꿈을 이루기 위해 시작한 첫 행동은 집을 떠나는 것입니다. 광야에서 철저한 자아에 대해 훈련을 하였습니다. 그는 본인이 자란 선민의식과 문화 그리고 종교의 틀을 거부하지 않았으나 그는 또한 성전 청결 사건과 '어디서 예배를 드려야 합니까?'라는 수가성 여인의 질문에 본인 스스로 지금 예루살렘에서 예배드리고 오는데도, '이곳에서도 말고 그곳에서도 말고, 예배드리는 때가 오는데, 왜냐하면 하나님은 신령과 진리로 예배드리는 자를 찾기 때문이다.'라는 말을 할 수 있는 것처럼 우리도 신앙의 주체성을 보여야 한다는 것입니다.

5절은 '영의 결실기'로 주님께서 상급을 주십니다. 그런데 5절의 주어는 무엇입니까? 'He'가 아닌 'You'입니다. 3인칭에서 2인칭으로 변화된 원인이 무엇이라고 생각합니까? 그것은 4절의 과정이 있었기 때문입니다. 4절의 과정이 없는, 즉 신앙의 주체성을 경험하지 못한 거듭난 사람은 성령님이 여전히 'He'로 3인칭의 단계에 머물 수밖에 없습니다. 그러나 신앙의 주체성으로 세상에서 체험하고 경험한 거듭난 사람은 그가 아닌 바로 당신이라는 좀 더 친밀한 관계가 성령님과 이루어집니다.

그렇게 될 때 비로소 거듭난 사람의 영원한 정체성으로 천국에서 인식되는 것은 하나님께서 나와 늘 함께하신 'Goodness'와 'Love'에 반응하는 나의 시간과 열매들입니다. 거듭난 사람이 세상에서 예수 그리스도 이름으로 행하였던 착한 행실과 긍휼한 사랑만이 훗날 자신의 정체성으로 기억 될 것입니다, 천국에서.

> 여호와는 나의 목자시니 내게 부족함이 없으리로다 그가 나를 푸른 풀밭에 누이시며 쉴 만한 물 가로 인도하시는도다 내 영혼을 소생시키시고 자기 이름을 위하여 의의 길로 인도하시는도다 내가 사망의 음침한 골짜기로 다닐지라도 해를 두려워하지 않을 것은 주께서 나와 함께 하심이라 주의 지팡이와 막대기가 나를 안위하시나이다 주께서 내 원수의 목전에서 내게 상을 차려 주시고 기름을 내 머리에 부으셨으니 내 잔이 넘치나이다 내 평생에 선하심과 인자하심이 반드시 나를 따르리니 내가 여호와의 집에 영원히 살리로다 (시편 23편)

선한 열매, 부모 공경

동물은 자기를 낳아주는 어미를 본능적으로 알아봅니다. 그런데 알에서 깨는 새들은 어떻게 그 어미를 알게 되는지 궁금하지 않습니까?

학자들이 실험을 했습니다. 오리가 알에서 부화하여 세상 밖으로 나올 때, 첫 번째로 사람을 볼 수 있도록 하였습니다. 그렇게 오리가 알에서 깨어 사는 며칠 동안 사람이 항상 돌보아 주었더니, 그 오리는 돌보아 준 사람이 자기 어미인 줄 알고 그 사람 뒤를 졸졸 따라다니는 것을 알게 되었습니다. 시골에서 병아리 틈에 끼어 뒤뚱뒤뚱 걷는 오리 새끼들을 본 적이 있습니다.

사람도 어떤 면에서는 위와 같이 자기가 처음 대면한 것이 자신의 성품 형성이나 자아 내면의 세계관을 형성하는 데 지대한 영향을 미친다는 점에서 새들의 습성과 비슷한 점이 있다고 생각합니다.

누구나 개인적으로 어머니의 김치를 결코 잊지 못할 것입니다. 지난 봄에 서울에 일이 있어서 하룻밤을 누님 집에 머물게 되었는데, 그날 저녁에 싱싱한, 옛날 그대로의 어머니 김치 맛을 느끼게 되었습니다. 그 순간 누님 집이 마치 내 고향의 어린 시절의 집처럼 포근한 느낌을 받았습니다. 동일한 맛의 음식을 먹는 것은 같은 문화 속에서 성장하였음을 알 수 있습니다. 한국 사람은 어디를 가든지 식탁에서 김치를 떠올릴 것입니다.

이스라엘이 1940년대에 나라를 다시 세울 때, 세계 곳곳에서 모여든 사람들이 깜짝 놀란 것은 그들이 서로가 비슷한 음식을 그대로 먹고 있다는 것이었습니다. 자연환경은 서로 달랐지만 절기 때에 먹는 것이 같기 때문에 그들은 쉽게 하나의 공동체임을 느끼게 되었다고 합니다.

이렇듯 알에서 태어나는 새와 어릴 때 먹었던 음식처럼, 자아도 첫 번째로 만나는 생각의 틀에 매우 큰 영향을 받습니다. 여기서 생각의 틀이라는 것은 '나의 생명의 근원이 어디서 왔는가?'라는 것으로 제한합니다. 이 말은 '생각하고 있는 저를 감싸는 육신의 뿌리는 어디까지 거슬러 올라가야 하는가?'라는 질문에 대답을 주는 방법들을 의미합니다.

제가 이러한 질문에 대한 궁금증의 실마리를 찾을 수 있는, 처음 접했던 것은 설날과 추석에 고조할아버지, 고조할머니 성묘를 이른 아침부터 가는 것이었습니다. 학교에 들어가기도 전, 어린 나이에 새벽부터 일어나 형이랑 함께 할머니 집으로 가서, 웃어른께 절하고서 큰아버지와 아버지와 때로는 고모부 어른들과 함께 추운 날에 할아버지 집의 뒷산을 돌면서 성묘했던 것이 저의 영원을 향한 질문에 첫 번째 답이었습니다.

'우리는 죽으면 이렇게 흙 속에 묻히고, 또 하늘에서 자손들을 돌보아 주고, 자손들이 잘되도록 돕는다'는, 그래서 설날이나 제삿날이 오면 저를 낳아 주셨던 조상들의 영혼이 오시기 때문에 좋은 음식을 차려 놓는다는 막연한 생각으로부터 육신의 죽음 이후의 세계를 그려 보곤 하였습니다.

조상들의 묘를 돌아보면서, 뿌리에 대한 깊은 애착감과 뿌리에 대한 그리움이 생기게 되었습니다. '나를 낳아 주신 아버지의 아버지의 아버지는 어떻게 생겼을까? 그분의 삶은 어떤 모습이었을까? 그분은 지금 나를 알고 있을까? 그 위의 아버지는 어떻게 섬에서 뭍으로 나오게 되었을까? 저의 몸의 시작점은 어디일까?' 이런 질문에 대한 해석적 방법으로, 먼저 제 안에 들어온 생각의 틀은 유교적 형태였으며, 그 이후에는 자연스럽게 불교적 생각의 틀이었습니다. 저는 어머니께서 절기마다 산이나 강가에서 이런저런 푸닥거리를 하거나 장독대에 정화수를 떠 놓고 비는 모습을 보면서, 또 가까이 있는 절에 가서 공을 들이는 것을 보면서 자랐기 때문입니다.

그러나 이것은 점차 제 안에 갈등으로 자라기 시작했습니다. 중·고등학교를 지나며 만난 성경을 읽으면서 생각의 틀은 하나만 있는 것이 아니라는 것을 알게 되었습니다. 그러한 과정에서 성경의 요셉을 그리고 예수님의 족보를 읽으면서 뿌리의 그리움에 대한 답을 얻게 되었습니다. 막연한 의미로 저의 뿌리를 그리워하는 것이 아니고, 저는 밀양 박씨 오충공파 14세손으로 아담에 연결되어 있음을 믿음의 눈으로 발견하였습니다.

성경 누가복음 3장에 예수님께서 가르치실 때 삼십 세쯤이라고 소개하면서 "사람들이 아는 대로 요셉의 아들이니 요셉의 위로 헬리요 그 위로 맛닷이요" 이렇게 노아까지 올라가고, 또 "그 위로 아담 그리고 그 위는 하나님이시니라"고 예수님의 족보를 기록하고 있습니다. 믿음 안에서 성경에 기록된 노아 때 홍수 사건으로 우리 모두는 노아의 후손임을 알 수 있습니다. 나의 육신의 시작을 거슬러 올라가면 궁극적으로 누가복음 3장 36절에 연결되는데, 이것은 나를 낳은 아버지와 어머니의 존재가 성경으로 연결되어 있음을 알게 되었습니다.

한편으로 하나님께서 피조물에게 사랑의 구체적 표현으로 십계명을 주셨는데, 처음 네 계명은 하나님과 피조물과의 관계를 규정하고 있습니다. 다음으로 여섯 계명은 사람과 사람 사이의 삶을 규정하고 있습니다. 그런데 영혼의 세계와 보이는 세상을 연결하는 다섯 번째 계명이 바로 '부모를 공경하라'는 것입니다. 부모를 공경함이 보이는 세계와 보이지 않는 세계로 연결되는 가장 중요하고도 핵심적인 진리임을 가르치고 있습니다.

출애굽기 21장 15절과 17절에는 사뭇 두려운 말씀으로 우리에게 경고하고 있습니다. "자기 아비나 어미를 치는 자나 혹은 저주하는 자는 반드시 죽이라"라고 기록하고 있습니다. 이렇듯 부모를 공경하는 것이 곧 보이지 않는 하나님을 경외하는 것으로 동일시 되기 때문입니다. 물론, 예수님께서도 마태복음 15장 4절에서 인용하여 잘못된 신앙을 바르게 가르치고 있습니다.

이렇게 부모에 대한 강력한 가르침 때문에 저는 기독교를 다시 느끼기 시작했습니다. 기독교는 완전한 '효'의 종교라는 것입니다. 성경의 많은 곳에서 사람을 언급할 때, 그는 누구의 아들이라고 소개합니다. 선지자 스가랴를 처음 소개할 때, "잇도의 손자 베레갸의 아들 선지자 스가랴"라고 기록하고 있습니다. 이새의 아들 다윗(사무엘상 17:58, 역대상 29:26), 다윗의 아들 솔로몬(잠언 1:1), 시사의 아들 엘리호렙과 아히야(열상 4:3) 등 성경은 철저히 부모와 자식을 한 묶음으로 기록하고 있음을 알 수 있습니다. 이것은 부모의 관점에서 볼 때 자식 양육을 잘 시킨 것이요, 자녀의 관점으로 생각할 때 부모를 공경하라는 말씀을 늘 기억하여 그 말씀대로 살려고 노력하였음을 알 수 있습니다.

예수님도 우리에게 가르친 기도의 첫 번째 요구가 바로 하나님의 이름이 거룩히 여김을 받도록 기도하라는 것이었습니다(마태복음 6:9). 자신을 낳아 준 부모님의 이름을 기억하고, 그 이름을 명예롭게 한다는 것이 효의 시작이면서 마지막입니다. 제 삶이 바르지 않거나 옳지 않는다면 결코 제 후손들은 저를 기억할 수 없을 것이고, 그렇다면 당연히 제 부모님의 이름도 기억할 수 없을 것입니다. 기독교는 철저한 효의 종교입니다.

제가 이 땅에 태어날 수 있었던 것은 부모님께서 계셨기 때문이요, 믿음으로 그분들은 성경에 연결되었음을 알고, 이제 그 성경에서 저에게 요구하는 첫 번째 열매가 '부모를 공경하라'는 것임을 깨닫게 되었습니다. 그 어떤 상황 속에서도 저를 낳아 준 부모님은 저를 사랑하고, 또 제가 훌륭한 사람이 되는 것을 간절히 소망하기 때문에 그 소망을 이루기 위해 노력하는 것이 제가 할 본분입니다. 천국에서 만날 아버지께 부끄럼이 없는 아들이 되기 위한 첫 열매는 부모님을 공경하는 것입니다.

너는 너의 하나님 여호와의 명한 대로 네 부모를 공경하라
그리하면 너의 하나님 여호와가 네게 준 땅에서 네가 생명이
길고 복을 누리리라 (신명기 5장 16절)

믿음의 열매, 부활

들어가기, '배웠다는 애가 왜 그러냐?'

지난 6월에 어머니로부터 전화가 왔습니다. 이런저런 이야기를 하다
가 그만 자녀와 힘든 일이 있었음을 어머니께서 알게 되었고, 이에 대
한 첫 마디로 하시는 말씀이 "배웠다는 애가 왜 그러냐!"라는 따끔한
호통이 전화선을 타고 전달되었습니다. "우리들은 못 배워서 너희들
을 그렇게 키웠다만 너희들은 다 배웠는데도 애들을 제대로 못 키워
서 이렇게 애를 태우고 있냐!" 한참 더 이야기하시고 나서야 통화는
끝났습니다.

그런데 저는 그 한마디를 듣는 순간, 생각의 숲으로 들어가고 있었습
니다. '배웠다는 애가 왜 그러냐'는 말의 진정한 의미는 무엇일까 곰곰
이 생각하였습니다. 첫째는 문제를 통해서 싸우지 말고, 평화롭게 해
결하라는 것으로 이해하였습니다. 문제를 푼다고 하면서 오히려 문제
를 더 꼬이게 하거나 더 확대하여 더 심각한 새로운 문제를 양산하는,
그러한 어리석음을 범하지 말라는 의미로 생각하면서 정리하였습니다.

'배웠다는 것은 무엇인가 안다는 것이고, 무엇을 안다는 것은 그 무엇의 현재를 알고 또 그 무엇에 대한 지식을 배웠기 때문에 그 무엇의 미래를 예측할 수 있다는 것'으로 요약할 수 있습니다. 따라서 '배웠다는 애가 왜 그러냐'의 의미는, '네가 지금 자녀들과 싸우는 상황은, 네가 배운 지식으로 그것이 어떻게 진행될 것인지 너는 예측할 수 있지 않으냐? 그 예측하는 것이 바르고 좋은 것이라면 몰라도 그렇지 않다면 지금 너의 문제를 푸는 방식은 잘못되었다.'라는 것을 일러주고 있는 말이었습니다.

지식은 미래를 예측할 수 있도록 하는 자양분입니다. 지혜는 지식을 통한 미래를 평화롭게 만드는 삶의 방식입니다.

부활의 예언적 논증
___

여기에 숫자가 나열되어 있습니다. 그리고 그사이에 괄호로 비어 있는 칸이 있습니다. 이 빈칸에 들어갈 숫자는 무엇입니까?

7   17   27   37   (   )   57   67   (   )

아마 웬 산수 문제를, 그것도 초등학교 1학년 수준의 문제를 주었나 하고 반문할 것입니다. 네, 그렇습니다. 산수의 기본적인 숫자 개념이 있으면 첫 괄호 안의 숫자는 47임을 금방 알 수 있습니다. 왜냐하면 나열된 숫자들을 눈으로 읽으면서 순차적인 질서를 발견하였고, 그 질서에 따라 빈 괄호 안의 숫자도 예측할 수 있기 때문입니다. 이처럼 지식은 볼 수 없는 것, 갈 수 없는 곳, 알 수 없는 것을 예측할 수 있는 근거가 됩니다.

예수님은 성경(구약)을 듣고, 읽고 묵상하면서 성장하였습니다. 예수님은 세상에 천국 복음을 선포할 때 이사야 성경 말씀을 인용하여 시작하였습니다. "주의 성령이 내게 임하셨으니 이는 가난한 자에게 복음을 전하게 하시려고 내게 기름을 부으시고 나를 보내사 포로 된 자에게 자유를 눈먼 자에게 다시 보게 함을 전파하며 눌린 자를 자유롭게 하고 주의 은혜의 해를 전파하게 하려 하심이라 하였더라" 그리고 회당에 있는 사람들이 다 주목하여 볼 때, 예수님은 "이 글이 오늘 너희 귀에 응하였느니라"라고 하였습니다. 이렇게 예수님은 성경을 잘 알고 있었습니다.

예수님께서 인용한 말씀은 이사야 61장 1절입니다. 예수님은 이사야 53장 그리고 52장의 말씀도 잘 알고 있었을 것으로 예측할 수 있습니다. 그런데 이 말씀들은 예수님의 고난 그리고 부활을 예언하고 있습니다.

> 그는 멸시를 받아 사람들에게 버림 받았으며 간고를 많이 겪었으며 질고를 아는 자라 마치 사람들이 그에게서 얼굴을 가리는 것 같이 멸시를 당하였고 우리도 그를 귀히 여기지 아니하였도다 그는 실로 우리의 질고를 지고 우리의 슬픔을 당하였거늘 우리는 생각하기를 그는 징벌을 받아 하나님께 맞으며 고난을 당한다 하였노라 그가 찔림은 우리의 허물 때문이요 그가 상함은 우리의 죄악 때문이라 그가 징계를 받으므로 우리는 평화를 누리고 그가 채찍에 맞으므로 우리는 나음을 받았도다(이사야 53:3-5)

> 보라 내 종이 형통하리니 받들어 높이 들려서 지극히 존귀하게 되리라 전에는 그의 모양이 타인보다 상하였고 그의 모

습이 사람들보다 상하였으므로 많은 사람들이 그에 대하여 놀랐거니와 그가 나라들을 놀라게 할 것이며 왕들은 그로 말미암아 그들의 입을 봉하리니 이는 그들이 아직 그들에게 전파되지 아니한 것을 볼 것이요 아직 듣지 못한 것을 깨달을 것임이라(이사야 52장 13-15)

예수님은 이사야 성경의 내용을 이미 잘 알고 있었습니다. 이사야 말씀뿐만 아니라 시편, 스가랴 말씀에서도 메시아의 고난과 부활을 예언하고 있습니다. 이러한 말씀도 예수님은 알고 있었기 때문에 제자들에게 '자기가 예루살렘에 올라가 장로들과 대제사장들과 서기관들에게 많은 고난을 받고 죽임을 당하고 제3일에 살아나야 할 것'을 반복하여 마태복음 16장 21절, 17장 22-23절, 20장 17-19절에 강조하고 있습니다. 예언에 대한 예수님의 확고한 신뢰를 알 수 있습니다.

부활의 역사적 논증

1988년 대한민국 서울에서 세계인의 스포츠 축제인 올림픽 경기가 열렸습니다. 1989년 이후에 태어난 사람들은 부모님 혹은 언론을 통해 그 사실을 전해 듣습니다. 1988 올림픽 개최지가 서울이라는 것을 의심하는 사람들은 결코 대한민국에는 없을 것입니다. 그것은 지금도 88서울올림픽을 참관한 사람들과 그때의 경기장들이 그대로 있기 때문입니다. 역사적 사실은 누군가에 의해 반드시 기록으로 남아 있어야 합니다. 많은 사람에게 감동을 주었던 예수님도 역사적 인물로 그 당시의 역사책에 기록되어 있어야 합니다. 그래야 역사적 예수님의 객관성을 확보할 수 있습니다.

유대 역사가 요세푸스는 『유대전쟁사』를 기술하고 나서 또 다른 그의 책 『유대인 고대사』(Antiquities, 18권 3장 3절)에서 예수님의 역사성에 관하여 다음과 같이 기록하였습니다. "그 당시에 예수라고 불리는 한 현인이 있었다. … 빌라도는 그를 재판했고 사형 언도를 내렸다. 예수의 제자들은 예수를 배신하지 않았다. 그들은 예수가 십자가에 처형된 후 다시 살아나 자기들에게 나타났다고 보고했다. 그의 이름을 따라 크리스찬으로 불리는 족속들은 아직까지 없어지지 않았다."(Antiquities, xviii. 3, 3, Arabic text)

플라비우스 요세푸스(기원후 37년쯤~100년쯤)는 로마 시대의 유대인 출신의 군인, 정치가이자 역사가입니다. 그가 태어난 시기 그의 부모님들은 예수님을 직접 보았던 사람들도 있었고, 혹은 예수님에 대한 여러 이야기를 듣고 자란 사람들입니다. 마치 한국에서 2000년 이후에 태어난 사람들이 그들의 부모님으로부터 88서울올림픽에 대하여 듣는 것과 같다는 의미입니다. 요세푸스는 군인이자 역사가였습니다.

고대 로마의 역사가 타키투스(Tacitus, 56년~117년)가 쓴 『연대기』는 자신이 태어나기 40년 전부터 10대에 이르기까지 가까운 역사를 다루고 있습니다. 아우구스투스 황제의 서거(서기 14년)에서 로마 제국의 역사에서 가장 악명 높은 황제로 꼽히는 3대 황제 칼리굴라를 거쳐 5대 황제 네로의 사망(서기 68년)까지 약 55년간의 로마 제정 초기의 역사를 기록하고 있는데, 『연대기』 XV 44에서 본디오 빌라도가 그리스도를 사형 집행한 사실을 기록하고 있습니다.

타키투스 역시 자신의 아버지 세대들은 예수님과 함께 살았던 사람들(타키투스의 할아버지 세대)의 생생한 삶을 듣고 자랐습니다. 따라서 타키투스가 자신의 부모님으로부터 예수님에 대한 이야기를 전해 들을 수 있었을 것으로 저는 판단합니다.

오늘날 고고학자와 역사가들은 『유대전쟁사』와 『유대인 고대사』 그리고 『연대기』에 기록된 사실에 대하여 다양한 방법으로 실증하고 연구합니다. 동일한 방법으로 구약성경과 신약성경에 기록된 지명과 이름을 중심으로 역사적 사건을 연구하는 고고학자들이 신약성경에 기록된 사실, 특히 부활에 대한 기록이 거짓임을 증명하는 역사적 기록물을 찾지 못하고 있습니다.

부활의 체험적 논증

1972년 미국 대통령 선거 도청 사건에 대한 거짓 증인으로 감옥에 갔던 전직 대통령의 법률 고문 찰스 콜슨(1931~2012)의 『한 지성인의 회심』에 그는 "사람들은, 거짓이라 알고 있는 일을 위해 자신의 안락함을 포기하지 않는다. 하물며 목숨을 포기하지 않음은 말해서 더무엇하랴?"라고 그때의 워터게이트 사건을 통해 깨달은 것을 기록하고 있습니다.

> "나는 워터게이트 사건을 겪으면서 거짓에 근거하여 함께 음모를 꾸미는 무능력한 인간을 보았다. 닉슨 대통령이 모든 사실을 알고 나서 3주가 채 지나지 않아 검찰은 존 딘을 소환하였다. 사건이 표면화되자 닉슨의 대통령직은 흔들렸다. 실제로 사건을 은폐하려던 기도는 한 달도 채 못 가서 좌절되었다.
>
> 반면에 그리스도의 힘 없는 추종자들은 처형되어 끔찍하게

죽을 때까지, 죽은 자들 가운데서 부활하신 예수 그리스도를 실제로 목격했다고 주장했다. 이들은 음모도 하지 않았고, 유월절 모의 같은 것은 더욱 없었다."

찰스 콜슨의 말처럼 누구나 거짓에 자신의 인생을 맡길 사람은 없습니다. 예수님의 부활을 체험하지 않았다면, 그의 제자들이 한결같이 스승을 따라 거룩한 순교의 길로 가지 않았을 것입니다. 베드로 그리고 바울의 변화 중심에는 예수님의 부활 체험이 있습니다.

베드로는 여러 면에서 독특한 행동을 하였고, 그것들이 성경에 기록되어 있습니다. 물론 예수님께서 기적으로 표적을 보이시던 곳에도 함께 하였습니다. 예수님이 중풍 병자를 고치는 현장(마가복음 2:2-12)에 있었으며, 산에서 예수님이 변화된 모습(마태복음 17:1-13)을 보기도 하였습니다. 예수님이 물 위로 걸을 때, 자신도 걸을 수 있도록 간구하여 잠시나마 베드로는 예수님처럼 물 위를 걷는(마태복음 14:28-29) 체험도 하였습니다. 예수님이 겟세마네 기도 후에 한 무리의 병정들에게 잡혀갈 때 그는 칼을 휘둘러(요한복음 18:10) 예수님을 보호한 용기 있는 제자였습니다. 그런데 결국 그 역시 결정적인 순간에 스승을 외면하고 부인합니다. 베드로가 스승을 부인하는 장면은 신약성경 4복음서(마태복음 26:69-75, 마가복음 14:66-72, 누가복음 22:5462, 요한복음 18:1518)에 기록되어 있습니다. 이러한 베드로가 변화되어 많은 사람 앞에서 예수님의 복음을 전파하고 있습니다.

바로 그때, 어떤 사람이 와서 "보십시오! 여러분이 감옥에 가두었던 사람들이 성전 뜰에 서서 백성들을 가르치고 있습니다."라고 말했습니다.(사도행전 5:25)

그러자 베드로와 다른 사도들이 대답했습니다. "우리가 사람이 아니라 하나님께 복종해야 하는 것은 당연한 일입니다. 여러분이 나무에 매달아 죽인 예수님을 우리 조상의 하나님께서 다시 살리셨습니다."(사도행전 5:29-30)

예수님이 잡히던 날에 도망갔던, 그리고 가야바 대제사장 집 뜰에서 여종의 말에 "나는 그 사람을 알지 못하노라"(마태복음 26:72)라고 고백한 베드로가 어떻게 무엇 때문에 담대하고 용기 있게 많은 사람 앞에서 공개적으로 예수님을 메시아라고 설교하고 있을까요? 그것은 그의 말대로 죽었던 예수님이 다시 살아난 것을 보았고 체험하였기 때문입니다. 누구든지 자신이 직접 스스로 체험한 사실에 대하여 절대 잊지 않을 것입니다.

바울은 당대 최고의 선생님을 스승으로 모신 매우 유능한 촉망 받는 사람입니다. 그러한 그가 부활하였던 예수님을 만나 변화되고, 그가 알고 있던 성경(구약)의 전체를 다시 해석하고서 그의 신앙고백 속에 예수님이 메시아임을 온 세상에 논리적으로 알린 것이 로마서입니다. 또한, 바울은 고린도 교회에 보내는 편지 속에 예수님의 부활에 대하여 다음과 같이 기록하고 있습니다. 우리가 믿는 믿음의 구체적인 실체는 예수님의 부활을 기반으로 시작되고 있음을 이 말씀들을 통해 알 수 있습니다.

그리스도께서 다시 살아나신 일이 없으면 너희의 믿음도 헛되고 너희가 여전히 죄 가운데 있을 것이요 또한 그리스도 안에서 잠자는 자도 망하였으리니 만일 그리스도 안에서 우리가 바라는 것이 다만 이 세상의 삶뿐이면 모든 사람 가운데 우리가 더욱 불쌍한 자이리라 그러나 이제 그리스도께서 죽은 자 가운데서 다시 살아나사 잠자는 자들의 첫 열매가 되셨도다 사망이 한 사람으로 말미암았으니 죽은 자의 부활도 한 사람으로 말미암는도다 아담 안에서 모든 사람이 죽은 것 같이 그리스도 안에서 모든 사람이 삶을 얻으리라(고린도전서 15:17-22)

부활, 믿음의 실체입니다.
—

"아담 안에서 모든 사람이 죽은 것 같이 그리스도 안에서 모든 사람이 삶을 얻으리라"라는 말씀에 따라 우리는 예수 그리스도 안에서 새로운 삶을 살 것입니다. 예수님도 "나는 부활이요 생명이니 나를 믿는 자는 죽어도 살겠고 무릇 살아서 나를 믿는 자는 영원히 죽지 아니하리라"라고 이미 말씀하셨습니다. 믿음의 실체는 예수님의 부활과 그 부활에 자신도 포함된다는 것을 믿고, 예수님의 말씀을 삶의 기준으로 실천하는 것입니다.

성령의 물로 열매를 맺자!

간혹 점심시간에 후식으로 과일을 주는데, 어느 가을에 감을 주었습니다. 감을 먹다 보니 씨가 나왔습니다. 혹시나 하는 호기심으로 국화꽃 화분 한쪽에 세 개를 푹푹 흙 속에 넣었습니다. 습관대로 아침에 출근하여 컵의 4분의 1 정도의 물을 주었습니다. 그렇게 며칠이 지난 어느 날, 긴 녹색 연한 대롱이 쑥 올라 나왔습니다. 그 곁에 떡

잎이 나란히 마주 보며 얼굴을 내밀고 있었습니다. 사무실의 조그만 화분 안에서 씨앗이 썩어 새 생명의 푸른 빛을 볼 수 있다는 것이 매우 신기하여 놀랐습니다.

처음에는 긴 연약한 줄기에 매달린 떡잎이 나오더니, 그 뒤에 줄기가 길게 자란 다음에 떡잎보다 훨씬 더 큰 잎이 양옆으로 나오는 것을 보았습니다. 그리고 그 잎들은 더 오래도록 달려 있었으며, 그에 따라 줄기도 점차 짙은 갈색으로 변하는 것을 관찰할 수 있었습니다. 그 옆에 지켜보던 국화들은 감나무 줄기를 못내 시샘하는 눈초리였습니다. 왜냐하면 감나무 줄기는 그들의 국화 잎보다 훨씬 더 크고 왕성하게 자라고 있었으니까요.

그러던 중 휴가 때문에 며칠 동안 출근하지 않게 되었습니다. 휴가를 마치고 출근하여, 습관적으로 창가에 놓인 조그만 저의 정글을 보았습니다. 모두 다 한결같이 잎들이 땅을 향하여 푹 죽어 있었습니다. 내 마음은 덜컹 내려앉았습니다. 그리고 미안한 마음이 들었습니다. 나는 급히 물 한 컵을 떠서 부어 주었습니다. 새삼스럽게 온 땅의 식물에 물을 주시는 하나님의 놀라운 일들을 알게 되었습니다. 그들을 바라보며 '물'이라는 것이 얼마나 중요한지 알게 되었습니다. 비록 그들에게 살아 있다는 느낌을 주는 푸른 빛은 있었다 하더라도, 그 모습은 살아 있는 것을 찬미하고 있지 않았습니다.

그리고 나서 한두 시간이 지난 후에 창가로 나의 눈길을 돌리는 순간 깜짝 놀랐습니다. '오, 주님 감사합니다.' 시들어 모두 땅을 향하여 축 늘어졌던 푸른 잎들이, 언제 그랬냐는 듯이 모두 다 그들의 손을 위로 올리면서 생명의 싱싱한 회복을 찬미하고 있었습니다. 나의 영혼 깊은 곳에서 찬양의 소리가 울려 퍼지고 있는 것을 느끼게 되었습니다.

그런데 그 순간 나의 가슴 속에는 또 하나의 선명한 것이 스치고 지나가는 것을 알게 되었습니다. '그래, 바로 이거다, 성령의 물! 우리에게 영생을 믿는 성령이 있다고 하더라도 타인에게는 살아 있다는 그 싱싱한 맛을 느끼게 하기에는 그것만으로 부족하다. 그러나 성령의 물이 우리의 깊은 곳에 스며들어 우리의 생명체에게 힘을 줄 때, 그 생명력은 자연스럽게 타인에게 알려지는 것이다. 생명을 생명으로 느끼게 하는 것은 성령의 물이 우리의 영혼과 온몸을 적실 때 드러나는 것이다.'

다시 한 번, 나는 곰곰이 생각에 젖어 들었습니다. 아기 손바닥처럼 큰 두 잎이 축 처져 있는 물리적 현상을 분석해 보면, 줄기와 나뭇잎을 연결하는 것은 양쪽의 조직 세포들입니다. 줄기와 연결된 미세한 나뭇잎의 조직 세포들이 무거운 나뭇잎을 줄기에 매달리도록 하고 있습니다. 그런데 물이 부족하여 연결된 세포들이 빵빵한 세포의 원래의 모습을 유지하지 못하고 있는 상태입니다. 그러나 물이 뿌리로부터 올라오자, 줄기와 연결된 잎사귀의 연결 조직 세포에 세포액으로 물이 가득 차게 될 것이고 그래서 그 연결 부분의 세포에게 팽팽한 긴장감이 생기면서 미세한 세포들의 연결이 힘을 받아 축 처진 큰 잎을 다시 위로 올리게 되었다는 것으로 생각할 수 있습니다.

비슷한 비유로 확장하면, 우리의 영혼 속에 예수 그리스도를 주님으로 고백함으로 성령님께서 내주하십니다. 우리는 이것을 믿음으로 구원을 얻는다는 신앙고백이라 합니다. 이런 신앙의 고백 속에 우리 안에 살아 있는 성령의 한 부분(세포)이 있다 하더라도 그 안에 성령의 물이 있지 않으면, 실질적으로 타자의 입장에서 보면 그 살아계심을 느끼기에는 상당한 어려움이 있다는 것입니다.

그러나 성령의 물이 내주하시는 성령의 어떤 부분(세포)에 충만이 들어 있다면, 자연스럽게 다른 사람에게 성령의 살아계심을 느끼게 할 것입니다. 우리 안에 계시는 성령의 살아계심을 알 수 있는 것은 우리가 얼마나 성령의 물을 찾아 마시는가에 달려 있다는 것을 알게 되었습니다.

그렇다면 성령의 물은 무엇을 의미합니까? 그것은 기록된 하나님의 말씀입니다. 따라서 성령 충만은 성령의 물이 나의 구석구석 믿음의 세포에 가득 채워지는 것을 의미합니다.

성령 충만은 예수님 안에서 영생을 절대 포기하지 않는 것입니다. 성령 충만은 믿음 세포에 '심령이 가난한' 성령의 물을 채우는 것으로 시작합니다. 성령 충만은 자신과 사람을 향하여 애통함을 만날 때마다 하나님의 위로를 기억하는 성령의 물로 만들어집니다. 성령 충만은 세상을 향하여 항상 온유한 성령의 물로 채워집니다. 하나님·사람·세상의 갈등과 고통의 상황에서 성령 충만은 가난한 심령·애통한 마음·온유한 태도의 성령의 물로 문제를 극복하는 것입니다. 성령 충만은 세상에서 긍휼을 베푸는 성령의 물로 드러납니다. 성령 충만은 마음의 청결함의 성령의 물로 하나님을 뵙는 것입니다. 성령 충만은 평화의 도구로 세상에서 하나님의 아들로 일컬어지는 것입니다. 성령 충만은 예수님과 하나님을 위해 기꺼이 희생하고 핍박의 길로 향하는 믿음입니다.

이러한 믿음 위에서 성령 충만은 참포도나무이신 예수님의 열매를 맺습니다. 그 열매들은 부모를 공경하는 효의 열매, 이웃을 향한 긍휼의 열매, 자신을 향한 오래 참음과 절제의 열매, 세상을 향한 온유와 화평의 열매, 복음을 향한 전도의 열매, 생명에 대한 영혼 구원 열매, 자녀에게 믿음의 전수 열매를 맺는 것입니다. 이것들이 씨앗의 DNA입니다.

할렐루야, 빛이 있으라!

나는 참포도나무요 내 아버지는 농부라 무릇 내게 붙어 있어 열매를 맺지 아니하는 가지는 아버지께서 그것을 제거해 버리시고 무릇 열매를 맺는 가지는 더 열매를 맺게 하려 하여 그것을 깨끗하게 하시느니라 너희는 내가 일러준 말로 이미 깨끗하여졌으니 내 안에 거하라 나도 너희 안에 거하리라 가지가 포도나무에 붙어 있지 아니하면 스스로 열매를 맺을 수 없음 같이 너희도 내 안에 있지 아니하면 그러하리라 나는 포도나무요 너희는 가지라 그가 내 안에, 내가 그 안에 거하면 사람이 열매를 많이 맺나니 나를 떠나서는 너희가 아무 것도 할 수 없음이라(요한복음 15:1-5)

———

우주와 영원 속에
딱 한 명 있는 존귀한 당신

———

"우리가 지금은 거울로 보는 것 같이 희미하나 그때에는 얼굴과 얼굴을 대하여 볼 것이요 지금은 내가 부분적으로 아나 그때에는 주께서 나를 아신 것 같이 내가 온전히 알리라" (고린도전서 13:12)

우리 주님, 예수 그리스도 이름을 찬양합니다.

수고하셨습니다. 그리고 감사합니다. 지극히 작은 자의 글을 이렇게 읽어주셔서 거듭 감사를 드립니다.

'결코 포기하지 않은' 예수님의 일상의 삶이 저의 가슴을 울리게 하였고, 이제 그 울림을 당신의 가슴에 전달하는 기회를 얻게 되었다고 생각하니 매우 기쁩니다.

하지만 지극히 무지한 자가 두서없이 예수님의 삶을 그리면서 거룩한 주님의 마음을 상하게 하지 않았나 하는 무거운 마음도 있습니다. 이것으로 인하여 본 졸저를 읽으시면서 마음에 부담된 것이 있었으면, 먼저 용서를 구합니다.

산상수훈 팔복의 8가지 요소 중에 하나님을 본다는 것이 있듯이, 무엇을 본다는 것은 사람의 근본적인 본능입니다. 하나님을 보기를 소망하듯이, 이 책을 읽은 '우주와 영원 속에 딱 한 명 있는 존귀한 당신'을 만난다는 설렘이 저에겐 있습니다. 왜냐하면, 성령 하나님께서 저에게 느끼게 하였던 그 예수님의 마음을 훗날 함께 나누고 싶기 때문입니다.

'결코 포기하지 말라'는 예수님의 간절한 일상의 삶이 우리의 시간 속에 기억되어, 믿음을 행동으로 실천하는 것을 먼저 포기하지 않고, 천국에 이를 때까지 선한 싸움을 승리로 이끌기를 소원합니다. 훗날 천국의 그때에 함께 주님 앞에서 얼굴을 마주하면서, 무리 속의 영생을 지닌 자로서 산상수훈의 삶을 나누는 꿈을 독자님께서 저에게 만들어주셔서 더 기쁩니다.

천국에서 꼭 만나기를 간절히 소망하면서 감사의 마음을 독자 여러분께 드립니다.

덧붙여, 본 졸저의 추천 글을 써 주신 대덕 한빛교회 김은섭 목사님 그리고 '우리가 포기해도 절대 포기하지 않으시는 주님의 은혜'의 그림을 책 표지로 사용토록 허락해주신 김민숙 선생님과 생각나눔 출판부 편집장님과 직원 여러분들의 수고에 감사를 드립니다.

2019. 3.
지극히 작은 박봉식 드림

부 록

1. 산상수훈과 어거스틴
그리고 신학자들

어거스틴은 누구인가?

성경도 오래된 문서 중에 하나지만, 성경 이외의 책 중에 매우 오래
된 책을 만나 읽을 수 있다는 것이 경이롭습니다. 히포(Hippo) 출신 어
거스틴은 서기 354년에 출생한 사람으로, 지금으로부터 약 1,600년 전
사람입니다. 그의 『산상수훈의 설교 해석』을 읽고, 그의 생각을 통해
예수님의 마음을 가늠한다는 것은 은혜입니다. 어떻게 그 책이 지금까
지 전달됐는지 신비롭고, 어떤 점에서 이것이 기적으로 생각됩니다.

J. 펠리칸이 편집하여 만든 책 『어거스틴 산상수훈 강해 설교』(J. 펠리
칸 편집; 전덕애 역, 『어거스틴 산상수훈 강해 설교』, 서울: 전망사, 1980)의 서문을 인용
하여 설교자로서 그리고 신학자 어거스틴이 누구인지 간략하게 요약
합니다.

"어거스틴은 기독교 교리사상 가장 중요한 인물 두서너 사람 중의
하나입니다. 이 범주에 드는 인물들의 이름을 천거하라면, 학자들에
따라 그 이름들이 달라지겠지만, 어거스틴의 이름이―그리고 아마도
그의 이름만이―모든 추천명록에 오르리라고 말해도 틀림이 없을 것

입니다. 펠라기아니즘(Pelagianism)과 투쟁하는 동안에 아주 완벽하게 이룩하게 된 죄와 은혜에 관한 그의 교리는 지금까지 신학자들에게 영향을 주고 있습니다. 그리고 그의 신학적 묵상의 걸작들은―『고백』(Confessions), 『하나님의 도성』(City of God), 『삼위일체론』(On the Trinity)― 각각 그들 나름대로 그가 다루고 있는 주제를 아주 독특하게 다루고 있는 저서들입니다. 한스 폰캄펜 하우젠(Hans von Campenhausen)의 말을 빌리면, '어거스틴은 오늘날까지도 지적(知的) 세력을 유지하고 있는 유일한 교부입니다. 그의 저서들 때문에 학파나 종파의 상관이 없이 이교도와 크리스찬이, 철학자나 신학자가 똑같이 그에게 매혹되고 그의 의도와 그의 인간성에 굴복하게 됩니다.'"[3]

어거스틴은 산상수훈의 5:1-2 및 팔복(5:3-12)을 어떻게 해석하였는가?
―

마태복음 5장 1-2절 내용 중 "무리를 보시고 산에 올라가"라는 말씀 속에 '무리'에 대한 별다른 설명이 어거스틴의 산상수훈 강해 설교에 없습니다. 다음은 J. 펠리칸의 책 내용을 임의 발췌 인용합니다.

"5:3절, 여기의 마음이 가난한 사람이란 겸손하고 하나님을 경외하는, 바꾸어 말하면 잔뜩 부풀어 오른 마음을 가지지 않은 사람으로 이해하는 것이 옳습니다.

5:4절, 여기의 '땅'이라는 말이 시편에서 다음과 같이 언급되었다고 생각합니다. '주는 나의 피난처시요 생존 세계에서 나의 분깃이시라'(시편 142:5). 그것은 영원한 기업에서 오는 어떤 견실성과 안전성을

의미하기 때문입니다. 육체가 땅에서 휴식을 취하듯, 착한 성질로 인해 영혼이 마치 자기의 본고향에 온 듯 휴식을 얻습니다. [글쓴이 주: 어거스틴의 책은, 오늘날 기준 마태복음 5:4절과 5절의 순서가 뒤바뀌어 설명하고 있습니다.]

5:5절, 애통한다는 말은 귀하게 여기는 것을 잃었을 때의 슬픔을 의미합니다. 그러나 하나님께로 마음이 향한 사람들은 이 세상에서 자기들이 귀하게 여기던 것들을 잃습니다. 그들은 그들이 전에 즐거워하던 일들을 보고 즐거워하지 않습니다. 그들의 마음속에 영원한 것에 대한 사랑이 싹터 나오기 전에는 약간의 슬픔으로 마음의 상처를 입습니다.

5:6절, 예수님께서는 그러한 사람들은 진실되고 흔들리지 않는 선을 사랑하는 자들이라고 말씀하십니다. 그러므로 그들은 주님 자신께서 '나의 양식은 나를 보내신 이의 뜻을 행하는 것'(요4:34)이라고 말씀하신 바로 그 양식, 즉 의로움으로 배부름을 느낄 것이며, 누구든지 그 물을 마시면 '그 속에서 영생하도록 솟아나는 샘물이 되리라'(요4:14)고 말씀하신 그 물로 만족할 것입니다.

축복은 겸손에서부터 시작합니다. 즉 교만하지 않고 하나님의 권위에 자기들의 영혼을 복종시키는 사람들입니다. 그런 다음에 성경에 대한 지식을 얻게 되는데, 그렇게 되면 영혼은 무식한 자들에게 불합리하게 보이는 것을 멸시하거나 고집스러운 논쟁으로 자신이 배움을 받을 수 없는 자가 되지 않기 위해서 경건하게 온유하다는 증명을 해야 할 필요가 생깁니다. 그렇게 되면 영혼은 자기가 육에 속한 습관과 죄 때문에 얼마나 세속의 사슬에 얽매이어 있는가를 깨닫기 시작할 것입니다. 그래서 (영의 세계에 대한) 지식이 생기기 시작하는 이 세 번째 단계에 이르면 영혼은 아직도 가장 천박한 것들에 얽매이어 있으므로 최고의 선을 상실한 것을 슬퍼합니다. 네 번째 단계에 이르면 노력이 따르게 됩니다. 이 단계에서 의에 주리고 목마름을 느끼게 되며, 쾌락을 주기 때문에 떼어 버리지 못하던 것을 버리려면 슬픔이 따르기 때문에 불굴의 의지가 필요합니다."

어거스틴의 산상수훈 주석서는 팔복은 천국을 향하는 사람의 구원 과정으로, 각 과정에서 대표적인 성품을 나타내고 있습니다. 이것과 결부하여 마태복음 5장 3절부터 10절까지 한 단계, 한 단계 낮은 곳에서 높은 곳으로 점진적으로 설명하고 있습니다. 그의 책 4.11 문단은 이사야 11장 2-3절 말씀과 집회서 1장 14절 말씀을 인용하여, 영혼이 천국을 향한 여정으로 하나님에 대한 두려움, 경건, 지식, 용기, 경륜, 이해, 지혜로 구분하고, 각각에 따른 팔복의 연관성으로 5장 3절부터 5장 9절까지 차례로 설명하고 있습니다. 어거스틴은 팔복의 내용 전체를 영혼 구원 과정으로 설명하고 있습니다.

오늘날 신학자들이 산상수훈과 팔복을 해석하는 물줄기는 무엇인가?
—

:: 『산상설교는 누구에게?』, 게르하르트 로핑크, 정한교 역, 분도출판사
　(왜관), 1990

"산상설교는 교회를 상대한다. 또는 좀 더 조심스럽게 산상설교 때
에 예수 둘레에 모인 제자들에서 후대 교회의 모습이 미리 나타난다
(50쪽). 산상설교는 참 이스라엘로서 세상의 소금이 되고 세상의 빛이
되어야 할 교회의 먹줄이다. 이런 의미에서 산상설교는 또한 보편적
으로 만인과 관련되어 있기도 하다. 그러나 역시 교회를 거쳐서만 그
렇다. 모름지기 교회가 만민을 제자 공동체로 삼아야 하는 것이다.
이 좌표 안에서 비로소 이제는 산상설교의 수행 가능성도 긍정될 수
있다(53쪽)."

:: 『산상수훈』, 요한 웨슬리, 차동재 역, 아가페출판사(서울), 1999

"산상에서 전하신 그 말씀을 인류에게 적용하는 데 불합리한 점이
전혀 없다는 것을 알게 될 것입니다. 또 이 말씀은 예수님께서 전하
신 다른 말씀이나 성경의 어느 다른 구절과도 모순이 없다는 사실이
드러날 것입니다. 산상수훈 일부분만이 아니라 모든 부분이 인간에
게 보편적으로 적용되어야 한다는 사실이 드러날 것입니다(10쪽)."

　요한 웨슬리는 '천국 백성의 성품' 주제 아래 '1장 자신을 위하여 우
십시오! 2장 이웃을 자신처럼 사랑하십시오. 3장 세상에 속하지 않
은 그리스도의 성품'으로 팔복을 설명하고 있습니다(13쪽). 가난한 심
령과 여기 언급된 다른 모든 성품이 모든 그리스도인의 삶 속에서 정

도의 차이를 갖고 항상 나타난다는 사실입니다. 또 참된 기독교 신앙은 항상 영혼의 가난에서 시작하여 여기에 명시된 순서대로 '하나님의 사람으로 온전케' 될 때까지 계속 가게 된다는 것입니다(16쪽).

:: 『산상수훈』, 존 스토트, 정옥배 역, 생명의 말씀사(서울), 2011

그리스도인의 성품(5:3-12), 팔복은 특히 하나님 및 사람들과의 관계에서 그리스도인이 지녀야 하는 성품과 행동의 8가지 주요 특징과 이러한 특징들을 보이는 사람들에게 임하는 하나님의 축복을 강조한다(21쪽). 팔복은 그리스도인들의 균형 잡힌 다양한 성품을 제시한다(31쪽).

:: 『천국의 윤리 산상수훈강해』, 곽선희, 양서각(서울), 1987

"산상수훈의 대상은, 첫째 메시아를 간절히 기다리며 고통당하는 사람들에게, 다음으로 열두제자입니다(10쪽). 여덟 가지 복은 신앙생활의 계단과 같다고 말하기도 합니다. 쉽게 말하면, 이 계단은 천국으로 향하는 길이란 말입니다. 그래서 맨 나중 계단이 핍박받은 자로, 핍박이 가장 높은 수준의 계단임을(11쪽)"

:: 『팔복』, 존 맥아더, 전의우 역, 생명의 말씀사(서울), 2009

"제일 먼저 심령이 가난한 자를 볼 수 있는데, 이것은 죄에 대한 바른 태도이며 4절의 애통으로 이어진다. 자신의 죄악된 모습을 발견하고 애통한 후에, 여러분의 마음은 낮아짐으로 인해 온유해진다. 그리고 나면 여러분은 의에 주리고 목마른 자가 되어 의를 구한다. 이러한 발전을 볼 수 있는가? 이것은 자비(7절) 마음의 청결(8절), 그리고 화평케 하는 자(9절)에서 분명하게 드러난다(64쪽). 팔복은 영적 파산과 그 사실을 아는 데 대한 언급으로 시작된다. 이것은 지적인 부분이다. 4절은 감정적인(정서적인) 부분이다. 자신이 영적으로 파산한 것을 알고 감정이 그 상황을 접수하여, 파산에 대해 애통하게 되는 것이다(90쪽). 팔복 중 처음 넷은 전적으로 내적인 원리로 하나님 앞에서 자신을 어떻게 볼 것인가를 다룬다. 앞의 넷은 내적인 태도이며 뒤의 넷은 그 태도가 나타내는 것들이다(153쪽)."

:: 『팔복 속에 감춰진 하늘의 능력』, 게리&마리 윈스, 임수산 역, 뉴와인(경기 고양), 2008

"당신 안에 잠재된 능력으로 나아가는 이 여정을 시작하게 되면 주님께서 축복하실 것이다. 아름다운 팔복의 길을 따라 예수님의 성품을 향하여 변화되어 가는 당신에게 이 땅에서 하늘의 권세가 주어질 것이다(125쪽). 지금까지 팔복의 가르침을 살펴보고 나니 예수님의 성품에 대해 전보다 더 나은 이해함을 가지게 되었을 것이다. 예수님은 의로우셨으며 하나님의 뜻과 성품에 정확히 조화된 삶을 사셨다. 그러한 순종의 삶으로 말미암아 우리를 위해 마음이 상하시고, 우리를 위해 애통해 하신다. 그분은 온유하고 겸손하시다. 그분은 의로우시고 자비로우시다. 그분은 화평케 하시는 분이시다. 그리고 이 모든 것으로 인하여 그는 죽음에 이르는 문자 그대로의 박해를 받으셨다(328쪽)."

:: 『신약주석 산상보훈』, 박수암, 대한기독교서회(서울), 2007

"팔복의 제1연에 있는 축복선언들은 주로 하나님의 은혜 앞에서는 겸손한 마음가짐의 축복 선언들이고, 제2연에 있는 축복선언들은 그러한 은혜를 받은 자가 재림 시까지 해야 할 의무를 특별히 보여 주는 축복선언들이다(119쪽). 제1연에 있는 덕목들이 없이는 제2연에 있는 덕목들이 있을 수 없고, 제2연에 있는 덕목들이 없이는 제1연에 있는 그 덕목들도 그 존재가 입증되지 않는 것이다. 그것은 8복 선언에 나오는 그리스도교의 덕목들에 생래적인 성품들이 아닌 성령의 사역에 의해 산출될 수 있는 하나의 성향임을 보여 준다. 여기 열거된 덕목들이 자연인의 실천 가능한 윤리가 아닌, 중생인만이 실천할 수 있는 윤리임을 입증하고 있는 것이다(121쪽)."

:: 『소그룹 성경공부 교재 산상수훈』, 옥한흠, 국제제자훈련원(서울), 2014

"이 여덟 가지는 사실 예수님 자신의 성품을 가리킨다. 이런 이유 때문에 '팔복'을 '예수의 초상화'라는 별칭으로 부르기도 한다(14쪽)."

:: 『산상보훈』, 변종길, 말씀사(서울), 2011

"'팔복'은 사실 그 전체가 동일한 사람의 여러 모습에 대해 말하고 있다. 곧 천국 백성의 일상적 모습에 대해 말하고 있다(27쪽)."

본 책의 저자는 본문에서 팔복을 구원론적 관점에서 천국 백성의 일상적 모습으로 팔복을 설명하고 있습니다.

앞에 열거된 신학자와 목사님 그리고 로이드 존스, 필립 얀시, 아더 핑크스, 김지철 등 거의 모든 분이 팔복을 하나님과 예수님의 성품과 연계하며, 구원론적 관점으로 영혼 구원의 과정으로 해석하고 있습니다. 물론 이러한 것들은 성 어거스틴의 주석서의 내용을 기초로 하고 있습니다.

산상수훈과 톨스토이

톨스토이의 거의 모든 종교적 저술의 핵심은 공식 교회와의 선명한 대비 속에 산상설교의 진정한 의미를 밝히는 데 있다고 해도 과언이 아니다. 톨스토이는 산상설교의 핵심을 "화내지 말라, 맹세하지 말라, 악에 폭력으로 대항하지 말라, 적을 내 몸처럼 아끼라."로 요약하고, 구약의 십계명을 이 오계명으로 대체한다. 이 다섯 가지 계율을 관통하는 것은 바로 '사랑의 법칙'으로, 이는 "무엇이든지 남에게 대접을 받고자 하는 대로 너희도 남을 대접하라"라는 기독교 황금률(마태복음 7:12)에 가장 잘 드러나 있다(이문영, 「톨스토이 대 톨스토이: 톨스토이의 평화사상과 평화실천」, 『외국학연구』 제35집, 208쪽, 2016).

산상수훈과 간디

"인도의 민족주의 지도자 마하트마 간디(1869~1948)는 그의 자서전에서 '나는 매일 산상수훈을 세 번 이상 읽지 않고 지내본 적이 없다.'라고 고백했을 뿐더러, '산상수훈은 종교 중의 종교요, 모든 종교의 다이아몬드이다.'라고 할 만큼 소중히 여겼다. 그의 무저항 비폭력 투쟁도 산상수훈의 영향이 크다. 한 번은 인도에서 포교 활동을 하는 한 미국 선교사가 간디에게 '인도인들을 크리스천이 되게 하려면 어떻게 하면 되겠습니까?' 하고 묻자, 그가 답하기를 '당신네 크리스천들이 산상수훈에서 가르친 대로 사세요. 그러면 인도인들이 크리스천이 될 것입니다.' 하고 답했단다. 그리고 그 연장 선상에서 간디가 그리스도 인들을 향해 내뱉은 신랄한 비판도 염두에 둘 필요가 있다. '나는 그리스도를 좋아한다. 그러나 그리스도인들은 좋아하지 않는다. 왜냐하면 그들은 그리스도와 같지 않기 때문이다(I like Christ but I don't like christian, because they are not like Christ.) '"(한결교회 2015년 2월 1일 팔복(八福) 강해 설교 01 (20150201) 마태복음 4:23~5:3)

2. 산상수훈 묵상, 마태복음 6장

» 의에 주리고 목마른 삶(6:1-18)

산상수훈에서 의에 주리고 목마른 삶은 구원을 어떻게 이룰 수 있을 것인가에 대한 것보다 세상에서 살면서 어떻게 하면 하나님의 나라를 이루게 하고, 그곳에 하나님의 뜻을 알리기 위한 것입니다.

한국 교회를 포함한 오늘날 교회의 설교는 구원에 대한 관심이 많은데, 루터의 종교개혁 이래 기독교는 이신칭의에 의한 구원을 너무 강조한 나머지 '의'라는 단어가 나오면 이것과 구원을 연결하여 설교하는 경우가 많습니다. 물론 부분적으로 적절할 수 있으나 산상수훈에 언급된 '의'를 백 퍼센트 구원과 연결하여 해석하는 것은 적절치 않다는 의미입니다.

우리는 세상에서 소금이고 빛이라 하였습니다. 당연히 세상에 살면서 소금의 삶과 빛의 삶이 조화를 이루어야 무엇이 하나님의 뜻이고, 어떻게 하나님의 나라가 이 땅에 임하게 되는지 알게 됩니다. 소금의 삶과 빛의 삶이 조화를 이루는 것이 산상수훈의 '의에 주리고 목마른 삶'입니다.

우리는 앞서 하나님·사람·세상을 향한 핵심 가치와 덧붙여 소금과 빛의 삶에 대하여 나름대로 정리를 하였습니다. 그렇다면 세상에서 살면서 이러한 핵심 가치와 소금과 빛의 삶이 서로 엮여서 갈등구조를 만든다는 것은 당연한 일입니다. 세상에 갈등 없이 자란 생명은 없습니다. 고치를 나오는 벌레가 몹시 힘들어하기에 살짝 그 나오는 것을 도와주었더니만, 그곳에서 나온 곤충이 제대로 날지를 못한다는 것이 실험을 통해 알려져 있습니다. 이처럼 세상은 갈등 구조로만들어진 곳입니다. 두려워할 필요가 없습니다. 우리는 3가지 핵심가치와 두 가지 삶을 적절하게 구사하며 살면 되기 때문입니다.

의에 주리고 목마른 삶의 첫 번째 관심, 구제

예수님이 소금의 삶과 빛의 삶을 가르친 다음, 이어서 무리와 제자들에게 가르친 것은 '의'에 대한 것입니다. 그런데 산상수훈의 '의'는 하박국과 바울이 하나님의 뜻으로 알게 된 '의', 즉 예수 그리스도의 대속과 심판에 대한 '의'보다는 단순히 이웃을 돕는 구제에 관한 것입니다.

계속하여 예수님은 우리에게 가르칩니다.

> "사람에게 보이려고 그들 앞에서 너희 의를 행하지 않도록
> 주의하라 그리하지 아니하면 하늘에 계신 너희 아버지께 상을
> 받지 못하느니라 … 너는 구제할 때에 오른손이 하는 것을
> 왼손이 모르게 하여 네 구제함을 은밀하게 하라 은밀한 중에
> 보시는 너의 아버지께서 갚으시리라" (마태복음 6:1, 3-4)

거룩한 주일 아침입니다. 주일 헌금과 감사 헌금을 준비하여 집을

나서 교회로 향합니다. 그런데 갑작스럽게 핸드폰에 문자가 옵니다. 문자의 내용은 고통 중에 있는 이웃을 도와 달라는 것입니다. 이때에 어떻게 해야 합니까? 감사 헌금을 고통 속에 있는 이웃에게 보내야 합니까, 아니면 모른 채 무시해야 합니까? 물론 넉넉한 재물이 있는 경우라면 고민할 것 없이 양쪽 모두에게 재물을 보내면 되겠습니다만, 그렇지 않는다면 어떻게 해야 합니까? 예수님은 모세의 신명기에 기록된 하나님은 고아와 과부의 아버지이시며 재판장이라는 것을 잘 알고 계셨습니다. 소금의 삶의 실천 대상은 가난한 사람들입니다. 그들의 필요를 도울 수 있는 것이 '의에 주리고 목마른 자'들의 첫 번째 관심 사항입니다. 왜냐하면 우리는 세상에서 사람과 살고 있기 때문입니다.

예수님은 구제하는 데 반드시 알아야 할 것, 두 가지를 알려 주고 있습니다. 그것은 오른손이 하는 구제를 왼손도 모르게 은밀히 하라는 것입니다. 어떻게 오른손이 하는 것을 왼손이 모르게 할 수 있겠습니까? 그것은 자신도 모르게 하라는 것이요, 이 말은 구제한 것으로 인하여 무엇인가 바라는 기대를 하지 말라는 것입니다. 우리는 종종 뭔가 도와주면 도움받는 이로부터 뭔가 대가를 치르기를 은근히 기대합니다. 대가를 받는다면 그것은 구제가 아닌, 친구로서 서로가 동등한 관계에 접어듭니다. 구제는 반드시 받는 자도, 주는 자도 모르게 하라는 것입니다. 다만 은밀히 보시는 하나님은 알고 계시기 때문입니다.

또 한 가지 중요한 것이 있는데, 구제에 대한 상급이 하늘에 있다는 것입니다. 하나님께서는 은밀한 중에 우리들의 구제를 보시고 은밀한 중에 갚으시기 때문입니다. 예수님은 공개된 구제에 대하여 그들이 상급을 이미 받았다고 선언하고 있습니다. 우리가 천국을 소유하고 천국에서 살아야 할 생명이라면, 천국에서 상급을 받는 것이 더 지혜로운 삶입니다. 덧붙여 생각하는 것은, 공개된 구제 행위 그 자체를 금지하지 않는 예수님의 마음도 우리는 헤아려야 합니다.

사람을 먼저 돕는 것이 하나님의 뜻인지 아니면 세상을 먼저 생각하면서 그러한 일에 헌신하는 것이 하나님이 원하는 것인지 아니면 하나님께 온전히 헌신 봉사하는 것이 하나님의 뜻인지 구별하고 답을 얻는 것이 '의에 주리고 목마른 자'의 보편적인 삶의 모습입니다.

의에 주리고 목마른 삶의 두 번째 관심, 기도

'의에 주리고 목마른 삶'은 세상에서 먹을 것이 없어 죽는 일이 없도록 하는 것이 첫 번째 관심 사항으로 예수님의 마음을 묵상하였습니다.

이제 그 두 번째 '의에 주리고 목마른 자'의 삶으로 '기도'를 예수님의 말씀에 따라 묵상합니다. '왜 기도하는 것이 의에 주리고 목마른 삶인가?'라는 질문에 먼저 답을 찾아보겠습니다. '의에 주리고 목마른'에서 '의'는 하나님의 나라와 하나님의 뜻을 바르게 아는 것입니다. 하나님 나라와 뜻을 바르게 알기 위해 우리가 할 일은 기도입니다. 기도는 하나님과의 대화입니다. 기도를 통해 하나님의 나라와 뜻을 바르게 알 수 있습니다. 그렇기 때문에 우리는 기도에 대하여 바른 지식과 바른 생각으로 해야 하나님과 대화를 지속해서 할 수 있게 됩니다.

예수님이 우리에게 가르치는 기도는 사람에게 보이려고 하는, 가식적인 기도는 하지 말라고 합니다. 왜냐하면 이에 대한 상급을 이미 받았기 때문입니다. 대신에 골방에 들어가 문을 닫고 은밀한 중에 계시는 하나님께 기도드리라고 가르치고 있습니다. 이방인처럼 중언부언하지 말고, 하나님의 이름을 거룩히 여기며 하나님의 나라와 뜻이 이 땅에 이루어지며, 일용할 양식과 용서를 구하며 시험에 들지 않고 악에서 구하여 주기를 기도하라고 가르치고 있습니다.

주님께서 가르치는 기도 내용에서 첫 번째로 늘 깊이 묵상하고 적용해야 하는 것은 '하나님의 이름을 거룩히 여기라'는 것입니다. 이름을 거룩히 여긴다는 것은 보이지 않는 하나님을 보이는 현실에서 느끼도록 하는 가장 손쉬운 방법이자, 믿음의 표상입니다. 예수님은 하나님의 이름이 여럿 있음을 구약성경을 통해 이미 잘 알고 있습니다. 예수님은 하나님의 이름에 따른 하나님의 임재와 성품 그리고 권능을 기억하면서 그 이름에 따른 거룩함을 공유하였을 것입니다. 그처럼 우리도 성령님이 내주하심을 믿는 이로서 하나님의 이름을 거룩히 여기라는 예수님의 요구 사항를 힘써 지켜야 합니다. 우리가 세상에서 하나님의 이름을 거룩히 여기는 소금의 삶을 살 때, 우리들의 행위는 빛의 삶으로 전환될 것입니다.

주님께서 가르치는 기도의 내용 중 후반부 우리 자신을 위한 첫 번째 기도 제목으로 일용할 양식을 주시도록 가르치고 있습니다. 오늘날 우리는 주급 혹은 격주 혹은 한 달을 기준으로 노동의 대가를 받습니다. 어떤 점에 있어서, 주님 기도의 눈높이로 판단한다면, 대부분 사람은 주님 기도의 1/3을 이미 응답받고 있다는 의미입니다. 왜냐하면 한 달 급료를 받기 때문에 하루치 먹을 것을 이미 받았기 때문입니다. 이러한 관점에서 생각한다면 일용직 노동자들의 마음을 아마도 예수님이 가장 잘 알고, 충분히 그들의 마음을 공감할 것입니다. 먹는 것에 대한 예수님의 눈높이는 하루치 분량입니다. 이것은 하나님께서 이스라엘 민족에게 만나를 주시고, 명령할 모든 일을 알려주는 지성소에 보관된 하루치 양식을 담는 한 오멜의 만나 항아리가 의미하는 것과 동일합니다(출애굽기 25:22 참조). 일용할 양식이 하나님께로부터 왔다는 그 믿음이 '의에 주리고 목마른 삶'의 표상입니다. 제가 먹는 식탁 위에 한 끼 음식이 하나님으로부터 왔다는 것을 날마다 느끼고 묵상한다면, 그의 삶은 하나님께서 동행하시는 시간으로, 하나님의 시간 속에 기억될 것입니다.

기도가 하나님과 대화이며 인격적인 하나님을 알 수 있는 것으로, 기도에 대한 매우 중요한 예수님의 마음을 알 수 있는 부분이 본문에 있습니다. 예수님은 친히 우리가 어떻게 기도해야 하는지, 그 내용을 가르칩니다. 그 기도의 내용에 요청하기를, 우리가 먼저 이웃을 용서하는 것과 같이 하나님께서 우리를 용서하여 주시도록 하였습니다. 그런데 이렇게 기도문을 가르치고 나서 반복하여 강조하기를, 우리가 사람의 잘못을 용서하면 하나님께서도 역시 우리를 용서하시겠지만 만약 용서하지 않는다면 하나님께서도 우리를 용서하지 않으신다는 것입니다.

이렇게 우리가 하나님께 기도할 때, 가장 중요한 것은, 내가 세상에 살면서 용서하지 않는 사람이 만약에 있다면 나의 간절한 기도는 응답될 가능성이 없다는 것입니다. 우리가 세상에 살면서 의에 주리고 목마른 삶의 핵심은 용서를 기반으로 이루어져야 한다는 사실을 명심하도록 예수님은 세 번씩이나 연거푸 강조하고 있습니다. 용서는 소금의 삶과 빛의 삶과 결코 분리될 수 없는 예수님의 요구 사항입니다.

의에 주리고 목마른 삶의 세 번째 관심, 금식

우리가 세상에 살면서 많은 문제를 만납니다. 그 문제를 해결하기 위해 하나님의 뜻을 찾는 방법으로 기도에 대하여 생각해 보았습니다. 기도는 근본적으로 하나님의 뜻을 알기 위한 최고의 방법입니다. 그러나 때때로 기도를 넘는 그 어떤 과정을 통해 하나님의 뜻을 알고자 합니다. 예수님도 세상에 나가 복음을 전하기 전에 광야에서 사십 일을 지내면서 금식을 하였습니다. 이처럼 금식은 우리가 하나님의 뜻을 찾는 방법 중에 마지막으로 할 수 있는 것으로 생각합니다. 물론 성결과 성화를 위하여 규칙적으로 금식하는 경우도 있겠지만, 일반적으로 금식은 심각하고 중대한 문제를 해결하기 위한 수단으로 사용되곤 합니다. 종교적인 것을 떠나, 세상에서도 자신의 의지를 강력하게 나타내고자 할 때 단식을 하는 경우가 있습니다. 이처럼 사람이 먹지 않는다는 것은, 그만큼 자신의 문제에 대하여 심각하고 진실되게 접근하고자 하는 마음은 어떤 상황에 있더라도 공감을 받습니다.

그렇기 때문에 금식은 종교인들에게 성화 과정에서 매우 유익한 도구로 활용되곤 합니다. 이점에 있어서 예수님은 사람에게 보이려고 하는 금식은 이미 그에 대한 상급을 받았다는 주의를 우리에게 주고 있습니다. 하지만 여기서 주의할 것은, 예수님이 금식 그 자체에 대하여 반대한 것은 아니라는 점입니다. 비록 종교인들이 하는 금식이라도, 금식 그 자체는 유익함이 많다는 것을 예수님도 인정하고 있음을 우리는 알아야 합니다.

따라서 '의에 주리고 목마른 삶'에 대한 묵상으로 세 번째 관심 사항은 금식입니다. 어떤 점에서 금식은 '의에 주리고 목마른 삶'에 대한 적절한 외적인 표현이며, 실천적인 행동이기 때문입니다. 개인적으로 금식을 주기적으로 해본 기억이 없습니다. 평생의 신앙생활을 하면서 금식은 한 번 정도로 기억합니다. 그것도 겨우 일주일이 채 안 된 기간으로 기억하는데, 얼마나 힘들고 어려운지 그 이후 금식을 해 본 경험이 없습니다. 어떤 점에 있어서 나 자신의 삶을 잠깐 점검해 보면 '의에 주리고 목마른 삶'의 깊이 있는 삶은 없었다고 봐도 이견이 없습니다.

그러나 바리새인들은 주기적으로 금식하였다고 하니, 그들의 하나님을 향한 성결함에 대한 의지를 약화시키면 안 되겠습니다. 그렇기 때문에 예수님도 그들의 금식 행위 자체를 금하지 않고, 그 금식의 방법에 있어서 주의를 주고 있습니다.

우리가 금식하면서 '의에 주리고 목마른 삶'이란 우리가 만난 문제의 중심이 어디에 있는지 구별하는 것입니다. 그 문제가 세상의 것인지, 사람과 관계된 것인지, 아니면 하나님과 관계된 것인지 바르게 판단하는 지혜를 얻는 것이 '의에 주리고 목마른 삶'입니다. 그 문제를 통해서 이루고자 하는 하나님의 뜻이 무엇인지 우리는 또한 찾아야 합니다. 결국 예수님이 말씀하시는 율법과 선지자를 완성케 하시는 그 말의 의미대로 문제를 해결하는 과정과 결과에 의해서 이루어질 하나님 나라를 믿고 기대하는 마음으로 '의에 주리고 목마른 삶'을 위한 금식이 되어야, 은밀히 보시는 하나님께서 기억하실 것입니다.

요약하면 우리가 금식하는 이유는 다음 질문에 답을 얻기 위함입니다.

- 세상의 문제/하나님의 문제/사람의 문제, 문제의 중심은 어디에 있습니까?
- 문제를 통해 이루고자 하시는 하나님의 뜻은 무엇입니까?
- 문제를 통해 이루어야 할 하나님 나라는 어디에 있습니까, 가정, 직장, 교회, 세상, 천국?
- 율법과 선지자를 완성케 하는 예수님의 마음은 무엇입니까?

의에 주리고 목마른 삶의 특징

의에 주리고 목마른 삶의 특징은 천국이 아닌 세상에서만 할 수 있는 일입니다. 우리가 천국 문에 서는 순간 우리의 '의'는 사라지고 오직 예수 그리스도의 의 옷으로 덧입혀져 우리는 천국 문을 통과할 것입니다. 따라서 '의'의에 주리고 목마른 삶은 세상에 있는 동안 끊임없이 우리가 해야 할 일들입니다. 그래서 바울은 데살로니가 교인들에게 쉬지 말고 기도하라고 하였습니다.

이 땅에서 의에 주리고 목마른 삶은 세상 사람들이 모르게 하라는 것입니다. 의에 주리고 목마른 삶이 저의 외면적 만족이나 기쁨의 도구로 표현된다면 그것은 진정한 의에 주리고 목마른 삶이라고 할 수 없습니다. 오른손이 구제하는 것을 왼손이 모르게 하고, 기도도 골방에서 문을 닫고 하고, 금식할 때는 더 멋을 내고 그래서 사람들은 모르나 은밀히 보시는 하나님의 기쁨이 되도록 하는 것이 특징입니다.

우리가 의에 주리고 목마른 삶을 살아가는 동기 중의 하나가 상급입니다. 세상에는 철저히 공짜가 없습니다. 천국도 어떤 점에서는 그렇습니다. 우리 주님께서 재림하시는 그 날의 구원에 대한 것은 모든 사람에게 평등하게 판단될 것입니다. 그러나 구원 이후에 각자의 삶은 공의에 따라 상급을 달리 받는 것으로 평가될 것입니다. 이것이 산상수훈에서 강조하는 의에 주리고 목마른 삶입니다.

의에 주리고 목마른 삶의 기반은 용서입니다. 세상에서 의에 주리고 목마른 삶을 살다 보면 필연적으로 이웃에게 상처를 주거나 받습니다. 왜냐하면 주리고 목마른 행위는 갈급함과 시급함에 따라 시간적으로 충분한 여유를 가지지 못한 채 행하거나 판단하기 때문입니다. 따라서 팔복 안의 삶은 늘 용서하거나 용서를 구하는 데 인색함이 없어야 합니다. 그렇다고 시행착오만 되풀이한다면 그것은 의에 주리고 목마른 삶이 아닙니다. 용서가 없는 것은 결코 의에 주리고 목마른 삶이 될 수 없습니다. 그렇기 때문에 우리 주님은 의에 주리고 목마른 자에게 주시는 복으로 배부를 것이라 하였습니다. 용서 안에서 의에 주리고 목마른 가슴은 또 다른 용서의 재해석을 통해 하나님의 사랑으로 채워지는 것입니다.

우리가 하나님의 나라와 뜻을 위해, 의에 주리고 목마른 삶의 기초가 되는 하나님의 성품은 숨어서 보시는 은밀한 하나님입니다. 그렇기 때문에 구제·기도·금식을 은밀하게 할 수 있습니다. 사람은 못 보더라도 하나님은 저의 은밀한 구제·기도·금식을 알고 반응해 주실 것입니다.

궁극적으로 의에 주리고 목마른 삶의 목표와 이유는 우리가 땅에서 천국을 소유하기 위함입니다. 우리의 세상 시간이 천국에서 기억되는 시간들로 만들기 위함입니다. 천국에서 이야기할 소재가 없다면 얼마나 심심하겠습니까! 천국에서 더 행복한 삶을 살기 위해서 우린 이 땅에서 의에 주리고 목마른 삶을 살고 있습니다.

» 세상에서 성공하라(6:19-34)

「행복하여라 명령하시는 예수님」 절에서 함께 생각하였던, "온유한 자는 복이 있나니 저희가 땅을 기업으로 받을 것임이요"라는 말씀의 진의는 세상의 보편적인 복을 주님은 팔복의 한 구성 요소로 인정하고 포함하였다는 것입니다. 왜냐하면 세상에 살면서 세상적 복이 소금과 빛으로 사용되어야 하기 때문입니다. 소금이 세상에서 기능으로 적용될 때 세상적 복(재물)이 함께 하지 않는다면 그것은 지극히 미비한 기능만 수행할 것이기 때문입니다. 세상에 살면서 꼭 필요한 것이 일용할 양식이듯이 그 양식을 살 수 있는 재물도 동일한 의미로 매우 필요한 요소입니다.

만약 재물이 중요하지 않는다면 성경과 예수님이 재물에 대해 많은 말씀을 할 필요가 없었을 것입니다. 특별히 6장 24절은 재물이 하나님의 위치까지 비교 대상이 되고 있는데, 이것은 재물의 중요성이 역설적으로 강조되고 있음도 부인할 수 없습니다.

세상에서 성공하는 것은 성서적입니다. 왜냐하면 하나님께서 우리를 창조한 목적은 생육하고 번성하고 땅과 땅에 기는 모든 것을 다스리라고 하였기 때문입니다. 보편적으로 세상을 다스리는 사람들은 성공한 사람들입니다. 그들이 그 위치에 오를 때, 종종 하나님의 율법에 어긋난 방법으로 성공하여, 그들의 성공 자체가 죄악시되는 것에 사람들이 먼저 노출되어 세상에서 성공을 비성서적으로 생각하는 경우가 많습니다. 그러나 성경에서 강조하는 진리는 세상에서 하나님 나라가 임하도록 하는 것입니다. 즉 예수 그리스도 이름으로 원수를 용서하는 나라를 만드는 것이 산상수훈의 메시지 중 하나입니다.

세상에서 부자 되는 것이 하나님의 뜻입니까?

구약성경에서 복이란 단어가 444회 사용되었다고 합니다. 이것으로 짐작하건대 구약성경의 핵심 주제 중 하나가 복이라는 의미입니다. 하나님의 관심사는 우리가 하나님의 말씀을 기억하여 순종하고, 그것에 관한 결과로 복을 받는 것입니다. 모세가 이스라엘 민족을 애굽으로부터 이끌고 나온 뒤에 그가 마지막으로 설교하는 내용이 신명기입니다. 신명기 28장에 복을 받는 방법과 그 복이 무엇인지 구체적으로 기록되어 있습니다.

네가 네 하나님 여호와의 말씀을 삼가 듣고 내가 오늘 네게 명령하는 그의 모든 명령을 지켜 행하면 네 하나님 여호와께서 너를 세계 모든 민족 위에 뛰어나게 하실 것이라 … 네몸의 자녀와 네 토지의 소산과 네 짐승의 새끼와 소와 양의새끼가 복을 받을 것이며 … 땅에서 네게 복을 주사 네 몸의소생과 가축의 새끼와 토지의 소산을 많게 하시며 … 네 손으로 하는 모든 일에 복을 주시리니 네가 많은 민족에게 꾸어줄지라도 너는 꾸지 아니할 것이요 여호와께서 너를 머리가되고 꼬리가 되지 않게 하시며 … 다른 신을 따라 섬기지 아니하면 이와 같으리라(신명기 28:1-14)

하나님은 우리가 복 받기를 간절히 소망하고 있습니다. 우리가 세상에서 성공하는 것을 하나님께서는 기뻐하십니다.

구약성경 창세기에 기록된 요셉은 세상에서 큰 성공을 거둔 인물입니다. 하나님께서 아브라함에게 약속한 "너로 인하여 매우 큰 민족을 이루겠다"라는 그 약속이 이루어지도록 그 시작점이 된 사람이 요셉입니다. 그런데 요셉이 그렇게 섭리 가운데 매우 중요한 임무를 수행할 수 있었던 것은 그가 세상에서 큰 성공을 이루었기 때문에 가능하였습니다. 만약 요셉이 그의 형제들의 시기와 질투를 받아 이방 나라로 노예로 팔려서, 그의 삶이 노예로 마무리되었다면 결코 그는 하나님의 섭리 가운데 기억될 수 없었을 것입니다. 그러나 그는 큰 나라의 총리가 되는 세상에서 완전하게 성공한 사람으로서, 그는 그의 세상 임무뿐만 아니라 그의 민족을 부흥시키는 매우 중요한 역할을 하게 되었습니다. 이처럼 세상에서 성공하는 것은 하나님의 섭리에 참여할 기회의 가능성을 높이는 것입니다.

우리가 세상에서 하나님의 뜻에 따라 성공하는 것은 하나님께서 우리를 사용할 수 있도록 준비하는 것과 같습니다. 마치 선교를 위해, 신학교에서 훈련받고 열심히 준비하는 예비 선교사님과 다를 바 없습니다.

니고데모는 요한복음에 기록된 사람으로, 유월절에 예수님의 성전 청결 사건과 가르침 그리고 표적을 알고서 밤 중에 예수님을 찾아온 바리새인이자 공회의원이며, 백성들로부터 존경을 받은 지도자입니다. 그는 예수님께 직접 찾아와 여쭈어 봅니다, "랍비여 우리가 당신은 하나님께로부터 오신 선생인 줄 아나이다 하나님이 함께하시지 아니하시면 당신이 행하시는 표적을 아무도 할 수 없음이니다"라고 예수님의 정체성에 대해 질문을 합니다. 예수님과 대화 속에서 '육으로 난 것은 육이요 영으로 난 것은 영이니'라는 매우 중요한 진리를 알게 하였고, 거듭남에 대한 보편적 진리를 확증케 하였던 인물입니다. 니고데모는 자신이 속한 바리새인들이 예수님을 붙잡아 죽이고자 할 때, "우리 율법은 사람의 말을 듣고 그 행한 것을 알기 전에 심판하느냐"라고 간접적으로 예수님을 변론하면서 커밍아웃합니다.

그리고 예수님이 십자가에 못 박혀 죽어, 장례를 할 때, 몰약과 침향 섞은 것을 100리트라(Litrai)쯤 가지고 와서 예수님의 마지막을 거룩하고 성결하게 합니다. 그런데 여기서 주목할 점은 몰약 침향 100리트라의 가격이 매우 비싸다는 것과 몰약 34kg 정도를 모으기 위한 시간과 정성이 매우 많이 필요하다는 것입니다. 따라서 니고데모가 부자였기 때문에 예수님의 장례 예식에서 의미(왕의 장례와 동일한 백 리트라의 몰약 준비) 있는 일을 감당하게 되었다고 판단합니다.

니고데모의 재력을 활용하여 예수님의 장례가 왕의 장례와 동일하게 하였습니다. 하나님은 부자를 움직여 하나님의 뜻을 행하게 하였습니다. "이름을 거룩히 여기시옵고"라는 기도의 의미대로 예수님의 몸은 세상적 의미로도 왕으로서 장례를 치르게 하였습니다. 이것은 부자를 긍정적으로 바라볼 수 있는 사건입니다.

예수님은 재물을 어떻게 생각합니까?(6:22-24)

세상의 모든 사람, 무리가 이해할 수 있고 또 그들이 경험할 수 있는 범위 안에서 세상의 재물에 대하여 설명하고자 하는 예수님의 마음을 먼저 생각해 봅니다.

그때나 지금이나 대부분 사람은 돈이 최고라고 생각합니다. 돈만 있으면 못 하는 것이 없는 세상이라고 생각합니다. 돈으로 사람을 살 수 있었던 그 당시의 상황은 어떤 점에 있어서 돈은 지금보다 훨씬 더 강력한 힘을 발휘하였을 것으로 판단됩니다. 그렇기 때문에 돈에 대한 생각을 변화시킨다는 것이 매우 어려운 숙제입니다.

그런데 예수님의 비유는 의외로 단순하고 또 그렇게 어렵게 생각할 것도 없습니다. 왜냐하면 예수님의 비유는 일상의 삶에서 누구나 경험할 수 있기 때문입니다. 사람에게 볼 수 있는 눈이 있습니다. 만약 그 눈이 건강하면 바르게 잘 볼 수 있어 온몸이 빛 가운데 잘 걸을 수 있습니다. 그런데 그 눈이 건강하지 않다면, 혹 질병으로 그 기능을 상실하였다면 그의 온몸은 어둠 속에서 지내야 합니다. 스스로 혼자 길을 걷는다는 것이 매우 힘들 것입니다. 더군다나 앞을 볼 수 없는 사람에게 이미 볼 수 있었던 빛이 그에게 경험되었다면, 그 빛이 이제 앞을 볼 수 없는 몸 안에 갇혀 있으니 얼마나 답답해하겠습니까! 마치 정상적인 사람이 불의의 사고로 실명하여 앞서 볼 수 있었던 얼굴들을 다시 볼 수 없고, 오직 자신의 기억 속에서만 느낄 수 있다면 그 답답함이 얼마나 크겠습니까.

이처럼 눈은 몸의 등불로써 몸을 빛 가운데 있게 하든지, 만약 눈이 건강치 않는다면 몸을 어둠 가운데 있게 합니다. 눈은 몸을 섬기는 데 있어 때에 따라 빛으로 혹은 다른 때는 어둠으로 섬길 수 없습니다. 둘 중 하나만 섬기는 것이 눈의 기능이라는 것을 무리는 그냥 알아듣습니다. 왜냐하면 앞을 못 보는 사람은 어둠 속에 살고 있는 것을 알기 때문입니다.

한 번 더 이해를 돕기 위해 비유를 들어 설명합니다. 사람은 두 주인을 섬길 수 없습니다. 만약 사람이 두 주인을 섬긴다면, 필연적으로 그는 심각한 문제에 직면하게 될 것입니다. 그래서 그는 주인 중에 한 사람을 좋아하든지 혹은 다른 사람을 싫어하든지 할 것입니다. 이처럼 우리가 하나님과 돈, 둘 모두를 똑같이 섬길 수 없습니다. 눈이 몸을 빛으로 섬기든지 아니면 어둠으로 섬기는 것처럼, 우리도 돈을 섬기든지 아니면 하나님을 섬기든지 해야 한다는 의미입니다. 결국, 우리는 하나님을 섬기기 때문에 돈을 하나님처럼 생각해서는 안 된다는 것을 예수님께서 가르치고 있습니다.

예수님은 재물을 하나님과 같거나 더 높은 위치로 결코 생각할 수 없음을 강조하고 있습니다. 우리는 그 둘 중의 하나를 선택하는 삶을 사는 것이 본질이며, 우리는 반드시 하나님을 먼저 선택하는 인생이 되어야 합니다. 다른 한편으로 예수님은 재물의 중요성을 충분히 인식하고 또 수용하고 있음을 우리는 알아야 합니다. 왜냐하면 재물은 산상수훈의 전체적인 맥락에서 볼 때 꼭 필요한 요소 중 하나입니다. 다만 그것이 하나님의 자리를 가로채는 것을 강력하게 금지하고 있음을 절대 잊지 않으면서, 산상수훈에 언급된 재물이 필요한 곳에 적절하게 사용될 것이기 때문입니다.

하나님의 나라와 의를 먼저 구하라(6:25-33)

세상에 살면서 재물이 꼭 필요한 것은 먹고 마시고 입고 잠자는 부분입니다. 먹지 않고 살 수 있는 사람은 아무도 없습니다. 예수님은 이러한 것을 알고 있기 때문에 하나님과 돈을 겸하여 섬기면서 살 수 없다는 말씀을 하고 난 뒤에 이어서 먹고, 마시고, 입는 것에 대하여 걱정하지 말라고 합니다.

그곳에 모인 모든 사람이 이해할 수 있는 공중의 새를 보라고 합니다. 그들은 씨를 뿌리지도 않고, 거두지도 않고, 창고에 쌓아 두지도 않으면서 잘 살고 있지 않느냐! 이처럼 하늘에 계신 아버지께서 우리도 먹을 것을 책임져 줄 것을 가르치십니다.

예수님은 우리에게 들의 백합화를 보라고 합니다. 솔로몬의 옷도 이들만 못하다고 합니다. 하나님께서 내일이면 불에 던져질 들풀도 아름답게 입히시는데 하물며 우리는 더 멋있게 입히시지 않겠느냐고 하시면서 우리의 작은 믿음을 책망합니다.

우리가 세상에서 살면서 지향해야 할 것은 먹고 마시고 입는 것이 아닌, 하나님 나라와 하나님의 뜻을 실현시키는 데 열심으로 살아야 한다는 것입니다.

그런데 여기서 중요한 것은, 우리가 세상에 살면서 지향점을 가르치기 전에 먼저 재물에 대하여 그 우선순위를 명확하게 하였습니다. 즉 먹고 마시고 입고, 그리고 하나님 나라와 뜻을 실현시키는 데 필요로 하는 것이 있는데, 그것은 재물(돈)이기 때문입니다. 만약 돈이 없다면 결코 먹지 못하는 고아와 과부를 도울 수 없습니다. 돈이 없다면 헐벗은 이웃에게 옷을 사 줄 수 없습니다. 이웃에게 입을 것과 먹고 마시는 것을 주지 않으면서 "옷을 입어라.", "배고프면 사 먹으라."라고 하는 것은 전혀 의미가 없습니다. 성경에 "너희 중에 누구든지 그에게 이르되 평안히 가라 덥게 하라 배부르게 하라 하며 그 몸에 쓸 것을 주지 아니하면 무슨 유익이 있으리요"(야고보서 2:16)라는 말씀처럼, 재물(돈)이 꼭 필요할 때가 있습니다.

우리가 하나님 나라와 의를 먼저 구하는 데 필연적으로 재물이 이차적으로 필요하다는 의미입니다. 재물이 뒤따르지 않는 곳에 하나님 나라와 의를 이루기 어렵다는 것입니다. 물론 하나님 나라와 의가 물질의 세계가 아닌 정신의 세계, 믿음의 세계를 의미하는 영역이라면 재물과 상관이 없겠습니다. 이러한 보이지 않는 세계, 믿음의 세계를 위하여 갑론을박하는 것이 산상수훈의 목적이 아니기 때문에 산상수훈에서 핵심적인 관심은 우리가 살고 있는 세상에서 천국을 소유하고, 훗날 천국에서 만나자는 것입니다. 그래서 재물과 세상은 매우 밀접하고, 산상수훈에서 요구하는 천국을 소유하는 성령이 충만한 일상의 삶에서 재물은 필요한 요소입니다. 재물은 세상에서 하나님 나라를 구체적으로 실현시켜 세상 사람들에게 인식시키는 데 중요한 요소 중 하나입니다.

이곳에 모인 유대인들은 제다까(구제 활동)를 잘 알고 있던 사람들입니다. 예수님이 그의 나라와 그의 의를 먼저 구하라는 말은 제다까를 실천의 의무 사항으로 늘 훈련받은 유대인들은 오른손이 하는 것을 왼손이 모르게 하라는 충고에 따라 이웃에게 먹을 것, 마실 것 그리고 입을 것을 남몰래 주라는 것으로 이해할 것입니다. 물론 오늘날 이신칭의에 더 많이 노출된 기독교인들은 마태복음 6장 33절 말씀을 구원의 관점으로 해석하는 경향이 더 많습니다.

다음은 인터넷 카페(필명 요셉, 「신약을 해석할 때 필히 주의해야 할 점」, http://cafe.daum.net/Abraham/iStF/30, 2018.08.23.) 에서 인용한 글입니다.

"그런즉 너희는 먼저 그의 나라와 그의 義를 구하라"

예수님께서 '그의 義를 구하라'고 하셨을 때 그 '義'는 헬라어적인 개념이 아니라 히브리적인 개념으로 설교하셨을 것이다. 따라서 예수님이 사용하신 '義'를 헬라어(디카이오쉬네 δικαιοσύνη)적인 개념으로 해석하면 곁길로 나가게 된다.

예수님께서 '義'라고 말씀하셨을 때 군중들은 그 말이 무엇을 뜻하는지 알아들었을 것이다. 어떻게 알아들었을까? 마6:25~32에서 '먹는 문제'와 '입는 문제'에 대해 말씀하신 것을 보아 틀림없이 그 義는 체다카(צְדָקָה 義)를 염두에 두고 하신 말씀으로 보인다. 유대인들이 중요시 여기는 것이 두 가지가 있다. 첫째는 쉐마(신6:4~9)이고, 둘째는 체다카(신26:12~15)다.

우리는 예비 천국 시민임을 결코 잊지 말아야 합니다(6:34)

결국, 세상에 살면서 천국을 소유하는 삶은 가난한 심령으로 세상을 바라보는 것입니다. 심령이 가난할 때, 내주하시는 성령님이 구체적으로 활동하여, 애통한 이웃이 보이고, 그들에게 온유함으로 다가갈 수 있습니다. 나에게 주어진 분량만큼 믿음과 재물로 긍휼함을 보이고, 그 사랑으로 말미암아 청결해진 마음이 하나님의 성품을 공유하게 되어 화평과 때에 따라 핍박의 자리까지 다다를 수 있겠습니다. 이러한 일들이 하루를 중심으로 생각하고, 내일은 내일 일로 맞이할 수 있도록 예수님이 우리를 권면 합니다.

우리 하나님께서 우리가 먹을 것, 마실 것, 입을 것이 필요하다는 것을 이미 알고 계십니다. 따라서 우리 일상의 방향이 하나님 나라와 의를 향하여 바르게 가고 있다면, 하나님께서 보고 계시기 때문에 또한 그 모든 것들을 챙겨 주실 것입니다.

우리가 천국 시민임을 결코 잊지 않는다면 우리는 하나님의 나라와 그의 의를 위해 하루를 살 수 있습니다. 또한, 그분께서 먹고 마시고 입을 것을 챙겨 주시기 때문에 우리는 내일을 걱정할 필요가 없습니다.

세상에서 성공하라,
다만 그 성공의 열매를 하늘에 쌓으라(6:19-21)

세상에서 성공하는 것이 우리 주님이 우리를 향한 마음입니다. 먼저 심령이 가난하여 천국을 소유하는 복을 누리는 성공부터 세상을 다스리는 복을 누리는 성공 그리고 온유함으로 세상의 땅을 기업으로 받는 부자로 성공하는 것까지 각자의 은사대로 세상에서 성공하기를 바라는 것이 우리 주님의 간절한 마음입니다.

그래야 천국에서 만나, 제가 세상에서 살았던 성공 이야기를 서로 나누면서 즐거워할 수 있을 것입니다. 가난한 심령이 어떻게 애통함을 이겨내고, 온유함으로 세상을 다스리며 땅을 기업으로 받아 그 땅으로 인하여 어떤 구제와 긍휼의 일에 쓰임 받았는지, 평화를 위해 얼마나 많은 재물이 소요되었는지, 그리고 이러한 일들이 어떻게 너의 왼손이 모르게 하였는지 서로 기억을 더듬으면서 이야기꽃을 피우는 것이 천국을 소유하는 일상의 삶이며, 산상수훈의 믿음의 눈으로 하나님을 보는 것입니다.

성공의 열매를 하늘에 쌓는다는 것이 무엇입니까? 그것은 재물로 애통한 일을 당한 이웃에게 예수 그리스도의 이름으로 그 고통을 공유하는 것입니다. 물론 왼손도 모르게 해야, 천국에 재물을 쌓은 것이 됩니다. 재물로 가난한 고아와 과부를 돕는 것입니다. 이때도 왼손이 모르게 합니다. 오직 예수 그리스도의 이름으로 긍휼을 베풉니다. 재물로 화평케 하는 일에 투자합니다. 이때도 예수 그리스도의 이름으로 합니다. 예수 그리스도의 이름과 세상의 성공이 서로 갈등을 일으킬 때, 기꺼이 세상의 성공을 버리는 것이 곧 하늘에 재물을 쌓는 것입니다.

예수님은 우리에게 당부합니다. "너희를 위하여 보물을 땅에 쌓아 두지 말라 … 오직 너희를 위하여 보물을 하늘에 쌓아 두라 거기는 좀이나 동록이 해하지 못하며 도둑이 구멍을 뚫지도 못하고 도둑질도 못 하느니라 네 보물 있는 그곳에는 네 마음도 있느니라"라는 말씀에서 중요한 것은 보물이 이미 나에게 있다는 전제입니다. 여기서 보물은 여러 의미로 해석할 수 있습니다. 그러나 본문에 이어 뒤따르는 말씀과 연결하여, 예수님의 마음을 해석하면 보물은 재물(24절)을 의미합니다.

결국 하늘에 보물을 쌓기 위해서, 우리는 먼저 재물이 있어야 합니다. 그 재물이 곧 세상에서 성공하는 것과 같은 의미입니다. 세상에서 성공한 그 분야, 즉, 사업, 학문, 정치, 교육, 문화, 종교, 예술, 스포츠 등 다양한 영역에서 타인보다 더 많은 은혜로 말미암아 받은 잉여 재물을 이웃에게 흘려보내는 것이 하늘에 보물을 쌓는 것입니다. 당연히 가난한 심령으로 시작되는 팔복에 의한 단계적 대상의 확장과 왼손이 모르게 하는 방법으로 쌓을 때, 천국에서 기억되고 상급으로 되돌아올 것을 우리는 믿고 또한 잊지 않아야 합니다.

3. 산상수훈 묵상,
마태복음 7장

» 하나님을 보는 삶 (7:1-11)

무엇을 본다는 것만큼 더 확실한 증거는 없습니다. 믿음의 세계에서 하나님을 본다는 것은 큰 축복입니다. 우리 모두는 하나님 나라를 볼 수 있는 복을 누리기를 늘 소망합니다. 그런데 특별히 세상에서 성공하는 사람은 반드시 하나님을 보는 삶을 살아야 합니다. 만약 성공하는 사람이 하나님을 보는 삶을 살지 않는다면 그 성공이 오히려 올무가 되어 자신을 시험당하게 할 수 있기 때문입니다. 높은 곳에 오르는 것은 힘들고 어렵지만, 또한 높은 곳에 있을 때와 내려올 때 더 많은 지혜가 필요로 하는 것이 세상 상식입니다.

이 글을 쓰고 있는 때에, 한국에서 두 번째로 큰 교회가 심각한 시험에 노출되었습니다. 그것은 이미 교회를 떠나 사회적 문제로 뉴스 시간마다 오르락거리고 있습니다. 왜냐하면 한국에는 재정적으로 미자립 교회가 약 40% 정도인데, 이런 상황에서 초대형 교회의 목사님이 누구인지 사회적 관심을 갖는 것은 당연합니다. 아버지가 세운 그 교회에 아들이 담임 목사로 임직되었는데, 그것이 교회 세습을 금지

하는 교회법에 어긋난 것으로 여겨 교회 재판이 진행되었고, 그 교회가 소속된 교단 총회 재판국에서 8:7로 적법하다는 결정을 내렸습니다. 최소한 어느 쪽을 기준으로 두느냐에 따라, 7명이 하나님을 못 본 사람이든지, 아니면 8명이 하나님을 못 본 사람들로 서로 엇갈린 평가를 받을 것입니다. 이렇듯 성공한 사람이 하나님을 볼 수 없을 때 세상으로부터 뉴스거리가 되고 교회가 오히려 세상 상식에 웃음거리가 되고 있습니다. 그렇기 때문에 시사저널과 미디어리서치가 실시한 직업별 신뢰도에서 33개 직업 중에 1위가 소방관, 2위 간호사, 목사는 25위로 최하위권입니다.

　여기서 본다는 것에 대한 범위를 생각합니다. '장님 코끼리 만지기'라는 우화 속에 장님들은 저마다 손으로 만진 느낌으로 코끼리의 형상을 말합니다. 왜냐하면 장님은 결코 코끼리를 보았던 기억이 없기 때문입니다. 이처럼 피조물도 하나님의 전체를 본 사람은 없으며, 지극히 제한적으로 하나님을 만난 경험이 있을 뿐입니다. 따라서 하나님을 본다는 것은 자칫 장님들이 코끼리를 만지는 것으로 코끼리 전체를 그리는 것과 동일하게 주장할 수 있음을 알아야 한다는 것입니다. 따라서 하나님을 본 사람은 반드시 여러 성경 말씀으로 스스로 보증되어야 합니다. 마치 예수님이 광야의 시험에서 하나님의 말씀으로 마귀의 시험을 이기자, 마귀가 "기록되었으되 그가 너를 위하여 그의 사자들을 명하시리니 그들이 손으로 너를 받들어 발이 돌에 부딪히지 않게 하리로다 하였느니라"라는 하나님의 말씀으로 예수님을 시험하자, 재차 예수님은 "또 기록되었으되 주 너의 하나님을 시험하지 말라 하였느니라"라고 말씀에 말씀으로 응대하여 절대적 진리의 균형을 이루듯이, 누구든지 하나님을 보았다면, 그 의미는 전체적인 팔복의 관점(5.2절 참조)에서 재해석되어야 합니다. 왜냐하면 팔복에서 언급되고 있는 핵심 가치는 완전한 예수님의 성품을 또한 나타내고 있습니다. 그렇기에 최소한 하나님을 보았다고 주장하는 사람은 예수님의 성품에 비추어 어느 정도 객관적인 공감을 얻어야 하는데, 그 리트머스 시험이 팔복이기 때문입니다.

왜 하나님을 보아야 합니까?

예수님께서 강조하시는 팔복의 처음과 마지막은 천국을 소유하는 것입니다. 천국을 소유하는 방법 중에 세상에서 성공하는 것이 앞서 강조되고 있고, 그다음에 하나님을 볼 수 있는 방법을 설명하시고 나서 결과적으로 하나님을 본 사람들의 행동을 요약·정리하였습니다. 왜 우리가 하나님을 보아야 하는 그 이유는 천국을 소유하기 위한 것이며, 그 천국에 성공의 결과물이 바르게 쌓이도록 하기 위함입니다.

기본적으로 우리는 예비 천국 시민으로서 소금과 빛의 삶을 사는 것이 하나님을 바라보는 삶의 시작점입니다. 우리가 소금으로서 세상에서 맛을 내는 기능적인 삶을 살 때, 세상 사람들은 우리를 통해 하나님 나라를 보며 찬양할 것입니다. 소금의 삶이 빛의 삶으로 세상 사람들에게 인식될 때, 그것은 세상에서 성공한 삶이 될 것이며, 이때에 성공으로 인해 누리게 되는 것들이 하나님의 뜻에 따라 쓰일 수 있도록 하기 위해서 하나님을 보아야 합니다. 하나님을 볼때에 하나님 나라와 뜻이 어디에 무엇인지 확신할 수 있기 때문입니다.

가난한 심령으로 세상에 살면서 애통·온유·의에 주리고 목마름 긍휼·청결로 하나님을 본 사람은 태초에 하나님이 아담에게 첫 번째로 물으셨던, "네가 어디 있느냐?"에 항상 응답할 수 있게 됩니다. 이 질문에 응답하는 자신이 있는 곳에 화평을 이루든지 아니면 더 높은 하나님의 뜻을 위해 핍박을 받는 상황까지 결단할 수 있게 됩니다. 결국, 하나님을 보아야 하는 이유는 화평과 핍박의 갈림길에서 명확하게 결단하는데 필수적인 요소이기 때문입니다.

하나님을 보기 위한 꼭 필요한 것

하나님을 보는 방법과 과정에 대하여 지금까지 다양한 관점에서 묵상하였습니다. 이제 주의해야 할 것을 생각합니다. 하나님을 보는 것은 사람과 사람 그리고 세상일을 통하여 하나님을 봅니다. 따라서 사람과 세상일에 대한 지혜가 동반되어야 효율적으로 하나님을 볼 수 있습니다.

그 지혜 중의 하나가 이웃을 판단하지 말라는 것입니다. 하나님의 나라와 의를 위해 소금의 삶과 빛의 삶을 살면서 이웃의 허물들이 눈에 들어오곤 합니다. 이때 하나님의 마음으로 이웃을 향해 권면하지만, 그것이 오히려 복음의 걸림돌로 작용할 수 있습니다. 선한 뜻으로 이웃에게 권면의 말도 상황에 따라, 비판이나 정죄하는 것으로 인식될 수 있습니다. 정죄하는 듯한 말과 행동은 곧 하나님을 보는데 직접적인 방해물이 될 것입니다.

또한, 이웃을 판단하기 전에 자신의 연약함을 충분히 인식하고, 그 연약함을 통해 주님의 성품을 닮는 삶을 먼저 살아야 하는 것을 가르치고 있습니다. 그렇게 비판하는 것과 헤아리는 것으로 오히려 자신을 되돌아보는 훈련을 통해 하나님을 더 가까이 볼 수 있기 때문입니다.

또 한편으로, 예수님은 거룩한 것을 개에게 주지 말며, 진주를 돼지 앞에 던지지 말라고 하였습니다. 하나님의 사랑과 또 복음 전도에 대한 거룩한 부담으로 예수님의 진리를 이웃에게 다양한 모습으로 전달할 때 그들은 오히려 그 복음을 정죄의 표현으로 왜곡하곤 합니다. 왜냐하면 무지와 자아 중심의 이기심으로 인하여 그들의 심령이 교만하기 때문입니다. 때로는 이러한 상황이 군중 심리나 그 어떤 악한 힘에 의해, 그들이 돌이켜 복음 전도자를 찢어 상하게 할 수 있기 때문입니다.

그런데 앞서 예수님께서 빛의 삶의 영역에서 악한 사람을 대적하지 말고 그들이 원하는 것을 오히려 주라고 하면서 궁극적으로 원수를 사랑하라고 하셨습니다. 그런데 왜 여기서 예수님은 개와 돼지로 원수를 비유하고, 또 그들에게 거룩한 것과 진주를 주지 말라고 합니까? 글쓴이의 좁은 생각으로는, 앞서 '원수를 사랑하라'는 것은 '이웃을 사랑하고 원수를 미워하라'는 율법 속에 담긴 하나님의 마음을 온전히 표현하기 위한 것으로, 이 율법 속에 담긴 하나님의 마음은 원수라 할지라도 서로 용서를 구하면서 화평을 누리고 궁극적으로 생명을 보존하여 천국에서 다시 만나는 것이 하나님의 마음으로, 예수님은 우리에게 가르치는 것입니다.

그러나 이곳에서 거룩한 것을 개에게, 진주를 돼지에게 던지지 말라는 의도는 하나님을 보는 삶 속에 거룩한 것과 진주로 표현되는 천국 소유의 8가지 핵심 가치를 일방적으로 이웃에게 주입하지 말라는 것으로 해석합니다. 하나님을 보았다는 그것의 절대적인 소명과 열정에 의지하여 8가지 핵심 가치를 아직 준비되지 않은 사람에게 막무가내식으로 훈계하며 주고자 할 때 도리어 그것이 그들로 복음, 즉 천국을 소유하는 것으로 멀어질 수 있기 때문에, 그때를 분별할 수 있는 지혜가 필요하다고 묵상합니다. 따라서 하나님을 보았다는 것으로 이웃과 세상에 하나님의 그 뜻을 보이고자 할 때에 다시 하나님의 응답을 받아야 할 것은 그때와 대상을 바르게 분별하는 것입니다.

그렇다면 누가 개이며 돼지입니까? 산상수훈의 전체적인 관점으로 해석하면, 가난한 심령 자체를 인정하지 않고 천국을 믿지 않는 사람들입니다. 자신의 양심과 교육받은 지식 그리고 세상 경험으로 굳어진 자아가 '심령이 가난해야 천국을 소유할 수 있다'는 진리를 듣고도 거부하는 영혼을 소유하는 사람들을 의미합니다.

하나님을 보기 위한 세 번째 중요한 요소는 인내와 열정입니다. 하나님을 보기 위한 도구를 구하고, 도구를 통해 하나님을 찾고, 도구를 통해 두드리는 과정에서 하나님을 볼 수 있을 것입니다. 이러한 과정에서 필요한 것은 결코 포기하지 않는 태도입니다. 예수님이 그렇게 하였습니다. 우리도 하나님을 만나고 보기 위해, 자신의 은사에 따른 도구를 구하는 것부터 결코 포기하지 않는 태도와 열정으로 하나님을 보기 위한 도구를 찾으시기 바랍니다. 글쓴이에겐 산상수훈, 특히 팔복의 해석과 산상수훈의 일차적인 대상이 무리라는 것이 하나님을 만나는 길입니다.

요약하면 하나님을 보기 위해 주의해야 할 것은 이웃을 판단하지 말라는 것입니다. 거룩한 것과 개와 돼지를 구별할 줄 아는 지혜와 때입니다. 모든 영역에서 공통으로 필요하듯이, 하나님을 보는 확신에 이르기까지 인내하고 열정으로 결코 포기하지 않는 것입니다. 우리는 예비 천국 시민입니다, 그렇기 때문에 서로 판단을 할 필요가 없습니다(7:1). 하나님은 네가 아닌 나를 통해 그의 나라와 의를 이루시기 원하십니다(7:2-5). 한 번 더 생각하면 하나님을 볼 수 있는 청결한 마음은 돼지와 진주를 구별할 줄 압니다(7:6). 하나님을 본 청결한 마음은 구하고 찾고 두드리는 것을 포기하지 않습니다(7:7-11). 하나님을 보았다는 것은 1회적인 것이 아니고, 천국에서 직접 보는 그 순간까지 지속되어야 합니다.

잠깐, 구하고 찾고 두드리라는 3박자 삶의 주체는 무엇인지 NIV 성경을 중심으로 묵상합니다. "Ask and it will be given to you; seek and you will find; knock and the door will be opened to you"(마태복음 7:7) 개역개정 성경은 "구하라 그리하면 너희에게 주실 것이요 찾으라 그리하면 찾아낼 것이요 문을 두드리라 그리하면 너희에게 열릴 것이니"로 기록되어 있습니다.

여기서 3박자 삶에 대한 응답의 주체가 NIV 성경 말씀에 따르면 약간 다르다는 것을 알 수 있습니다. 처음 구하는 것에 대한 응답의 주체가 제가 아닌 하나님으로 생각할 수 있는 문장 구조이며, 두 번째 찾는 것에 대한 응답의 주체가 하나님이 아닌 제가 찾아내는 것임을 알 수 있고, 세 번째 두드리는 단계에서 응답하는 주체는 역시 제가 아니라는 것을 알 수 있습니다. 즉 하나님을 보기 위한 인내와 열정은 단계별로 응답의 주체가 다르다는 것을 아는 지혜가 필요합니다. 이것은 팔복의 여덟 가지 핵심 가치의 관계적 대상이 다르다는 것과 같은 맥락에서 이해하였습니다.

하나님을 본 증거는 무엇입니까?

몇 가지 질문을 통해, 우리가 하나님을 본 증거의 과정을 생각하도록 하겠습니다.

무엇이 하나님을 봅니까? 마음을 통해 하나님을 볼 수 있습니다. 그렇다면 마음이 하나님을 보는 안경은 무엇입니까? 긍휼, 온유, 애통의 안경을 통해 하나님을 봅니다. 마음이 하나님을 보는 기초는 무엇입니까? 가난한 심령입니다. 심령이 가난할 때 마음은 청결해질 수 있습니다. 심령이 가난하지 않고서는 결코 마음은 성결할 수 없습니다.

그렇다면 하나님을 본 증거는 무엇입니까? 자신이 화평케 하는 자가 되거나 예수님 이름 때문에 박해를 받으면, 그것이 곧 하나님을 본 증거가 됩니다. 여기서 핍박이란 육체적 억압, 물질적 고통, 정신적 구속을 당하는 것입니다. 만약 이러한 것이 동반되지 않는 상황이라면, 그것은 핍박이 아닌, 자기 고집에 의한 독선적 판단으로 이해하면 되겠습니다. 왜냐하면 종종 핍박이라는 표현이 엉뚱하게 적용되어 해석되곤 하기 때문입니다. 예를 들면 세상으로부터 질타를 핍박으로 포장하는 것입니다. 특정한 집단들이 세상으로부터 비판과 비난을 받을 때, 마치 예수님이 제사장들로부터 박해받은 것과 비교하여, 자신들의 판단과 행위를 정당화하는 작업을 자신들의 집단 구성원들에게 반복적으로 강변하여 집단의 와해를 방지하고자 노력합니다. 그러나 집단을 이끄는 리더들의 생활은 육체적 고통이 없고, 물질적 부유함 속에 있고, 정신적으로도 억압받지 않는 상태라면 이들의 주장은 적절한 것이 아님을 알 수 있습니다. 2018년 8월에 보는 담임 목사 세습 문제로 인한 한국의 장로교단의 어느 교회의 부분적 모습이 이와 같습니다.

하나님을 바라보는 삶

하나님을 바라보는 청결한 마음이 구하는 삶은 무엇입니까? 하나님 나라와 의를 구합니다. 하나님의 꿈을 구합니다. 세상은 단순하게 두 종류의 사람이 있습니다. 꿈이 있는 사람 그리고 그렇지 않은 사람입니다. 우리가 꿈을 구하는 사람이라면, 꿈이 있는 사람들을 많이 봐야 합니다. 꿈을 지닌 사람은 멀리가 아닌 자기 집 앞에서 볼 수 있습니다. 이른 새벽에 집 앞을 지나는 사람들을 세밀히 관찰해 보면, 그들 모두는 꿈을 이루기 위해 새벽 시간을 활용하는 것을 바로 알 수 있습니다. 꿈을 구하는 첫 단계는 새벽에 교회에 나가 기도하는 것이 우리가 하나님을 바라보는 삶의 시작입니다.

하나님을 바라보는 청결한 마음이 의의 도구로 사용되기 위한, 찾는 삶은 무엇입니까? 무엇을 찾는다는 것은 먼저 목표가 설정되어 있어야 합니다. 또한, 목표에 대한 무엇을 찾는다는 것은 서로 비교할 수 있는 지식이 필요합니다. 따라서 목표와 그에 대한 정보를 찾았다 하더라도 그것이 의의 도구로 활용되기 위해 설정된 목표와 정보의 관계를 평가할 수 있는 기준을 아는 것이 하나님을 찾는 삶입니다. 평가의 기준은 산상수훈, 팔복의 핵심 가치입니다.

하나님을 바라보는 청결한 마음이 하나님 나라와 뜻을 이루기 위한, 두드리는 삶은 무엇입니까? 실천하지 않고는 결코 꿈을 이룰 수 없습니다. 실패한다 하더라도 그것은 두드리는 과정입니다. 성공한다 하더라도 그것은 또 다른 문을 두드리는 시작점이라는 것을 알아야 합니다. 제가 문을 여는 것이 아니고, 그분이 문을 열어 준다는 것을 천국의 문을 만날 때까지 늘 기억해야 합니다.

하나님을 바라보는 삶을 위해 구하고 찾고 두드려도, 하나님을 보앉다는 객관적인 증거를 확인할 수 없다 하더라도 실망하지 말아야합니다. 왜냐하면 하나님을 바라보는 삶을 살았던 사람들이 기록한 성경이 우리의 손에 있기 때문입니다. 우리는 믿음으로 성경에 기록된 것을 자신의 경험으로 전환하고, 그러한 믿음을 더 귀하게 생각하면 좋겠습니다. 밤중에 예수님께 찾아온 니고데모에게 예수님은 응답하기를 "육으로 난 것은 육이요 영으로 난 것은 영이니 내가 네게 거듭나야 하겠다 하는 말을 놀랍게 여기지 말라"라고 하였습니다. 모든 사람은 자신의 관점에서 언제나 표적을 보고 싶어 합니다. 그러나 그러한 표적을 반복적으로 보여 줘야 한다면, 지구상의 모든 사람에게 동일하게 하나님은 지속해서 만나 줘야 할 것입니다. 최소한 바울이 다메섹길에서 만났던 표적 같은 것은 아니더라도, 니고데모가 직접 예수님을 찾아가 만났던 그런 만남이라도 가능하도록, 예수님은 늘 우리 시간 속에 생존하여 만날 준비가 되어 있어야 공평하지 않겠습니까? 그러나 현실적으로 그렇지 않습니다. 니고데모는 예수님의 말씀—모세가 광야에서 뱀을 든 것 같이 인자도 들려야 하리니—을 듣고, 예수님이 메시아임을 믿습니다. 결국 예수님의 장례를 치르는 데 왕의 죽음에 사용되는 양 만큼의 몰약과 침향을 미리 준비하여 사용합니다.

결국, 땅에서 만난다는 것은 제한적이고 지극히 주관적입니다. 객관화된 자료에 근거하여 타인의 만남을 저의 만남으로 전환 시키는 믿음이 있으면 됩니다.

그렇게 생각한다면, 지금 팔복의 여덟 가지 핵심 가치에 따른 하나님의 만남 증거만 제가 기억한다면, 비록 제가 하나님을 직접 만나지 못하였더라도, 청결한 마음으로 하나님을 본 적이 없었더라도, '예수님의 마음속에 담긴 팔복의 여덟 가지 핵심 가치에 의한 너의 행동의 최종적인 결과가 화평케 하든지 아니면 희생을 하든지 손해를 보든지 아니면 참든지 고통을 당하는 것으로 귀결된다면 너의 행위는 하나님을 본 것과 다를 바가 없다'는 이 책의 주장을 하나님의 마음으로 믿으면 됩니다. 할렐루야!

» 누구나 실천할 수 있어요, 복을 나누는 삶(7:12-27)

「행복하여라, 복을 주시는 예수님」의 주제로 마태복음 5장, 그리고 본 부록을 통해 6장, 7장, 산상수훈을 정리하였습니다. 예수님이 우리에게 '행복하다'고 9번이나 반복하여 강조하면서 우리를 향한 하나님의 마음을 전달하였습니다. 그 마음을 우리가 듣고 이해하게 되었습니다. 이제 우리가 할 일은 그 마음대로 일상에서 사는 것이 숙제입니다.

어떻게 하면 그 마음과 열정을 좀 더 오래 기억하고 실천할 수 있는지 잠시 우리들의 현실을 객관화하기 위해 예수님과 바울의 상황을 생각합니다. 우리는 결코 예수님의 환경이나 관점과 동일할 수 없습니다. 예수님은 메시아로서 이 땅에 왔기 때문입니다. 한편 바울은 신약시대에 매우 중요한 인물입니다. 어떤 관점으로 생각하면 바울은 우리와 그 처지가 비슷합니다. 바울이 쓴 로마서 7장에 스스로 "오호라 나는 곤고한 사람이로다 이 사망의 몸에서 누가 나를 건져내랴"라고 고백하고 있습니다. 사도행전을 포함하여 생각하면, 신약성경의 반 이상이 바울에 관한, 바울에 의한 기록입니다. 우리는 바울의 관점과 비슷하기 때문에 바울의 믿음과 바울의 신앙과 바울의 사상에 매우 많이 노출되었고, 반복적으로 우리는 교회에서 설교를 통해 바울을 통한 예수님 마음을 배우고 있습니다.

따라서 예수님과 바울의 차이점에 대하여 먼저 알아보고 나서 산상수훈의 마지막 주제, 황금률과 좁은 문 그리고 열매에 대한 묵상을 정리합니다.

예수님과 바울의 차이점은 무엇입니까?

태생의 차이(마구간/정상적인 로마 시민)

예수님은 성령에 의한 동정녀 마리아에게 잉태되어 탄생하였습니다. 하지만 복음서에 의하면 그의 탄생은 세상 사람들로부터 환영받지 못했습니다. 그는 누울 곳이 없어, 동물들이 잠자는 마구간에서 세상의 첫날을 보냈습니다. 더군다나 동방의 박사들로 인하여 본인 때문에 수많은 어린 아기들이 죽임을 당하였습니다.

바울은 로마 시민권자였습니다. 추측하건대 그는 요즈음 한국의 중산층 이상으로 대우를 받으면서 세상에 태어났을 것으로 예측합니다. 그때 로마가 지중해를 다스리는 큰 나라로 로마 시민권은 여행할 때 많은 유익함을 누릴 수 있습니다.

교육의 차이(가정, 비정규/정규, 당대 최고 스승과 주류 그룹)

기록된 복음서와 바울의 서신서에 근거하여 예수님과 바울의 교육 배경을 알 수 있습니다. 예수님은 그 당시 주류가 교육받는 학교에서 교육받지 못하였고, 또한 예수님을 가르치는 선생님도, 랍비도 공개

적으로 기록된 것은 없습니다. 예수님은 가정교육 그리고 동네 회당 어른들이 선생님이었습니다. 다만 누가복음 2장에 언급된, 13살 때 예루살렘 성전에서 특별 집중 과외를 받은 기록은 있습니다.

바울은 당대 최고의 교육 기관에서 공식적으로 교육받은 최고의 열성적인 젊은 신앙인이자 리더 중에 한 사람입니다. 더군다나 그의 스승은 국민으로부터 존경받는 최고의 바리새인이자 랍비 가말리엘입니다. 바울은 유대인을 이끌 차세대 선두 주자 중 한 사람입니다.

관심의 차이(인류, 사람/유대인, 선민)
—

예수님의 공생애 관심은 천국과 유대인 그리고 선교와 인류의 구원으로 확장되었습니다. 예수님은 자신의 정체성을 바르게 알면서 그의 소명은 유대 민족에게 제한되는 것이 아닌, 온 인류의 구원과 직결되는 하나님의 마음을 이루기 위한 것으로 전환되었습니다. 그러나 특이한 것은, 예수님은 그가 태어난 곳을 중심으로 이웃 나라 정도는 오가고 하였으나 지중해를 건너 당시의 세계를 지배하는 로마까지는 포교하지 않았습니다.

바울은 오직 선민으로 유대인에게 관심이 있습니다. 유대인을 제외한 이방 민족에 관하여 관심이 없었습니다. 그러나 그가 그리스도인을 박해하는 길목에서 만난 예수님에 의해 변화되고서 그의 관심은 유대인을 포함한 온 인류로 확장되었습니다.

산상수훈과 로마서 차이(생활(生活)/구원)

산상수훈에서 강조하는 것은 생활에서 소금으로 그리스도인의 맛을 내고, 생활에서 빛으로 그리스도인의 삶을 드러내라는 것입니다. 소금과 빛은 일상의 생활에서 분리될 수 없습니다. 그리고 여섯 반제 역시 생활 속에 일어나는 일들로 철저히 소금과 빛의 삶이 되도록 강조하고 있습니다. 구제도 일상의 생활의 한 부분으로, 기도와 금식도 일상의 생활과 연관된 부분에서 상급을 놓치지 않도록 가르치고 있습니다. 세상적 성공, 즉 재물의 활용도 세상에 있는 동안 생활 속에서 땅이 아닌 하늘에 쌓도록 가르치며, 결국 황금률도 생활에서 바로 적용할 수 있는 가르침으로 정리합니다. 이렇듯 산상수훈은 철저히 세상에서 그리스도인의 생활을 강조하고 있습니다.

바울이 로마인들에게 기록한 로마서는 사람의 구원을 보편적인 상식과 율법에 대한 그의 지식 속에 담긴 구약성경의 구원에 대한 조직적인 분석으로 사람의 한계를 알도록 합니다. 율법이 없을 때는 죄를 몰랐으나 율법으로 말미암아 죄를 알게 되었듯이, 죄로 말미암아 사망의 권세에 눌려 있는 영혼의 구원을 위해 인간으로서 할 수 있는 것이 없음을 논리적으로 풀어 설명합니다. 물론 자신의 경험, 예수님을 만나기 이전의 믿음과 부활의 예수님을 만나고 난 뒤에 그의 복음 속에 담긴 구원의 은혜를 바르게 알고서, 예수 그리스도를 통해 하나님의 사랑을 온전히 깨달은 것을 로마서에 기록하였습니다. 따라서 로마서를 통해 본 바울의 최대 관심사는 구원입니다. 구원은 오직 믿음으로 절대적인 하나님의 은혜에 기인한 것을 강조하고 있습니다. 구원에 따른 생활이 강조되고 있습니다. 예수님과 그 관심의 포인트가 다르다는 것을 알 수 있습니다.

앞에서 살펴본 바와 같이 예수님의 주된 관심은 생활입니다. 반면에 바울의 주 관심은 구원이었습니다. 따라서 예수님을 구주로 믿는 그 믿음 안에서 구원받은 그리스도인에게 산상수훈이 생활의 관점에서 먼저입니다. 이것이 하나님의 은혜에 응답하는 삶입니다.

예수님이 강조하는 생활에서 소금과 빛의 실천적 삶

소금과 빛은 세상의 생명이 사는 데 가장 근원적이고 필수적인 요소입니다. 오늘날 과학은 소금 없이 사람은 살 수 없다는 것을 밝히고 있습니다. 또한, 빛이 없다면 모든 생명체는 존재할 수 없다는 것도 과학은 명확하게 알려 주고 있습니다. 이처럼 소금과 빛은 누구에게나 어떤 상황이든지 꼭 필요한 요소입니다.

예수님은 우리가 바로 세상에서 그러한 존재라는 것을 정의하였습니다. 따라서 우리는 꼭 필요한 요소로서 세상에서 누구나 쉽게 어디서나 실천할 수 있는 말씀을 예수님께서 우리에게 해주셨습니다.

> "그러므로 무엇이든지 남에게 대접을 받고자 하는 대로 너희도 남을 대접하라 이것이 율법이요 선지자니라"

세상은 이것을 황금률이라고 합니다. 예수님 앞에 모인 사람들은 누구나 이 말씀을 듣고서 이해 못 할 사람은 없습니다. 산상수훈을 시작할 때, 예수님은 "율법과 선지자를 폐하러 온 줄로 생각하지 말라 완성케 하러 왔다"라고 말씀하셨습니다. 이제 그 완성의 말씀이 '무엇이든지 대접을 받고자 하는 대로 너희도 남을 대접하라'는 것입니다. 이 말씀을 실천하는 것은 어렵지 않습니다.

내가 남에게 인사를 받고 싶으면 먼저 인사하라는 것입니다. 내가 남에게 친절함을 받고 싶거든, 먼저 친절을 베풀라는 것입니다. 내가 어려울 때 남에게 도움을 받고자 하면, 먼저 도움을 주라는 것입니다. 내가 남에게 축복을 받고자 하거든, 먼저 축복을 베풀라는 것입니다. 제가 평화를 얻고자 하면, 먼저 남과 평화를 누리도록 힘쓰라는 것입니다. 제가 천국에서 많은 이야깃거리를 갖고자 하기 원하면, 먼저 남에게 구제를 왼손이 모르게 하라는 것입니다.

예수님은 산상수훈으로 시작된 가르침과 생활에서 실천으로 복음을 전하고 나서 고별 설교의 마지막 비유로 3가지 비유를 마태복음 25장에 말씀하고 있습니다. 그중에 마지막 비유로 양과 염소의 분리와 심판 때 모습을 알려 주셨습니다. 그때에 천국에서 예수님과 함께하는, 상급을 받는 사람들의 공통적인 반응은 "언제 우리가 주님을 섬겼습니까?" 하고 반문하고 있습니다. 소금과 빛은 일상의 생활 속에 이루어지는 삶입니다. 주님은 그러한 삶을 은밀히 보고 있습니다.

누구나 반석 위에 집을 지을 수 있어야 합니다. 많은 재물과 지식 그리고 권세를 지닌 사람들만 집을 반석 위에 짓는다면, 그것은 공평하지 않습니다. 예수님이 우리에게 준 요구 사항이 어렵고 난해하여 학식 있는 사람만 듣고 이해하여 실천할 수 있다면, 그것은 적절치 못합니다. 이러한 것을 이미 잘 알고 계시는 우리 주님께서 모든 사람에게 적용될 수 있는 가장 낮은 요구 조건을 우리에게 주셨습니다. 그것은 누구나 천국 시민으로 상급받을 수 있는 지름길입니다. 누구나 천국에서 땅의 추억을 이야기할 수 있는 '너는 남에게 무엇을 대접하였는가!'라는 주제를 주셨습니다.

생활에서 소금과 빛 실천 시 주의 사항

이웃에게 대접을 받고자 하는 대로 먼저 이웃을 대접하라는 예수님의 말씀을 실천하는 데 꼭 기억해야 할 부분 있습니다. '친구 따라 장에 간다'는 말처럼, 우리는 친구가 뭔가 하니까 그냥 따라 하는 경우가 많습니다. 이웃에게 대접하라는 말씀에 따라, 우리는 모든 사람이 하는 것에 따라 행하는 경우가 많습니다. 그러나 예수님은 이 부분에서 한 번씩 깊게 기도하고 하나님의 뜻을 물으면서 이웃을 사랑하도록 요청하고 계십니다.

우리가 세상에서 황금률을 실천하면서 점검해야 하는 것이 있습니다. 남을 대접하는 그 행동의 시작점은 언제나 가난한 심령으로 시작하는지 자신을 점검해야 합니다. 우리들의 심령은 절대적으로 하나님의 말씀을 기준으로 할 때 가난하게 됩니다. 하나님 말씀 이외의 것으로 시작된 행동은 세상에서 의미를 지닐 수 있으나 하나님 안에서 기억될 수 없습니다. 따라서 우리들의 황금률의 실천이 하늘나라까지 기억되고 천국에 쌓이도록 하기 위해서 좁은 문으로 들어가야 합니다.

가난한 심령으로 시작된 사람은 하나님을 볼 수 있고, 하나님을 본 사람은 뜻을 알기 때문에 좁은 문으로 들어갑니다. 좁은 문은 긍휼을 베푸는 것, 마음이 청결한 것, 화평케 하는 것, 그리고 핍박받는 것들이 하나하나 더 좁은 문입니다. 우리 주님께서 말씀하셨습니다. "멸망으로 인도하는 문은 크고 그 길이 넓어 그리로 들어가는 자가 많고, 생명으로 인도하는 문은 좁고 길이 협착하여 찾는 자가 적음이라"라고 하였습니다.

천국을 소유하는 이 땅의 삶이 쉽지만 않다는 것을 말씀하시고 있습니다. 많은 사람이 선택하기 때문에 별다른 의심 없이 그 사람들을 따라나설 수 있는데, 예수님은 이 부분에 대하여 심각하게 점검하면서, 이웃을 먼저 대접하라는 것을 말씀하시고 있습니다.

왜 예수님은 산상수훈을 마무리할 즈음에 '생명으로 인도하는 문은 좁고 길이 협착하여 찾는 자가 적음이라'고 무리와 제자들에게 말씀하였을까?

지금까지 무리를 늘 생각하면서 산상수훈을 말씀하시는 예수님을 생각해 보았습니다. 그런데 예수님께서는 마지막 가르침 부분에서 매우 부담스럽게 말씀을 하셨습니다. 무리에게 스스로 이 자리에 왔던 것을 상기시키고 있습니다. 아무 생각 없이 행여나 한 명이라도 이곳에 왔다면, 그 영혼은 스스로 생각하고 깨우치라는 것입니다. 무리를 향한 예수님의 마음이 나 한 사람에게 직접적으로 향하고 있음을 깨닫고 반응하라는 것입니다. 무리가 아닌 제가 지금 예수님과 대면하고 있음을 느끼고, 예수님께 직접 궁금한 것이 있으면 묻고 대화하라는 것입니다. 좁은 문은 예수님 자신을 의미하기도 합니다. 예수님은 요한복음에서 양의 문이라 하였습니다. 그 양의 문으로 들어온 네가 지금 나에게 듣기도 하고 묻기도 하는 것이 좁고 협착한 좁은 문의 의미입니다.

또 다른 관점에서 좁은 문을 생각해 봅니다. 생명은 영원한 새 생명을 잉태하는 것을 나타내는 데, 이것이 영생을 얻기 위해 필연적으로 좁은 문, 즉 가난한 심령과 애통, 온유, 의에 주리고 목마름, 긍휼, 청결, 화평, 핍박의 과정이 필요하다는 것을 설명하고 있다고 글쓴이는 재해석합니다. 8과정의 좁은 문, 깊어질수록 더 좁아지는 문을 향해 가는 것이 천국을 소유하는 삶임을 깨닫게 합니다.

생활에서 소금과 빛의 목표

소문을 듣고 몰려든 사람들, 그들 중에는 아픈 사람, 글을 읽지 못하는 사람, 나라를 구하고자 하는 사람, 많은 사람이 몰려가니 호기심에 따라온 사람, 말로만 듣던 하나님의 표적을 볼 수 있는 신비함을 기대하며 왔던 사람, 세례(침례) 요한의 말을 듣고 새로운 무엇을 듣고자 왔던 사람, 예수님의 약점을 찾고자 왔던 사람, 혹시나 무리를 선동할 수 있어 평화를 유지하기 위해 왔던 사람, 그리고 제자들을 보면서 예수님은 세상에서 믿음을 지키며 사는 데, 그 목표를 이루는 데 주의할 것과 목표가 무엇인지 무리가 이해할 수 있는 것으로 가르치기 시작합니다.

우리가 세상에서 대접받고자 하는 대로 대접하는 과정에서, 좁은 문을 선택하는 것처럼 거짓 선지자를 주의하라는 것입니다. 많은 사람이 칭송하고 따르는 것이 보편적으로 바른길처럼 느껴지지만, 꼭 그렇지 않기 때문에 늘 깨어 그들의 열매를 확인하면서 세상에서 소금과 빛으로 맛을 내라는 것입니다. 좋은 나무가 좋은 열매를 맺고, 나쁜 나무는 좋은 열매를 맺지 못한다는 지극히 상식적인 비유를 통해 우리가 일상에서 유혹받기 쉬운 거짓 선지자들을 구별하는 영적인 지혜를 알려 주고 있습니다. 열매는 고난을 통과해야만 건실한 실과가 될 수 있습니다. 하나님의 일을 하는 사역자들이 열매라고 자랑하는 것이, 고난의 과정을 통과하였는지 조사해 보면 열매의 진위를 바르게 알 수 있습니다. 여기서 고난의 과정이란 팔복의 8가지 핵심가치에 의해 겪게 되는 힘들고 어려운 일들을 의미합니다. 자신의 욕심에 이끌린 고난은 가난한 심령으로 시작된 것이 아니기 때문에 예수님의 시간 속에서는 의미가 없습니다. 예를 들면 2018년 8월에 한국에서 두 번째로 큰 교회가 세습의 문제로 사회적 지탄받고 있는데, 그것을 교회의 리더십과 공동체 관점에서 고난이라고 해석하는 경우를 의미합니다.

여기서 좋은 열매와 좋은 나무는 무엇을 의미하는지 산상수훈 안에서 생각합니다. 팔복에서 언급된 8가지 핵심 가치를 의미합니다. 좋은 열매가 맺기 위해 무엇보다 먼저 좋은 나무가 되어야 합니다. 좋은 나무는 가난한 심령의 뿌리로 시작되어, 뿌리가 하나님의 마음을 점차 알아가는 든든한 나무의 줄기를 성장시켜 튼튼하게 만들고, 또 애통함을 통해 줄기에 옹이가 때로는 만들어지기도 하나 그것을 통해 이웃의 애통함을 나누는 위로의 가지가 줄기에서 새순처럼 자라게 됩니다. 좋은 나무는 튼튼한 뿌리와 줄기 그리고 가지에 온유의 잎이 가지마다 풍성히 달려, 의에 주리고 목마른 문제의 해결을 통해 얻게 된 지혜들이 가지에 주렁주렁 열려 꽃을 피우고, 꽃이 열매 맺도록 온유의 잎사귀에 실린 긍휼의 물을 충분히 먹고서 뿌리로부터 올라온 하나님의 사랑을 열매에 차곡차곡 저장하면 열매 안에 다음 세대를 위한 DNA, 즉 씨앗을 자라게 합니다. 폭풍의 바람에도, 가뭄에도 견디는 힘을 지닌 나무가 좋은 나무입니다. 그러한 나무의 열매는 이웃을 향하여 즉각적인 달콤한 과즙과 신선한 비타민을 제공합니다. 과즙과 비타민은 화평함을 주는 열매의 소중한 의미입니다. 또한 열매 안에는 씨앗이 있는데, 이것은 다음 세대에게 자신의 본질을 그대로 만들기 위한 DNA가 담겨 있습니다. 바로 이러한 DNA를 포함한, 다시 말하면, 핍박과 박해의 영역까지 다다를 수 있고 이겨내는 것이 온전한 열매입니다. 그래야 우리 주님께서 다시 오시는 그 날까지 믿음은 전수되고 기억될 것입니다.

여기서 거짓 선지자는 열매가 맺는 듯하나 그 안에 튼튼한 씨앗이 없는 경우입니다. 그들은 단순히 지금 현재를 위해 사람을 모으고 하나님을 찾으며 복음을 전합니다. 그러나 그 열매에는 다음 세대를 위한 DNA가 없기 때문에, 주님은 혹독하게 경고합니다.

> 나더러 주여 주여 하는 자마다 천국에 다 들어갈 것이 아니요 다만 하늘에 계신 내 아버지의 뜻대로 행하는 자라야 들어가리라 그 날에 많은 사람이 나더러 이르되 주여 주여 우리가 주의 이름으로 선지자 노릇하며 주의 이름으로 귀신을 쫓아내며 주의 이름으로 많은 권능을 행치 아니하였나이까 하리니 그 때에 내가 저희에게 밝히 말하되 내가 너희를 도무지 알지 못하니 불법을 행하는 자들아 내게서 떠나가라 하리라
> (마태복음 7:21-23)

예수님의 강력한 경고의 말씀 속에, 불법을 행하는 자들이라고 말하고 있습니다. 불법이란 산상수훈의 예수님 마음으로 생각해 보면, 결국 그들의 행위는 이웃의 애통함을 자신들의 조직이나 공동체의 애통함으로 공유하지 않았음을 나타내고 있으며, 청결한 마음으로 세상을 보는 것이 아닌 자신들의 인기를 높이고자 세상 사람들이 좋아하는 것에 관심과 시간을 투자합니다. 그래서 더 많은 사람이 모이면 그러한 일들이 곧 하나님의 이름으로 이루어졌음을 그들은 반복적으로 선포합니다. 그래야 그곳에 모인 사람들은 자신의 행위 속에 하나님이 함께하셨다는 거짓에 스스로 세뇌당하게 됩니다. 그러나 그 열매는 알맹이 없는 가라지와 같은 것으로 하늘나라에서 인정받지 못한다는 것을 예수님은 가르치고 있습니다. 입술로만 주의 이름으로

선지자 노릇하고, 주의 이름으로 귀신을 쫓아내고, 주의 이름으로 많은 권능을 사람들 앞에서 행하였으나 그들의 모든 행위의 시작점이 가난한 심령이 아니었기에 예수님은 그들에게 불법을 행하는 자들로 평가합니다.

생활에서 소금과 빛인 그리스도인의 삶의 목표는 튼튼한 열매를 맺는 것입니다. 반석 위에 집을 짓는 것입니다. 열매 없는 삶은 창조 섭리에 어긋납니다. 창조 섭리는 창조주의 사랑을 받았고 느끼고 나누고 하였으니, 그 창조주의 진리를 다음 세대가 알 수 있도록 세대의 열매를 먼저 맺어야 합니다. 자기 복제를 하는 것이 첫 번째 열매입니다. 생명의 자기 복제, 진리의 자기 복제, 믿음의 자기 복제를 해야 창조의 그 기쁨은 영원토록 지속될 것입니다. 그래야 의미 있는 삶, 존재의 기쁨을 누릴 수 있게 됩니다.

예수님은 말씀을 마무리하는 과정에서 마지막으로 집을 짓는 지혜로운 자가 되기를 무리에게 강력하게 반복하여 강조합니다. 예수님 앞에 있는 모든 사람은 집에서 살고 있을 것입니다. 그들은 집을 어디에 어떻게 지어야 하는지 상식적으로 앞 세대로부터 전수받아 잘 알고 있습니다. 목동들이라면 천막을 세우는 데 무엇보다 바람을 이겨 낼 수 있도록 그리고 물이 있는 곳으로 자리를 잡아 천막을 세울 것입니다. 도시를 이루며 사는 사람들도 자기 집이 폭풍과 홍수에 무너지지 않도록 잘 짓는 것은 기본입니다. 그들은 이러한 사실을 잘 알고 있습니다. 왜냐하면 대부분 남자는 집을 지어 본 경험이 있기 때문입니다. 그렇기 때문에 예수님은 거듭 강조하기를 듣고 행하지 않는다면 그것은 집을 모래 위에 지은 것과 같은 것으로, 심한 비가 오고 거센 바람이 불면 그 집은 무너지는 것처럼, 천국의 말씀을 듣고서 행하지 않으면 결코 천국을 소유할 수 없고, 훗날 천국에서 볼 수 없다는 것을 명심하라고 가르칩니다. 실천은 누구에게나 반드시 요구되는, 필수적인 예수님의 평가 기준입니다.

소금과 빛의 삶은 세상에서 열매를 맺고, 반석 위에 집을 짓는 것처럼 산상수훈을 실천하는 것입니다. 생활에서 소금과 빛의 삶을 실천하는 것이 우리 인생의 목표입니다. 이것이 예수님을 메시아로 증거하는 증거자의 삶입니다.

산상 수훈 황금률 구성도

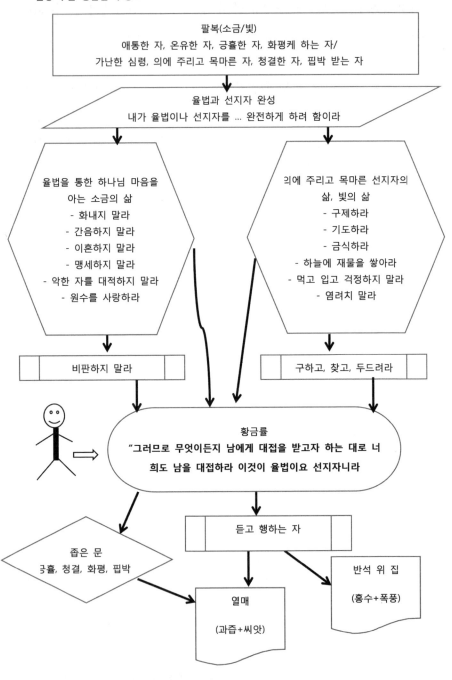

팔복(소금/빛)
애통한 자, 온유한 자, 긍휼한 자, 화평케 하는 자/
가난한 심령, 의에 주리고 목마른 자, 청결한 자, 핍박 받는 자

율법과 선지자 완성
내가 율법이나 선지자를 ... 완전하게 하려 함이라

율법을 통한 하나님 마음을
아는 소금의 삶
- 화내지 말라
- 간음하지 말라
- 이혼하지 말라
- 맹세하지 말라
- 악한 자를 대적하지 말라
- 원수를 사랑하라

의에 주리고 목마른 선지자의
삶, 빛의 삶
- 구제하라
- 기도하라
- 금식하라
- 하늘에 재물을 쌓아라
- 먹고 입고 걱정하지 말라
- 염려치 말라

비판하지 말라

구하고, 찾고, 두드려라

황금률
"그러므로 무엇이든지 남에게 대접을 받고자 하는 대로 너
희도 남을 대접하라 이것이 율법이요 선지자니라

듣고 행하는 자

좁은 문
긍휼, 청결, 화평, 핍박

반석 위 집
(홍수+폭풍)

열매
(과즙+씨앗)

[참고 문헌]

단행본

- 고영수, 『산상수훈』, 서울: 도서출판 첨탑, 2014.
- 게리 & 마리 윈스, 임수산 역, 『팔복 속에 감춰진 하늘의 능력』, 경기 고양: 뉴와인, 2008
- 게르하르트 로핑크, 정한교 역, 『산상설교는 누구에게?』, 왜관: 분도출판사, 1990
- 곽선희, 『천국의 윤리 산상수훈강해』, 서울: 양서각, 1987
- 김기홍, 『역사적 예수』, 서울: (주)창비, 2016.
- 김종배, 『신비한 인체 창조섭리』, 서울: 국민일보사, 1993.
- 김중기 외, 『기독교 윤리학 개론』. 서울: 대한기독교출판사, 2008.
- 김지철, 『네게 복을 주리라』, 서울: 두란노서원, 2011.
- 달라스 윌라드, 『하나님의 모략』, 서울: 복있는사람, 2015.
- 디이트리히 본회퍼, 『나를 따르라』, 서울: 대한기독교서회, 2001.
- 박봉식, 『누가복음 6:24-26말씀을 설교하지 못하는 교회』, 서울: 도서출판 업앤업, 2013.
- 박수암, 『산상보훈』, 서울: 대한기독교서회, 2007.
- 변종길, 『산상보훈』, 서울: 말씀사, 2011.
- 안재도, 『팔복 강해 그리스도 안에서의 참 행복』, 서울: 쿰란출판사, 2007.
- 에버하르트 아놀드, 『소금과 빛 하나님 나라 그리고 공동체』, 서울: 도서출판 쉴터, 2002.
- 옥한흠, 『산상수훈, 소그룹 성경공부 교재』, 서울: 도서출판 국제제자훈련원, 2014.
- 요한 웨슬리, 차동재 역, 『산상수훈』, 서울: 아가페출판사, 1999
- 웨렌 카터, 『최근 마태의 산상수훈 연구동향』, 서울: (사)기독교문서선교회, 2016.
- 월터 윙크, 『참사람: 예수와 사람의 아들 수수께끼』, 경기 고양: 한국기독교연구소, 2014.
- 전병금, 한국기독교목회자협의회, 『한국기독교 분석리포트』,

서울: 도서출판URD, 2013.

• 정하은, 『기독교윤리학개론』, 서울: 대한기독교출판사, 2008.

• 존 맥아더, 『팔복』, 서울: 생명의 말씀사, 2009

• 존 스토트, 정옥배 역, 『산상수훈』, 서울: 생명의 말씀사, 2011

• 차정식, 『예수, 한국사회에 답하다』, 서울: 새물결플러스, 2012.

• 톨스토이, 레프 니콜라예비치, 『신의 나라는 네 안에 있다』,
  경기 파주: 도서출판 들녘, 2016.

• J. 펠리칸 편집, 전덕애 역, 『어거스틴 산상수훈 강해 설교』, 서울: 전망사,
  1980

주석서

- 김시열, 한성천, 마태복음, 『옥스퍼드 원어성경대전』, 서울: 제자원, 2000.
- 도날드 해그너, Mattew 1-13, 『Word Biblical Commentary』, Word Incorporated, 1995.
- 렌스카, 문창수 역, 『성경주석』, 서울: 백합출판사, 1976.
- 매튜 헨리, 원광연 역, 미태복음, 『매튜 헨리 주석』, 고양: 크리스찬 다이제스트, 2006.
- 윌렘 핸드릭슨, 마태복음(상), 『핸드릭슨 성경주석』, 서울: 아가페출판사, 1983.
- 조경철, 마태복음 I, 『대한기독교서회 창립 100주년 기념 성서주석』, 31-1, 서울: 대한기독교서회, 1999.

논문 및 잡지 등 미간행

- 고재길, 「롤즈(John Rawls)의 정의론에 대한 기독교 윤리학적 이해」, 석사 학위논문, 장로회신학대학교 대학원, 1997.
- 김낙원, 「생태계의 위기와 기독교윤리의 실천적 과제」, 석사 학위논문, 장로회신학대학교 대학원, 2001.
- 김종선. 「산상수훈의 팔복을 바로 해석하기 위한 연구」, 석사 학위논문, 광신대학교 신학대학원, 2010.
- 김형진, 「신자유주의적 자본주의 세계경제체제와 기독교 경제윤리적 책임성에
- 관한 연구」, 석사 학위논문, 장로회신학대학교 대학원, 2000.
- 박모세, 「한국 시민운동에 관한 기독교 윤리적 고찰-YMCA와 경실련 활동을 중심으로-」, 석사 학위논문, 장로회신학대학교 대학원, 2002.
- 박세종, 「비판적 입장에서 본 문화산업에 대한 기독교윤리적 고찰」, 석사 학위논문, 장로회신학대학교 대학원, 2000.
- 신상태, 「구약성서에 나타난 메시야 사상의 기원과 발전- 고대 근동의 왕권 사상과 이스라엘의 왕권사상을 중심으로-」, 목원대학교 신학대학원 석사 학위논문, 2000.
- 이범석, 「라인홀드 니버의 기독교 현실주의 관점에서 본 정치윤리」, 석사 학위논문, 장로회신학대학교 대학원, 2004.
- 이한영, 「산상수훈의 팔복에 관한 연구 마태복음 5:3-12-」, 석사 학위논문, 안양대학교 신학대학원, 2009.
- 최운천, 「마태복음에 나타난 산상설교 연구」, 석사 학위논문, 호서대학교 연합신학전문대학원. 2008.
- 강일상, 「산상설교, 그 '사람됨'의 가르침(3) 회개를 통한 사람됨의 변화 – 마태복음 5장 3-12절」, 기독교사상, 51(3), 124-142, (2007).
- 김응교, 「팔복(八福), 영원한 행복」, 『문화와 신학』 (2014년 4월호).
- 김회성, 「산상보훈의 Imitatio Dei: 기독교 신앙과 삶의 한 전형에 대한 고찰」, 『한국기독교신학논총』 11, 83-115, (1994).
- ------, 「마태복음 5장 16절의 착한 행실」, 『구약논단』, 20(3), 13-43,

(2014).

- 문시영, 「'공공신학'의 교회, '교회윤리'의 교회」, 『한국기독교신학논총』 88, (2013).
- 박관희, 「실천신학의 사회과학적 연구방법론 소고」, 『한국기독교신학논총』 90, (2013).
- 박윤선, 「산상보훈에 나타난 계약사상」, 『신학지남』, 31(2), 25-44, (1964).
- 박충구, 「기독교 사회윤리학의 관점에서 본 한국 신학의 윤리적 근거와 문제점」, 『한국기독교신학논총』 8, (1991).
- 사우업, 「산상보훈약해」, 『신학지남』, 2(2), 36-50, (1919).
- 안진훈, 「상대성 이론과 윤리적 행위」, 『한국기독교신학논총』 28, (2003).
- 안진훈, 「성서윤리의 방법론적 대안」, 『한국기독교신학논총』 27, (2003).
- 유승원, 「산상수훈 문틈으로 엿본 예수정신 실루엣」, 『기독교사상』, 22-30, (2010).
- 이여진, 「산상수훈 (2)」, 『기독교사상』, 6(1), 96-101, (1962).
- 이문영, 「톨스토이 대 톨스토이: 톨스토이의 평화사상과 평화실천」, 『외국학연구』 제35집, 208, (2016)
- 정연락, 「산상설교의 반제들 연구」, 『한국기독교신학논총』, 30(1), 211-235, (2003).
- 정지련, 「산상설교에 대한 신학적 반성」, 『신학연구』, 61, 136-173, (2012).
- 정하은, 「산상 설교의 복권 교회의 평화 운동」, 『기독교사상』, 30(12), 45-55, (1986).
- 정하은, 「산상 설교의 실험」, 『기독교사상』, 31(3), 131-144, (1987).
- 조용훈, 「산상설교의 윤리적 특징에 대한 연구」, 『장신논단』, 48(4), 229-252, (2016).
- 차정식, 「구원론 이전의 구원론: 산상수훈의 경우」, 『한국기독교신학논총』 49, (2007).
- 채수일, 「본회퍼와 반유대주의」, 『기독교사상』 통권 574호, (2006년 10월호).
- 홍창표, 「하나님 나라의 상급개념」, 『신학정론』, 13(2), 285-328, (1995).
- 황덕형, 「신학의 방법론적 원천으로서의 현상학적 특성」, 『한국기독교신학논총』 80, (2012).

외국 서적

- Discourses on the Beatitudes. CHAPIN, EDWIN HUBBELL,Chapin, E. H..January 1, 1853. Page: 26-120. http://search.ebscohost.com/
- Illustrating Mirror, or, a Fundamental Illustration of Christ's Sermon on the Mount. HERR,JOHN,Herr, Johannes.January 1, 1858. Page: i-77. http://search.ebscohost.com/
- Sermon on the Mount Expounded ; & the Harmony of the Evangelists. Augustine,AUGUSTINE,AURELIUS,DODS, MARCUS,Findlay, William.,Salmond, S. D. F..January 1, 1873. Page: iii-10. http://search.ebscohost.com/
- Hans von Campenhausen, Men Who Shaped the western Church, tr. Manfred Hoffmann(New York, 1964), p 183.

기타 자료

- 위키 백과 https://ko.wikipedia.org/
- 한결교회 2015년 2월 1일 팔복(八福) 강해설교 01 (20150201) 마태복음 4:23~5:3
- 박봉식, 「중등1부 설교집: 세상에 딱 한 명 있는 존귀한 너에게」, 대덕한빛교회(대전), 2003